भाषाई अस्मिता और हिन्दी

भाषाई अस्मिता और हिन्दी

डॉ. रवीन्द्र श्रीवास्तव

वाणी प्रकाशन

वाणी प्रकाशन

4695, 21-ए, दरियागंज, नयी दिल्ली 110 002

शाखा

अशोक राजपथ, पटना 800 004

फ़ोन : +91 11 23273167 फ़ैक्स : +91 11 23275710

www.vaniprakashan.in
vaniprakashan@gmail.com
editorial@vaniprakashan.in
sales@vaniprakashan.in

BHASHAYEE ASMITA AUR HINDI
by Dr. Ravindra Nath Srivastava

ISBN : 81-7055-241-9 (10 Digit)
ISBN : 978-81-7055-241-3 (13 Digit)
Linguistics

संस्करण 1996, 2008
आवृत्ति संस्करण 2015
मूल्य : ₹450

एशियन ऑफ़सेट प्रिंटर्स, दिल्ली-110 093 में मुद्रित

वाणी प्रकाशन का लोगो मक़बूल फ़िदा हुसेन की कूची से

पूजनीय माँ को

जो मेरे जीवन की अब मौन साथी हैं।

कुछ शब्द : विषय अन्तर्दृष्टि

(1)

विद्वानों की विडम्बना आज यह है कि जिस 'वस्तु' को वे समझना चाहते हैं, उसके पास न जाकर वे उस वस्तु से सम्बन्धित 'शास्त्र' के अधिक निकट जाना चाहते हैं। इस प्रवृत्ति का एक सहज परिणाम यह है कि हम वस्तुओं से सीधे साक्षात्कार करने की हालत में नहीं रह गए हैं। आज हमारे और वस्तुओं के बीच एक पारदर्शी पर ठोस और ठंडी दीवार खड़ी हो चुकी है। हम 'वस्तुओं' को इस रंगीन शीशे के माध्यम से देखने के लिए विवश हैं। यह शास्त्रीय ज्ञान हमारे शिक्षा जगत् के मान-मर्यादा का भी प्रश्न बन चुका है। किसी भी विषय-वस्तु पर बहस करने या फिर उसके प्रति अपनी समझदारी बढ़ाने के लिए उससे सम्बन्धित शास्त्र की मध्यस्थता अब ज़रूरी हो गई है। जाने-अनजाने हम उन्हीं शब्दावली का प्रयोग करते हैं जिसमें अर्थ भरने का काम हमारे अनुभवों की तुलना में शास्त्रों ने अधिक किया है। अगर हमें किसी साहित्यिक कृति को समझना है, तब उस कृति के अन्दर पैठकर उसके रचना-संसार का साक्षात् अनुभव करने के बजाय यह जानने के लिए हम ज्यादा तत्पर रहते हैं कि साहित्यशास्त्र की दृष्टि से कृति का रचना-विधान क्या और कैसा है ? इसी प्रकार अगर हमें 'हिन्दी भाषा' की अपनी प्रकृति और उसके अपने प्रयोजन को समझना है, तब उसके 'भाषाई समुदाय' के पास जाने के बजाय हम 'भाषा-विज्ञान' के पास इस मंतव्य के साथ पहुंचते हैं कि वह अपने मान्य वैज्ञानिक सिद्धान्तों के आधार पर बताए कि हिन्दी भाषा की प्रकृति क्या है ?

यह ठीक है कि प्रत्येक शास्त्र हमें वस्तुओं को देखने की एक अन्तर्दृष्टि देता है, उस वस्तु के अध्ययन-विश्लेषण के लिए प्रणाली प्रदान करता है और ज्ञान के निर्भ्रान्त सम्प्रेषण के लिए निरूपक भाषा का विकास करता है। इसमें भी सन्देह नहीं कि बिना शास्त्रीय औजार का सहारा लिये वस्तुओं की तह तक पहुंचना

कठिन होता है । पर इन सबके बावजूद यह भी कम सच नहीं कि शास्त्र आधारित दृष्टि से देखी गई 'वस्तु' अपनी सही प्रकृति का प्रतिबिम्ब कम और शास्त्रीय सिद्धान्तों का दर्पण अधिक होती है । ऐसी हालत में यह भी पाया गया है कि जिसे पहले 'वस्तु' की सीमा कहा गया, वह बाद में उस दृष्टि की सीमा का परिणाम माना गया, जिसके आधार पर हमने उस वस्तु को पहले देखा था। इसलिए यह ज़रूरी है कि 'वस्तुओं' की प्रकृति जानने के साथ-साथ हम उस अन्तर्दृष्टि की प्रकृति पर भी विचार करते चलें, जिसे हमारे युग का शास्त्र हमें प्रदान करता है । यह ज़रूरी है कि 'हिन्दी भाषा' को समझने के साथ-साथ हम उस भाषा-वैज्ञानिक दृष्टि पर भी विचार करते चलें, जिसके आधार पर हम 'हिन्दी' की प्रकृति को समझना-समझाना चाहते हैं ।

(2)

तीन दृष्टियाँ : हिन्दी के तीन सन्दर्भ

'हिन्दी' एक अनेकार्थी संकल्पना है । इस संकल्पना के बहुआयामी पक्ष को उसके सही सन्दर्भ में जानने के लिए यह ज़रूरी है कि पहले हम 'भाषा' को परिभाषित करने वाली अन्तर्दृष्टि को पहचानें । यहाँ यह बात भी जान लेना आवश्यक है कि अन्य शास्त्रों की तरह भाषाविज्ञान भी अपनी आधारभूत इकाइयों को देखने-परखने के लिए एक से अधिक दृष्टि देता है । आज के भाषावैज्ञानिक सिद्धान्त किसी एक स्थिरीकृत सम्प्रदाय की देन नहीं । सम्प्रदायों की टकराहट वस्तुतः उन दृष्टियों की टकराहट है जिसके सहारे विद्वान अपने मतों का निर्धारण और सिद्धान्तों का प्रतिपादन करते हैं। हम भाषाविज्ञान के क्षेत्र में आज प्रतिस्पर्धी ऐसी ही तीन दृष्टियों का नीचे उल्लेख करना चाहते हैं जो 'भाषा' ऐसी संकल्पना को अलग-अलग ढंग से परिभाषित करती हैं जिसके फलस्वरूप 'हिन्दी' भाषा के तीन भिन्न-भिन्न रूप निर्धारित किए जा सकते हैं ।

(1) भाषा की एकाश्मक (मोनोलेक्टल) दृष्टि भाषा को व्याकरण से प्रसूत मानती है। वह भाषा को एक ऐसी इकाई मानती है जिसको जन्म देने वाला और कुछ नहीं बल्कि उसका व्याकरण है । भाषा का जो अंश व्याकरण से निर्धारित नहीं अथवा उसके द्वारा जिस पक्ष को समझा या समझाया नहीं जा सकता, वह उस भाषा का न तो सत्व है, न ही तत्त्व । चॉम्स्की द्वारा प्रतिपादित सम्प्रदाय में 'व्याकरण', 'भाषा' की इकाई की तुलना में अधिक यथार्थ, ठोस और स्थिर इकाई है। चॉम्स्की के मत में भाषा व्याकरण के गर्भ से पैदा हुई सापेक्षतया अधिक सारहीन संकल्पना है। भाषावैज्ञानिक सिद्धान्त के क्षेत्र से अगर इस संकल्पनात्मक इकाई को निकाल भी दें, तो कोई अधिक नुकसान नहीं। अधिक सारभूत

संकल्पना तो 'व्याकरण' और 'व्याकरण का संज्ञान' है।

व्याकरण का संज्ञान किसी भाषा के व्याकरण को उसके बोलने वालों के मन की अभिव्यक्ति-व्यवस्था के रूप में देखता है। इससे प्रजनित भाषा की प्रकृति समरूपी (होमोजीनियस) होती है। भाषावैज्ञानिक सिद्धान्त के रूप में चॉम्स्की के अनुसार अगर अध्ययन की कोई सही और उचित वस्तु है तो आभ्यन्तर व्याकरण, व्याकरण का संज्ञान और भाषा की समरूपी प्रकृति, जिसे वह 'आभ्यन्तरीकृत भाषा' (इन्टर्नलाइज्ड भाषा) कहते हैं।

चॉम्स्की इस आभ्यन्तरीकृत और बाह्य प्रतिफलित (एक्सटर्नलाइज्ड) भाषा में अन्तर करते हुए कहते हैं कि आधुनिक भाषाविज्ञान की दिशा की सार्थकता बाह्य प्रतिफलित भाषा से मुड़कर आभ्यन्तरीकृत भाषा के अध्ययन की ओर जाने में है। बाह्य प्रतिफलित भाषा के अध्ययन में रत विद्वान भी व्याकरण और भाषा की बात करते हैं, पर उनका लक्ष्य भाषा का संज्ञान न होकर भाषा का व्यवहार होता है; वे व्याकरण की अपनी व्यवस्था का पता न लगाकर बोलने के समय वाक्य और उसके सन्दर्भ अथवा भाषा और बोलने-सुनने वालों के सामाजिक सम्बन्धों की व्यवस्था को जानना चाहते हैं। इन सभी व्याकरणेतर कारणों के फलस्वरूप भाषा 'विषमपरक' (हेटरोजीनियस) हो जाती है।

व्याकरण प्रजनित समरूपी भाषा की संकल्पना 'हिन्दी' के तात्पर्य बोध को **खड़ी बोली के एकाश्मक रूप** तक सीमित करने के पक्ष में है। उसके अनुसार हर भाषा का न केवल एक निश्चित और निर्धारित व्याकरण होता है, वरन् इस व्याकरण का दायरा भी सीमित होता है। इस दायरे को फैलाकर भाषा व्यवहार तक नहीं ले जा सकते जो भाषा में प्रयोजनपरक और सन्दर्भजन्य शैलियों के जन्म का कारण बनता है। हिन्दी का आधारभूत संज्ञानात्मक व्याकरण खड़ीबोली के आधारभूत रूप पर प्रकाश डाल सकता है। उसकी अन्य सामाजिक शैलियाँ या अन्य व्याकरण से प्रजनित उसकी बोलियाँ उसकी अर्थ-सीमा के बाहर की वस्तुएँ हैं।

(2) भाषा की अनेकाश्मक (पालीलेक्टल) दृष्टि भी व्याकरण को अपनी धुरी बनाकर भाषा को समझना-समझाना चाहती है। पर वह भाषा की एक से अधिक शैलियों को एक ही व्याकरण के दायरे में समेटना चाहती है। चॉम्स्की आभ्यन्तरीकृत भाषा के अधिगम के लिए मातृभाषी बच्चों को अपना आधार बनाकर वक्ता के प्रजनक व्याकरण की बात करते हैं। इसके विपरीत चार्ल्स बेली, विलियम लेबाव आदि द्वारा प्रतिपादित भाषावैज्ञानिक सिद्धान्त मातृभाषी बच्चों के स्थान पर उस भाषा के वयस्क व्यक्तियों को भाषा अधिगम के केन्द्र में रखने के पक्ष में है। साथ ही भाषा के प्रयोक्ताओं के क्षेत्र को फैलाकर उसमें वक्ता के साथ-साथ श्रोता को भी वह शामिल करने के हक में है। इन विद्वानों के

अनुसार ऐसा करने में वस्तुस्थिति को हम ज्यादा सार्थक ढंग से पकड़ सकते हैं और व्याकरण को उसके सही सन्दर्भ में जान सकते हैं।

ऐसे व्याकरण के पक्ष में इन विद्वानों के तर्क का आधार है—(1) जैसे-जैसे मातृभाषी वयस्क होते जाते हैं, वे भाषा की अन्य सामाजिक शैलियों से परिचित होते चलते हैं, (2) जैसे-जैसे उनका इन सामाजिक और प्रयोजनसिद्ध शैलियों से परिचय होता है, वे इनके पीछे काम कर रहे व्याकरणिक नियमों को भी जानने और समझने लगते हैं। बिना इन नियमों की जानकारी के वे इनका सही अर्थ जान भी नहीं सकते। (3) ऐसे व्यक्ति न केवल अपनी भाषा के केवल उस शैली और उससे सम्बन्धित नियमों की जानकारी रखते हैं जिसको वे बोलते या व्यवहार में लाते हैं (अर्थात् जिसकी वे सक्रिय भाषिक क्षमता रखते हैं), बल्कि उन भाषा-शैलियों और उसके विभेदक नियमों की भी जानकारी रखते हैं जिसका उपयोग उस भाषा के कुछ अन्य सदस्य तो करते हैं, पर वे स्वयं नहीं करते अर्थात् जिसकी उनमें सक्रिय भाषिक क्षमता नहीं होती।

वयस्क व्यक्तियों के व्याकरण की सक्रिय और निष्क्रिय (पैसिव) भाषिक क्षमता भाषा को शैलियों के एक संश्लिष्ट रूप में देखने के पक्ष में है। यह दृष्टि भाषा के आधारभूत शैली रूप के साथ-साथ उसकी आरोपित शैलियों को भी अपनी अध्ययन-वस्तु मानती है। वयस्कों द्वारा सीखी गई इन आरोपित शैलियों का अध्ययन कर चर-संयुक्त (वैरिएबुल) नियमों के आधार पर करती है। यह दृष्टि इस बात पर बल देती है कि भाषा का गहरा सम्बन्ध समाज से है और इसी कारण वह विषमरूपी होने की नियति मे बँधी है। भाषा वस्तुत: प्रयोजनसिद्ध शैलियों के समुच्चय का दूसरा नाम है। किसी एक भाषा की विभिन्न शैलियाँ आपस में अंशत: या तो सामंजस्य की स्थिति में रहती हैं या फिर तनाव की स्थिति में। सामंजस्य की स्थिति शैलियों को प्रयोजन से बाँधती हैं और तनाव की स्थिति उनमें प्रतिस्पर्द्धा का कारण बनती है। भाषा न केवल व्यक्ति के संज्ञानात्मक बोध का प्रतिबिम्ब है बल्कि इस सम्प्रदाय में वह ऐसा दर्पण भी है जिसमें आधारभूत शैली अन्य आरोपित शैलियों के साथ अपने सम्बन्धों का चित्र भी प्रतिबिम्बित करती हैं। इस लिए भाषावैज्ञानिकों का यह दायित्व है कि किसी भाषा के व्याकरण के भीतर वे शैलीभेद सम्बन्धी चर-संयुक्त उपनियमों की व्यवस्था को भी समेटें।

वयस्क व्याकरण प्रजनित विषमरूपी भाषा की संकल्पना 'हिन्दी' के तात्पर्यबोध को खड़ी बोली के अनेकाश्मक रूप को अपने भीतर समेटने के पक्ष में है। उसके अनुसार हर भाषा प्रयोजनसिद्ध शैलियों का एक समुच्चय होता है। पर साथ ही उसकी एक आधारभूत शैली (वर्नाक्यूलर) भी होती है। अन्य शैलियों को समझने के लिए इस आधारभूत शैली को सही प्रकृति की जानकारी

आवश्यक है। अन्य शैलियों को हम चार संयुक्त नियमों की उपव्यवस्था के रूप में देख सकते हैं। हिन्दी के सन्दर्भ में हम यह कह सकते हैं कि यह उच्च हिन्दी, साहित्यिक उर्दू, सामान्य हिन्दुस्तानी आदि खड़ीबोली की प्रयोजनसिद्ध शैलियों का समुच्चय है और इसके साथ इस बात पर भी बल दे सकते हैं कि सामान्य हिन्दुस्तानी ही उसकी आधारभूत शैली है।

(3) भाषा की संस्थागत दृष्टि भाषा को पहले सामाजिक वस्तु के रूप में देखती है। भाषा मात्र व्याकरण नहीं, बल्कि उससे कहीं बड़ी चीज़ है। व्याकरण तो भाषा का केवल उपांग है, भले ही वह एक अत्यन्त महत्त्वपूर्ण और सार्थक घटक ही क्यों न हो। इसलिए भाषा को शाब्दिक प्रतीकों की व्यवस्था कहना या फिर उसे व्याकरणिक नियमों की संहिता के रूप में देखना भाषाई यथार्थ के अधूरे पक्ष पर ही बल देना है। यही नहीं बल्कि ऐसा करना भाषा के सन्दर्भ में साधन को साध्य के रूप में देखना है। भाषा का साध्य तो सम्प्रेषण है, अर्थ व्यापार है, और सामाजिक वह शक्ति है जो किसी एक समुदाय के सभी व्यक्तियों को भावना, चिन्तन और जीवन-दृष्टि के धरातल पर एक-दूसरे के नजदीक लाकर एक इकाई में बांधती है। इस इकाई को हम 'भाषाई समुदाय' (स्पीच कम्यूनिटी) की संज्ञा देते हैं।

भाषाई समुदाय उन व्यक्तियों के संस्थागत समूह का नाम है जो होने को एकभाषी या बहुभाषी हो सकता है पर जिसके सदस्य अपनी सम्प्रेषण-व्यवस्था में समान रूप से भाषिक प्रतीकों का इस्तेमाल करते हैं और अपने सामाजिक व्यवहार में जब किसी भाषा, बोली या शैली का चुनाव करते हों तो उसके चुनाव का आधार भी समान होता है। चुनाव का यह समानधर्मी आधार भाषाई समुदाय के व्यक्तियों को एक-दूसरे से न केवल नजदीक लाता है, बल्कि दूसरे भाषाई समुदाय के व्यक्तियों से अलग भी करता है। अतः इस 'भाषाई समुदाय' के लिए आवश्यक है कि (1) उसके सदस्यों की सम्प्रेषण-व्यवस्था में समानता हो, (2) इस सम्प्रेषण-व्यवस्था के माध्यम से उसके सदस्य एक-दूसरे के साथ न केवल विचार-विनिमय करने में समर्थ हों बल्कि इसी आधार पर आपस में सामाजिक दृष्टि से बंधे भी हों, (3) सम्प्रेषण-व्यवस्था में प्रयुक्त होने वाली भाषाओं, बोलियों या शैलियों के चुनाव सम्बन्धी ज्ञान या मनोवृत्ति का आधार समानधर्मी हो, (4) इस समानधर्मी ज्ञान और मनोवृत्ति के आधार पर अन्य भाषाई समुदाय से वे अलग या विशिष्ट हों, (5) इसकी एक ऐसी आरोपित भाषा या शैली का प्रतिमान हो जिसके आधार पर इसके सदस्य अपनी जातीय अस्मिता (आइडेन्टिटी) की पहचान बनाते हों।

भाषा की यह संस्थागत संकल्पना 'हिन्दी' के तात्पर्यबोध को पहले 'हिन्दी भाषाई समाज' के पर्याय के रूप में देखने के पक्ष में है और फिर अपनी व्यवहार

सीमा में उन सभी जनपदीय बोलियों और खड़ीबोली की उन तमाम सामाजिक शैलियों को समेटने के पक्ष में है जिसका उसके सदस्य सम्प्रेषण-व्यापार में आदतन व्यवहार करते हैं। इस दृष्टि से हिन्दी के भीतर ही खड़ीबोली के साथ-साथ उसकी जनपदीय बोलियाँ, यथा—ब्रज, अवधी, भोजपुरी आदि भी आती है और हिन्दुस्तानी के साथ-साथ उच्च हिन्दी और उर्दू भी। इस मत के अनुसार हिन्दी मात्र व्याकरण नहीं और न ही वह केवल विशिष्ट भाषिक संरचना है। भाषा के रूप में वह एक सामाजिक संस्था भी है, संस्कृति के रूप में सामाजिक प्रतीक भी है और साहित्य के रूप में वह एक जातीय परम्परा भी है।

हॉगन का भी यह कहना है कि संस्थागत दृष्टि से भाषा को देखना वस्तुतः न केवल सम्प्रेषण-व्यवस्था के प्रयोजनसिद्ध रूप में भाषा को देखना है, पर भाषा के सहारे जातीय पुनर्गठन के इतिहास को भी जानना है। प्रायः यह देखा गया है कि जातीय पुनर्गठन की सामाजिक प्रक्रिया के दौरान कोई बोली, अन्य जनपदीय बोलियों की तुलना में अधिक महत्त्व ग्रहण कर लेती है। महत्त्व के कारण अनेक हो सकते हैं—राजनैतिक, आर्थिक, सांस्कृतिक, या कोई अन्य। महत्त्व पाने पर यह बोली अन्य जनपदीय बोली बोलनेवालों के बीच सम्पर्क-भाषा का काम करने लगती है। बाद में चलकर अन्य बोली भाषियों के लिए यह सामाजिक अस्मिता का मानक आधार भी बन जाती है। हिन्दी के सन्दर्भ में हम यह कह सकते हैं कि आज हिन्दी भाषा की विभिन्न बोलियों के बीच सम्पर्क-साधन का करने काम वाली प्रतिष्ठा प्राप्त बोली 'खड़ीबोली' है और इसीलिए वह 'भाषा' का दर्जा प्राप्त किए हुए है, जबकि अन्य जनपदीय बोलियाँ मात्र उसकी बोलियाँ कहलाती हैं। पर जहाँ तक हिन्दी भाषाई समाज का प्रश्न है, ब्रज, अवधी, भोजपुरी आदि बोलियाँ भी उसकी घटक हैं और खड़ी बोली भी।

(3)

भाषा-अध्ययन के दो सन्दर्भ

किसी भी भाषा के हम दो पक्ष देख सकते हैं। एक पक्ष का सम्बन्ध उसकी बनावट और संरचना के साथ रहता है और दूसरे पक्ष का उसके प्रयोजन और प्रकार्य के साथ। भाषा की परिभाषा देते हुए यह कहा जाता है कि "भाषा यादृच्छिक ध्वनि प्रतीकों की संरचनात्मक व्यवस्था है जिसके माध्यम से भाषाई समुदाय के व्यक्ति आपस में विचार-विनिमय करते हैं।" साफ़ है कि भाषा की बनावट की दृष्टि से हम उसकी संरचनात्मक व्यवस्था की बात करते हैं जबकि प्रयोजन के सन्दर्भ में हम यह बताते हैं कि इसके द्वारा किसी भाषाई समुदाय के व्यक्ति आपस में विचार-विनिमय करते हैं। बनावट और संरचना के सन्दर्भ का

केन्द्रक उस भाषा का 'व्याकरण' होता है और उसके प्रयोजन के सन्दर्भ का 'सम्प्रेषण'। आज विद्वानों के एक वर्ग का यह भी कहना है कि भाषा का प्रयोजन सम्प्रेषण उसी प्रकार का है जिस प्रकार हृदय का प्रयोजन हमारे शरीर में खून का पम्प करना है।

सवाल मात्र संरचना और प्रयोजन अथवा व्याकरण और सम्प्रेषण का उतना नहीं है जितना कि उसकी स्वायत्तता और उनके आपसी सम्बन्धों का है। हम चाहें तो किसी भाषा की संरचना को उसके प्रयोजन के सन्दर्भ में काटकर देख सकते हैं और उसके आधार पर व्याकरण केन्द्रित या संरचना आधारित भाषा-विज्ञान का पूरा-का-पूरा महल भी खड़ा कर सकते हैं। पर क्या ऐसा करना तर्कसंगत है? क्या अपने प्रयोजन से कटकर कोई भी वस्तु अपनी सही संरचनात्मक विशिष्टताओं के उद्घाटन में समर्थ है? उदाहरण के लिए हम 'हिन्दी' भाषा को ही लें। एक तरफ़ हम उसके कई भाषाई रूप देखते हैं, यथा—मानक भाषा का रूप, अवभाषा हिन्दुस्तानी, क्षेत्रीय बोलीरूप, पिजन-हिन्दी आदि। इन सब भाषा-रूपों की संरचनात्मक विशिष्टताओं को व्याकरण के सहारे बताना संभव है, पर जब तक सम्प्रेषण के व्यापक सन्दर्भ में प्रयोजन की दृष्टि से उस पर विचार न कर लें, इस प्रश्न पर प्रकाश डालना संभव नहीं कि क्यों हिन्दी का व्याकरण एक स्थिति में मानक भाषा को जन्म देता है, दूसरी स्थिति में बोलचाल की हिन्दुस्तानी को और तीसरी स्थिति में पिजन हिन्दी को। यही नहीं, मानक भाषा की ही दो अभिव्यक्तियों के प्रयोग की सार्थकता का पता भी हमें तभी चलता है जब हम उनके उचित प्रयोजन सन्दर्भ को देखें। हम एक शाब्दिक घटना की स्थिति में बोलते हैं—'मैंने गोली चलाई' पर दूसरी स्थिति में कहते हैं—'मुझसे गोली चल गई।' व्याकरण के धरातल पर इसका अन्तर कर्तृ वाच्य और कर्मवाच्य की संरचना का है, पर जहाँ तक सम्प्रेषण-सन्दर्भ का सवाल है, यह कहा जा सकता है कि पहली अभिव्यक्ति में वक्ता गोली चलाने की क्रिया को सचेतन भाव से बताना चाहता है और इसीलिए अन्वयान्तर के साथ कह सकता है— 'मैंने जान-बूझकर गोली चलाई।' इसके विपरीत दूसरी अभिव्यक्ति में वक्ता घटना के साथ यह भी कथ्य सम्प्रेषित करना चाहता है कि उसने जान-बूझकर गोली नहीं चलाई। अन्वयान्तर के साथ हम दूसरी अभिव्यक्ति को इस रूप में भी व्यक्त कर सकते हैं—'मुझसे अनजाने में गोली चल गई।'

संरचना और प्रयोजन का भाषा के सन्दर्भ में अटूट सम्बन्ध है। किसी भाषा की संरचना या उस भाषा की अभिव्यक्ति को उसका प्रयोजन दूर तक प्रभावित करता है। पर इधर भाषाविज्ञान के क्षेत्र में हम इनके बीच एक निश्चित दुराव की स्थिति पा रहे हैं। इस समय भाषाविज्ञान की स्पष्ट दो धाराएं हैं—सैद्धांतिक भाषाविज्ञान के नाम पर एक वर्ग भाषा की संरचना और सार्वभौम व्याकरण की

बात करता है और दूसरा वर्ग भाषा प्रयोजन को अपना लक्ष्य साधकर सम्प्रेषण-तंत्र अथवा सम्प्रेषणपरक व्याकरण की चर्चा करता है। वस्तुत: ये दो सन्दर्भ भाषा को देखने की दो निश्चित दृष्टियाँ हैं, जिनके अन्तर को समझना आज अत्यन्त आवश्यक हो गया है। विस्तार से इनके अन्तर पर विचार करना यहाँ संभव नहीं, अत: उनको तालिकाबद्ध रूप में नीचे दिया जा रहा है।

भाषा सिद्धान्त

	संरचना-केन्द्रित	प्रयोजन केन्द्रित
1. **अध्ययन का उद्देश्य**	० मानवमन की संज्ञानात्मक (काग्नेटिव) क्षमता के रूप में भाषिक वृत्ति और सहजात (इन्नेट) प्रवृत्ति के रूप में सार्वभौम व्याकरण का निरूपण।	० मानव सम्प्रेषण व्यापार में भाषा की प्रकार्यात्मक क्षमता और सामाजिक यथार्थ के रूप में प्रयोजनपरक व्याकरण सिद्धान्त का निरूपण।
2. **अन्वेषण दृष्टि**	० भाषिक प्रतीक (वर्बल सिमिआटिक) के रूप में भाषा को परिभाषित करते हुए संरचना आधारित व्यवस्था के रूप में अन्वेषण।	० सामाजिक प्रतीक (सोशल सिमिआटिक) के रूप में भाषा को परिभाषित करते हुए अन्वेषण।
3. **अन्वेषण सन्दर्भ**	० एकालाप	० वार्तालाप
4. **अन्वेषण वृत्ति**	० भाषा को समरूपी (होमोजीनियस) मानते हुए भाषाओं के बीच पाई जानेवाली एकरूपता का उद्घाटन।	० भाषा को विषमरूपी (हेटरोजीनियस) मानते हुए भाषाओं के बीच विविधता के संगठन का उद्घाटन।
5. **अन्वेषण इकाई**	० वाक्य और उसके घटक	० शाब्दिक घटना और प्रोक्ति
6. **अन्वेषण प्रकृति**	० नियम सापेक्ष रूप (फ़ार्म) निर्धारण।	० भूमिका सापेक्ष प्रकार्य निर्धारण
7. **अन्वेषण परिवृत्ति**	० भाषा और व्याकरण	० भाषाई समुदाय और सम्प्रेषण

प्रयोजन-केन्द्रित भाषा-सिद्धान्त किसी भी भाषा पर विचार करने के पहले उसके भाषाई समुदाय और उस समुदाय के भाषाई कोश की प्रकृति को समझना चाहता है। वह भाषा को उस पूरे सम्प्रेषण तंत्र की एक इकाई के रूप में देखना चाहता है जिसका उपयोग मातृभाषी अपने विचारों के आदान-प्रदान के लिए करता है। ध्यान देने की बात है कि भारत जैसे बहुभाषी और बहुसांस्कृतिक देश में किसी एक भाषा को बोलने वाला केवल अपनी मातृभाषा के प्रयोग तक अपने को सीमित नहीं रखता। विचार-विनिमय के लिए वह एक से अधिक भाषाओं का भी प्रयोग करता है। परिशिष्ट 3 में दिए गये प्रमुख भाषा-परिदृश्य से यह साफ़ ज़ाहिर होता है कि भारत की कोई भी ऐसी प्रमुख भाषा नहीं है, जिसके बोलनेवाले तीन या तीन से अधिक भाषाओं का उपयोग न करते हों। इसीलिए भाषाई कोष की अवधारणा भाषाई समाज के सम्प्रेषण-तंत्र को समझने में अत्यंत महत्त्वपूर्ण है।

भाषाई कोश और कुछ नहीं बल्कि वह 'सम्पूर्ण भाषिक संसाधन' है जो किसी भाषाई समुदाय के सदस्यों को विचार-विनिमय के लिए उपलब्ध रहता है। इस भाषिक संसाधन में वे तमाम बोलियाँ, सामाजिक शैलियाँ, भाषाएँ आदि घटक के रूप में शामिल रहती हैं जिनका प्रयोग व्यक्ति अपने सामाजिक व्यवहार में करता है। भाषाई कोश उन सभी भाषा-रूपों को एक संश्लिष्ट समुच्चय के रूप में देखता है जो किसी भाषा समुदाय के सम्प्रेषण व्यापार के समय काम में लाए जाते हैं। अध्ययन-विश्लेषण के सन्दर्भ में भाषाई कोश को तीन आयाम पर देखना संभव है—(क) भाषाई परिसर, (ख) भाषाई सीमांकन और (ग) सम्प्रेषण स्तर।

भाषाई परिसर यह बताता है कि भाषाई कोश में घटक के रूप में कितने भाषाई कोड हैं, उन कोडों की प्रकृति क्या है और आपस में वे किस प्रकार विन्यस्त हैं। इस आधार पर हम भाषाई कोश को समरूपी, बहुबोली या बहुभाषी आदि वर्गों में बाँट सकते हैं। भाषाई सीमांकन यह बताता है कि भाषाई कोश के घटक के रूप में काम करने वाले कोड एक-दूसरे से कितने जुड़े या अलग हैं और उनके बीच में कोड परिवर्तन और कोड मिश्रण की प्रकृति क्या है। सम्प्रेषण स्तर का आयाम भाषाई कोश के विभिन्न कोडों को उस भाषाई समुदाय के सामाजिक-आर्थिक स्तर से जोड़ते हुए यह बताता है कि किस स्तर पर कौन-सा कोड आवतन व्यवहार में लाया जाता है।

अगर हिन्दी भाषाई समुदाय के भाषाई कोश पर विचार करें तो उसके भाषाई परिसर के आयाम पर उसे द्विभाषिक (हिन्दी-अंग्रेज़ी) बहुशैलीपरक (हिन्दी, उर्दू और हिन्दुस्तानी) और बहुबोली प्रधान (ब्रज, अवधी, भोजपुरी

आदि) पाते हैं, उसके भाषाई सीमांकन में कोडों की जो अधिक्रमित स्थिति है उसमें पर्याप्त मात्रा में कोड परिवर्तन और कोड मिश्रण की प्रक्रिया मिलती है और सम्प्रेषण स्तर पर बोलियों, हिन्दुस्तानी और उच्च हिन्दी, उर्दू या अंग्रेज़ी कोडमिश्रित हिन्दी के प्रयोग का सीधा सम्बन्ध इस समाज के स्तरभेद के साथ पाते हैं।

हिन्दी का भाषाई कोश

यहाँ एक-दो तथ्यों की ओर संकेत देना आवश्यक है। पहला तथ्य यह है कि भारत के प्रायः सभी भाषाई समुदाय बहुभाषिक और बहुशैलीपरक हैं। बहुभाषिकता न तो समाज के लिए अभिशाप है और न सम्प्रेषणीयता में बाधक है। बल्कि इसके विपरीत उसने हमारी संस्कृति को सामासिक बनाने की दिशा में अन्यतम योग दिया है। उसने उस भारतीय व्यक्तित्व को जन्म दिया है जो विभिन्न भाषा परिवारों में बँटी भाषाओं और उनमें सिमटी संस्कृतियों का अतिक्रमण करता है। दूसरा तथ्य यह है कि अपनी भाषाई चेतना के आधार पर विभिन्न भाषाओं ने अपने-अपने स्तर पर एक जातीय अस्मिता भी पैदा की है। इसी जातीय अस्मिता के आधार पर उसने अपनी बोलियों और शैलियों के बीच सामंजस्य भी पैदा की है। इसीलिए भारतीय बहुभाषिकता की प्रकृति प्रारंभ से ही तनाव-मुक्त रही है।

भाषा किसी भी भाषाई समुदाय के सदस्यों को अन्दरूनी तौर पर जोड़ने और बाँधनेवाली एक जबर्दस्त ताकत के रूप में अपनाई जा सकती है। दूसरी तरफ़ किसी एक संगठित समुदाय में अलगाव और बिखराव पैदा करने वाले एक हथियार के रूप में भी भाषा का इस्तेमाल किया जाना संभव है। जिस तथ्य पर विशेष रूप से बल देने की ज़रूरत है, वह यह है कि भाषा में जोड़ने या तोड़नेवाली ताकत एक ही चीज़ के दो पहलू हैं, एक ही समस्या को देखने की दो दृष्टियाँ हैं, और वह चीज़ या समस्या है—सामाजिक अस्मिता।

(5)

सामाजिक अस्मिता के सवाल के सन्दर्भ में जब हम हिन्दी पर विचार करते हैं, तब कई सवाल अपने आप उभर आते हैं। इस पुस्तक में संकलित कुछ लेखों में इन्हीं समस्याओं के कुछ ऐसे पहलू पर विचार किया गया है जो हमारी भाषा-नीति पर आज प्रश्न-चिह्न बने हुए हैं। कुछ लेखों की विषयवस्तु हमारे समाज की बहुभाषिक प्रकृति है और कुछ की भाषाई चेतना। कुछ लेखों में तुलना के आधार पर भारतीय भाषाबोध और उसके संस्कार पर प्रकाश डालने का भी

प्रयत्न किया गया है। इन सभी लेखों को एकसूत्रता में बाँधने का काम कर रही है हिन्दी। इस पुस्तक में एक तरफ़ **समाजभाषा वैज्ञानिक दृष्टि** से हिन्दी की कुछ विशिष्ट भूमिकाओं पर रोशनी डालने की कोशिश देखी जा सकती है और दूसरी तरफ हिन्दी के अध्ययन-विश्लेषण के माध्यम से पूरे भारतीय समाज की सम्प्रेषण व्यवस्था को समझने का प्रयत्न भी देखा जा सकता है। परिशिष्ट में दिए गये तथ्य और आँकड़े कथन के खण्डन-मण्डन में तो सहायक हैं ही, स्वयं में भारत की भाषाई प्रकृति पर प्रकाश डालने में समर्थ है।

इनमें संकलित कुछ लेख विभिन्न पत्र-पत्रिकाओं में समय-समय पर छप चुके हैं। पर इनमें कुछ अप्रकाशित भी। कुछेक लेखों में एक-दो विद्वानों का सहयोग भी रहा है। भाषा अनुरक्षण और भाषाविस्थापन लेख में सहयोगी लेखक के रूप में डॉ० रघुवीरशरण गुप्त और तुलनात्मक आधार खण्ड के लेखों के लिए डॉ० अल्बर्तो नार्देल्ला का मैं आभारी हूं। यह कहने में मुझे संकोच नहीं कि इस पुस्तक को एक सही आकार देने में और लेखों के एक सुधी समीक्षक के रूप में डॉ० बीना श्रीवास्तव का महत्त्वपूर्ण योगदान रहा है।

अनुक्रम

खण्ड : एक

सामाजिक दायित्व और हिन्दी

1. भाषा और सामाजिक अस्मिता 17
2. सामाजिक अस्मिता और हिन्दी-उर्दू का सवाल 30
3. हिन्दी और भोजपुरी समाज की अस्मिता 42
4. हिन्दी का जनपदीय, राष्ट्रीय और अन्तर्राष्ट्रीय सन्दर्भ 53
5. राष्ट्रीयता, राष्ट्रता और राष्ट्रभाषा हिन्दी 60
6. बहुभाषिता : शक्ति या सीमा ? 69
7. बहुभाषिकता और हिन्दी भाषाई समाज 75
8. भारत की सम्पर्क भाषा : हिन्दी 85
9. भारतीय व्यक्ति एवं उसका भाषाई व्यक्तित्व 99
10. भाषा अनुरक्षण तथा भाषा-विस्थापन के सिद्धांत 118

खण्ड : दो

भाषाई चेतना और हिन्दी

11. सूरदास की भाषिक सम्पदा 141
12. भारतेन्दु युग की भाषाई चेतना 151
13. मैथिलीशरण गुप्त का भाषा-बोध 158
14. आचार्य द्विवेदी का भाषा-विषयक चिन्तन 169

खण्ड : तीन

भाषा-बोध का तुलनात्मक आधार : हिन्दी और इतालवी

15. हिन्दी और इतालवी के नाते-रिश्ते की शब्दावली 181
16. हिन्दी और इतालवी की शिष्ट अभिव्यक्तियां 191

खण्ड : चार

स्मृति-सन्दर्भ

17. प्रबोध वेचरदास पंडित 205
18. धूप की छांव में : पंडित विद्यानिवास मिश्र 210

परिशिष्ट

1. विकासशील राष्ट्रों में राजभाषा और वृहत्तर जनसम्पर्क की भाषा 219
2. भारत विकास परिचय 221
3. प्रमुख भाषा परिदृश्य 223
4. अनुसूचित भाषाओं का सोपानिक अनुपात 224
5. प्रदेश के सन्दर्भ में अनुसूचित भाषाओं की स्थिति 225
6. (क) आधुनिक आर्य भाषाओं का वर्गीकरण (ग्रियर्सन)—1 226
(ख) आधुनिक आर्यभाषाओं का वर्गीकरण (चैटर्जी)—2 228

सामाजिक दायित्व और हिन्दी

भाषा और सामाजिक अस्मिता

भाषा पर किसी भी बहस की शुरूआत करने के पहले यह जान लेना जरूरी है कि वह एक सामाजिक वस्तु है। मानसिक संकल्पना के साथ-साथ वह एक सामाजिक यथार्थ भी है; व्याकरणिक इकाई होनें के साथ-साथ वह संस्थागत प्रतीक भी है, और संप्रेषण का अन्यतम उपकरण होने के साथ-साथ वह हमारी सामाजिक अस्मिता का एक सशक्त माध्यम भी है। इस बात से इंकार नहीं किया जा सकता कि हर भाषा एक निश्चित समुदाय के व्यक्तियों को भावना, चिंतन और जीवन-दृष्टि के धरातल पर एक-दूसरे के नजदीक लाती है और उन्हें आपस में जोड़ती और बांधती है। भाषा की इस शक्ति के सहारे व्यक्ति का 'मैं' समुदाय के 'हम' में अपना फैलाव पाता है। उदाहरण के लिए हम हिन्दी भाषाई समुदाय को देखें। यह समुदाय वस्तुतः बोली समुच्चय का ही एक दूसरा नाम है। इस बोली समुच्चय में बिहारी उपभाषा की भोजपुरी, मगही और मैथिली बोलियाँ हैं जो उसी मागधी अपभ्रंश से निकली हैं जिससे असमिया और बंगला भाषा निकली हैं। दूसरी तरफ इसके भीतर राजस्थानी उपभाषा की मालवी, मेवाती, हड़ौती आदि बोलियाँ भी हैं जो उसी नागर अपभ्रंश से संबद्ध हैं जिससे गुजराती और मराठी भाषाएँ संबद्ध हैं। पर बिहारी और राजस्थानी उपभाषा वर्ग की इन बोलियों ने शौरसेनी अपभ्रंश से अपनी पश्चिमी हिन्दी (ब्रज, कौरवी आदि) और अर्द्धमागधी अपभ्रंश से उत्पन्न पूर्वी हिन्दी (अवधी, बघेली, छत्तीसगढ़ी आदि) से तादात्म्य स्थापित कर हिन्दी भाषाई समाज की संकल्पना को सामाजिक-सांस्कृतिक यथार्थता प्रदान की है। वंशानुक्रम की दृष्टि से देखें तो इन बोलियों की सत्ता अलग-अलग है और व्याकरणिक बनावट और बुनावट की दृष्टि से परखें तो इनमें से अधिकांश खड़ी बोली की तुलना में अन्य भाषाओं की संरचना के अधिक नजदीक हैं, पर भाषाई अस्मिता के धरातल पर वे हिन्दी भाषा और और उसके समुदाय के साथ हैं। इस हिन्दी भाषाई समाज की वास्तविकता यह है कि उसका हर सदस्य अपने घरेलू जीवन एवं व्यवहार के आत्मीय संदर्भ में अपनी बोलियों का प्रयोग करता है, पर शिक्षा एवं व्यवहार के औपचारिक संदर्भ में

किसी-न-किसी अंश में खड़ी बोली का प्रयोग करता ही है। यह बात भी कम महत्त्वपूर्ण नहीं है कि जब हम हिन्दी साहित्य की आज बात करते हैं, तब उसे खड़ी बोली में रचित काव्य-कृतियों तक ही सीमित नहीं करते। इसमें प्रसाद, पंत, निराला, प्रेमचन्द, अज्ञेय, मुक्तिबोध आदि की रचनाओं के साथ-साथ अवधी, व्रज, मैथिली आदि बोलियों के साहित्यकार यथा जायसी, सूर, तुलसी, विद्यापति आदि की कृतियों को भी समाहित करने में संकोच नहीं करते। इन विभिन्न बोलियों के माध्यम से अभिव्यक्त होने वाला साहित्य एक है क्योंकि इनकी रचना करने वाले हिन्दी भाषाई समाज की जातीय अस्मिता एवं साहित्यिक चेतना एक है।

स्पष्ट है कि हिन्दी साहित्य का मूलाधार उस हिन्दी भाषाई समाज की सांस्कृतिक चेतना और काव्यात्मक संवेदना है जिसे हम बोली-समुच्चय की अंतरंग शक्ति के रूप में पाते हैं। वंशानुक्रम की दृष्टि से भिन्न और व्याकरण की दृष्टि से विशिष्ट इन बोलियों को संप्रेषण के धरातल पर बाँधने का काम कर रही है संपर्क भाषा खड़ी बोली हिन्दी और भावनात्मक संदर्भ में उसे जोड़ने का काम कर रही है इस भाषाई समाज की जातीय अस्मिता। इसमें संदेह नहीं कि भाषाई समाज के रूप में 'हिन्दी' की सत्ता एक सामाजिक यथार्थ है जिसे इतिहास-चक्र ने बोलियों के वंशानुक्रम के संबंधों का अतिक्रमण कर एक निश्चित अर्थवत्ता प्रदान की है।

यह सही है कि भाषा अपने सामाजिक समुदाय के सदस्यों को अंदरूनी तौर पर जोड़ने और बाँधने वाली एक ज़बरदस्ती ताकत के रूप में अपनायी जा सकती है। पर इसके साथ यह भी सच है कि भाषा अलगाव का भी कारण बनती है। अगर भाषा, व्यक्ति के 'मैं' का विस्तार कर 'हम' में बदलने की ताकत रखती है, तो वही इस 'हम' को 'वे' के विरोध में खड़ा करने की शक्ति भी रखती है। भाषा की दुहरी प्रकृति के प्रति प्रायः हम अपनी आँख बन्द कर लेते हैं। भाषा अगर दो दिलों को जोड़ने का काम करती है तो वह दो दिलों को तोड़ने का साधन भी बनती है। अगर भाषा के सहारे हम 'सच' को पकड़ने की क्षमता रखते हैं तो उसी के सहारे हम 'झूठ' को भी सच साबित करने का सामर्थ्य रखते हैं। अगर तर्कशास्त्री भाषा के प्रतीक चिह्नों और उनके विन्यास के आधार पर प्रकथन की प्रकृति के रहस्यों पर से पर्दा उठाकर सत्य की तह तक पहुँचने का दावा कर सकते हैं और अगर प्रबुद्ध साहित्यकार शब्द और अर्थ के मंजुल संबंधों के आधार पर उदात्त भावभूमि पर हमें विचरण करने का अवसर प्रदान कर सकते हैं, तो दूसरी तरफ राजनीतिज्ञ हमें वाग्मिता का सहारा लेते हुए प्रभावी वाक्तूल में उलझा भी सकते हैं और व्यापारी वर्ग फुसलाने वाली भाषा-वृत्ति का आलंबन लेकर हमें विज्ञापन की ऐसी दुनिया में ले जा सकते हैं, जहाँ सच-झूठ का विवेक अपना आधार सहज ही खो बैठता है। सच तो यह है कि भाषा में जोड़ने और तोड़ने वाली

दोनों ही ताकतें हैं। ताकत के ये दोनों पक्ष एक ही चीज के दो पहलू हैं, एक ही समस्या के दो पक्ष हैं। और यह चीज या समस्या है—सामाजिक अस्मिता।

सामाजिक अस्मिता जिस इकाई को जन्म देती है, उसके मूल लक्ष्य हैं 'आभ्यंतर एकता' और 'बाह्य विशिष्टता'। इन दोनों लक्ष्यों को साधने के लिए हम 'भाषा' का सहारा लेते हैं। बहु-बोली प्रधान हिन्दी क्षेत्र को हम खड़ी बोली के सहारे 'एक' सिद्ध करना चाहते हैं, पर इसी खड़ी बोली हिन्दी को बंगाली, तमिल, तेलगु भाषियों आदि अन्य क्षेत्रीय समुदायों से अलग एक विशिष्ट इकाई भी सिद्ध करना चाहते है। सच तो यह है कि भारत का एक-एक कोना बहुभाषा-भाषी है, पर भाषा का सहारा लेकर हम उसमें क्षेत्रीयता का रंग भरते चलते हैं। आंध्र प्रदेश में एक नहीं, अनेक भाषाएं बोली जाती हैं पर तेलगु भाषा को क्षेत्रीयता का आधार बनाते हुए एक तरफ उसमें एकता का भाव पैदा करना चाहते हैं तो दूसरी तरफ उसे विशिष्ट सिद्ध करते हुए हिन्दी, तमिल आदि अन्य इकाइयों से काटने की ओर भी प्रवृत्त होते हैं। जो स्थिति आंध्र प्रदेश और तेलगु भाषा की है, उससे भिन्न कोई स्थिति तमिलनाडु और तमिल, कर्नाटक और कन्नड़, महाराष्ट्र और मराठी आदि क्षेत्रों की नहीं है। क्षेत्रीय अस्मिता के प्रतीक के रूप में भाषा के प्रश्न को उभारने का काम राजनीतिज्ञों के लिए सुविधाजन्य है क्योंकि भाषा व्यक्तियों को जोड़ने और तोड़ने की दोनों ही शक्ति से सहज ही बँधी हुई है। वह समुदाय में भावनात्मक एकता का कारण भी है और भावना के स्तर पर अन्य समुदायों से विद्वेष का आधार भी है। दूसरा कारण यह भी है कि भाषा, हर किसी के लिए सुलभ है, वह व्यक्ति के पूरे व्यक्तित्व में हवा-पानी की तरह गहराई तक बसी हुई है, इसलिए इसके सहारे शिक्षित और अशिक्षित, स्त्री और पुरुष, उच्च वर्ग और निम्न वर्ग आदि समाज के सभी तबके के व्यक्तियों को छेड़ा और उकसाया जाना संभव है।

भाषा की विघटनकारी शक्ति अगाध है, इसीलिए इसे गोली भरे बंदूक की तरह इस्तेमाल करना भी संभव है। भारत के अलावा पाकिस्तान, नाइजीरिया, कनाडा, बेल्जियम, चेकोस्लोवाकिया आदि कई देशों में भाषा को हथियार बनाकर विभिन्न सामाजिक वर्ग अपनी लड़ाई लड़ रहे हैं। भाषाई तनाव और विद्वेष के आधार पर पहले से बने 'एक' राष्ट्र की संकल्पना को निकट इतिहास ने खंडित किया है। भाषाओं के आधार पर बनी राष्ट्रीय अस्मिता की भावना ने न केवल पूरे यूरोप को नये सिरे से खंडित किया, बल्कि पूरे के पूरे 'राष्ट्र' की संकल्पना को ही नया आयाम दे डाला। पहले के बहुभाषा-भाषी राष्ट्र, भाषा की जातीय अस्मिता के आधार पर कई टुकड़ों में बँट गए, यहाँ तक कि बेल्जियम, फिनलैंड, आयरलैंड, स्कॉटलैंड आदि द्विभाषिक क्षेत्र भी क्षेत्रीयता की भावना और भाषाई तनाव से गुजरे। पाकिस्तान के निर्माण के पीछे सामाजिक-आर्थिक या धार्मिक

चाहे जो भी कारण रहे हों, उसके निर्माण के साथ 'उर्दू' भाषा को भी जोड़ा गया। उर्दू के नाम पर उन मुसलमानों को 'एक' किया गया जिनकी मादरी जुबान तक उर्दू न थी। पर इसी 'उर्दू' के खिलाफ़ बंगला भाषा की अस्मिता का सवाल उठाकर बंगला देश को पाकिस्तान से अलग भी किया गया। बंगला देश के निर्माण के पीछे सामाजिक और आर्थिक या फिर राजनीतिक चाहे जो भी कारण रहे हों, वहाँ के निवासियों के लिए बंगला भाषा ही 'हम-वे' की भावनात्मक लड़ाई का हथियार बनी।

जो कहानी अंतर्राष्ट्रीय संदर्भों में राष्ट्रों के बनने और टूटने की है, उससे कोई भिन्न कहानी देश के संदर्भ में प्रांतों की नहीं है। भाषाओं के आधार पर प्रांतों के पुनर्गठन की हमारी समस्या का बीज उन्नीसवीं शताब्दी से ही शुरू हो गया था। कांग्रेसी इतिहासकार डॉ० पट्टाभि सीतारमैया के अनुसार बिहार के महेश नारायण ने 1894 में ही भाषा के आधार पर अपने प्रांत को बंगाल से अलग करने करने की माँग की थी और उसके लिए आंदोलन भी चलाया। फलस्वरूप कांग्रेस को 1908 में बिहार को एक स्वतंत्र प्रांत के रूप में स्वीकार करना पड़ा। बिहार के निर्माण के बाद भाषाई आधार पर प्रांतों के पुनर्गठन और निर्माण का आंदोलन आंध्र प्रदेश में 1913 से जोर पकड़ने लगा। कांग्रेस ने 1927 में अपनी संवैधानिक समिति का गठन किया, जिसकी रिपोर्ट के आधार पर यह प्रस्ताव पारित किया गया कि 'भाषाई आधार पर प्रांतों के पुनर्गठन का अब समय आ गया है' और अब यह निहायत जरूरी हो गया है कि आंध्र, उत्कल, सिंध, कर्नाटक को एक स्वतंत्र प्रांत का दर्जा दे दिया जाए।' 1928 में गठित नेहरू समिति ने भी भाषाओं के आधार पर प्रांतों के पुनर्गठन की पुष्टि करते हुए इस बात पर बल दिया कि प्रशासन की दृष्टि से बहुभाषी प्रांत असुविधापूर्ण हैं क्योंकि उस स्थिति में आदेशों, निर्देशों और प्रशासनिक प्रयोजनों की भाषा की संख्या दो या उससे अधिक होनी पड़ेगी। 1937 में भी कांग्रेस ने इस नीति की पुष्टि की कि जहाँ तक हो प्रशासनिक इकाई को भाषाई और सांस्कृतिक एकता के आधार पर निर्मित किया जाए।

राष्ट्रपति के आदेश पर भाषाई आधार पर प्रांतों के पुनर्गठन संबंधी दर-कमीशन की रिपोर्ट में एक-दो महत्त्वपूर्ण तथ्यों का भी उल्लेख है। उसमें यह आशंका भी व्यक्त की गई थी कि किसी एक भाषा के आधार पर गठित प्रांतों में बसने वाले अल्पसंख्यक भाषाई समुदायों में विक्षोभ की भावना को स्वभावतः प्रश्रय मिलेगा और अगर प्रभुता-संपन्न बहुसंख्यक भाषाई समुदाय ने कठोर रुख अपनाया तो स्थिति के विस्फोटक होने की भी संभावना है। दूसरी बात का संबंध सिद्धांत से था। भाषाई आधार पर गठित प्रांतों के दो सैद्धांतिक आधार दिखलाई पड़ते हैं। पहला आधार प्रत्येक भाषाई समुदाय को एक उप-राष्ट्र (सब-नेशन के

रूप में देखने की दृष्टि देता है, जिसके आधार पर 'भारत राष्ट्र' उप-राष्ट्रों के संघ के अलावा और कुछ नहीं बनता। दूसरा आधार, मात्र प्रशासन की दृष्टि से उन प्रांतों को एक ऐसे घटक के रूप में निर्मित करना चाहता था जो पहले की विषम और जटिल व्यवस्था को भाषा और संस्कृति की दृष्टि से समरूपी और प्रशासन की दृष्टि से सरल बना सके। इस रिपोर्ट में दो प्रांतों के संधि-स्थल पर बसने वाले बहुभाषा-भाषी समुदायों की अनस्थिर प्रकृति की भी चर्चा की गई।

सन् 1956 तक आते-आते भाषाई आधार पर प्रांतों के पुनर्गठन की प्रक्रिया ने स्थिरता प्राप्त कर ली। यह माना जाने लगा कि भाषाई अल्पसंख्यकों की समस्या का एक हद तक समाधान मिल गया। पर यह धारणा कितनी आधारहीन थी, इसका प्रमाण कुछ ही सालों में मिलने लगा। 1956 में राज्यों की संख्या 16 थी, जो 1971 में जाकर 22 हो गई और आज भाषाई आधार पर 25 राज्य हैं। गुजराती और मराठी भाषा-भाषियों के आपसी तनाव और टकराहट ने 1960 में महाराष्ट्र को दो उपखंडों में विभक्त किया और हिन्दी तथा पंजाबी के झगड़े ने सालों से एक-दूसरे के साथ का निर्वाह करने वाले हिन्दुओं और पंजाबियों को भाषा के नाम पर अलग करने के लिए पंजाब को पंजाबी सूबा और हरियाणा में बाँट दिया। पर क्या इससे अल्पसंख्यकों की समस्या का समाधान हो गया? क्या भाषा के नाम पर बहने वाला लाल खून इन दोनों समुदायों के बीच की खाई को पाटने में सफल हुआ?

विभाजन के पहले पंजाब में सिख अल्पसंख्यक थे, जैसा कि 1961 की जनगणना से पता चलता है। उनकी संख्या राज्य की कुल आबादी का 41.1 प्रतिशत था। विभाजन के बाद पंजाब में उनकी संख्या 79.49 प्रतिशत हो गयी जैसा कि 1971 की जनगणना से संकेत मिलता है। पर इसके साथ यह सच नहीं कि 1961 में हिन्दुओं की जो संख्या पंजाब में 55.6 प्रतिशत थी, वह 1971 में 20.01 प्रतिशत हो गई। साफ जाहिर है कि पंजाब प्रांत में जो 'अल्पसंख्यक' (पंजाबी) थे, वे 1971 में प्रभुतासंपन्न बहुसंख्यक हो गये और जो उस समय बहुसंख्यक (हिन्दी-भाषी हिन्दू) थे, वे बाद में चलकर अल्प-संख्यक हो गए? क्या अल्पसंख्यकों को अपनी समस्या का समाधान इससे हो जाता है? इससे मिला क्या? एक और भाषाई प्रांत? पर क्या यह प्रांत स्वयं में पंजाब के हिन्दू अल्पसंख्यकों का अपना समाधान है? बहुभाषिकता भारतीय समाज की जड़ तक फैली हुई है। इसका छोटा से छोटा टुकड़ा ही करके उसे एक-भाषी घोषित क्यों न कर दीजिए, अल्पसंख्यकों की समस्या उस समय तक बनी रहेगी, जब तक बहुसंख्यकों के आधार पर उस भूखंड को एक-भाषी घोषित करते रहेंगे। वस्तुतः इस समस्या के उचित समाधान के लिए पहले भारतीय समाज की भाषाई यथार्थता की सही प्रकृति को समझना जरूरी है, और उसके साथ यह भी समझना

जरूरी है कि भाषाओं के आधार पर बनी हमारी सामाजिक अस्थिरता की वास्तविक प्रकृति क्या है ?

इसमें संदेह नहीं कि आज सिखों ने पंजाबी भाषा को अपनी राजनैतिक और धार्मिक अस्मिता का प्रतीक बना लिया है। इस अस्मिता की भावना को हवा दी है भाषाओं के आधार पर प्रांतों के पुनर्गठन की प्रवृत्ति ने अन्यथा इसके पहले यह था कि पंजाब के पंजाबी भाषाई समुदाय के सदस्यों में सिख भी थे और हिन्दू भी। पर जब से पजाब के दो टुकड़े हुए, सिखों ने पंजाबी को राजनैतिक और सामाजिक अस्मिता का जबरदस्त प्रतीक चिह्न बना लिया है। यह एक दिलचस्प स्थिति है कि पंजाब के बँटवारे के बाद एक ओर तो दिल्ली के आँकड़ों में पंजाबी प्रवासियों की संख्या में वृद्धि हुई किन्तु दूसरी ओर पंजाबी को मातृभाषा घोषित करने वालों के आँकड़ों में आश्चर्यजनक कमी आई है। इस बेमेल स्थिति का कारण है, पंजाबी-हिन्दुओं की अपनी जातीय अस्मिता। चूँकि सिखों ने पंजाबी भाषा को अपने धर्म एवं राजनीति से जोड़ डाला है, इसलिए पंजाबी हिन्दुओं ने उस पंजाबी को अपनी मातृभाषा मानने से इन्कार करना प्रारम्भ कर दिया जिसका प्रयोग अब भी वे मातृभाषावत् करते हैं। भाषा स्वयं में धार्मिक या अधार्मिक नहीं हुआ करती, न ही उसकी व्याकरणिक व्यवस्था में जातीयता का कोई पुट मिला हुआ करता है। उसको धार्मिकता या जातीयता के रंग में रंगने का काम उसके प्रयोगकर्ता किया करते हैं। सिख धर्म की स्थापना भले ही संत गुरु नानक ने की हो, पंजाबी भाषा को उन्होंने जन्म नहीं दिया। उर्दू को आज भले भले ही मुस्लिम संस्कृति की आवाज़ की प्रतीक-भाषा के रूप में क्यों न उभारा जा रहा हो, पर उर्दू भाषा के प्रयोक्ता और उसके माध्यम से साहित्यिक कृतियों के निर्माता हिन्दू और मुसलमान दोनों ही हैं। भाषा को अपनी जातीय अस्मिता के रूप में साधने के हमेशा ऐतिहासिक एवं सामाजिक कारण हुआ करते हैं। यही कारण है कि भारत में पंजाबी हिन्दू और पाकिस्तान के पंजाबी मुसलमान के लिए पंजाबी भाषा एक प्रतीक के रूप में उभरी है। भारत का पंजाबी हिन्दू आज सिखों से अपनी अस्मिता नकारने के लिए पंजाबी को मातृभाषा स्वीकार करने के पक्ष में नहीं है और दिल्ली के परिवेश में उसे छोड़ देने के मत में है। इसके विपरीत पाकिस्तान का पंजाबी मुसलमान पंजाबी भाषा को पुनर्जीवित करना चाहता है जिससे इस पंजाबी भाषा द्वारा वह अपनी अस्मिता दूसरे मुसलमानों से अलग बनाए रख सके।

इस बात को बार-बार दुहराने की जरूरत है कि भारत एक बहुभाषी और बहुसांस्कृतिक देश है, और इसीलिए उसकी सामाजिक अस्मिता की प्रकृति भी एकाश्मक नहीं है। यह भी ध्यान देने की बात है कि भारत केवल इसीलिए बहुभाषी नहीं है कि यहाँ 1652 मातृभाषाएँ या 200 वर्गीकृत भाषाएँ बोली

जाती हैं और लगभग 10 लिपियों का प्रयोग होता है। यह संभव है कि राष्ट्र के धरातल पर कोई देश इसलिए बहुभाषी घोषित कर दिया जाए क्योंकि वहाँ भिन्न-भिन्न भाषाओं के बोलने वाले समुदाय रहते हों। उदाहरण के लिए स्विट्ज़रलैंड को ही लें। यहाँ राजभाषा के रूप में तीन-तीन भाषाएँ स्वीकृत हैं—फ्रेंच, जर्मन और इटालियन। पर यहाँ बसने वालों के लिए यह आवश्यक नहीं कि वे एक से अधिक भाषा की जानकारी रखते हों। जेनेवा का भाषाई समुदाय 'फ्रेंच-भाषी' है, ज़ुरिरद का जर्मन-भाषी और तियिनों का इतालवी-भाषी, और ये सभी अपने क्षेत्र में सामान्यतः एकभाषी हैं। इसके विपरीत भारत की बहुभाषिकता की प्रकृति सामाजिक है, जिसकी जड़ें बहुत गहरी हैं, इतनी गहरी कि बिना स्कूली शिक्षा पाए ही व्यक्ति द्विभाषिक बन जाता है। यहाँ कोई भी ऐसा भाषाई समुदाय नहीं है जिसके भाषाई कोश में तीन से कम भाषाएँ हों। और खूबी तो यह है कि इन सभी भाषाओं के प्रयोग के अपने सामाजिक संदर्भ और प्रयोजन हैं, सभी की अपनी-अपनी विशिष्ट भूमिकाएँ हैं, और सभी को उस समुदाय का व्यक्ति सहज भाव से स्वीकार किए हुए है।

ध्यान देने की बात है कि समाज का जीवन इकहरा नहीं हुआ करता और न ही व्यक्ति की सामाजिक भूमिकाएँ एक-आयामी हुआ करती हैं। अगर व्यक्ति किसी का बेटा है तो अपने बेटे का पिता भी, किसी स्त्री का वह भाई है तो किसी अन्य स्त्री का पति भी। हमारी प्रशासनिक व्यवस्था की प्रकृति स्तरीय और अधिक्रमित है। हम एक स्तर पर अपने गाँव या शहर से जुड़े होते हैं (स्थानिक संदर्भ), दूसरे स्तर पर अपनी क्षेत्रीयता से बँधे होते हैं (क्षेत्रीय संदर्भ), एक तीसरे स्तर पर पूरे राष्ट्रीय संदर्भ से हमारा नाता बँधता है (राष्ट्रीय संदर्भ), और अगर अपने को अपने देश से बाहर की आर्थिक, सामाजिक या सांस्कृतिक व्यवस्था से जोड़ने की ओर प्रवृत्त हुए, तो हम अंतर्राष्ट्रीय संदर्भों से भी सम्बद्ध हो जाते हैं (अंतर्राष्ट्रीय संदर्भ)। जिस प्रकार प्रशासनिक संदर्भ में किसी भी देश की समस्या को उसके अंतर्राष्ट्रीय, राष्ट्रीय, क्षेत्रीय और स्थानिक दृष्टि से देखना संभव है, उसी प्रकार उस देश के संप्रेषणतंत्र को भी विभिन्न दृष्टियों से देखना आवश्यक है।

एक-भाषीय समाज इन विभिन्न प्रयोजनधर्मी भूमिकाओं को शैली-भेद के आधार पर साधता है जबकि भारतीय बहुभाषी समाज अपनी प्रकृति के अनुसार अपने भाषाई कोश के विभिन्न घटकों द्वारा। हिन्दी भाषाई समाज को ही लें। अपनी स्थानिक भूमिका के संदर्भ को वह बोलियों के सहारे निभाता है, अपनी क्षेत्रीय (प्रांतीय) भूमिका के निर्वाह के लिए वह खड़ी बोली का सहारा लेता, देशवासी संदर्भ में वह कभी हिन्दी और कभी अंग्रेज़ी भाषा के प्रयोग की ओर प्रवृत्त होता है और अंतर्राष्ट्रीय भूमिका के संदर्भ में वह अंग्रेज़ी को अपनाता है।

इन बोलियों और भाषाओं को वह सहज भाव से स्वीकार करता है। उसके व्यक्तित्व में अभी हाल तक ये भाषाएँ दुराव और द्वेष का कारण न थीं क्योंकि उसका भाषाई व्यक्तित्व संतुलित, समन्वित और सामाजिक था। बहुभाषिकता उसके व्यक्तित्व का एक साधक और सार्थक पक्ष था। और जो स्थिति हिन्दी-भाषी समाज की थी, उससे भिन्न न तो अन्य भारत की अपने भाषाई व्यक्तित्व की थी। अन्य भाषाभाषी अपनी स्थानिक आवश्यकताओं के लिए अपनी-अपनी मातृभाषा को स्वीकार करते थे, क्षेत्रीय आवश्यकताओं के लिए अपने क्षेत्र की सर्वाधिक प्रयोजनधर्मी संपर्क भाषा को अपनाते थे, अखिल भारतीय संदर्भ में हिन्दी और अंतर्राष्ट्रीय सन्दर्भ में अंग्रेजी को अपनाते थे। स्वतंत्रता-पूर्व हमारी भाषाई चेतना इस पैटर्न को सहज भाव से स्वीकार कर चुकी थी। इसीलिए तिलक, गाँधी, सुभाषचन्द्र बोस, राजगोपालाचारी, सुनीतिकुमार चटर्जी आदि सभी ने अपनी-अपनी क्षेत्रीय भाषाओं के प्रयोग के साथ-साथ संपर्क भाषा हिन्दी के व्यवहार पर बल दिया था। पर स्वतंत्रता के बाद कुछ ऐसा घटा कि हमारा व्यक्तित्व खंडित होने लगा, सामाजिक अस्मिता की समग्रता टूट-टूटकर न केवल बिखरने लगी बल्कि एक-दूसरे की प्रतिस्पर्द्धी बनने लगी। अब ऐसा लगने लगा कि बहुभाषिकता समाज के लिए एक अभिशाप है, दंगे-फसाद और खून-खराबे का विषैला कारण है।

इस बात का पता लगाना अब आवश्यक हो गया है कि इस परिवर्तन का कारण क्या है? क्यों पहले का अमृत आज की परिस्थिति में 'विष' बन गया है? 'हिन्दी' को राष्ट्रभाषा का दर्जा दिलाने में जिन अहिन्दी प्रदेशों और उसके निवासियों का सर्वाधिक योग रहा, वे ही आज उसके विपक्ष में आत्मदाह करने की ओर प्रवृत्त हो रहे हैं?

इससे तो इन्कार नहीं किया जा सकता कि प्राचीन काल से ही भारत मूलतः बहुभाषिक रहा है। सदियों से चली आ रही उसकी इस बहुभाषिकता ने एक ऐसे 'भारतीय' व्यक्तित्व को जन्म दिया है जिसे न तो आर्य जाति की संज्ञा दी जा सकती है और न अनार्य जाति की। यह व्यक्तित्व बना है सदियों से साथ-साथ रहने वाले आर्य, द्रविड़, किरात, निषाद आदि जातियों के मेल-मिलाप से, उनके सांस्कृतिक गुणों, भाषाई लक्षणों के अभिसारण और समीकरण की प्रक्रिया से। हम जानते हैं कि शुद्ध रक्त रखने वाले आर्य 'हवन-संस्कृति' और वर्णाश्रम व्यवस्था के सम्पर्क थे। 'पूजा-संस्कृति' द्रविणों की थी। अतः पत्र-पुष्प, नारियल-अच्छत का विधान उनका था। यह अभिसारण प्रक्रिया का ही परिणाम कहा जा सकता है कि चाहे उत्तर में बसने वाला तथाकथित आर्यवंशज हो अथवा दक्षिण में स्थित द्रविड़ कुल का, उसके सामान्य आचरण में 'हवन' और 'पूजा' या फिर 'वर्ण व्यवस्था' समान भाव से फलित दिखाई पड़ती है। साफ जाहिर है कि

संस्कृतियों के अनुकूल और अभिसारण की जिस प्रक्रिया से भारतीय समाज गुजरता रहा है, 'भारतीय व्यक्तित्व' उसी का परिणाम कहा जा सकता है। यह उसके समग्र व्यक्तित्व का ही फल था कि भक्ति आंदोलन से संबद्ध दक्षिण के आचार्यों की (वल्लभाचार्य, रामानुजाचार्य, निंबार्काचार्य, मध्वाचार्य) मातृभाषा, द्रविड़ कुल की थी, पुनर्जागरण और जन-संपर्क की उनकी भाषा ब्रज थी और तत्त्वचिंतन तथा दर्शन की भाषा संस्कृत थी। इन तीनों भाषाओं के प्रयोजनधर्मी तंतुओं के माध्यम से ही उनका व्यक्तित्व निर्मित हुआ था।

भारत के इस प्रयोजनधर्मी समग्र एवं समन्वित भाषाई व्यक्तित्व में पहली दरार पड़ी अंग्रेजी भाषा द्वारा। भारत के संप्रेषण-तंत्र में अंग्रेज़ी भाषा 'प्रभुता' का सूचक बनकर आई। भाषा केवल विचारों की अभिव्यक्ति का साधन ही नहीं बल्कि सामाजिक नियंत्रण का माध्यम भी है। जैसे-जैसे अंग्रेज शासकों का भारतीय समाज पर नियंत्रण बढ़ा, वैसे-वैसे ही अनुपात में उसके द्वारा सामाजिक नियंत्रण में गहराई और फैलाव दोनों ही आता गया और आज आलम यह है कि स्वतंत्रता के इतने वर्षों बाद भी वह हमारे सामाजिक आचार-विचार को नियंत्रित करने में हर तरह से समर्थ है। प्रभुता-संपन्नता का यह पक्ष अंग्रेज़ी के साथ इस तरह जुड़ा हुआ है कि आज अनेक व्यक्ति ऐसे मिलते हैं जो अपने बच्चों को अंग्रेज़ी पढ़ाने में बेहिसाब खर्च करने में नहीं हिचकते।

स्वतंत्रता के बाद हमने अपनी राष्ट्रीय अस्मिता की पहचान के लिए भाषा का सहारा लेना चाहा, अंग्रेज़ी को हटाकर एक भारतीय भाषा को उसका प्रतीक चिह्न बनाना चाहा। हमारा यह राष्ट्रीय अन्दाज युग की माँग के अनुरूप था क्योंकि अफ्रीका, लैटिन अमेरिका या दक्षिण-पूर्व एशिया के नवोदित स्वतंत्र देश एक तरफ अपनी स्थानिक भाषाओं के विकास के प्रति सचेत हुए और दूसरी तरफ अपनी राष्ट्रीय पहचान और राजनैतिक दृष्टि से देश की एकात्मकता को बनाए रखने के लिए 'राष्ट्रभाषा' की समस्या के प्रति सजग हुए। इस मनोवृत्ति से प्रेरित होकर ही हमने हिन्दी को संघ की राजभाषा का दर्जा दिया। हिन्दी का चुनाव अपने में गलत न था। क्योंकि राष्ट्रभाषा बनने के लिए जो अर्हताएँ भाषा में होनी चाहिए थीं, वे हिन्दी में पहले से ही विद्यमान थीं। दूसरे गुजरात शिक्षा सम्मेलन के सभापति पद से बोलते हुए महात्मा गाँधी ने सन् 1917 में इस तथ्य की ओर संकेत दिया था कि वही भाषा राष्ट्रभाषा बन सकती है जो सरकारी कर्मचारियों के लिए सहज और सुगम हो, जो धार्मिक, आर्थिक और राजनैतिक क्षेत्र में माध्यम भाषा बनने की क्षमता रखती हो, जिसको बोलने वाले बहुसंख्यक हों और जो पूरे देश के लिए सहज रूप से उपलब्ध हो। उनके अनुसार भारत की भाषाओं में हिन्दी ही एकमात्र भाषा ठहरती है जो उनके द्वारा निर्धारित आवश्यकताओं को पूरा करती है।

हिन्दी का राष्ट्रभाषा या राजभाषा के रूप में चुनाव गलत न था, गलत थी तो वह शासकीय प्रक्रिया जिसके आधार पर हिंदी को अंग्रेज़ी की स्थानपन्न भाषा के रूप में उभारने का प्रयास हुआ । हिन्दी को भी प्रभुता-संपन्न भाषा बनाने की कोशिश में उसको उन सभी गुणों से वंचित करने की प्रक्रिया शुरू हुई, जो उसे समाज से जोड़ते थे, संपर्क भाषा के रूप में उसे प्रयोजनवती बनाते थे और बहुभाषिकता को प्रतिस्पर्द्धा-रहित और तनाव-मुक्त रखते थे । यह बात स्वयंसिद्ध है कि जब कोई भाषा, किसी दूसरी भाषा के प्रयोक्ता के विकास-मान सीढ़ी पर चढ़ने में बाधक बनने लगती है, तब उसका विरोध शुरू हो जाता है। 1955-56 के राजभाषा समिति आयोग की रिपोर्ट में जिन दो सदस्यों ने अपना विरोधी मत दिया था, वे डॉ० सुनीतिकुमार चाटुर्ज्या और डॉ० पी० सुब्बारयन थे, दोनों ने हिन्दी को राजभाषा बनाने का विरोध मात्र इस आशंका के कारण किया था कि इससे 'हिन्दी साम्राज्यवाद' की नींव पड़ेगी, प्रभुता-संपन्न होकर हिन्दी अंग्रेजी से भी अधिक तानाशाह बन जायेगी ।

हिन्दी के सन्दर्भ में जिस तथ्य की ओर गांधीजी ने संकेत किया था, सोवियत संघ के संदर्भ में रूसी भाषा को लेकर लेनिन ने भी उसकी ओर अपनी अंगुली उठाई थी । पर लेनिन के अनुसार रूस एक विशाल देश है, उसमें विकसित और अविकसित अनेक उप-राष्ट्र हैं । अगर इन उप-राष्ट्रों को परस्पर आर्थिक विनिमय और व्यापार को बढ़ाना है, तो उन्हें एक संपर्क भाषा को स्वीकार करना ही होगा । यह संपर्क भाषा वही हो सकती है जिसे विभिन्न उपराष्ट्र सरलता से सीख सकें और जिसको द्वितीय भाषा के रूप में जानने वाले सबसे अधिक हों । लेनिन के मत में सोवियत संघ के लिए यह भाषा रूसी थी । पर लेनिन रूसी भाषा को एक प्रभुता-सम्पन्न भाषा के रूप में कभी भी देखना नहीं चाहते थे । इसीलिए वे सोवियत संघ की अन्य भाषाओं के 'रूसीकरण' के सख्त विरोधी भी थे । उनके मत के अनुसार राष्ट्रीयता, सामाजिक अस्मिता का एक बृहत्तर आयाम है। इस बृहत्तर आयाम पर जो भाषा सार्थक ढंग से अपनी भूमिका निभाती है, उसे उप-राष्ट्रों के बीच आर्थिक विनिमय के दायित्व का भी निर्वाह करना पड़ता है। आर्थिक विनिमय और व्यापारिक संबंध स्वयं यह निर्धारित करेंगे कि किसी राष्ट्र की कौन-सी भाषा इस दृष्टि से उस राष्ट्र के हित में है ।

यहाँ 'राजभाषा' और 'राष्ट्रभाषा' की संकल्पना के बीच अंतर कर लेना आवश्यक है । राजभाषा वस्तुतः आर्थिक विकास और प्रशासनिक प्रयोजनों की भाषा है जबकि राष्ट्रभाषा जातीय प्रामाणिकता और सामाजिक अस्मिता की भाषा है । राजभाषा राजनैतिक दृष्टि से देश को सफल बनाती है जबकि राष्ट्रभाषा सामाजिक-सांस्कृतिक दृष्टि से उसे एकताबद्ध करती है । राजभाषा का आधार 'राष्ट्रता' (नेशनिज्म) है और राष्ट्रभाषा का 'राष्ट्रीयता' (नेशनलिज्म)। राजभाषा

के लिए यह आवश्यक नहीं कि भाषा उस देश की ही हो, पर जातीय अस्मिता के प्रश्न से संबद्ध होने के कारण राष्ट्रभाषा के लिए यह निहायत जरूरी है कि वह भाषा उस देश की अपनी भाषा हो।

वास्तविकता तो यह है कि भाषाई झगड़ों का कारण 'राजभाषा' की संकल्पना और उसका प्रयोजन है, न कि 'राष्ट्रभाषा' की अवधारणा और उसकी सिद्धि। सामाजिक नियंत्रण की प्रभावी शक्ति और प्रभुता के मूल्य से राजभाषा जुड़ी होती है। इन्हीं मूल्यों से प्रेरित होकर हमारे देश में एक वर्ग 'अंग्रेज़ी' को 'राजभाषा' बनाए रखने के पक्ष में है और राष्ट्रभाषा के रंग देने के लिए अन्य भारतीय भाषाओं की तरह उसे भी भारत की ही एक भाषा सिद्ध करना चाहता है। खुशवंत सिंह जैसे विद्वान तो अंग्रेज़ी को अपनी मातृभाषा तक साबित करने के लिए उद्यत हैं और कुलदीप नायर तथा सुनंदा सान्याल उसे राष्ट्रीय एकीकरण का सर्वाधिक महत्त्वपूर्ण साधन साबित करन के लिए प्रयत्नशील हैं। इधर दूसरी तरफ हिन्दी खेमे के कुछ ऐसे विद्वान हैं जो भारतीय संविधान और राजभाषा अधिनियम कानून के तहत जो भी हिन्दी को राजभाषा के रूप में सामाजिक नियंत्रण के अधिकार मिले हैं, उसमें कमी नहीं आने देना चाहते। अमृतराय इस दृष्टि से हिन्दी को सर्वोपरि भाषा साबित करना चाहते हैं और नामवर सिंह उत्तरप्रदेश में उर्दू को सहयोगी राजभाषा बनाने के सवाल को 'बासी भात में खुदा का साझा?' समझते हैं। यहाँ हम केवल इस तथ्य की ओर संकेत देना भर चाहते हैं कि जिस देश ने मात्र 'राजभाषा' की दृष्टि से अपने देश की समस्या को सुलझाना चाहा, उसने एक से अधिक भाषाओं को राजभाषा का दर्जा देने में संकोच नहीं किया। यही कारण है कि सिंगापुर (अंग्रेज़ी, तमिल, मलय और मैंडरीन चीनी) और बेलिजे (अंग्रेज़ी, स्पेनी, मय और कैरिब) में चार-चार भाषाएँ राजभाषा के पद पर आसीन हैं। तीन भाषाओं को राजभाषा का दर्जा देने वाले देशों में स्विट्ज़रलैंड के अतिरिक्त देश हैं—बोलीविया गणतंत्र और पेरू (स्पेनी, आयोमारा और क्वेचुआ), साइप्रस (ग्रीक, तुर्की और अंग्रेज़ी), चेकोस्लोवाकिया (चेक, स्लोवाक और हंगेरियन) आदि।

हमारे देश की समस्या इनसे भिन्न है। हम 'राजभाषा' के प्रश्न को राष्ट्रभाषा के सवाल से जोड़कर देखना चाहते हैं। इसका एक प्रमुख कारण भी है। हम देश को मात्र एक राजनैतिक और प्रशासनिक इकाई ही नहीं मानना चाहते बल्कि यह भी सिद्ध करना चाहते हैं कि यह सामाजिक-सांस्कृतिक दृष्टि से भी किसी न किसी स्तर पर एक है, अपनी तमाम क्षेत्रीय विशिष्टताओं के बावजूद वह एक समग्र इकाई है। इसीलिए हमें 'विभिन्नता में एकता' के प्रश्न से बार-बार उलझना पड़ता है। हम सच में 'राष्ट्रता' और 'राष्ट्रीयता' के द्वंद्व में उलझकर अपनी भाषाई समस्याओं का हल ढूंढ़ रहे हैं। पर पराधीनता की बेड़ियों को तोड़कर

हाल में स्वतंत्र होने वाले अफ्रीका और एशिया के देशों पर अगर हम दृष्टि डालें, तो यह स्पष्ट हो जाता है कि प्रत्येक देश 'राष्ट्रता' और 'राष्ट्रीयता' के द्वंद्व को अपने ढंग से सुलझाना चाहता है।[1] उदाहरण के लिए घाना और जाम्बिया ने राष्ट्रता की प्रवृत्ति से प्रेरित होकर उस भाषा को राजभाषा घोषित की जो स्वतंत्रतापूर्व विदेशी शासकों की भाषा थी। इजराइल, थाईलैंड, सोमालिया, इथोपिया आदि ने राष्ट्रीयता की भावना पर अधिक बल देते हुए अपने देश की सर्वाधिक सक्षम जन-संपर्क की भाषा को राष्ट्रभाषा का दर्जा दिया। पर भारत जैसे देश के सामने समस्या जटिल थी क्योंकि परंपरा-अर्जित और संस्कृति-पुष्ट इसमें कई समुन्नत भाषाएँ हैं जो राजभाषा और राष्ट्रभाषा के द्वंद्व के सरल समाधान के सामने एक प्रश्नचिह्न बनकर आती हैं। इस प्रश्न के सही समाधान के लिए यह आवश्यक है कि हम 'राजभाषा' और 'राष्ट्रभाषा' के पीछे के प्रयोजन को सही संदर्भों में जाने पर मेरी दृष्टि में इससे भी अधिक अहम् प्रश्न है अपने देश की सामाजिक-सांस्कृतिक स्थिति को सही ढंग से समझने की, उस सामाजिक अस्मिता को समझने की जो कभी राष्ट्र-भाषा के प्रश्न पर खून-खराबा करने के लिए हमें प्रेरित करती है और कभी राजभाषा के सवाल पर दंगे-फंसाद करने के लिए हमें उकसाती है।

इस बात पर बल देने की जरूरत है कि न तो हमारे सामाजिक संबंधों की प्रकृति एकोन्मुख है और न ही हमारी सामाजिक अस्मिता एकाश्मक है। राजनैतिक और प्रशासनिक दृष्टि से भी हमारा देश संघीय है और सामाजिक स्तर पर हमारी संस्थाओं की बुनावट स्तरीकृत है। यही कारण है कि भाषाओं के आधार पर बनी हमारी अस्मिता सोपानिक ढंग से स्तरीकृत है—अंतर्राष्ट्रीय, राष्ट्रीय, क्षेत्रीय, स्थानिक आदि। स्वाभाविक है कि समग्र पर स्तरीकृत व्यक्तित्व के किसी भी दो स्तरों के बीच 'तनाव' पैदा हो सकता है; अगर हम इन दो स्तरों के बीच सही ढंग से तादात्म्य स्थापित न कर सकें। प्रयोजनवती भाषाओं के स्थान पर प्रभुता-संपन्न भाषाओं की संकल्पना ने न केवल हमारे समाज की तनाव-मुक्त और प्रतिस्पर्द्धा-रहित बहुभाषिकता को तनावपूर्ण बना दिया, बल्कि भाषाई अस्मिता के सवाल को विस्फोटक स्थिति में भी ला दिया है। आज हर दो स्तरों के बीच की भाषाई अस्मिता को भाषाई झगड़े का रूप दिया जा रहा है। इस दृष्टि से हिन्दी की समस्या को ही लें। उदाहरण के लिए राष्ट्रभाषा के रूप में हिन्दी को अंतर्राष्ट्रीय संदर्भों की भाषा अंग्रेजी के साथ द्वंद्व के साथ उभारा जा रहा है। बंगला, तमिल, तेलगु आदि समृद्ध क्षेत्रीय भाषाओं को संघ की राजभाषा हिन्दी के विरोध में उकसाया जा रहा है; मैथिली, भोजपुरी आदि हिन्दी की क्षेत्रीय बोलियों

1. देखिए परिशिष्ट-1

को स्थानीय अस्मिता के नाम पर उस हिन्दी के विरोध में सामने लाया जा रहा है जिसकी वे अब तक बोलियों के रूप में स्वीकृत रही हैं, जनजातियों की भाषा संथाली; खाँसी आदि जो अपना 'ग्रेट ट्रेडिशन' ढूँढ़ने के प्रयास में हैं, अपनी अस्मिता के लिए हिन्दी को सबसे बड़ा खतरा सिद्ध करने का राजनैतिक कुचक्र फैलाया जा रहा है। यह सब द्वंद्व, तनाव आदि इसीलिए संभव हो पाए क्योंकि ये सभी भाषाएँ भारतीय भाषाई समाज के भाषाई कोश के घटक हैं, और उसका हर घटक अपने स्तर पर अपने ढंग की सामाजिक अस्मिता की माँग करता है।

बहुभाषी भारतीय समाज की अस्मिता की प्रकृति हमारी बहुभाषिकता की ही भाँति प्रयोजनसिद्ध और तनावमुक्त थी। स्वतंत्रता-पूर्व भारत में अहिन्दी प्रदेश के राजनैतिक और समाज-सुधारक नेताओं ने ही नहीं बल्कि वहाँ की जनता ने भी हिन्दी को राष्ट्रभाषा बनाने की बात स्वीकार कर ली थी। देखना यही है कि राष्ट्रभाषा के रूप में स्वीकृत हिन्दी को राजभाषा बनाने की प्रक्रिया में हम कहीं विद्वेष का ऐसा वातावरण न पैदा कर दें कि हमारी सामाजिक अस्मिता की समग्रता टूट-टूटकर ऐसी बिखर जाए कि उसे फिर से जोड़ना दुष्कर हो जाए।

सामाजिक अस्मिता और हिन्दी-उर्दू का सवाल

सामाजिक अस्मिता के सवाल के सन्दर्भ में हिन्दी-उर्दू की समस्या को देखें— तो मन में कई एक सवाल एक साथ उभरते हैं। पहला सवाल तो यही है कि हिन्दी और उर्दू को जो अलग-अलग भाषाएँ मानते हैं वे लोग हिन्दी और उर्दू बोलने वालों को किस सामाजिक आधार पर बाँटना चाहते हैं, उसे किन वर्गों एवं जातियों के बीच विभक्त करना चाहते हैं? इसमें तो किसी को भी सन्देह नहीं हो सकता कि जिस प्रकार इस समय अंग्रेज़ी या संस्कृत भाषा कोई इलाकाई भाषा नहीं, उसी प्रकार न तो हिन्दी इलाकाई भाषा है और न ही उर्दू। इसके साथ यह भी सच है कि हिन्दी और उर्दू का न तो कोई साम्प्रदायिक आधार है और न जातीय। जो लोग उर्दू को मुसलमानों की भाषा के रंग में देखना चाहते हैं उन्हें यह महसूस करने की जरूरत है कि बंगाल का मुसलमान बाँग्ला बोलता है और बाँग्ला देश को उर्दू को राजभाषा मानने वाले पाकिस्तान से अलग करने के लिए अपनी इज्जत-आबरू, अपना ख़ून और ज़िन्दगी भी दे सकता है। ऐसे ही गुजरात का मुसलमान गुजराती, पंजाब का पंजाबी, कर्नाटक का कन्नड और मद्रास का तमिल बोलता है।

इसके साथ यह बात भी गौर करने की है कि भाषा के रूप में 'उर्दू' शब्द का प्रयोग हमें अठारहवीं शती तक नहीं मिलता जबकि मुसलमानों का आगमन और साथ ही फ़ारसी का राजभाषा के पद पर आसीन होने का इतिहास लगभग छह-सात सौ साल पुराना है। उर्दू का जन्म कब हुआ, यह सैयद इंशा की दरियाए-लताफ़त (1808 ई०) और मुहम्मद बाकर 'आगाह' (1743-1805 ई०) की कलम से बहुत कुछ साफ़ हो जाता है जो यह मानते हैं कि उर्दू 'भाषा' का आविष्कार मुहम्मदशाह रंगीले के शासन-काल में हुआ। बोली के अनुसार 'उर्दू' शब्द का प्राचीनतम प्रयोग मसहफ़ी की रचना में मिलता है जिनका जीवन-का 18वीं शती का उत्तरार्द्ध माना जाता है। इतिहास बताता है कि 1347 में बहमनी राज्य की स्थापना हुई; और अगर तारीखे-फ़रिश्ता की बात ठीक मानें तो बहमानी बादशाह के राज्य में हिसाब-किताब हिन्दी में ही होता

था। हिन्दी के ऊपर उर्दू का तबका लगाकर उसे मुसलमानी जाति से जो जोड़ते हैं, उन्हें बाबूराम सक्सेना के इस प्रमाण-वाक्य को ध्यान से पढ़ने की जरूरत है : "जिस बोल-चाल की भाषा में अमीर खुसरो और शेख़ फ़रीदुद्दीन शकरगंजी आदि प्रारम्भ काल के कलाकारों ने रचना की और जिसका साहित्य उत्तर-भारत में लुप्त होकर, दक्षिण में 15वीं, 16वीं, 17वीं सदी में फूट निकला, उसका नाम हिन्दवी और हिन्दी था और उसी को दक्षिणी साहित्यकार दक्षिणी कहते थे। 'उर्दू' नाम दक्खिनी के किसी भी कलाकार के ग्रन्थ में नहीं आया।" चाहे दक्खिन हो या उत्तर, 18वीं शती के पहले तक हम 'उर्दू' नाम का पता नहीं पाते। अमीर खुसरो से लेकर 'मीर' तक इस ज़बान को 'हिन्दी नाम से ही हम लिखा पाते हैं। अमीर खुसरो का कहना है— "मैं हिन्दुस्तानी तुर्क हूँ और हिन्दी में जवाब दे सकता हूँ। मेरे पास मिस्र की शकर नहीं है कि अरब की बात करूँ।" और 'मीर' सरूरेक़ल्ब का पता इसलिए नहीं जानते क्योंकि वह "आया नहीं है लफ़्ज़ ये हिन्दी ज़बाँ के बीच।"

हिन्दी-उर्दू एक ही भाषा है, जिसे पहले उर्दू कहा गया वह वास्तव में हिन्दी ही है और हिन्दी में लिखने वाले तुर्क और मुसलमान दोनों ही हैं, तथा 'उर्दू' को ज़बान और साहित्य के रूप में मानने वाले ग़ैर-मुस्लिम लोग भी हैं— आदि के आधार पर यह अन्तिम निर्णय दे देना कि आज हिन्दी और उर्दू की चेतना एक ही है और यह चेतना समाज के हर स्तर पर महसूस की जाती है, सच्चाई के एक हिस्से को ही हमारे सामने लाता है। इसका एक दूसरा पहलू भी है।

'खयालाते अजीज़' में मौलवी मुहम्मद अजीज़ मिर्ज़ा का एक रोचक संस्मरण है जिसे चन्द्रबली पाण्डे ने अपनी पुस्तक 'राष्ट्रभाषा पर विचार' में प्रस्तुत किया है। "घटना हैदराबाद की है। कई वर्ष पहले स्वर्गीय डिप्टी-कमिश्नर मौलवी मुहम्मद अज़ीज़ मिर्ज़ा ने एक मुसलमान से बातचीत की। लेकिन वह उर्दू नहीं जानता था। उन लोगों ने फिर मरहठी में बातें कीं। जब मिर्ज़ा साहब ने उनसे पूछा, 'क्या तुम घर में भी मरहठी ही बोलते हो?' तो वह कहने लगा—'साहब, मैं मरहठी क्यों बोलने लगा? क्या मैं मुसलमान नहीं?' मिर्ज़ा साहब ने स्वयं लिखा है—"ऐसी ही हालत ब्रह्मा में भी देखी कि जो मुसलमानों की मादरी ज़बान ब्रह्मी है लेकिन वह उर्दू को ही अपनी क़ौमी और मज़हबी ज़बान समझते हैं। 'क़ौमी' या 'मज़हबी' ज़बान न भी कहें, पर सामाजिक अस्मिता का कोई कारण तो है ही जो इन मुसलमानों को उर्दू को एक 'तबका' और 'तमगा' दोनों ही रूप में अपनाने के लिए खींचता है और जिसका ग़ैर-मुस्लिम लेखक जोरदार विरोध करना चाहते हैं। अगर यह न होता तो आज भी 'ग़ैर-मुस्लिम उर्दू लेखक सम्मेलन' के मुख्य संयोजक रामलाल ने 'दिनमान' को लिखे अपने खत में यह डर न ज़ाहिर किया होता कि "हमारे लोक-सभा तथा प्रान्तीय विधान-सभाओं के ग़ैर-मुस्लिम

सदस्य जो आम सभाओं में अपने वोटरों के सामने उर्दू का जिक्र करते हुए घबराते हैं, उन्हें यह बल प्रदान किया जाये कि ग़ैर-मुस्लिम वर्ग उर्दू की इस हद तक की तरक्की का इतना मुखालिफ़ नहीं जिस कदर वह उसे समझता है। एक मुस्लिम सदस्य तो अपनी चुनाव-सभाओं में बड़े धड़ल्ले से उर्दू का जिक्र करके ग़ैर-मुस्लिम वर्ग के भी वोट प्राप्त कर लेता है जबकि ग़ैर-मुस्लिम सदस्य डर के मारे लोक-सभा या विधात-सभा में उर्दू के किसी भी प्रस्ताव की हिमायत करने की भी जरूरत नहीं दिखा पाता।" और इस सामाजिक अस्मिता के सवाल को हिन्दी-उर्दू तक ही क्यों सीमित रखें? पूरे हिन्दुस्तान के सन्दर्भ में क्यों न देखें? क्या पंजाबी-हिन्दी की समस्या इससे दीगर है, या बांग्ला-उड़िया का सवाल इससे भिन्न है?

वे सिक्ख जो हिन्दी को मादरी ज़बान की तरह अपनाये हुए हैं, मर्दुमशुमारी के समय क्या उन्होंने अपनी मातृभाषा पंजाबी नहीं लिखायी? पंजाब के वे हिन्दू जो हिन्दी भाषा नहीं जानते, उन्होंने क्या हिन्दी को अपनी मातृभाषा नहीं बताया? यह सामाजिक अस्मिता 'यथार्थ' है, भारतीय समाज की 'सचाई' है; भले ही जिस आधार पर वह टिकी है वह अवैज्ञानिक हो, उसकी स्थिति अन्ध-विश्वास और अज्ञान की नींव पर बनी हो। पर पूरा-का-पूरा भाषाई माहौल हमारी व्यक्तिगत स्वार्थपरता, खोखली अर्थ-व्यवस्था और विक्षिप्त राजनैतिक चिन्तन के परिणाम हैं जिससे हमारे यहाँ के बुद्धिवादी और संवेदनशील 'लेखक' भी मुक्त नहीं। वे लेखक जो ज़िन्दगी-भर हिन्दी के नाम पर अविस्मरणीय कृतियों का सृजन करते रहे, जिनकी साहित्यिक चेतना ने आँख ही हिन्दी के क्रोड़ में खेलते हुए खोली, वे ही अपने को 'ग़ैर-हिन्दी' लेखक कहकर हिन्दी की पुस्तकों पर पुरस्कार पाने के लिए लालायित रहते हैं! इससे मुक्त कौन है—यशपाल या 'अश्क', मोहन राकेश या रवीन्द्र कालिया?

सच तो यह है कि हिन्दी और उर्दू की लड़ाई भाषा की लड़ाई कम, भाषाई अस्मिता की लड़ाई अधिक है। और अगर ऐसा है तो यह देखना अनुचित न होगा कि सामाजिक यथार्थ के धरातल पर कौन 'लोग', 'किसके खिलाफ' और 'किस चीज़ के लिए' यह लड़ाई लड़ रहे हैं।

हिन्दी और उर्दू एक भाषा है; उर्दू कोई स्वतन्त्र भाषा नहीं। वह केवल फ़ारसी लिपि में लिखी जाने वाली खड़ी बोली हिन्दी का ही एक रूप है, जिसने अरबी-फ़ारसी शब्दावली और काव्य-रूढ़ियों को किसी खास ऐतिहासिक परिस्थिति में विशेष रूप से अपनाया। हिन्दी और उर्दू एक ज़बान है, उनके बोलने वालों की ज़मीन एक है—इस बात को गाँधी जी जैसे नेता ने भी कहा है, प्रेमचन्द ऐसे साहित्यकार ने भी बताया है और केलकर ऐसे भाषाविद् ने भी समझाया है। एक ने उसकी आधारभूत एकता को 'हिन्दुस्तानी' नाम से पकड़ना

चाहा और दूसरे ने 'हिंदूं' शब्द गढ़कर। पर सवाल तो यही है कि जब हिन्दी और उर्दू एक हैं तब सामाजिक नेता, चिन्तक, साहित्यकार और तटस्थ भाषा-वैज्ञानिक ये सभी हिन्दी-उर्दू को एक साबित करने की जबरदस्त ज़रूरत क्यों महसूस करते हैं ? इसी के साथ एक सवाल यह भी है कि जब 18वीं शती तक हम 'उर्दू' शब्द का प्रयोग नहीं पाते और 'ग़ालिब' को अपना दीवान 'हिन्दी का' और 'मीर' को अपनी जबान 'हिन्दी' घोषित करते पाते हैं —तो बाद में ऐसी क्या बात हो गयी कि हम उसी हिन्दी की एक शैली को 'उर्दू' के नाम से जानने-समझने लगे ? और यही नहीं, जब हम ब्रज और अवधी में (जो आज बोलियों के रूप में मान्य हैं) रचे साहित्य को भी रिक्थ रूप में हिन्दी का ही साहित्य समझते हैं, तब उर्दू को 'हिन्दी की ही एक शैली' के रूप में स्वीकार करने के बावजूद उसके साहित्य को हिन्दी के इतिहास से क्यों नहीं जोड़ सके ? यह भी सवाल कम अहमियत का नहीं है कि पाकिस्तानी रेडियो और हिन्दुस्तानी रेडियो पर बोली जाने वाली उर्दू भाषा ('शैली' ?) में क्यों आज एक दरार-सी पड़ने लगी है और यह महसूस किया जाने लगा है कि उनके बीच की खाई दिन-पर-दिन बढ़ती ही जायेगी ?

ग़ौर कीजिए कि जो 'उर्दू' हिन्दी का एक मित्र साहित्यिक रूप धारण कर निकली उसे हम यह कहकर सन्तोष कर लेते हैं कि वह और कुछ नहीं बल्कि हिन्दी ही है जिसमें फ़ारसी और अरबी की कुछ काव्य-रूढ़ियों का जामा पहना दिया गया है। अपने वज़ै इस्तलाहात (परिभाषा निर्माण) में मौलवी वहीउद्दीन 'सलीम' ने भी लिखा है : "···हिन्दी को हम अपनी ज़बान के लिए उमिल्लिसान और हमूलाए अव्वल कह सकते हैं। इसके बग़ैर हमारी ज़बान की कोई हस्ती नहीं"—क्योंकि हिन्दी उर्दू के लिए भाषाई साँचा देती है, व्याकरण और रचना का आधार देती है। इसी हिन्दी में फ़ारसी के कुछ शब्द और मुहावरे डालकर उर्दू बना ली गयी। पर किसी भाषा की आधारभूत संरचना को बनाये रखकर केवल शब्द-समूह के मिश्रण से क्या कभी कोई नयी भाषा जन्म ले पायी है ? बंगाल में भी तो फ़ारसी कुछ समय के लिए राजभाषा रही, बाँग्ला भाषा में भी तो फ़ारसी के कई शब्द शामिल हुए; पर उससे क्या बाँग्ला का कोई एक दूसरा भाषाई रूप पैदा हुआ ? यही नहीं, हिन्दी में अंग्रेज़ी और पुर्तगाली के कई शब्द अपनाये गये; पर उससे क्या कोई नयी भाषा बन गई ? नार्मन विजय के बाद ख़ुद अंग्रेज़ों ने फ्रेंच भाषा के इतने शब्द और मुहावरे लिये कि उसका पूरा का पूरा चेहरा ही बदल गया; पर क्या अंग्रेज़ी, अंग्रेज़ी न रही ? अरबी की इब्रानी भाषा ने फ़ारसी पर अपना कम असर नहीं डाला, पर फ़ारसी की ज़ात क्या सेमेटिक बन गई ? इस तर्क के आधार पर यह साफ ज़ाहिर है कि फ़ारसी के चन्द अल्फ़ाज़ हिन्दी को 'उर्दू' नहीं बना सकते। इस आधार पर यही कहा जा सकता है कि या तो 'उर्दू'

ऐसी कोई जबान नहीं और यह नाम केवल धोखे की टट्टी है, या उर्दू किसी एक स्तर पर हिन्दी से किसी दूसरी ही वजह से अलग है, और एक होकर भी वह जिन वजहों से एक नहीं है वह केवल शब्द या शब्द-समूह का अलगाव नहीं।

सच तो यह है कि जिस भाषा-शैली को उर्दू नाम से पुकारा गया वह आम जनता की ज़बान नहीं थी। वह शाही ज़बान थी जो राजघरानों में तालीम के द्वारा हासिल की जाती रही है और जिसे अपना कहकर शाही टुकड़ों के मोहताज शायरों ने गुलदस्ते की तरह सजाया। अपनी तौसीफ़ में वह सूरदास की 'लौकिक' ब्रज के कम और केशवदास की परिनिष्ठित ब्रज के अधिक नज़दीक थी। मेहनतकश मज़दूरों का जौ-बाजरा बनने की बजाय उसने बादशाहों के बगीचे में उगाये जाने वाले गुलाब का फूल बनना ज्यादा पसन्द किया। अन्य लोगों की फ़ारसी-मिश्रित हिन्दी को ये 'उर्दू' नहीं बल्कि 'पुड़दूँ' कहा करते थे। सैयद अहमद देहलवी की तरह उन लोगों का दिल इन बातों को कभी कबूल नहीं कर सका कि "सरतासर टकसाल बाहर ज़बान हो और यह बन्दा उसकी तौसीफ़ में हमातन रतबुल्लिसान हो। कोई लफ़्ज़ कबाअते मंज़बत से बाहर हो और हमारे दोस्त उसे सराहें।"

कहने का मतलब यही है कि जिन्होंने अपनी भाषा-शैली को उर्दू ज़ुबाँ कहा उन्होंने उसमें बाकायदा सिद्धान्त के आधार पर हिन्दी के चलते शब्द की जगह पर न केवल फ़ारसी के लफ़्ज़ का इस्तेमाल किया—बल्कि जान-बूझकर लफ़्ज़ के 'कबाअते मंज़बत' को भी फ़ारसी ज़बान की अपनी तौसीफ़ की तरह अपनाया। जो विद्वान हिन्दी को उर्दू ज़बान के लिए उमिल्लिसान मानते हैं—वे 'उमिल्लि-सान' लफ़्ज़ पर खुद ग़ौर करें। 'उम' तो चाचा को कह सकते हैं और 'लिसान' भाषा को; पर इन के बीच का 'उल्' क्या है? यह अरबी का 'कबाअते मंज़बत' ही तो है जो दो लफ़्ज़ों को जोड़ने के लिए अपनाया जाता है।

भाषा की संरचना के सन्दर्भ में हम कह सकते हैं कि हिन्दी के लिए जिस तरह फ़ारसी एक विदेशी भाषा है उसी प्रकार अंग्रेज़ी भी और एक दृष्टि विशेष से संस्कृत भी। हिन्दी ने इन सभी स्रोतों से अपने शब्द-भंडार को समृद्ध बनाया है, एक जीवित भाषा होने के नाते अपने सम्पर्क में आने वाले इन सभी भाषाओं के बोलने वालों के शब्द-अनुभव से अपनी शब्द-सम्पदा को बढ़ाया है। पर इन सभी शब्दों को उसने अपनी भाषा के नियमों से बाँधकर रखा और इसीलिए वह हिन्दी बनी रही। रामविलास शर्मा के शब्दों में "हिन्दी में 'राजा' शब्द संस्कृत से लिया गया है परन्तु 'राज्ञः' नहीं बोला जाता; 'राजा का' कहते हैं। 'जंगल' संस्कृत से आया है परन्तु उसका बहुवचन 'जंगलानि' न होकर 'जंगलों' होता है। अंग्रेज़ी से आये 'स्टेशन' का बहुवचन 'स्टेशन्स' न होकर 'स्टेशनों' बनता है।

सर्वत्र यही नियम है। परन्तु उर्दू में अरबी-फ़ारसी के बहुत से शब्द व्याकरण को नहीं अपनाते। सुलतान का बहुवचन 'सलातीन', मुल्क का 'ममालिक', ज़िला का 'अज़ला' बनता है।"

उर्दू में दोनों शब्द-रूप चलते हैं—सुलतानों, मुल्कों, ज़िलों, मामलों, कागज़ों और सलातीन, ममालिक, अज़ला, मामलात, कागज़ात। वहाँ संस्कृत के शब्द 'जंगल' का जंगलों भी चलता है और जंगलात भी। पर एक हिन्दी की अपनी प्रकृति और अपनी व्याकरणिक संरचना का आधार लेकर चलता है तो दूसरा फ़ारसी का; एक जबकि आम लोगों की बोली में आम तौर से बोला जाता है तो दूसरा तालीम के ज़रिये सीखी गयी उस ज़बान में जिसे शायराना अंदाज़ सँवारता है।

इस इल्मी शायराना अन्दाज़ को बढ़ावा मिला लखनऊ में, जहां 'मतरुकात' के सिद्धान्त के अनुसार बाकायदा फ़ारसी के शब्दानुशासन को अपनाने का आग्रह रक्खा गया। जब तक लखनवी मतरुकात का सिद्धान्त नहीं अपनाया गया, उर्दू (हिन्दी) के लेखकों ने अपनी भाषा में ठेठ हिन्दी के शब्दों को न केवल स्वीकार किया बल्कि उसकी महक और खुशबू को भी महसूस किया। पर जब से उर्दू के शायरों ने अवध के दरबार में अपना रिश्ता जोड़ा, हिन्दुस्तानी रूह और हिन्दी भाषा की बजाय फ़ारसी के रंग और उसकी ज़बान की 'तौसीफ़ इमातन रत-बुल्लिसान' हो गये। उर्दू के अधिकांश शायर अवध के दरबार से जुड़े थे और इनकी शायरी का आधार दरबारी तहज़ीब, इल्म और ज़िन्दगी है। इस सम्बन्ध में सैयद एहतिशाम हुसेन ने कुछ बहुत ही रोचक तथ्य दिये हैं। 'फ़ुगाँ' ने सबसे पहले दिल्ली छोड़ी। 'सौदा' पहले फ़ैज़ाबाद और बाद में लखनऊ में रहे। 'मीर' ने आगरा और दिल्ली छोड़ी। 'इंशा' और 'मुसहफ़ी' लखनऊ में ही रहते थे। 'ज़ौक़' और 'ग़ालिब' बादशाहों के मान्य शायर थे और उन्हें शायरी की शिक्षा देते थे। 'दाग़' भी रामपुर के दरबार से सम्बद्ध थे। इस तरह हम देखते हैं कि हिन्दी और उर्दू के अलगाव का प्रमुख कारण उर्दू काव्य का यह सामन्तवादी आधार है और है यह मतरुकात का सिद्धान्त जो जन-भाषा की अपनी प्रकृति की जगह पर फ़ारसी के शब्द ही नहीं बल्कि 'कबाअते मंज़बत' को अपनाने का आग्रही है।

अलगाव की इस भाषा-नीति को दूसरा आयाम दिया अंग्रेज़ों—विदेशियों ने। भाषा-नीति निर्धारण में फ़ोर्ट विलियम कॉलेज की गहरी साज़िश रही है। गिलक्राइस्ट ने 'हिन्दुस्तानी' के नाम पर 'उर्दू' की तीन शैलियाँ बतायीं—(1) हाईकोर्ट की अर्थात् फ़ारसी शैली, (2) बीच की अर्थात् मुंशियों की शैली और (3) गँवारू अर्थात् जन-समाज की हिन्दवी। मुंशी लोगों की जिस बीच की हिन्दुस्तानी को बढ़ावा देने की बात कही गयी उसके लिए यह कहा जा सकता

है कि मुंशी लोग दरबार या हाईकोर्ट से सम्बद्ध थे अत: उनके दैनिक जीवन की भाषा भले ही बोल-चाल की शैली को अपनाने की ओर झुकी हो, पर उनकी सामाजिक अस्मिता का आधार दरबार या हाईकोर्ट की शैली थी। नकल करें, अपनायें और वैसा ही दीखने के लिए जन-समाज की बोली बोलने वालों से अपने को अधिक विशिष्ट सिद्ध करें। इसलिए हिन्दुस्तानी, फ़ारसी-मिश्रित 'उर्दू' में ढलती गयी। अत: डाउसन ने 1872 में जब हिन्दुस्तानी भाषा का व्याकरण लिखा, उसे उर्दू का पर्याय माना, रिचर्ड टेम्पल ने हिंदुस्तानी और उर्दू में कोई फ़र्क नहीं देखा और जैसा मद्रास के गवर्नर विलियम्स ने 1869 में लिखा, फ़ोर्ट विलियम की देख-रेख में जो हिन्दुस्तानी पनपी, जिसे मुंशियों ने अपनाया और मुसलमानी मदरसे में वहाँ के लड़कों ने सीखा, वह हिन्दुस्तान के किसी भाग में नहीं बोली जाती थी।

हिन्दी के बिना उर्दू की कोई हस्ती नहीं; पर जिस हस्ती को उर्दू ने अपना आदर्श माना वह था शासक वर्ग, समाज के चन्द लोग, जो आम जनता की भाषा में बोलने के क़ायल न थे, जो अपनी शिक्षा-दीक्षा के पद-प्रतीक के लिए 'फ़ारसी' ज़बान के शब्द ही नहीं बल्कि उस के शब्द-निर्माण के इस्तेमाल के हिमायती थे। इस शासक वर्ग का परिवेश चाहे सामन्ती और दरबारी रहा, या अंग्रेज़ी काल में राजतन्त्र— इससे कोई फ़र्क नहीं पड़ता। यही उर्दू जब देश की आज़ादी से जुड़ी, समाज की आम जनता के दु:ख-दर्द से बँधी हिन्दी के नज़दीक आती गयी, इस में धरती के रंग में घुली बोलियों की गमक आती गयी और आज जब यह उर्दू अपने सही घराने में शामिल हो गयी तब वह "आलमशाह खान द्वारा राजस्थान की बोलियों, 'राही' के द्वारा अवधी, मेहरुन्निसा परवेज़ और 'शानी' द्वारा बस्तर की बोलियों और ज़हीर नियाज़ी द्वारा भोजपुरी, असगर वजाहत द्वारा ब्रज और कन्नौजी तथा हबीब तनवीर द्वारा छत्तीसगढ़ी आदि से अपनी साहित्यिक शक्ति और शब्दावली लेने लगी।" इस लोकोन्मुख धारा की तुलना जरा उस मनोवृत्ति से तो करें जिसकी पहल सैयद अहमद देहलवी ने 'फरहंगे आसफ़िया' (जिल्द अव्वल) में की है : "हम अपनी ज़बान को मरहठीबाज़ों, लावनीबाज़ों की ज़बान, धोबियों के खंड, जाहिल ख्यालबन्दों के ख्याल, टेसू के राग याने बेसरतोपा अल्फ़ाज का मज़मूआ बनाना कभी नहीं चाहते और न उस आजदाना उर्दू को ही पसन्द करते हैं जो हिन्दुस्तान के ईसाइयों, नौमुसलिम भाइयों, ताज़ा विलायत साहब लोगों, खानसामाओं, खिदमतगारों, पूरब के मनहियों, कैम्प बॉयों और छावनियों के सतबेझड़े बाशिन्दों ने इख्तियार कर रक्खी है।"

आज़ादी की लड़ाई के दौरान उर्दू साहित्य राजघराने से उतरकर जनता के बीच जब आया तब एक बार फिर उर्दू और हिन्दी के बीच की दरार पटने लगी। उनके बीच की खाई पर जनोन्मुख स्वर का पुल बनने लगा। पर तब

हिन्दी ने अपना रंग दिखाया। रीतिकाल के सामन्ती आधार पर पनप रहे साहित्य की भाषा ब्रज और अवधी को छोड़कर आधुनिक काल में हिन्दी ने खड़ी बोली के रूप में फैलने वाली जनवादी भाषा को जब अपने साहित्य का माध्यम चुना, तब उसके कुछ ही समय बाद इसको सांस्कृतिक पुनर्जागरण-काल से गुज़रना पड़ा। इसी सांस्कृतिक पुनर्जागरण के साथ राष्ट्रीय जागरण तथा पुनरुत्थान की भावना जुड़ी है; इसी के साथ स्वच्छन्दतावाद और हिन्दी साहित्य की छायावादी मनोवृत्ति बँधी है। और इतिहास बताता है कि स्वच्छन्दतावाद और पुनर्जागरण के आन्दोलन के समय भाषाओं का पुनर्गठन होता है। यह आन्दोलन अपनी शक्ति के संचय के लिए अतीत की ओर मुड़ता है, परम्परा को तोड़ने के लिए पारम्परिक स्रोत के पुनरीक्षण के लिए प्रवृत्त होता है और भाषा के पुनर्निर्माण के लिए प्राचीन साहित्य और संस्कृति के उपादान लेने के लिए उद्यत होता है। इस जागरण के समय स्पेन और दक्षिणी फ्रांस में गेलिकन, कैटलन, प्रोवेन्सल और बास्क जैसी प्राचीन भाषाएँ उभरीं, नार्वे ने तो दो सांस्कृतिक भाषाओं को जन्म दे दिया और आयरलैंड में केल्टिक भाषा ने अपना सांस्कृतिक दबाव डाला।

राष्ट्रीयता और सांस्कृतिक पुनर्जागरण काल में सांस्कृतिक चेतना से आबद्ध प्राचीन भाषाओं से शक्ति-संचय की प्रवृत्ति तो उभरती ही है, भाषाओं के 'शुद्धीकरण' की प्रवृत्ति भी सक्रिय हो उठती है। छायावाद 'परिष्कृत' भाषा, 'शुद्ध' प्रयोग, सांस्कृतिक संवेदनाओं, संस्कृतनिष्ठ शब्दावली और राष्ट्रीय चेतना से पूरित हिन्दी की साहित्यिक धारा है क्योंकि छायावाद सांस्कृतिक पुनर्जागरण काल की मनोवृत्ति से प्रेरित साहित्य है।

तारीख के एक दौर में उर्दू ने भी अपनी ज़बान को 'साफ' और 'पाक' करना चाहा और इतिहास के एक विकास-चरण में हिन्दी ने भी अपनी भाषा को 'शुद्ध' और 'परिनिष्ठित' करने का प्रयास किया। पर इतिहास के ये दो दौर दो भिन्न मनोवृत्तियों से परिचालित थे। उनके संदर्भ अलग हैं, उनके कारण भिन्न हैं—इससे भी इनकार नहीं किया जा सकता। हिन्दी और उर्दू के बीच का दुराव भाषा के स्तर पर इससे खत्म नहीं हुआ। इसे खत्म करने का काम भी जनोन्मुख साहित्य ने किया; आम बोल-चाल की भाषा को बढ़ावा देने वाली रचनाओं ने किया, उन फिल्मों ने किया जिनकी पूरी सत्ता ही आम जनता के बल पर खड़ी है। यह काम फिल्मों और साहित्यिक कृतियों के उन नायक-नायिकाओं ने किया जो न 'दरबारी' या 'सामन्ती' थे और न 'अतिमानव' या 'महामानव', जो न 'बुद्धि' के देवता थे और न देवी-देवताओं के 'पुत्र'। हिन्दी और उर्दू की दूरी मिटाने की अनजान कोशिश उन लोगों के दबाव के कारण हुई जिनके लिए यह दूरी असलियत में कभी थी ही नहीं, जो संस्कृत के शब्द 'भस्म' को भी 'भसम' की तरह बोलते हैं और फ़ारसीनुमा उर्दू के 'क़िस्म' को भी 'किसम' या 'किसिम'

कहते हैं।

पर बात यहीं खत्म नहीं हो जाती। एक अहम सवाल मन में उभरता है कि जब हिन्दी और उर्दू गलबहियाँ डालने के लिए एक-दूसरे की तरफ बढ़ने लगीं और इस वातावरण में आज जब 'राही' ऐसे लेखक कृश्नचन्दर से बेहतर सेठ गोविन्ददास की हिन्दी जानने लगे हैं और परसाई जैसे व्यंग्यकार सेठ गोविन्ददास से बेहतर कृश्नचन्दर की उर्दू जानने लगे हैं, तब गैर-मुस्लिम उर्दू सम्मेलन करने की जरूरत क्यों महसूस की गयी? 'उर्दू' को उसकी 'मौत' से उबारने के सायास प्रयत्न क्यों होने लगे? हिन्दी-भाषी राज्यों में उसे दूसरी भाषा का स्तर प्रदान करने और शिक्षा में इसके अध्ययन को अनिवार्य करने की इच्छा क्यों उठने लगी? क्यों यह माँग की जाने लगी कि राजकीय आदेशों को उर्दू ज़बान में भी लिखा और छपाया जाये?

गौर करने की बात है कि जिन क्षेत्रों में उर्दू को बढ़ावा देने की बात उठायी जाती है—उनसे आम जनता का सम्बन्ध नहीं है। शिक्षा? पर हमने आम जनता को पढ़ने का मौका ही कब दिया? शासन? पर शासनतन्त्र तो शासन करने वालों के लिए है—उनके लिए है जो शोषण करते हैं, शोषितों का उससे क्या वास्ता? साहित्य? साहित्य तो शिक्षितों के लिए लिखा जाता है और हमारे देश की जनता का कितना अंश शिक्षित या साक्षर ही है? इसके साथ यह भी ध्यान दें कि जिन क्षेत्रों में उर्दू के प्रयोग की बात की जा रही है—वहाँ अब तक अंग्रेजी का प्रयोग था।

अंग्रेज़ी के मसले से न तो हिन्दी मुक्त है और न ही उर्दू। अंग्रेज़ी उस उच्च वर्ग या उसके सहयोगी मध्य वर्ग की प्रमुख या सहयोगी (एसोसिएट) भाषा रही है जिसका सम्बन्ध राज-तन्त्र, राजनीति-तन्त्र, शिक्षा-तन्त्र, न्याय-तन्त्र, व्यापार-तन्त्र आदि विभिन्न शोषक तन्त्रों के साथ रहा है। प्रकारान्तर से वह सुधार-तन्त्र, विकास-तन्त्र, उत्थान-तन्त्र से भी सम्बद्ध रहा है। पर उसका समाज के उस अंश से सम्बन्ध नहीं रहा जिसके लिए सुधार किया जाता है, जिसका विकास या उत्थान किया जाता है। और जब यह अनुभव किया जाने लगा कि अंग्रेज़ी विलायती भाषा है और अपने देश की समस्या को अपने देश की ही भाषा के माध्यम से सुलझाना है; साथ में शिक्षा के द्वार को आम जनता के लिए खोले बगैर देश की तरक्की और सुधार की बात 'हवाई किला' बनाने के अलावा और कुछ नहीं है, तब अंग्रेज़ी के स्थान पर भारतीय भाषाओं की बात की जाने लगी। उस समय समाज या सरकार को इस समस्या का सामना करना ही पड़ा—किस तरह भाषा-व्यवहार के उन क्षेत्रों में भारतीय भाषाओं का प्रयोग किया जाये जिनमें अभी तक अंग्रेज़ी का राज था।

भाषा-व्यवहार का कोई क्षेत्र जिसकी ज़रूरत को सामाजिक आवश्यकताओं

ने खुद पैदा की हो, 'हवा' या 'वेकुअम' में देर तक नहीं रह सकता। नतीजा यह हुआ कि जब अंग्रेज़ी को हटाने की ज़रूरत महसूस की गयी उसी समय यह तीव्रता के साथ अनुभव किया जाने लगा कि उन सभी क्षेत्रों में जिनमें अंग्रेज़ी का अब तक प्रयोग होता रहा है भारतीय भाषाओं को पुष्ट किया जाये, उनके प्रयोग के लिए बढ़ावा दिया जाये।

पर यह समस्या इतनी आसान न थी जितना कि ऊपर से समझ लिया जाता है। अंग्रेज़ी का प्रयोग जिन जीवन-व्यवहारों और ज्ञान-क्षेत्रों में होता था उनके आयाम 'विशिष्ट' थे—वे केवल सामाजिक शब्द नहीं वरन् पारिभाषिक शब्द की अपेक्षा रखते थे, वे सामान्य जीवन की सामान्य भाषा नहीं वरन् विशिष्ट सामाजिक तन्त्र के लिए 'विशिष्ट वाक्य-रचना' की आवश्यकता से बाधित थे। हिन्दी अपने पारिभाषिक शब्द के लिए संस्कृत भाषा की ऋणी रही है; न केवल अपने सांस्कृतिक दबाव में वरन् भाषा-प्रवाह की दिशा में वह संस्कृत भाषा की शब्द-निर्माण प्रक्रिया का आग्रह रखती रही है। पारिभाषिक शब्द-निर्माण का काम जिन्हें सौंपा गया उनकी दृष्टि रही कि जिस प्रकार अंग्रेज़ी में 'ला', 'लीगल', 'लायर', 'लेजिस्लेटिव', 'लेजिस्लेशन' आदि शब्द आर्थी स्तर पर किसी-न-किसी रीति से अभ्यास में जुड़े हैं और उसको शब्द-निर्माण रूपात्मक (फ़ार्मल) सम्बद्धता से पकड़े हुए हैं, उसी प्रकार की शब्द-निर्माण-प्रक्रिया को हिन्दी में भी अपनाया जाये। पर इस लक्ष्य को साधने के बाद उन्हें यह भी पता लगा कि हिन्दी या उर्दू विश्लेषणात्मक भाषाएँ हैं, संश्लेषणात्मक नहीं और भाषा अगर संश्लेषणात्मक हो तो सुविधापूर्वक इस लक्ष्य की पूर्ति की जा सकती है।

परिणाम स्वाभाविक था। संश्लेषणात्मक भाषा के रूप में हिन्दी को संस्कृत और उर्दू को फ़ारसी भाषा मिली, जिनका उन दोनों ने आश्रय लिया। हिन्दी ने राजनीति या विधि के सन्दर्भ में शब्द रचे—विधि, वैधानिक, विधज्ञ, विधान, संविधान, संवैधानिक, प्राविधान और उर्दू ने सियासत के लफ़्ज़ अपनाये—कानून, कानूनी, कानूनदाँ, कानूनसाज, कानूनन। भाषाविज्ञान का शब्द आया—स्वन, सहस्वन, स्वनिम, स्वनिकी और लसानियत के लफ़्ज़ थे—सोत, सोतियात, ज़ैली सोत, ज़ैली असवात आदि। भाषा में पहले से चले आये शब्दों के भेद—इतिहास-तारीख़, जनतन्त्र-जम्हूरियत, राजनीति-सियासत, साहित्य-अदब के साथ मिलकर इन्होंने हिन्दी और उर्दू के बीच एक गहरी खाई खोद दी।

इस खाई को महसूस न करना ही असलियत से आँखें मूंदना था। आज नहीं तो कल इस उठती दीवार का हमें पता चलता। अंग्रेज़ी या रूसी ने या इस सन्दर्भ में अन्य किसी भी जीवित भाषा ने जब कभी इतिहास के दबाव के कारण अपने शब्द-भण्डार को भरा है तो उसने शब्द तो दूसरी भाषाओं से लिये पर शब्द-रूपों का निर्माण अपनी भाषा की प्रकृति के अनुसार किया, उन्हें अपान

बनाकर अपने जीवन का अंग बनाया। पर हिन्दी या उर्दू के साथ हुआ यह कि उसने शब्द भी संस्कृत-फ़ारसी से लिये और शब्द-निर्माण भी। यहाँ तक कि एक ही साथ हमें संस्कृत-निर्मित शब्दों के दो रूप मिलने लगे—पृथकता-पार्थक्य, विविधता-वैविध्य, विदेशिक या विदेशीय-वैदेशिक, सिद्धान्तवादी-सैद्धान्तिक, —राष्ट्रीयकरण-राष्ट्रीकरण; अन्तराष्ट्रिय-अन्ताराष्ट्रिय आदि। कहने की आवश्यकता नहीं कि इन शब्द-युग्मों में दूसरा, हिन्दी भाषा की प्रवृत्ति के पूरी तरह प्रतिकूल है यद्यपि वे संस्कृत के नियमों के शुद्ध प्रतिफलन के परिणाम कहे जा सकते हैं।

इसका विरोध होना था और हुआ भी। हिन्दी और उर्दू की बढ़ती दूरी का अनुभव लोगों को करना ही था—और लोगों ने किया भी। पर अफ़सोस तो इस बात का है कि यह विरोध उस खेमे से आया जो इसी मनोवृत्ति का शिकार है, जो वजै इस्तलाहात के काम में आकंठ डूबा है, और जो अपनी ज़बान में अरबी-फ़ारसी के 'लुगत' से उधार खाते में लिये गये लफ़्ज़ के साथ कवाअते मंज़बत करना चाहता है। न तो संस्कृत भाषा को आधार बनाकर शब्द-निर्माण करने वालों की सामाजिक अस्मिता जन-साधारण से जुड़ी रही और न ही फ़ारसी-अरबी को शब्द-निर्माण के लिए मूल स्रोत मानने वाले उर्दू-प्रेमियों की। आम जनता के लिए ये दोनों भाषा-प्रयोग—'बोझिल' हैं, ये दोनों 'तन्त्र' के और उनके बीच की खाई को और भी गहरी करने के उपकरण हैं।

ऐतिहासिक विकासक्रम के सन्दर्भ में यह हमारी सामाजिक विवशता है कि अंग्रेज़ी के शब्दों के स्थान पर हमें अपने पारिभाषिक शब्द बनाने हैं और भाषा के उस प्रयोजनमूलक प्रयोग का विकास करना है जिसका दायित्व अभी तक हमारी भाषा ने अनुभव नहीं किया था। इसका रूप आम जनता के आम भाषा-प्रयोग से भिन्न होगा ही—यह भी भाषाई सत्य है। इसलिए अब सवाल उठता है कि जब इन भाषा-प्रयोगों से हमारी मुक्ति नहीं और साथ ही ये प्रयोग सामान्य जनता में स्तर भेद लाने और आपसी सम्बन्धों के बीच दुराव और रुकावट भी डालने के साधन बन सकते हैं—तो किया क्या जाये? इसी सवाल के साथ दूसरा एक महत्त्वपूर्ण प्रश्न यह भी है कि इन शब्द-प्रयोगों के सन्दर्भ में हिन्दी और उर्दू दोनों अपने ढंग से विकसित होने के लिए लाचार हैं, तब क्या उनके बीच की खाई को हम और गहरी होते देखते रहें? क्या उनकी नियति एक होने की नहीं?

इन सभी सवालों का एक ही उत्तर है, एक ही समाधान है। हम अपनी सामाजिक अस्मिता को पहचानें, और इस सन्दर्भ में भाषाई अस्मिता के सवाल पर एक बार फिर ग़ौर करें। अगर हिन्दी-उर्दू भाषा आम जनता के लिए एक है तो इसी कारण कि वह शैक्षणिक स्तर पर बनाये गये कृत्रिम विभाजन को स्वीकार नहीं करती। वह हिन्दी और उर्दू की अपनी मूल संरचना, प्रकृति और

नियमों के आधार पर भाषा का प्रयोग करती है। और इस दृष्टि से हिन्दी और उर्दू एक भाषा, एक ज़बान ठहरती हैं। इस एक ज़बान को बोलने वालों में न कोई भेद-भाव है और न सामाजिक अस्मिता के धरातल पर कोई दुराव।

अगर हिन्दी-उर्दू दोनों इस धरातल पर एक हैं तो उसी भाषा की अन्य प्रयोजनमूलक शैलियाँ भी एक होंगी तो इसी धरातल पर। ज़रूरत है तो इन भाषा-प्रयोगों और प्रयोजनमूलक शैलियों के उन आधारों को जनता-सन्दर्भित करने की, जिन पर ये अलग होती हैं, विशिष्ट बनती हैं। जब तक हम अपनी पूरी बौद्धिक चेतना, शिक्षा सम्बन्धी पूरे कार्य, राज्य और व्यापार-सम्बन्धी क्रिया-कलाप को आम जनता के लिए सुलभ नहीं बनाते, ऐसी विभाजन-रेखाएँ उभरती रहेंगी, लोगों के बीच की खाई बढ़ती रहेगी, भाषा-व्यवहार में व्यतिक्रम और गतिरोध आता रहेगा। इसको दूर करने का एक ही रास्ता है—भाषाई अस्मिता को सामाजिक अस्मिता के सन्दर्भ में बाँधने का रास्ता।

सामाजिक अस्मिता उन सामाजिक सम्बन्धों पर बनती है जो इस सवाल से बँधा है—कौन, किस से और किस विषय पर बोल रहा है। जब तक हम खून में पसीना मिलाकर रोटी-रोज़ी का इन्तज़ाम करने वालों को स्कूली कमरा न देंगे और कमरे में बन्द रहने वालों को खेत की खुली हवा में जीने के लिए बाध्य नहीं करेंगे – एक जाति के आपसी भाषाई भेद खत्म न होंगे।

हिन्दी और भोजपुरी समाज की अस्मिता

आधुनिक भाषाविज्ञान के मान्य सिद्धान्तों के आधार पर भोजपुरी को एक तरफ़ हिन्दी से अलग स्वतंत्र भाषा के रूप में सिद्ध किया जा सकता है और दूसरी तरफ़ उसे हिन्दी की एक बोली के रूप में भी प्रमाणित किया जा सकता है। इस भ्रान्तिपूर्ण स्थिति के दो कारण संभव हैं। या तो भाषाविज्ञान सम्बन्धी सिद्धान्त की अपनी मान्यताएँ अन्तर्विरोधी हैं अथवा भारत जैसे बहुभाषी समाज में भाषा-बोली की द्विभाजक रेखा की अवधारणा का भोजपुरी अतिक्रमण करती है। इसके साथ यह भी सम्भव है कि 'भाषा' और 'बोली' ऐसे पारिभाषिक शब्दों का प्रयोग एक से अधिक सन्दर्भों में होने के कारण हम एक-दूसरे की बात ठीक रूप में समझ ही न पा रहे हों। अतः यह आवश्यक है कि पहले हम 'भाषा' और 'बोली' ऐसे पारिभाषिक शब्दों के अर्थ को उनके उचित सन्दर्भों में समझें, और फिर 'भोजपुरी' की स्थिति के अध्ययन-विश्लेषण की ओर प्रवृत्त हों।

(1)

'भाषा' की परिभाषा पर विचार करते समय यह बात भूलनी नहीं चाहिए कि न केवल अपनी प्रकृति में वह जटिल है अपितु अपने प्रयोजन में भी वह बहुमुखी है। उदाहरण के लिए अगर भाषा व्यक्ति के निजी अनुभवों एवं विचारों को व्यक्त करने का माध्यम है, तब इसके साथ ही वह व्यक्ति के सामाजिक सम्बन्धों की अभिव्यक्ति का साधन भी है। इसी प्रकार अगर भाषा हमारे मानसिक व्यापार (चिन्तन-प्रक्रिया) का आधार है, तो दूसरी तरफ वह हमारे सामाजिक व्यापार (सम्प्रेषण-प्रक्रिया) का साधन भी है। इसी प्रकार संरचना के स्तर पर जहां भाषा अपने विभिन्न घटकों—यथा, ध्वनि संयोजन, शब्द सम्पदा, व्याकरणिक व्यवस्था आदि, और उनकी विभिन्न इकाइयों में सम्बन्ध स्थापित कर अपना संश्लिष्ट रूप ग्रहण करती है, वहीं दूसरी ओर वह उन सामाजिक स्थितियों से भी सम्बन्ध स्थापित करती है, जिनमें वह प्रयुक्त होती है। प्रयोजन की विविधता ही भाषा को विभिन्न सन्दर्भों में देखने के लिए हमें बाध्य करती है। यही कारण है कि

विभिन्न विद्वानों ने इसे विभिन्न रूपों और सन्दर्भों में देखने और परिभाषित करने का प्रयत्न किया है।

भाषा को देखने के विभिन्न सन्दर्भ भाषा-बोली के अन्तर को भी समझने में सहायक हैं क्योंकि 'बोली' की संकल्पना न केवल इससे प्रभावित है, बल्कि इस शब्द का प्रयोग भी इन विभिन्न सन्दर्भों में विभिन्न रूप से हुआ है।

भाषा-बोली : तीन सन्दर्भ

भाषा-बोली संकल्पना के प्रयोग के हम तीन निश्चित सन्दर्भ पाते हैं—रूपात्मक (व्याकरणिक), ऐतिहासिक (आनुवंशिक) और सामाजिक (संस्थागत)। पहले का सम्बन्ध संरचनात्मक भाषाविज्ञान से है; दूसरे का ऐतिहासिक भाषाविज्ञान से और तीसरे का समाज-भाषाविज्ञान से। स्वाभाविक है कि भाषाविज्ञान की इन तीन विशिष्ट शाखाओं में काम करने वाले विद्वानों के लिए भाषा-बोली की संकल्पना के लिए तीन भिन्न आधार दिखायी देते हैं।

(क) रूपात्मक (व्याकरणिक) दृष्टि—इस अर्थ में बोली, भाषा का क्षेत्रीय प्रभेदक शैली रूप है जिसे एक निश्चित शब्द-समूह और व्याकरणिक संरचना द्वारा पहचाना जा सकता है। किसी भी भाषा के बोलनेवालों की संख्या जब भी बढ़ती या फैलती है, उनमें बोली-भेद स्वाभाविक रूप से दिखलाई पड़ते लगता है। ध्यान देने की बात है कि अपने व्यक्त रूप (भाषा-व्यवहार) में भाषा वैविध्यपूर्ण होती है। भाषा की यह विविधता जब उसके प्रयोग करने वालों के स्थान (भौगोलिक क्षेत्र) का परिणाम होती है, तब उसको क्षेत्रीय बोली के अन्तर्गत रखा जाता है।

क्षेत्रीय शैली के हिन्दी में हम कई उदाहरण देख सकते हैं। एक क्षेत्र में हम 'ऐ' और 'औ' ध्वनियों को मूल स्वर के रूप में बोलते हैं, तो दूसरे क्षेत्र में संध्यक्षर के रूप में (उदाहरण : पैसा—पइसा, और—अउर)। एक स्थान पर संख्यावाचक शब्दों में 'इ' का प्रयोग करते हैं तो दूसरे स्थान पर 'ए' का (उदाहरण : इक्कीस—एक्कीस, इकसठ—एकसठ)। शब्द-सम्पदा के स्तर पर भी यह भेद देखा जा सकता है। एक क्षेत्र में जिसे हम 'मोजा' कहते हैं, उसी को दूसरे क्षेत्र में 'जुराब'। इसी प्रकार एक भौगोलिक क्षेत्र में जिसे हम 'घिया' और 'तोरी' कहते हैं, उसी को दूसरे क्षेत्र में 'लौकी' और 'नेनुआ' कहा जाता है।

शैली रूप में मान्य भाषा-बोली के एक दूसरे आयाम की ओर भी इधर विद्वानों ने हमारा ध्यान आकर्षित किया है, जिसे आज 'सामाजिक बोली' के रूप में जाना जाता है। जब भाषा-वैविध्य का आधार वक्ता का सामाजिक स्तर-भेद (उच्चवर्ग, निम्नवर्ग) जातिभेद, लिंगभेद (पुरुष-स्त्री) आदि होता है, तब उसे सामाजिक बोली के अन्तर्गत रखा जाता है। हिन्दी-भाषी बोलते समय अंग्रेज़ी या संस्कृत

शब्दों या स्थानीय अभिव्यक्तियों के प्रयोग द्वारा अपनी सामाजिक बोली का परिचय कई तरह से देते हैं, जैसे—'स्टेशन' के लिए 'इस्टेशन', 'स्टेसन', 'टेशन' या 'टीसन' का प्रयोग। इसी प्रकार एक वर्ग के लोग सामान्यतः 'पीला' शब्द का प्रयोग करते हैं तो दूसरे वर्ग के व्यक्ति 'पीअर' का। सामाजिक बोली वस्तुतः समाज के स्तरीकृत होने का परिणाम होती है, समाज में जब विभिन्न स्तर के लोग अपनी अस्मिता या पहचान का भाषिक आधार ढूँढ़ने की ओर प्रवृत्त होते हैं, तब सामाजिक बोली पैदा होती है। द्रविड़-कुल की कुछ भाषाओं में 'ब्राह्मण' और 'ब्राह्मणेत्तर' जाति के आधार पर बोली-भेद दिखलाई पड़ता है।

भौगोलिक और सामाजिक बोली-भेद के सन्दर्भ में यह देखा जा सकता है कि किसी क्षेत्र-विशेष के किसी सामाजिक वर्ग की बोली कुछ कारणों से अपनी प्रतिष्ठा अर्जित कर 'मानक' रूप में स्वीकृत हो जाती है। एक बार 'मानक बोली' की मान्यता प्राप्त होने पर वह उच्चवर्ग के शिक्षित व्यक्तियों की बोली के रूप में स्वीकार्य हो जाती है। यह बात भी ध्यान देने योग्य है कि उच्चवर्ग के शिक्षित व्यक्तियों द्वारा प्रयुक्त होने वाली इस 'मानक बोली' में अन्य बोलियों की तुलना में प्रयोजनहीन भाषा-वैविध्य कम मिलता है। वस्तुतः बोली के मानक रूप बनने की प्रक्रिया में ही भाषा में विकल्पन की प्रवृत्ति कम होने लगती है। अन्ततः क्षेत्र-विशेष के किसी विशेष वर्ग की बोली के आधार पर प्रतिष्ठा-प्राप्त 'मानक बोली' ही भाषा का दर्जा पाती है।

इस तथ्य पर विशेष बल देने की ज़रूरत है कि रूपात्मक (व्याकरणिक) दृष्टि भाषा-बोली के भेद को भाषा-व्यवस्था (लैंगुएज) और भाषा-व्यवहार (स्पीच-फ़ार्म) के द्वैत के आधार पर देखती है। क्षेत्रीय या सामाजिक बोलियाँ, व्याकरण-नियंत्रित एक ही भाषा के विभिन्न प्रतिफलित रूप हैं। जिस प्रकार संस्कृत निष्ठ हिन्दी, उर्दू और हिन्दुस्तानी खड़ी बोली के व्याकरण पर आधारित सामाजिक शैली जन्य बोली-भेद हैं, उसी प्रकार भोजपुरी प्रदेश के रहने वाले अब 'हिन्दी' भाषा का प्रयोग करते हैं और जिन भाषिक लक्षणों के आधार पर अपनी पहचान का आधार बनाते हैं, उस समुच्चय-रूप को हिन्दी की एक बोली के रूप में स्वीकार किया जा सकता है। इस दृष्टि से भोजपुरी के व्याघात (इन्टरफिएरेन्स) से उत्पन्न हिन्दी भाषा के व्यवहारजन्य शैली-रूप को हिन्दी की एक 'क्षेत्रीय बोली' स्वीकार किया जा सकता है।

भाषा-बोली की रूपात्मक दृष्टि उन सभी भाषा-रूपों को 'भाषा' का दर्जा देती है जिसका अपना स्वतंत्र एवं स्वनिष्ठ व्याकरण हो। इस दृष्टि से भोजपुरी, मगही, मैथिली, अवधी, ब्रज और खड़ी बोली अपनी व्यवस्था में अलग-अलग भाषाएँ हैं। इस दृष्टि के आधार पर भोजपुरी को हिन्दी की बोली नहीं माना जा सकता, क्योंकि हिन्दी (खड़ी बोली) की तरह भोजपुरी का भी अपना विशिष्ट

व्याकरण है। जिस प्रकार लोक-व्यवहार में खड़ी बोली में क्षेत्रीय भेद संभव है, उसी प्रकार शाहाबाद, पालामू, सारन, बलिया, बनारस आदि में प्रयुक्त भोजपुरी भाषा में भी क्षेत्रीय भेद मिलते हैं।

राजबली पाण्डेय के अनुसार स्वयं भोजपुरी के तीन बोली-भेद दिखलाई पड़ते हैं—(1) मल्लिका, (2) काशिका और (3) वज्जिका। इनका आधार क्षेत्रीय है। मल्लिका का क्षेत्र हिमालय और टोंस नदी के बीच में है, काशिका का क्षेत्र उत्तर प्रदेश का पूर्वी क्षेत्र है और वज्जिका उत्तरी-बिहार में बोली जाती है। वस्तुतः भाषा अध्ययन की रूपात्मक दृष्टि इन क्षेत्रीय भेदों को 'बोली' के रूप में स्वीकार करती है।

(ख) ऐतिहासिक (आनुवंशिक) दृष्टि—इस अर्थ में भाषा और बोली को एक ही भाषाई परिवार का होना आवश्यक है। मूल अर्थात् स्रोत भाषा को भाषा की संज्ञा दी जाती है जबकि उससे उत्पन्न भाषा को बोली का स्थान मिलता है। यही कारण है कि सुनीतिकुमार चाटुर्ज्या ने हिन्दी, बंगाली, गुजराती आदि आधुनिक आर्यभाषाओं को संस्कृत भाषा की बोलियों के रूप में भी देखा है।

ग्रियर्सन ने हिन्दी भू-भाग को पहले पारिवारिक सम्बन्धों के आधार पर दो उपवर्गों में विभाजित किया—शौरसेनी से उद्भूत पश्चिमी हिन्दी और अर्ध-मागधी अपभ्रंश से उत्पन्न पूर्वी हिन्दी। पश्चिमी हिन्दी उपवर्ग के अन्तर्गत आने वाली बोलियाँ हैं—(1) हिन्दोस्तानी, (2) बाँगरू, (3) ब्रजभाखा, (4) कन्नौजी और (5) बुन्देली। इसी प्रकार पूर्वी हिन्दी की तीन बोलियाँ हैं—(1) अवधी, (2) बघेली और (3) छत्तीसगढ़ी। ध्यान देने की बात है कि अर्ध-मागधी से उत्पन्न बिहारी उपभाषा (भोजपुरी, मगही, मैथिली बोलियों) को उन्होंने हिन्दी क्षेत्र के बाहर रखा। उनके अनुसार बिहारी और राजस्थानी उपवर्ग की बोलियाँ हिन्दी की अपनी बोलियाँ नहीं हैं।[1]

ग्रियर्सन के अनुसार भोजपुरी हिन्दी की बोली नहीं है, वह अगर किसी की बोली है, तो वह 'बिहारी' की। पर 'बिहारी' अपने में कोई भाषा नहीं जिसका उस क्षेत्र के लोग विचार-विनिमय में उपयोग करते हों। यह तो विद्वानों द्वारा आविष्कृत या तो बोली-समुच्चय का नाम है, ठीक उसी प्रकार जैसे 'पश्चिमी हिन्दी' और 'पूर्वी हिन्दी' या फिर ऐतिहासिक दृष्टि से भाषा-परिवार की एक शाखा के लिए व्यवहृत नाम-मात्र है जिसके भोजपुरी, मगही और मैथिली सदस्य हैं। फिर भी यह प्रश्न कम महत्त्वपूर्ण नहीं है कि ग्रियर्सन ने बिहारी उपवर्ग की बोलियों को हिन्दी क्षेत्र से बाहर क्यों रखा? भाषा-बोली भेद का उनका अपना

1. ग्रियर्सन द्वारा प्रस्तावित आधुनिक आर्यभाषाओं के वर्गीकरण के लिए देखिए : परिशिष्ट 6 (क)

आधार क्या था ?

ग्रियर्सन के समय बोलियों को किसी एक भाषा के अन्तर्गत रखने के तीन आधार प्रचलित थे—(1) पारिवारिक (ऐतिहासिक) कारणों से प्राप्त व्याकरणिक समानता, (2) व्याकरणिक समानता के कारण पारस्परिक बोधगम्यता, (3) साहित्य और संस्कृति के आधार पर बनी जातीयता (जातीय अस्मिता)। जैसा कि शैपिरो एवं शिफ़मैन ने अपनी पुस्तक (लैंगुएज एवं सोसाइटी इन साउथ एशिया : 1981) में संकेत दिया है, ग्रियर्सन की भाषा और बोली सम्बन्धी विभेदक लक्षण स्थिर नहीं थे। वे किसी स्थिति में एक लक्षण को अपना आधार बनाते हैं और किसी अन्य स्थिति में किसी अन्य लक्षण को। उदाहरण के लिए, वे व्याकरणिक समानता और परस्पर बोधगम्यता की दृष्टि से असमिया को बांगला भाषा के अत्यन्त निकट पाते हैं, पर उसे बंगला से अलग एक विशिष्ट भाषा के रूप में इसलिए स्वीकार करते हैं क्योंकि उसका साहित्य और जातीय बोध (नेशनलिटी) भिन्न है। पर जब वे बिहारी (भोजपुरी, मगही और मैथिली) की बात करते हैं, तब उसे हिन्दी भाषा से व्याकरणिक गठन और बोधगम्यता के लक्षणों के आधार पर अलग रखना चाहते हैं। अपनी पुस्तक 'ए हैण्डबुक टु द कैथी कैरेक्टर' : 1881) में ग्रियर्सन ने अपने चिन्तन का सार निम्नलिखित विचार-बिन्दुओं के रूप में रखा है :

- बिहार में (बड़े शहरों में पैदा होने वाले शिक्षित वर्ग को छोड़कर) अन्य सभी व्यक्तियों के लिए हिन्दी (खड़ी बोली) एक 'विदेशी' भाषा है;
- भाषाविकास के सिद्धान्त और नियम यह स्पष्ट निर्देश देते हैं कि बिहार में हिन्दी न तो सामान्य बोलचाल की भाषा है और न कभी वह सामान्य व्यक्ति की 'वर्नाक्यूलर' बन सकती है।
- अपनी संरचनात्मक बनावट में बिहारी बोलियाँ हिन्दी से उतनी ही भिन्न हैं जितनी इतालवी से फ्रेंच भाषा;
- कचहरी और प्रशासन के लिए क्षेत्र-विशेष का 'वर्नाक्यूलर' ही उपयुक्त माध्यम है और यह निश्चित है कि तीन में से कोई एक बिहारी बोली ही उसकी सही दावेदार है और प्रचलित हिन्दी को वह कचहरी की भाषा के रूप में स्थानापन्न करेगी, क्योंकि इस क्षेत्र में हिन्दी की स्थिति इंग्लैंड में कभी प्रचलित नार्मन-फ्रेंच से बेहतर नहीं जबकि वहाँ के वकील तक कोर्ट की भाषा के रूप में नार्मन-फ्रेंच का इस्तेमाल करते थे।

आज की भाषाई स्थिति से यह स्पष्ट है कि ग्रियर्सन की भविष्यवाणी किसी भी रूप में सिद्ध नहीं हुई। आज बिहार में कचहरी या प्रशासन की भाषा हिन्दी है, न कि कोई स्थानीय बोली। यह भी ध्यान देने योग्य है कि ग्रियर्सन के मत के विरोध में उन्हीं के समय आवाज़ उठ गई थी। बाबू राधिकाप्रसन्न मुखर्जी (1881)

और बाबू श्यामचरण गांगुली (1882) ने 'कलकत्ता रिव्यू' में प्रकाशित अपने लेखों में ग्रियर्सन के मत का खण्डन करते हुए यह दिखलाने का प्रयत्न किया था कि तथाकथित बिहार की बोलियाँ हिन्दी क्षेत्र की बोलियाँ हैं।

पारिवारिक भिन्नता से उत्पन्न व्याकरणिय विशिष्टता और सम्प्रेषणगम्य बोधगम्यता के लक्षण को भाषा-बोली की विभाजक कसौटी को आज नकारा जा चुका है। अगर ऐसा न होता तो हिन्दी और पंजाबी एक ही भाषा की दो बोलियाँ होतीं, तथा यूगोस्लाविया में सर्बियन और क्रोशियन और पेरू में केचुआ और अपनारा को दो भिन्न भाषाएँ सिद्ध करना कठिन होता। पर हिन्दी और भोजपुरी पर काम करने वाले अभी भी ऐसे विद्वान हैं जो ग्रियर्सन के मत के समर्थक हैं और यह मानते हैं कि भोजपुरी भाषा-क्षेत्र हिन्दी के बाहर पड़ता है।

उदाहरण के लिए भोजपुरी के प्रसिद्ध विद्वान उदयनारायण तिवारी अपने छात्र-काल में अपने गुरु धीरेन्द्र वर्मा के इस मत से सहमत थे कि भोजपुरी हिन्दी की ही एक बोली है। उस समय उनकी स्वीकारोक्ति के अनुसार हिन्दी के क्षेत्र से भोजपुरी को अलग करना उन्हें देशद्रोह-सा लगता था। परन्तु जैसा उन्होंने अपनी पुस्तक (भोजपुरी भाषा और साहित्य) में लिखा है, "परन्तु आज भोजपुरी के अध्ययन में चौबीस वर्षों तक निरन्तर लगे रहने तथा भाषा-शास्त्र के अधिकारी विद्वानों के सम्पर्क से भाषाविज्ञान के सिद्धान्तों को यत्किंचित सम्यक् रूप से समझ लेने के पश्चात् मुझे अपने उस पूर्वाग्रह पर खेद होता है, जो बी० ए० प्रथम वर्ष में, भाषाविज्ञान के गम्भीर परिशीलन के बिना ही मेरे हृदय में स्थान पा गया था। आज मुझे ग्रियर्सन के परिश्रम, ज्ञान एवं पक्षपातरहित विवेचना के गौरव का अनुभव होता है और इस विद्वान के प्रति हृदय श्रद्धा से परिपूर्ण हो जाता है।"

यह कितने आश्चर्य की बात है कि ग्रियर्सन के विचार में पाए जाने वाले उस अन्तर्विरोध को डॉ० तिवारी न देख पाए जिसे शैपिरो और शिफ़मैन ने देखा। जिस जातीय बोध (नेशनलिटी) के आधार पर वे असमिया को बंगला भाषा से भिन्न करते हैं (बावजूद इसके कि इन दो भाषाओं में पर्याप्त व्याकरणिक समानता और पारस्परिक बोधगम्यता है), उसी जातीय बोध को न तो ग्रियर्सन भोजपुरी पर लागू करते हैं और न ही उनके अनुयायी और प्रशंसक तिवारी जी। यद्यपि तिवारी जी अपनी पुस्तक (हिन्दी भाषा का उद्गम और विकास : सं० 2018 वि०) में यह स्वीकार करते हैं कि 'बंगाल तथा बिहार में अत्यन्त प्राचीन काल से निकट का संबंध है और इधर हाल तक राजनीतिक दृष्टि से बिहार बंगाल का एक भाग था, तथापि शिक्षित बंगाली तथा बिहारी कभी इस बात का अनुभव न कर सके कि उनकी मातृ भाषाओं का स्रोत वस्तुत: एक ही है। बंगला भाषा-भाषियों ने बिहारियों को 'पश्चिमी' तथा उनकी भाषा को सदैव 'पश्चिमी हिन्दी'

की ही एक विभाषा माना।" न केवल बंगालियों ने बिहारी भाषा को 'पश्चिमी हिन्दी' की एक विभाषा माना, अपितु स्वयं बिहारी बोलियों के प्रयोक्ताओं ने भी अपनी जातीय अस्मिता को हिन्दी के साथ जोड़ा। पर मातृभाषाओं के समान स्रोत तथा व्याकरणिक समानता के आधार पर उदयनारायण तिवारी जी न केवल भोजपुरी, मगही, मैथिली आदि बोलियों को हिन्दी से अलग मानते हैं बल्कि उन्हें बंगला-वर्ग के साथ रखना चाहते हैं। उनके अनुसार "यह (बंगाल और बिहार प्रदेश में मनमुटाव की दरार) होते हुए भी यह निर्विवाद सत्य है कि बिहारी को पूर्वी हिन्दी से पृथक माना है तथा इसका सम्बन्ध बंगला, उड़िया और असमिया से है।"

(ग) समाज-भाषावैज्ञानिक (संस्थागत) दृष्टि—इस अर्थ में भाषा अध्यारोपित सम्प्रेषणजन्य वह प्रतिमान है जो एक तरफ़ किसी महाजाति विशेष की जातीय अस्मिता का व्यंजक बनती है और दूसरी तरफ़ जिसका प्रयोग एक-दूसरे से सम्पर्क-स्थापना के लिए लघुजातियों में बँटे वे लोग करते हैं जिनकी पहली बोलचाल की भाषा इससे भिन्न होती है। इस प्रकार भाषा अपने प्रयोजन रूप में विभिन्न बोलियों के प्रयोक्ताओं के बीच सम्पर्क का साधन बनती है।

समाज भाषाविज्ञान के प्रसिद्ध विद्वान हॉगन ने अपने बहुचर्चित लेख 'डायलेक्ट, लैंगुएज, नेशन' (1966) में इस बात की ओर संकेत दिया है कि भाषा-बोली के अन्तर को देखने के दो आधार संभव हैं—संरचनात्मक (स्ट्रक्चरल) और प्रकार्यात्मक (फंक्शनल)। संरचनात्मक आधार भाषावैज्ञानिकों द्वारा अपनाया जाता है तो इनके अन्तर को समझने के लिए भाषाओं की या तो व्याकरणिक संरचना को आधार बनाते हैं अथवा उनके पारिवारिक सम्बन्धों को (हॉगन के अनुसार ये दोनों आधार भाषा-बोली के अन्तर को समझने-समझाने में कारगर नहीं)। समाज-भाषा वैज्ञानिकों का यह कर्त्तव्य हो जाता है कि वे भाषाओं के प्रकार्यात्मक प्रयोजनों को आधार बनाते हुए इसके सही सम्बन्ध पर प्रकाश डालें। हमें पहले यह देखना चाहिए कि जिन भाषाओं को किसी समुदाय के व्यक्ति सीखते हैं, उनका वे प्रयोग किन स्थितियों और किन प्रयोजनों के लिए करते हैं। दूसरी बात यह भी है कि 'भाषा' मात्र व्याकरण ही नहीं, वह सामाजिक अनुबन्धन का माध्यम भी है, हमारे भाव-बोध की संवाहिका और सामाजिक चेतना का व्यंजक भी है। उनके मत में समाज की सम्प्रेषण-व्यवस्था और भाषाओं की प्रकार्यात्मक व्यवस्था से उत्पन्न जातीय बोध ही सही अर्थों में भाषा-बोली के अन्तर को स्पष्ट कर सकते हैं।

दूसरे शब्दों में यह कहा जा सकता है कि शुद्ध भाषावैज्ञानिक (संरचनात्मक अथवा ऐतिहासिक) दृष्टि से भाषा और बोली का भेद करना संभव नहीं। उदाहरण के लिए खड़ी बोली के रूप में, मान्य जिसे हम हिन्दी भाषा कहते हैं

उसमें तथा भोजपुरी, अवधी, व्रज आदि उसकी बोलियों में ध्वनि-व्यवस्था, शब्द-सम्पदा या व्याकरणिक रचना के स्तर पर पाए जाने वाले अन्तर के आधार पर भाषा-बोली का भेद करना संभव नहीं। शुद्ध भाषिक रचना की दृष्टि से जिस प्रकार खड़ी बोली एक भाषा है, उसी प्रकार ये बोलियाँ भी 'भाषा' हैं, क्योंकि इनमें भी उसी प्रकार भाषिक प्रतीकों की व्यवस्था मिलती है, जिस प्रकार खड़ी बोली में। जहाँ तक सम्प्रेषण-तंत्र का सवाल है, यह स्पष्ट है कि भोजपुरी या अन्य बोली-क्षेत्र में रहने वाला व्यक्ति अपनी घरेलू ज़िन्दगी में अपनी-अपनी बोली का प्रयोग करता है, पर जब वह साक्षर बनता है तब खड़ी बोली में। वह अपने बोली-क्षेत्र में रहने वाले लोगों से मिलता और बातचीत करता है तब वह अपनी ही बोली का उपयोग करता है पर जब वह अन्य बोली-क्षेत्र के व्यक्ति से सम्पर्क स्थापित करता है तब वह हिन्दी को माध्यम बनाता है। जब कोई अन्य हिन्दी भाषी उसकी मातृभाषा के संबंध में पूछता है, वह अपनी पहचान के लिए अपनी मातृबोली का नाम बतला देता है, पर जनगणना के समय अथवा अन्य भाषा-भाषी के पूछने पर अपनी मातृभाषा 'हिन्दी' घोषित करता है।

अपने इस दूसरे अर्थ में भाषा-बोली का आधार किसी भाषाई समाज की सम्प्रेषण-व्यवस्था और उसकी जातीय चेतना है जिसकी प्रकृति संस्थागत होती है। सामाजिक संस्थाओं की प्रकृति स्थिर नहीं होती। सामाजिक विकास या परिवर्तन के दौरान उसकी प्रकृति और क्षेत्र में बदलाव आना स्वाभाविक है। वस्तुतः भाषा-बोली की अवधारणा का जन्म ही तब होता है जब कोई लघुजाति, महाजाति, के रूप में उभरती है और लघु जनपद, महाजनपद के रूप में स्वीकृत होने लगता है। जिस लघुजाति का किसी महाजाति से सम्बन्ध ही न हो, उसकी भाषाई सम्प्रेषण व्यवस्था को आप 'भाषा' कह लें या 'बोली', कोई फ़र्क ही नहीं पड़ता क्योंकि उस स्थिति में भाषा-बोली का भेद ही निरर्थक ठहरता है।

ऐसी कई जनजातियाँ (ट्राइबल) हैं जिनकी भाषाई व्यवस्था को कभी हम 'भाषा' कहते हैं और कभी उसी को 'बोली' कह देते हैं। हम प्रायः यह भूल जाते हैं कि भाषा-बोली संकल्पनात्मक युग्म में भाषा, अध्यारोपित संचार व्यवस्था है, जिसका प्रयोग दो या दो से अधिक बोली-क्षेत्र के व्यक्ति सम्पर्क-स्थापन के लिए प्रयोग में लाते हैं, और साथ ही जो किसी एक महाजाति के होने का प्रमाण देती है। अगर जनजातियाँ अलग-थलग पड़ी हैं, अपने गें रबायत रूप में दूसरों से कटकर अपना जीवन-यापन कर रही हैं, तब उनकी भाषाई व्यवस्था में भाषा-बोली का भेद ही संभव नहीं।

प्रायः यह देखा जाता है कि जातीय पुनर्गठन की सामाजिक प्रक्रिया के दौरान कोई 'बोली' सांस्कृतिक पुनर्जागरण, राजनीतिक पुनर्गठन अथवा आर्थिक पुनर्व्यवस्था के कारण अन्य जनपदीय बोलियों की तुलना में विशेष महत्त्व पा लेती

है। फलस्वरूप वह अन्य बोलियों के बोलने वालों के बीच सम्पर्क-साधन का भी काम करने लगती है। बाद में चलकर अन्य बोलियों का प्रयोग करने वाले व्यक्ति भी इस सम्पर्क-साधन युक्त प्रतिष्ठित बोली के साथ अपनी सामाजिक अस्मिता जोड़ने लगते हैं। भाषा-बोली भेद के सन्दर्भ में यह कहा जा सकता है कि विभिन्न बोलियों के बीच सम्पर्क-साधन का कार्य करने वाली प्रतिष्ठा प्राप्त बोली ही 'भाषा' है, जबकि जनपदीय बोलियाँ मात्र 'बोली'। इस तथ्य को रामविलास शर्मा ने अपनी पुस्तक 'भाषा और समाज' में निम्नलिखित शब्दों में व्यक्त किया है—"जैसे सामाजिक गठन के रूपों में हम लघुजाति से महाजाति की ओर बढ़ते हैं, वैसे ही भाषा का क्षेत्र भी लघु से वृहत्तर होता जाता है। किसी भी भाषा या बोली की सीमाएँ अचल और सनातन नहीं होतीं। जिसे हम आज भाषा कहते हैं, वह किन्हीं परिस्थितियों में बोली मात्र रह सकती है, जिसे हम बोली कहते हैं, वह कल भाषा बन सकती है।···उत्तर भारत का बहुत-सा साहित्य ब्रजभाषा में रखा गया था लेकिन हमारे जातीय विकास की विशेष परिस्थितियों में खड़ी बोली तो भाषा बन गयी और ब्रजभाषा रह गयी एक बोली के रूप में।"

प्रकार्यात्मक आधार पर भाषा और बोली में अन्तर करना संभव है। इस अन्तर को संक्षिप्त ढंग से तालिकाबद्ध कर नीचे दिया जा रहा है—

भाषा	बोली
1. सामाजिक प्रकार्य में भाषा अध्यारोपित (सुपरआर्डिनेट) होती है।	1. सामाजिक प्रकार्य में बोली भाषा के अधीनस्थ (सबार्डिनेट) होती है।
2. भाषा-प्रयोग का क्षेत्रीय आधार अपेक्षाकृत अधिक विस्तृत होता है।	2. बोली का क्षेत्र भाषा की तुलना में छोटा होता है।
3. भाषा का प्रयुक्ति-क्षेत्र अधिक बहुमुखी होता है—वह लिखित साहित्य, शिक्षा, प्रशासन आदि अनेक व्यवहार-क्षेत्रों में प्रयुक्त होती है।	3. बोली का प्रयुक्ति-क्षेत्र अपेक्षाकृत सीमित होता है।
4. भाषा समाज में 'प्रतिष्ठा' और 'प्रभुता' की द्योतक होती है।	4. बोली का प्रयोग 'आत्मीयता' का व्यंजक होता है।

5. भाषा का प्रयोग प्रायः औपचारिक सन्दर्भों में होता है।	5. बोली का प्रयोग-सन्दर्भ सामान्यतः अनौपचारिक होता है।
6. भाषा अपेक्षाकृत अधिक मानकीकृत और आधुनिक होती है।	6. बोली में प्रयोजन-हीन विकल्पन सापेक्षतया अधिक होते हैं।
7. भाषा अपनी बोलियों के प्रयोग-कर्ता के बीच सम्पर्क भाषा का काम करती है और दूसरी 'बोली' (मानक)के रूप में सीखी जाती है।	7. बोली मातृभाषा के रूप में पहली 'भाषा' के रूप में सीखी जाती है।

(2)

इसमें सन्देह नहीं कि भोजपुरी जनपद का एक विशाल भू-खण्ड है। इस विस्तृत भूखण्ड में रहने वालों की मातृबोली भोजपुरी है। पर यहाँ के लोग मातृभाषा के रूप में हिन्दी का स्वाभाविक ढंग से प्रयोग करते हैं। प्रायः हम यह भूल जाते हैं कि मातृभाषा एक जटिल संकल्पना है और इसका अर्थ भारतवर्ष जैसे बहुभाषी देश में वैसा ही नहीं माना जा सकता, जैसा हम एकभाषी स्थिति में पाते हैं। मातृभाषा के दो निश्चित प्रयोजन होने के कारण उसके प्रयोग के दो संदर्भ हैं। अपने पहले सन्दर्भ में वह व्यक्ति के झूला-पालने की भाषा है अर्थात् यह वह भाषा है जिसके माध्यम से व्यक्ति पहले-पहल इस संसार को जानता है और इस प्रक्रिया में संज्ञानात्मक बोध का विकास करता है। अपने दूसरे सन्दर्भ में मातृभाषा उसके संस्थागत जातीय अस्मिता का साधन है जिसके सहारे भाषाई चेतना के धरातल पर वह 'हम-वे' के बोध से बंधता है। एक-भाषी देश में मातृभाषा के ये दोनों संदर्भ एक ही भाषा द्वारा सिद्ध हो जाते हैं। पर भारत जैसे बहुभाषी देश में स्थिति इससे भिन्न है। हिन्दी महाजनपद क्षेत्र में रहने वाला व्यक्ति मातृभाषा के पहले सन्दर्भ (झूला-पालने की भाषा) को तो 'मातृबोली' द्वारा सिद्ध करता है जबकि उसके दूसरे सन्दर्भ (जातीय अस्मिता) के लिए महाजनपद की भाषा अर्थात् हिन्दी को अपनाता है। यही कारण है कि सदल मिश्र, भारतेन्दु हरिश्चन्द, रामदहिन मिश्र, देवकीनन्दन खत्री, जयशंकर प्रसाद, प्रेमचन्द, रामचन्द्र शुक्ल, राहुल सांकृत्यायन, श्यामसुन्दरदास, शिवपूजन सहाय, पाण्डेय बेचन शर्मा 'उग्र', हजारी प्रसाद द्विवेदी आदि साहित्यकारों की पहली भाषा (मातृबोली) भोजपुरी थी, पर उनकी जातीय अस्मिता की भाषा हिन्दी रही।

इधर भाषा-बोली के इस सामंजस्यपूर्ण स्थिति में दरार पड़ने लगी है। भोजपुरी भाषा के कुछ समर्थक यह समझते हैं कि भोजपुरी भाषा और संस्कृति

का विकास तब तक संभव नहीं जब तक भोजपुर जनपद को राज्य का दर्जा नहीं मिल जाता या फिर हिन्दी महाजाति की भाषा से अलग उसकी भोजपुरी बोली की विकास-दिशा निर्धारित नहीं हो जाती। आचार्य रामदेव त्रिपाठी भोजपुरी अकादमी (पटना) से प्रकाशित अपनी पुस्तक (भोजपुरी व्याकरण 1987) में लिखते हैं 'अब भोजपुरी पश्चिमी बिहार, पूर्वी उत्तरप्रदेश, उत्तरी मध्यप्रदेश तथा दक्षिणी नेपाल का 21 जिलन में फ़इलल लगभग ६ करोड़ लोग के भाषा हो गइल। असल में एह सब क्षेत्रन के मिला के एगो पृथक् भोजपुर राज्यके निर्माण उचित होई। तबे भोजपुरी संस्कृति चाहे भाषा के समुचित विकास हो सकेला।' 'भोजपुरी लोक' में प्रकाशित अपने लेख में रामनाथ पाण्डेय का यह मत है कि भोजपुरी एक भाषा है और उसे बोली का दर्जा हिन्दीभाषियों की प्रभुता सम्पन्न दृष्टि और उनके षड्यंत्र का परिणाम है। उन्हें लगता है कि 'हिन्दी के कुछ मठाधीश अपने हिन्दी साम्राज्य विस्तार के लिए भारत की कई अन्य भाषाओं की तरह भोजपुरी को भी उदरस्थ करने की चेष्टा कर रहे हैं··· पर सच यह है कि भोजपुरी कभी भी हिन्दी की उपभाषा या बोली नहीं रही है। इसके उद्‌गम और विकास का क्षेत्र इतना पाताल में है जहाँ तक पहुँचना संभव नहीं लगता। हिन्दी के जन्म के हजारों वर्ष पहले से इसका अपना क्षेत्र रहा है और यह वैदिक काल में भी किसी न किसी रूप में संस्कृत की सहभागिनी रही है।' ऐसे उद्‌गार भारत जैसे बहुभाषी और बहुसांस्कृतिक देश में अब तक चले आ रहे भाषा-बोली के सह-सम्बन्ध और उनकी सामंजस्यपूर्ण प्रकृति के न समझने के परिणाम ही कहे जा सकते हैं।

समाज के ऐतिहासिक विकास के दौरान कोई भी बोली, भाषा बन सकती है और इसी विकासक्रम में पहले से स्वीकार होती आई भाषा बाद में बोली का दर्जा पा सकती है। पर वर्तमान स्थिति में यह कहा जा सकता है कि अगर हिन्दी को उसकी जनपदीय बोलियां एक दृष्टि से समृद्ध कर रही हैं तो इन जनपदीय बोलियों को हिन्दी एक दूसरी दृष्टि से आधुनीकृत और विकसित कर रही है। भाषा-बोली का हिन्दी क्षेत्र में जो सह-सम्बन्ध है, वह भोजपुरी व्यक्तियों की अस्मिता को खण्डित नहीं कर रहा, बल्कि बहुभाषिकता के रंग से रंजित कर उसे समग्र बना रहा है। बहुभाषिकता सामाजिक अभिशाप नहीं बल्कि 'तृतीय विश्व' के राष्ट्रों के लिए एक शक्ति-स्रोत है। भारत की भाषा स्थिति के सन्दर्भ में इस तथ्य की ओर मैं यूनेस्को द्वारा पेरिस में आयोजित भाषाविदों की एक अन्तर्राष्ट्रीय संगोष्ठी में आज से लगभग एक दशक पूर्व प्रमाणित कर चुका हूँ।

हिन्दी का जनपदीय, राष्ट्रीय एवं अन्तर्राष्ट्रीय सन्दर्भ

भाषा अध्ययन की आधुनिक दृष्टि हमें इस तथ्य की ओर ध्यान दिलाती है कि भाषा की पहचान का आधार उसके प्रायोग एवं व्यवहार के विविध सन्दर्भ होते हैं न कि उसकी संरचना अथवा व्याकरण। इसीलिए अब 'भाषा' की बात को 'भाषाई समुदाय' के सन्दर्भ में उठाया जाता है। भाषाई समुदाय के रूप में हिन्दी उन व्यक्तियों का समूह है जो सम्प्रेषण व्यापार के रूप में हिन्दी के 'लिगुआ फ्रेंका' रूप को स्वीकार करते हैं और जिनके लिए हिन्दी, सामाजिक अस्मिता का साधन बनती है। विभिन्न बोलियों और सामाजिक शैलियों के बावजूद इस समुदाय के व्यक्ति, हिन्दी के सहारे एक-दूसरे से अपनी बात कहने में सक्षम हैं। साथ में, अन्य भाषाई-समुदायों (जैसे बंगाली, गुजराती, तमिल, तेलुगु आदि) के प्रति 'हम-वे' की प्रवृत्ति का वे परिचय देते हैं। वस्तुतः भाषा-व्यवहार की दृष्टि से यह हिन्दी का जनपदीय सन्दर्भ है।

हिन्दी का जनपदीय सन्दर्भ

अपने जनपदीय सन्दर्भ में हिन्दी भाषा के छह प्रादेशिक राज्यों—उत्तर प्रदेश, बिहार, मध्य प्रदेश, राजस्थान, हिमाचल प्रदेश और हरियाणा तथा दो संघ राज्यों—दिल्ली और चण्डीगढ़ की राजभाषा के रूप में स्वीकृत है। इन क्षेत्रों में मातृभाषा के रूप में हिन्दी को स्वीकार करने वालों की संख्या अन्य भाषाओं की तुलना में अधिक है—यथा, राजस्थान (89.89 प्रतिशत) हरियाणा (88.77 प्रतिशत), उत्तर प्रदेश (89.68 प्रतिशत), हिमाचल प्रदेश (88.95 प्रतिशत), मध्य प्रदेश (84.37 प्रतिशत), बिहार (80.17 प्रतिशत), दिल्ली (76.29 प्रतिशत) और चण्डीगढ़ (55.11 प्रतिशत) (देखिए परिशिष्ट-5) अपने जनपदीय सन्दर्भ में ही हिन्दी अपनी बोलियों, यथा—ब्रज, बुन्देली, अवधी, भोजपुरी, मैथिली आदि के बीच सम्पर्क भाषा के रूप में काम करती है। हिन्दी

जनपद में रहने वालों के लिए अगर ये क्षेत्रीय बोलियाँ उनकी 'प्रथम मातृभाषा' हैं, तब हिन्दी उनके लिए 'सहयोजित मातृभाषा' है।

प्रयोजन की दृष्टि से मातृभाषा के दो पक्ष माने जा सकते हैं। अपने पहले पक्ष के सन्दर्भ में मातृभाषा, व्यक्ति के 'झूले-पालने' की भाषा होती है। यह वह भाषा है जिसके सहारे व्यक्ति सबसे पहले अपनी चेतना की आँख खोलता है, अपने भीतर के भाव जगत और अपने से बाहर के संसार के बीच जिस पहली भाषा को वह मध्यस्थ बनाता है उसे 'मातृभाषा' का दर्जा दिया जाता है। हिन्दी जनपद में रहने वालों के लिए ब्रज, अवधी, भोजपुरी, मैथिली आदि क्षेत्रीय बोलियाँ ही इस दृष्टि से उनकी प्रथम मातृभाषा ठहरती हैं। उन्हीं बोलियों के माध्यम से व्यक्ति सबसे पहले अपने अनुभव-संसार का निर्माण करता है, अपने से बाहर के संसार को पहचानता है और अपने व्यावहारिक जीवन के ताने-बाने को बुनता है।

लेकिन मातृभाषा का एक दूसरा पक्ष भी है। इसका सम्बन्ध व्यक्ति के सामाजिक संस्कार और सांस्कृतिक चेतना से जुड़ा होता है। व्यक्ति अपने निजी-राग-द्वेष और वैयक्तिक आवश्यकताओं से ऊपर उठकर जब अपने समुदाय से जुड़ता है तब जीवन और जगत को देखने का उसे एक दूसरा आयाम मिलता है। इस आयाम का निर्माण उस समुदाय का जातीय इतिहास, उसकी सांस्कृतिक चेतना और उसका साहित्यिक संस्कार करते हैं। इस दृष्टि से हिन्दी जनपद में रहने वाले व्यक्ति अपने क्षेत्रीय कठघरे से ऊपर उठकर हिन्दी को एक जातीय सम्पदा के रूप में देखते हैं क्योंकि हिन्दी का अपना एक जनपदीय इतिहास और सांस्कृतिक चेतना है, उसकी अपनी एक साहित्यिक धारा है जो ब्रज, अवधी, मैथिली आदि बोलियों के भीतर एक अन्तःसलिला की भाँति प्रवाहित है और जो हिन्दी जनपद को एक निश्चित इकाई के रूप में बाँधती है। चाहे मैथिली के विद्यापति हों अथवा राजस्थान की मीराबाई, चाहे ब्रज के गीत गायक सूरदास हों या अवधी के प्रबन्धकार तुलसीदास— सभी ने अपने को 'भाखा' का कवि कहा है, न कि क्षेत्रीय बोलियों का। विद्यापति ने लिखा है—'बालचंद विज्जावह भाषा', कबीर ने कहा—'भाखा बहता नीर' और तुलसीदास ने अपनी भाषा के लिए कहा—'भाषा भनित मोर मति थोरी'। 'भाखा' की यह चेतना समस्त हिन्दी जनपद के इतिहास, संस्कृति और साहित्य को एक समान भावभूमि देती है। यह वही 'भावभूमि है, जिस पर खड़े होकर हिन्दी जनपद के विभिन्न क्षेत्रों में रहने वाले और विभिन्न क्षेत्रीय बोलियों को अपनी प्रथम मातृभाषा के रूप में स्वीकार करने वाले हिन्दी को एक सामाजिक संस्था और एक जातीय सम्पदा के रूप में स्वीकार करते हैं। सामाजिक अस्मिता मातृभाषा का दूसरा पक्ष है और इस सन्दर्भ में 'हिन्दी', इस जनपद में रहने वालों के लिए 'सहयोजित

मातृभाषा' के रूप में कार्य करती है। यह बात कम महत्त्वपूर्ण नहीं कि इस जनपद में रहने वाले सभी साक्षरता के लिए इसी भाषा-पक्ष को स्वीकार करते हैं और हिन्दी विभाग में हिन्दी भाषा और साहित्य के अन्तर्गत खड़ी बोली में रचित साहित्य के साथ-साथ ब्रज, अवधी, मैथिली आदि बोलियों में रची कृतियों का भी अध्ययन-अध्यापन होता है। 'मातृभाषा' का यह पक्ष विभिन्न बोली क्षेत्रों में रहने वालों को उनके 'मैं' से उठाकर 'हम' की भूमि पर ले आता है, जिसके आधार पर वे अन्य भाषाई समुदाय (यथा, बंगाली, गुजराती, तमिल, तेलुगु आदि) से हम-वे के आधार पर अपने को अलग करते हैं। जनगणना के अवसर पर वे इसी आधार पर अपनी मातृभाषा को 'हिन्दी' घोषित करते हैं।

हिन्दी का राष्ट्रीय सन्दर्भ

अपने व्यापक अर्थ में हिन्दी एक क्षेत्रीय भाषा है। क्षेत्रीय भाषा के रूप में ही उसका राष्ट्रीय सन्दर्भ सामने उभरता है। यह ध्यान देने की बात है कि हमारी आज़ादी की लड़ाई में राष्ट्रीय स्तर के नेताओं ने जन-सम्पर्क की इस भाषा को नया अर्थ और नया संस्कार प्रदान किया था। गुजरात शिक्षा सम्मेलन के सभापति पद से बोलते हुए राष्ट्रपिता महात्मा गांधी ने सन् 1917 में यह कहा था कि हिन्दी ही वह भाषा है जो राष्ट्रभाषा के लिए निर्धारित आवश्यकताओं को पूरा करती है।

जहाँ तक हिन्दी भाषा की व्यापकता और व्यवहार क्षमता का प्रश्न है, उसके लिए यही कहा जा सकता है कि न केवल मातृभाषा के रूप में इसके बोलने वालों की संख्या सबसे अधिक है बल्कि अन्य भाषा के रूप में इसे व्यवहार में लाने वालों का अनुपात भी सर्वाधिक है। 1971 की जनगणना के अनुसार भारत की पूरी आबादी 54,81,95,652 है और मातृभाषा के रूप में हिन्दी को स्वीकार करने वालों की संख्या 20,85,14,005 है। इसके अतिरिक्त संख्या की दृष्टि से अहिन्दी प्रदेशों में हिन्दी पंजाब, पश्चिमी बंगाल, अण्डमान निकोबार में दूसरी प्रमुख भाषा और कम-से-कम पाँच प्रदेशों—जम्मू-कश्मीर, आसाम, महाराष्ट्र, आंध्रप्रदेश एवं त्रिपुरा में तीसरे स्थान पर है। स्पष्ट है कि भारत की समूची जनसंख्या का एक तिहाई अंश हिन्दीभाषी है और भारत की संपूर्ण द्विभाषी जनसंख्या के चौथाई अंश की यह सम्पर्क भाषा है।

इस बात पर बल देने की आवश्यकता है कि हिन्दी के जनपदीय सन्दर्भ के आधार पर केवल उसकी विभिन्न बोलियों के प्रयोक्ता ही अपनी सामाजिक एवं सांस्कृतिक एकता का अनुभव नहीं करते, वरन् विभिन्न क्षेत्रीय भाषाभाषियों को भी इसमें सामाजिक संस्कृति और सर्वसामान्य आचार-विचार का संस्कार प्राप्त होता है। इस प्रकार हिन्दी राष्ट्रीय दृष्टि से अनेकता में एकता की

विचारधारा की संवाहिका है। भारत की अन्य भाषाओं के साथ निरन्तर पारस्परिक सम्बन्ध रखने के कारण यह भाषा तीव्रगति से न केवल भारतीय संस्कृति और सभ्यता का प्रबल आधार बनती जा रही है बल्कि अपने आन्तर भारती स्वरूप को भी निखारती जा रही है। हिन्दी के इस आन्तर भारती स्वरूप की विकास-दिशा क्या हो, इस सम्बन्ध में हमारी संवैधानिक दृष्टि स्पष्ट है। संविधान के अनुच्छेद 351 के अनुसार 'हिन्दी भाषा की प्रसार वृद्धि करना, उसका विकास करना ताकि वह भारत की सामाजिक संस्कृति के सब तत्त्वों की अभिव्यक्ति का माध्यम बन सके, तथा उसकी आत्मीयता में हस्तक्षेप किए बिना हिन्दुस्तानी और अष्टम अनुसूची में उल्लिखित अन्य भारतीय भाषाओं के रूप, शैली और पदावली को आत्मसात करते हुए तथा जहाँ आवश्यक या वांछनीय हो, वहाँ उसके शब्द भण्डार के लिए मुख्यत: संस्कृत और गौणत: अन्य भाषाओं से शब्द ग्रहण करते हुए उसकी समृद्धि सुनिश्चित करना संघ का कर्त्तव्य होगा।'

राष्ट्रीय सन्दर्भों में प्रयुक्त होने वाली हिन्दी के दो निश्चित भाषा रूप उभरकर सामने आए हैं। जनभाषा रूप में हिन्दी, अहिन्दी क्षेत्रों में रेलवे प्लेटफार्म, अन्तर्राज्जीय बस अड्डे, सांस्कृतिक स्थल जैसे प्रमुख मन्दिर या ऐतिहासिक दर्शनीय स्थानों में प्रयुक्त होती देखी जा सकती है। इधर हिन्दी फिल्मों ने भी अहिन्दीभाषियों के इस जनभाषा रूप को निखारा और संवारा है। वस्तुतः भाषा-प्रयोग के इस जनभाषा रूप का मूल भारतीय समाज की आधारभूत द्विभाषिकता है। इस प्रकार की द्विभाषिकता, सम्प्रेषण व्यवस्था के उस स्तर से सम्बन्ध रखती है जो सर्वसाधारण की निजी और दैनिक आवश्यकताओं को पूरा करने का साधन है। राष्ट्रभाषा का एक दूसरा पक्ष भी है जिसे हम हिन्दी के राजभाषा रूप में देखते हैं। हिन्दी भारतवर्ष की प्रमुख राजभाषा है। भारतीय संविधान के अनुच्छेद 343 के अनुसार 'संघ की राजभाषा हिन्दी और लिपि देवनागरी होगी'। राष्ट्र को राजनीतिक एवं आर्थिक दृष्टि से एकता के सूत्र में बांधने वाली प्रशासनिक प्रयोजनों की भाषा को राजभाषा की मान्यता मिलती है। इसका आधार संभ्रान्त द्विभाषिकता है, और यही कारण है कि इसके भाषा रूप में या तो सांस्कृतिक पदरचना का बाहुल्य है अथवा अंग्रेजी अनूदित भाषा संस्कार की गहरी छाया।

सम्प्रति स्थिति यह है कि राष्ट्रीय सन्दर्भों में प्रयुक्त होने वाली अक्षेत्रीय हिन्दी के दो भाषा रूपों—जनभाषा एवं राजभाषा— के बीच एक गहरी खाई आती जा रही है। इन दो भाषा रूपों के संस्कार में वही भेद दिखाई पड़ता है जो संभ्रान्त पर प्रभुता सम्पन्न और सामान्य या शोषित सामाजिक वर्गों के बीच देखा जाता है। सम्प्रेषणीयता एवं बोधगम्यता के सन्दर्भ में हिन्दी की इन दो भाषाशैलियों में कभी-कभी उतना ही अन्तर मिलता है जितना कि किसी विदेशी

भाषा और स्वभाषा में। इसलिए यह आवश्यक हो गया है कि राष्ट्रभाषा हिन्दी के जनभाषा एवं राजभाषा रूपों के बीच की दूरी को भाषा नियोजन के सुविचारित माध्यम से दूर करें, उनके बीच की खाई को भाषाई संस्कार के सहारे कम करने की कोशिश करें और उच्च (राजभाषा) एवं निम्न (जनभाषा) भाषाशैली की अवधारणा से अपने को मुक्त करते हुए हिन्दी को सर्वसामान्य के लिए अधिक से अधिक बोधगम्य बनाने के लिए प्रयत्न करें।

हिन्दी का अन्तर्राष्ट्रीय सन्दर्भ

जनपदीय और राष्ट्रीय सन्दर्भ के अतिरिक्त हिन्दी-व्यवहार का एक तीसरा सन्दर्भ भी है जिसे हम उसका **अन्तर्राष्ट्रीय सन्दर्भ** कह सकते हैं। अन्तर्राष्ट्रीय भाषा के रूप में हिन्दी के कई रंग और कई पक्ष हैं। मारिशस, फीजी, त्रिनिदाद, गुयाना आदि देशों में हिन्दी का व्यापक प्रयोग है। इन देशों के हिन्दीप्रेमी इस भाषा को केवल भाषा के रूप में व्यवहार में नहीं लाते अपितु उसे वे अपनी संस्कृति का एक अंग भी समझते हैं। हिन्दी को वे अपने ऐतिहासिक सम्बन्धों की सांस्कृतिक कड़ी और अपनी भावात्मक एकता का मूल आधार मानते हैं। अन्तर्राष्ट्रीय सन्दर्भ में हिन्दी 'विश्वभाषा' का अपना रूप ग्रहण करती है, पर विश्वभाषा के प्रयोजन एवं रूप के परिप्रेक्ष्य में एक-दो बातों पर ध्यान देना आवश्यक है।

विश्व के दृश्य फलक पर हम अंग्रेजी, फ्रेंच, स्पेनिश, पुर्तगाली आदि भाषाओं को भी विश्वभाषा के रूप में व्यवहृत पाते हैं। पर विश्वभाषा बनने की इनकी प्रक्रिया विश्वभाषा हिन्दी से भिन्न है। ये भाषाएं साम्राज्यवाद की उस नींव के आधार पर फैलीं जो प्रभुता और शक्ति की रक्तरंजित प्रवृत्ति से सींची गयी थीं। इसके विपरीत विश्वभाषा हिन्दी का आधार रहा है उसके प्रति श्रमजीवियों की श्रद्धा और आत्मीयता। और जैसा कि मारीशस के हिन्दी प्रचारिणी सभा के अध्यक्ष श्री जयनारायण राम का कहना है—हिन्दी, उपनिषद, रामायण, गीता की बेटी बनकर आई। यह उनके धर्म एवं संस्कृति का अंग बनकर अभी भी जीवित है।

दूसरा तथ्य इस ओर संकेत देता है कि भारतीय प्रवासियों के साथ मारीशस, फीजी, त्रिनिदाद ऐसे देशों में हिन्दी एक ओर सामाजिक-सांस्कृतिक, प्रतीक-चिह्न बनकर गई तो दूसरी तरफ उनके आपसी व्यवहार का सम्पर्क साधन बनकर भी उभरी। यह कम महत्त्वपूर्ण तथ्य नहीं है कि इन विभिन्न देशों में जनसमुदाय की लगभग आधी संख्या प्रवासी भारतीयों की है, यथा मारीशस (64 प्रतिशत), गुयाना (55 प्रतिशत), फीजी (50 प्रतिशत), सूरीनाम (40 प्रतिशत), त्रिनिदाद (36 प्रतिशत)। यद्यपि लोकगीतों और अनौपचारिक सन्दर्भों में हिन्दी की बोली

भोजपुरी' का प्रयोग होता है, पर जनसम्पर्क तथा सामाजिक-सांस्कृतिक अनुष्ठानों की भाषा मानक हिन्दी ही है, इस मानक हिन्दी में ही इन विभिन्न देशों में समाचार पत्रों का प्रकाशन भी हुआ। मारीशस में सबसे पहले मार्च 1909 में 'हिन्दुस्तानी' और 'मारीशस आर्य पत्रिका' का प्रकाशन प्रारंभ हुआ। इन साप्ताहिक समाचार पत्रों के अतिरिक्त कई और भी पत्र निकलने प्रारम्भ हुए जिनमें 'आभा', 'दर्पण', 'रणभेरी' आदि साहित्यिक पत्र-पत्रिकाओं का विशेष स्थान है। फीजी में सन् 1923 में 'फीजी समाचार' ऐसा साप्ताहिक पत्र प्रकाशित हुआ। 'भारत पुत्र', 'बुद्धि', 'बुद्धिवाणी', जागृति', 'जयफीजी', 'सनातन संदेश' आदि पत्रिकाओं का हिन्दी के प्रचार-प्रसार में विशेष स्थान रहा है। इसी प्रकार सूरीनाम में 'आर्य दिवाकर', 'सरस्वती', 'धर्मप्रकाश', 'वैदिक संदेश', 'प्रेम संदेश', गुआना में 'आर्य ज्योति', 'ज्ञानदा' और त्रिनिदाद-टुबैगो में 'कोहेनूर', 'ज्योति' आदि पत्र-पत्रिकाओं का वहाँ हिन्दी के विकास में विशेष योगदान रहा है। पर इस सन्दर्भ में जो बात हम भारतीय प्रायः भुला दिया करते हैं वह है कि भारतीय प्रवासी भाइयों की हमसे भिन्न अपनी राष्ट्रीयता, उनका अपना सम्प्रेषण-तंत्र है, जिसके बीच 'हिन्दी' को जीना और विकसित होना है। हमें पता होना चाहिए कि जन-व्यवहार के लिए हिन्दी से भिन्न इनकी अपनी एक-दूसरी स्थानीय भाषा (क्रियोल) है और दूसरी तरफ कार्यालयी प्रयोजनों के लिए इससे भिन्न राजभाषा है। उदाहरण के लिए मारीशस में फ्रेंच आधारित क्रियोल (जनभाषा) और फ्रेंच तथा अंग्रेजी (राजभाषा) का व्यवहार होता है, सूरीनाम में डच आधारित क्रियोल (जनभाषा) और डच (राजभाषा) का और गुआना एवं त्रिनिदाद में अंग्रेजी आधारित क्रियोल (जनभाषा) और अंग्रेजी (राजभाषा) का। सम्प्रेषण तंत्र की एक कड़ी के रूप में हिन्दी को इस जनभाषा और राजभाषा के दुहरे प्रभाव के साथ अपना निर्वाह करना है, अतः इसकी अपनी एक सीमित लेकिन विशिष्ट भूमिका है।

तीसरा तथ्य इस ओर संकेत देता है कि हिन्दी के रंजक एवं सर्जनात्मक साहित्य का एक नया आयाम उसके अन्तर्राष्ट्रीय पक्ष के साथ जुड़ता जा रहा है। इन देशों में हिन्दी के माध्यम से कविता-संग्रह, उपन्यास-कहानी, आलोचनात्मक ग्रंथ, ज्ञानात्मक साहित्य का सर्जन काफी संख्या में हो रहा है। इस विपुल साहित्य में हम पाते हैं—इन देशों की माटी की गंध, वहाँ की अपनी लोकोक्तियों का निखार, वहाँ की जिन्दगी का रस। भाषा की व्याकरणिक संरचना की प्रकृति उसी हिन्दी की है जिसे भारतवर्ष में उसके प्रयोक्ता व्यवहार में लाते हैं, पर उसकी बुनावट (टेक्स्चर) में है इन विभिन्न देशों की सामाजिक एवं सांस्कृतिक चेतना की छाप। यह बात दूसरी है कि हिन्दी साहित्य के इतिहास लेखन एवं समीक्षात्मक आकलन में हमने इस साहित्य के बारे में अभी तक न तो चर्चा की है

और न उनके वैशिष्ट्य का आकलन। पर आज हम इस बात की अवमानना नहीं कर सकते कि विश्वभाषा के रूप में हिन्दी को अब अपनी सीमा में उस विपुल बहुरंगी साहित्य को भी समेटना चाहिए जो इन देशों में समर्थ साहित्यकारों द्वारा रचा जा रहा है।

अन्तर्राष्ट्रीय सन्दर्भ में हिन्दी के दो और प्रयोजनपरक पक्ष हैं। बंगला देश, श्रीलंका, ब्रह्मदेव, इंडोनिशिया, मलेशिया, कम्बोडिया आदि देशों के लिए हिन्दी सामाजिक-सांस्कृतिक प्रेरणा प्रदान करती है। इसके अतिरिक्त अमेरिका, इंग्लैंड, सोवियत संघ, फ्रांस, जापान, चेकोस्लोवाकिया आदि देशों में 'विदेशी' भाषा के रूप में इस भाषा के अध्ययन-अध्यापन का कार्य हो रहा है। हिन्दी व्याकरण, हिन्दी शिक्षण सामग्री आदि क्षेत्रों में विदेशी भाषा के रूप में हिन्दी को इन देशों के विद्वान बहुत पहले से समृद्ध करते आए हैं। गत कुछ वर्षों में जर्मन-हिन्दी, रूसी-हिन्दी, हिन्दी-चैक, नेपाली-हिन्दी, हिन्दी-नेपाली हिन्दी-डच, डच-हिन्दी आदि शब्दकोशों का प्रकाशन भी हुआ है। अब तो कुछ देशों में विदेशियों द्वारा हिन्दी की त्रैमासिक एवं मासिक पत्रिकाएँ भी प्रकाशित होनी शुरू हो गई हैं।

अगर हम हिन्दी व्यवहार के जनपदीय, राष्ट्रीय और अन्तर्राष्ट्रीय सन्दर्भों पर ध्यान दें और तीनों व्यवहार क्षेत्रों की पृष्ठभूमि में हिन्दी प्रयोक्ताओं के भाषाई कोश पर अपनी दृष्टि डालें, तब यह कहने में हमें संकोच नहीं होना चाहिए कि उसका भाषाई रूप अपनी प्रकृति में बहुभाषिकता के रूप-रंग, बहुबोलीपरकता के स्पर्श-गंध और बहुशैलीपरकता के ध्वनि-रस से सिक्त है। आवश्यकता है तो उसके इस बहुआयामी रूप-रंग, स्पर्श-गंध एवं ध्वनि-रस के पहचान और अनुभव की। हिन्दी विद्वानों के लिए आज इसकी पहचान के लक्ष्यों का पता लगाना एक चुनौती है, जिसे भाषाई वास्तविकता के रूप में उन्हें आज नहीं तो कल स्वीकार करना ही है।

राष्ट्रीयता, राष्ट्रता और राष्ट्रभाषा हिन्दी

बहुभाषा-भाषी देश की संप्रेषण-व्यवस्था अनिवार्यतः संपर्क भाषा अर्थात् वृहत्तः आयाम पर 'लिंगुआ-फ्रेंका' को जन्म देती है। राष्ट्रीय सन्दर्भ में कभी इसका रूप राजभाषा को जन्म देता है और कभी राष्ट्रभाषा को। राजभाषा का सन्बन्ध राष्ट्रीयता (नेशनलिज्म) से रहता है, वह राष्ट्र को राजनीतिक और आर्थिक दृष्टि से एकसूत्रता में बाँधने के काम में आने वाली प्रशासनिक प्रयोजनों की भाषा होती है। इसके लिए यह जरूरी नहीं कि वह भाषा अपने देश की ही हो। राष्ट्रभाषा का सम्बन्ध राष्ट्रता (नेशनलिज्म) से रहता है, उसके पीछे जातीय प्रामाणिकता और 'ग्रेट ट्रेडिशन' की शक्ति काम करती है और उसके सहारे समाज राष्ट्र के स्तर पर समाज और संस्कृति के सन्दर्भ में तादात्म्य स्थापित करता है और अपनी सामाजिक अस्मिता सिद्ध करता है। प्रत्येक देश राष्ट्रीयता और राष्ट्रता के द्वन्द्व का समाधान अपने ढंग से करता है—उदाहरण के लिए घाना और गैम्बिया ने राष्ट्रीयता की प्रवृत्ति से प्रेरित होकर उस भाषा को देश की लिंगुआ-फ्रेंका का स्तर दिया जो स्वतन्त्रतापूर्ण शासकों (विदेशियों) की भाषा थी। इजरायल, थाइलैंड, सोमालिया, इथोपिया आदि देशों ने राष्ट्रता से अनुप्राणित होकर अन्तर-क्षेत्रीय स्तर पर फैली अपने देश की लिंगुआ-फ्रेंका को राष्ट्रभाषा का दर्जा दिया। पर भारत, श्रीलंका, मलेशिया आदि ऐसे देशों के सामने समस्या जटिल थी क्योंकि परम्परा अर्जित और संस्कृति समर्थित इनमें कई समुन्नत भाषाएँ राष्ट्रभाषा की दावेदार बनकर आईं। इन देशों ने अपना दूसरा ही रास्ता अपनाया।

यह ध्यान देने की बात है कि यद्यपि भारतीय संविधान के अनुच्छेद 343 के अनुसार 'संघ की राजभाषा हिन्दी और लिपि देवनागरी होगी' पर उसी अनुच्छेद के खंड (2) के अनुसार संविधान के प्रारम्भ से पन्द्रह वर्ष की कालावधि के लिए उन सब राजकीय प्रयोजनों के लिए अंग्रेज़ी भाषा प्रयोग की जाती रहेगी जिनके लिए ऐसे प्रारम्भ के पहले वह प्रयोग की जाती थी। ऐसा बताया जाता है कि अंग्रेज़ी के स्थान पर प्रशासनिक व्यवहारक्षेत्र में तत्काल प्रयोग में

लाने के लिए हिन्दी भाषा न तो समर्थ है और न ही उतनी विकसित। दूसरा कारण यह भी कहा जाता है कि इस एकाएक परिवर्तन से अहिन्दीभाषियों को काफी असुविधा होगी जिससे प्रशासन तन्त्र में काफी लम्बी दरार पड़ जाएगी। इन सब बातों को ध्यान में रखकर राजभाषा अधिनियम 1963 की धारा 3 के अधीन यह व्यवस्था की गई कि 1965 के बाद भी स्थिति यथावत् बनी रहे ताकि एक तरफ हिन्दी को समृद्ध कर उसे प्रशासनिक प्रयोजनों की समर्थ भाषा भी बना लिया जाए और अहिन्दीभाषियों को इतना समय भी मिल जाए कि वे अन्य भाषा के रूप में उसमें व्यावहारिक दक्षता प्राप्त कर लें।

संविधान के अनुच्छेद 344 (2) के अनुसार राष्ट्रपति को यह अधिकार प्राप्त है कि 'संघ के राजकीय प्रयोजनों के लिए हिन्दी भाषा के उत्तरोत्तर अधिक प्रयोग' और 'संघ के राजकीय प्रयोजनों में से सब या किसी के लिए अंग्रेज़ी भाषा के प्रयोग पर निर्बन्धन (रिस्ट्रिक्शन)' के लिए आयोग और संसदीय समिति का गठन करे। इस आधार पर सन् 1955 में एक राजभाषा आयोग और उसकी सिफारिश पर विचार करने के लिए सन् 1957 में एक संसदीय समिति का गठन किया गया। पूरी वस्तुस्थिति और सामाजिक वातावरण को ध्यान में रखते हुए सन् 1959 में आयोग और संसदीय समिति ने यह सिफारिश की कि अंग्रेज़ी का प्रयोग अभी भी यथावत् बना रहे और हिन्दी की समृद्धि और विकास में और गति लाने के लिए सरकार प्रयत्न करे। इन सिफारिशों को व्यावहारिक रूप से लागू करने के लिए संसद ने 1963 में एक राजभाषा अधिनियम पारित किया। इस राजभाषा अधिनियम की धारा 3 के अनुसार उन सभी प्रयोजनों के लिए अंग्रेज़ी के प्रयोग की बात कही गई जिनमें वह प्रयुक्त होती आई थी। चार वर्ष बाद सन् 1967 में राजभाषा (संशोधन) अधिनियम पारित हुआ। इस संशोधित अधिनियम के अनुसार यह छूट दी गई कि कोई भी सरकारी कर्मचारी हिन्दी या अंग्रेज़ी में काम कर सकता है। जो क्षेत्र द्विभाषिकता के लिए अनिवार्य माने गए (जिनमें हिन्दी और अंग्रेज़ी दोनों भाषाओं के प्रयोग को अनिवार्य माना गया) वे हैं—(क) संकल्प, सामान्य आदेश, नियम, अधिसूचना, प्रशासन तथा प्रेस विज्ञप्ति (ख) संसदीय रिपोर्ट तथा सरकारी कागज-पत्र और (ग) संविदा, करारनामा, लाइसेन्स, परमिट टेंडर-नोटिस और सरकारी फार्म।

राजभाषा संशोधित अधिनियम ने हिन्दी-अंग्रेज़ी द्विभाषिक स्थिति की ही पुष्टि की। इस अधिनियम ने यह भी निर्धारित किया कि केंद्रीय सरकार के जितने भी मंत्रालय और कार्यालय हैं वे आपस में हिन्दी भाषा में पत्राचार कर सकते हैं लेकिन उनका अंग्रेज़ी का अनुवाद तब तक संलग्न कर भेजा जाए जब तक संबद्ध मंत्रालय और कार्यालय के अधिकारी हिन्दी की व्यावहारिक दक्षता प्राप्त

नहीं कर लेते। संविधान के अनुच्छेद 346 के अनुसार एक राज्य और दूसरे राज्य तथा किसी राज्य और भारत संघ के बीच संप्रेषण माध्यम के लिए वह भाषा, राजभाषा के रूप में व्यवहार में लायी जाएगी जो संघ के राजकीय प्रयोजनों के लिए उस समय प्राधिकृत भाषा होगी। लेकिन इसके साथ उसी अनुच्छेद में यह भी कहा गया है कि यदि दो या अधिक राज्य इस बात का करार करते हैं कि ऐसे राज्यों के परस्पर संप्रेषण व्यवस्था के लिए माध्यम भाषा हिन्दी होगी तो संप्रेषण के लिए हिन्दी भाषा का प्रयोग किया जा सकेगा। सन् 1967 के राजभाषा संशोधित अधिनियम ने व्यवस्था दी कि केंद्रीय सरकार और राज्य सरकारों के बीच पत्र-व्यवहार अंग्रेजी में तब तक चलता रहेगा जब तक अहिन्दी-भाषी राज्य हिन्दी में पत्र-व्यवहार करने के लिए स्वयं निर्णय नहीं ले लेते। ऐसी स्थिति में अगर एक राज्य दूसरे राज्य के साथ हिन्दी में पत्राचार करता है तो उसके साथ अंग्रेजी अनुवाद की प्रति भी भेजना आवश्यक है।

राजभाषा संशोधित अधिनियम ने द्विभाषिक प्रक्रिया को बढ़ावा दिया। यह गौर करने की बात है कि स्वाधीनता संग्राम के अग्रणी तथा मान्य कांग्रेसी नेता (यथा महात्मा गांधी, लोकमान्य तिलक, मदनमोहन मालवीय आदि) यह मानते रहे कि भारतवर्ष की राजभाषा के लिए सर्वाधिक उपयुक्त है तो वह एकमात्र हिन्दी ही है। महात्मा गांधी ने तो दूसरे गुजरात शिक्षा सम्मेलन के सभापति पद से बोलते हुए 1917 में यह कहा था कि राष्ट्रीय भाषा वही भाषा हो सकती है जो सरकारी कर्मचारियों के लिए सहज और सुगम हो, जो धार्मिक, आर्थिक और राजनीतिक क्षेत्र में माध्यम भाषा बनने की शक्ति रखती हो, जिसको बोलने वाले बहुसंख्यक हों और जो पूरे देश के लिए सहज रूप से उपलब्ध हो। अंग्रेजी किसी भी तरह इस कसौटी पर खरी नहीं उतर पाती। उनके अनुसार हिन्दी ही एकमात्र वह भाषा थी जो उनके द्वारा निर्धारित आवश्यकताओं की प्रतिपूर्ति करती थी। जहाँ तक हिन्दी भाषा की व्यापकता और व्यवहार शक्ति की क्षमता का सवाल है, गांधीजी के 1917 के भारत की स्थिति यह थी कि हिन्दी बोलने वाला जहाँ भी जाता है हिन्दी का प्रयोग करता है और कोई व्यक्ति इस पर आश्चर्य व्यक्त नहीं करता। हिन्दी बोलने वाले हिन्दू धर्मोपदेशक और उर्दू बोलने वाले मौलवी सम्पूर्ण भारतवर्ष में धर्म और आचरण सम्बन्धी अपने भाषण हिन्दी या उर्दू में देते पाए जाते हैं। औरों की बात तो दूर, यहाँ तक कि अशिक्षित बहुसमाज भी उन्हें समझ लेता है। यह भी स्थिति है कि जब एक अशिक्षित, गुजराती, उत्तर भारत में आता है टूटी-फूटी हिन्दी बोलने की कोशिश करता पाया जाता है पर जब उत्तर भारत का कोई 'भइया' बम्बई में दरबान का काम करता है, वह बम्बई के सेठों से गुजराती में बात करने से इनकार कर देता है और यह उनके मालिक गुजराती सेठ हैं जो टूटी-फूटी हिन्दी भाषा में उनसे बात

करते पाए जाते हैं। गांधीजी के अनुसार मद्रास में अंग्रेज़ी के बिना काम नहीं चलाया जा सकता, यह कहना गलत है। उन्होंने हिन्दी के सहारे मद्रास में भी सफलतापूर्वक अपना काम चलाया।

गांधीजी या अन्य कांग्रेसी नेताओं ने स्वतंत्रता संग्राम के दौरान हिन्दी को राष्ट्रभाषा के रूप में मान्यता दिलाने की कोशिश की। राष्ट्रभाषा अगर राष्ट्रीयता की भावना के सूचक रूप में सिद्ध होती है तब उसके दो लक्षण आपस में गुँथे रूप में मिलते हैं—भीतरी तौर पर देश को एकताबद्ध करने की प्रवृत्ति और अंतर्राष्ट्रीय स्तर पर बाह्य रूप में देश को विशिष्ट सिद्ध करने की प्रवृत्ति। हॉगेन के अनुसार किसी भी अन्य इकाई की तरह राष्ट्र भाषा का भी काम आभ्यन्तर अंतर और विभेद को न्यूनतम और बाह्य अंतर और विभेद को महत्तम रूप से कम करना या उभारना होता है। इसका आदर्श होता है—आभ्यन्तर एकता और बाह्य विशिष्टता। आभ्यन्तर एकता के लिए अगर बहुभाषी देशों में यह आवश्यक हो जाता है कि मातृभाषा के साथ ही साथ एक अन्य भाषा 'लिंगुआ-फ्रेंका' के रूप में उभरे तो बाह्य विशिष्टता के लिए यह भी जरूरी है कि 'लिंगुआ-फ्रेंका' के रूप में राजभाषा का दर्जा पाने वाली भाषा, स्वदेशी हो।

आभ्यन्तर एकता और बाह्य विशिष्टता के रूप में हिन्दी को राष्ट्रभाषा का दर्जा दिलाने का प्रयत्न स्वतंत्रता-प्राप्ति के पहले भी होता रहा और आज स्वतंत्रता-प्राप्ति के बाद भी चल रहा है।

यह गौर करने की बात है कि स्वतंत्रता-पूर्व के ये सभी प्रयत्न राष्ट्रभाषा के लिए थे जो भाषा (हिन्दी) के माध्यम से देश को एकताबद्ध कर उसे अंतर्राष्ट्रीय नक्शे पर एक स्वतंत्र राष्ट्र के रूप में स्थापित करने की भावना से प्रेरित थे। इसके भीतर अखिल भारतीय प्रशासनिक प्रयोजनों के लिए सिद्ध-भाषा-प्रकार्य भी थे जिसमें संपूर्ण भूभाग की सांस्कृतिक एकता को एक ही सूत्र में आबद्ध करने वाले तत्त्व भी समाहित थे। पर भारतीय संविधान ने भाषा के संदर्भ में एकसूत्रता की संकल्पना को केवल प्रशासनिक प्रयोजनों तक सीमित कर राष्ट्रभाषा के रूप में हिन्दी के विकास को संघ की राजभाषा मात्र तक सीमित कर दिया। भारतीय संविधान में जहाँ भी अखिल भारतीय स्तर पर संघ की भाषा के रूप में हिन्दी की बात की गई है उसे राजभाषा ही घोषित किया गया है। सच तो यह है कि हिन्दी के रूप में सिद्ध 'आभ्यंतर एकता और बाह्य विशिष्टता' की राष्ट्रीय चेतना पर स्वतंत्रता प्राप्ति के साथ ही दुहरा दबाव पड़ा जिसके प्रभाव से भारतीय संविधान के भाषा सम्बन्धी अधिनियम भी सर्वथा मुक्त नहीं कहे जा सकते।

हर भाषा, न केवल विभिन्न बोलियों को अपने भीतर समेटकर एक समग्र इकाई के रूप उभरती है वरन् मातृभाषा के रूप में बोलियों को स्वीकृति देते हुए

भी सामाजिक धरातल पर उनके बोलने के बीच न केवल संपर्क साधन का काम करती है वरन् उनके भीतर तादात्म्य भाव पैदाकर 'एक' समाज के सदस्य होने की धारणा को चेतनाबद्ध करती है। सामाजिक स्तर पर एक होने की इस चेतनाबद्ध धारणा के दो आयाम हैं—'आभ्यंतर एकता' का आयाम अर्थात् विभिन्न बोली भेद (अवधी, ब्रज, भोजपुरी, राजस्थानी आदि) के बावजूद एकभाषी (हिन्दीभाषी) होने की धारणा और 'बाह्य विशिष्टता' का आयाम अर्थात् एक ही भूभाग की अन्य भाषाओं (तमिल, बंगाली गुजराती, आदि) से भिन्न सिद्ध करने की प्रवृत्ति। बाह्य विशिष्टता, जनपदीय उन समूहगत लक्षणों को उभारने का प्रयत्न करती है जो स्थानीय संस्कृति और साहित्य के धरोहर होते हैं और जो उस भाषाई समाज की सुख-समृद्धि की संकल्पना को साकार करने में सहायक होते हैं। इसीलिए जब प्रशासन की सुविधा के लिए भारत को विभिन्न जनपदीय प्रदेशों के रूप में पुनर्गठित करने का प्रयास हुआ तब उसके इस भाषाई आधार की उपेक्षा न की जा सकी। प्रदेशों का भाषाई आधार क्या रहा है—इसके बारे में अधिक कहने की आवश्यकता नहीं। हाँ, यह तथ्य अवश्य हमारे सामने है कि ये सभी प्रदेश बहुभाषी हैं। पर प्रदेशों के गठन और सीमा-निर्धारण के समय 'डामिनेंट' भाषा की संकल्पना से हम कभी भी अपने को मुक्त नहीं कर सके हैं। यही कारण है कि जब किसी विकसित चेतना वाले भाषाई समाज को गौण स्थान मिला है और 'डामिनेंट' भाषा का भाषाई समाज उसके विकास और प्रगति में बाधक हुआ है—भाषाई दंगे का वीभत्स रूप भी सामने उभरा है।

संविधान की अष्टम अनुसूची में इस प्रकार आज 15 मान्य प्रादेशिक भाषाएँ हैं। इनमें से अधिकांश भाषाई समाज की अस्मिता की साधक हैं और 'बाह्य विशिष्टता' के रूप में अपने स्वतंत्र अस्तित्व की आकांक्षी हैं। इतिहास की जनपदीय सह-अनुभूतियाँ और साहित्य की भाषाबद्ध चेतना उनकी आकांक्षाओं में अपना रंग भरती हैं। स्थानीय सुख-समृद्धि की लालसा और क्षेत्रीय स्तर पर राष्ट्रीय भाषा के रूप में किसी भाषा (भले ही बृहत्तर भागों में समझी जाने वाली और सांस्कृतिक पुनर्जागरण के समय सर्वाधिक प्रयोग में आने वाली हिन्दी भाषा ही क्यों न हो) को मान्यता देने की बात उठी है—अन्य भाषाई समाज ने इसे शंकालुभाव से देखा है। कहीं इससे उनके भाषाई समाज की 'विशिष्टता' खंड़ित तो नहीं हो रही है। कहीं इसके परिणामस्वरूप उनके समाज के आर्थिक विकास का रास्ता अवरुद्ध तो नहीं हो रहा है? कहीं कोई भाषाई समाज बढ़कर उनकी जातीय चेतना को हीन सिद्ध तो नहीं कर रहा है? दूसरी भावना यह भी सामने उभरी कि भारत अगर एक राष्ट्र है तो जिस प्रकार 'हिन्दी भाषाई समाज' उसका एक अंग है, उसी प्रकार हम भी उसके अंग हैं, फिर एक 'अंग' की भाषा पूरे राष्ट्र का प्रतीक बन 'राष्ट्रभाषा' कैसे और क्यों बने? यह भी तर्क

उभारा गया कि जिस प्रकार किसी राष्ट्र के लिए यह आवश्यक नहीं कि उनके सभी सदस्य एक धर्म के मानने वाले हों, उनके खान-पान, रीति-रिवाज और आचरण-विचार, रूढ़ियाँ एक हों, उसी प्रकार उसके लिए यह भी जरूरी नहीं कि उसके लिए एक ही 'राष्ट्रभाषा' (भाषा नहीं ?) हो। पर यह भी सच है कि भाषाओं की इस भिन्नता और सामाजिक अस्मिता के विभेद के बावजूद यह हमेशा अनुभव किया जाता रहा है कि अलग-अलग भाषाओं के बीच कड़ी के रूप में कोई भाषा अवश्य होनी चाहिए। प्रशासन की सुविधा और अखिल भारतीय स्तर पर संप्रेषण व्यवस्था के लिए एक संपर्क भाषा देश की नियति है। इसलिए हिन्दी को एकनिष्ठ राष्ट्रभाषा' के रूप में मान्यता न देने के पक्ष के समर्थक भी अधिकांशतः उसे प्रशासनिक प्रयोजनों के लिए सिद्ध 'राजभाषा' का दर्जा देने के लिए सहमत हो गए।

पर इसके साथ पाश्चात्य शिक्षा के वातावरण में पला और स्वतंत्रता पूर्व की विदेशी व्यवस्था का संस्कारग्रस्त व्यक्तियों का एक वर्ग ऐसा भी है जो राष्ट्रभाषा या राजभाषा की समस्या को हिन्दी और प्रादेशिक भाषाओं के सम्बन्धों में न ढूंढकर हिन्दी और अंग्रेज़ी की प्रतिद्वन्द्विता के रूप में उभारना चाहता है। उनके तरकश के तीर रहे हैं—अंतर्राष्ट्रीय सम्बन्ध, वैज्ञानिक उपलब्धियाँ, आर्थिक विकास, विकसित भाषा रूप आदि। इनके साथ उनका यह भी कहना है कि राजनीतिक और आर्थिक दृष्टि से राष्ट्र को एक होने के लिए यह जरूरी नहीं कि उसकी राजभाषा, उस देश की ही कोई भाषा हो। आखिर स्विट्जरलैंड में तीन राजभाषाएँ हैं और उनमें से कोई भी उस देश की नहीं है। इसी प्रकार बेल्जियम की स्वीकृत दोनों राजभाषाओं में से दोनों ही तो उस देश की अपनी भाषाएँ नहीं हैं और मान भी लें कि राजभाषा, उसी देश के बोलने वालों की कोई भाषा हो, तो अंग्रेज़ी भाषा को अब भारत की एक भाषा के रूप में ही मान लेना चाहिए क्योंकि एक ओर तो अखिल भारतीय स्तर पर प्रशासन के लिए यह पहले से ही सिद्ध भाषा है और यह भारतवर्ष के पूरे बुद्धिजीवी वर्ग की वह भाषा है जिसके माध्यम से वह आधुनिकतम ज्ञान ग्रहण करता है। (ये सभी तर्क समस्या के आंशिक पक्ष को उभारते हैं और यह सोचने-समझने की एक भ्रामक दिशा के परिणाम हैं।) यहाँ इतना कहना ही पर्याप्त होगा कि ये सभी तर्क उच्च शिक्षा प्राप्त एक बहुत सीमित वर्ग की अधिकार-रक्षा और प्रभुता-शक्ति को अपने स्वार्थहितों तक बाँध रखने की भावना से मूलतः प्रेरित हैं। शासन तंत्र का प्रसार कर अगर उसमें जनता के अधिक से अधिक सहयोग लेने और उससे सम्बन्ध स्थापित करने की बात प्रजातंत्र की ध्वनि में है तो किसी ऐसी ही भाषा को राजभाषा के पद पर उठाना होगा जिसके बोलने-समझने वाले सबसे अधिक हों और जिसका प्रसार और प्रचार बहुआयामी हो। आज की स्थिति में वह हिन्दी

भाषा ही है। पर इसके साथ यह भी सच है कि उच्च शिक्षा प्राप्त यह अधिकारी वर्ग ही भारतीय प्रशासनतंत्र की धुरी बना बैठा है और मात्र हिन्दी को राजभाषा का माध्यम बनाने से अगर किसी के हितों पर सबसे करारी चोट पड़ेगी तो वह यही वर्ग होगा। शासनतंत्र की व्यावहारिक सुविधा के लिए ही मूलतः हिन्दी-अंग्रेजी की द्विभाषिक स्थिति संवैधानिक आवाज की विडम्बना के रूप में सुनी जा रही है।

राजभाषा (प्रशासनिक प्रयोजनों की भाषा) और राष्ट्रभाषा (सांस्कृतिक अस्मिता की भाषा) के बीच के यथार्थ साधनों के रूप में हिंडोले लेती हिन्दी की नियति की यही आवाज संविधान के अनुच्छेद 351 में मिलती है जहाँ उसको भारत की सामासिक संस्कृति के सब तत्त्वों की अभिव्यक्ति के माध्यम बनाने की बात कही गई है पर जिसको औपचारिक दृष्टि से केवल राजभाषा के दायित्व और सूचक तत्त्व के रूप में मान्यता दी गई है।

जैसा पहले संकेत दिया जा चुका है फिशमैन ने इस नीति-निर्णय के आधार पर किसी भाषा को राष्ट्रीय स्तर पर प्रतिष्ठित किया जाए, राष्ट्रों को तीन वर्गों में विभाजित किया है।[1] उनके अनुसार क-टाइप के निर्णय लेने वाले राष्ट्रों का वह वर्ग है जो जातीय प्रामाणिकता और 'ग्रेट ट्रेडिशन' की शक्ति के दबाव से मुक्त होकर अपने देश को एक सूत्रता में बाँधने की ओर प्रवृत्त है। इस वर्ग में उन बुद्धिजीवियों की आवाज अधिक सुनी जाती है जो 'आधुनिकता' से प्रभावित होकर अपने देश को समुन्नत करना चाहते हैं। इसके विपरीत ख-टाइप के निर्णय लेने वाले राष्ट्रों का वर्ग अपने चिंतन के पीछे हमेशा जातीय प्रामाणिकता और 'ग्रेट ट्रेडिशन' का दबाव महसूस करता है। यह वर्ग इस विचार से प्रेरित रहता है कि सामाजिक एकता और जातीय सामंजस्य की भावना को जाग्रत करने के लिए कोई एक स्वदेशी भाषा ही राष्ट्रभाषा की दावेदार बन सकती है। ग-टाइप के निर्णय लेने वाले राष्ट्रों की चिंतन-प्रक्रिया जटिल होती है। ऐसे राष्ट्र यह मानकर चलते हैं कि क्षेत्रीयता की स्थानिक प्रवृत्ति से प्रेरित सामाजिक वर्ग का युग बीत गया और उससे ऊपर उठने का अर्थ ही होता है द्विभाषिक बनना। इस दृष्टि से द्विभाषिकता की स्थिति आज सामान्य व्यक्ति की ही नियति नहीं है अपितु यह स्थिति पूरे राष्ट्र की है। केवल राष्ट्र के धरातल पर सिद्ध प्रादेशिक (क्षेत्रीय) भाषाओं और अन्तर-क्षेत्रीय सम्पर्क सूत्र स्थापित करने वाली भाषा के बीच ही द्विभाषिकता 'जरूरी नहीं' अपितु देश को आधुनिक बनाने और दुनिया के अन्य देशों से सम्बन्ध स्थापित करने के लिए यह भी जरूरी है कि

1. देखिए परिशिष्ट-4

किसी एक विदेशी पाश्चात्य भाषा को स्वीकार कर दुहरी द्विभाषिकता को हम बढ़ावा दें।

निश्चय ही भारतवर्ष अगर किसी वर्ग में रखा जा सकता है, तो वह है ग-टाइप के निर्णय लेने वाले देशों का वर्ग। पर यहाँ की स्थिति उतनी सरल नहीं जितनी फिशमैन समझते हैं। राष्ट्रभाषा के चुनाव के पीछे यहाँ अनेक ऐसी प्रवृत्तियाँ काम करती रही हैं जिनका आपस में तालमेल बैठना बहुत सरल न था। कम से कम चार निश्चित धाराएँ तो सामने उभरकर आती ही हैं—(1) **राष्ट्रीयतावादी धारा**—जो यह मानकर चलती है कि भारतीय संस्कृति और सभ्यता की ही नहीं वरन् भारतीय अनेक भाषाओं की जननी संस्कृत भाषा है। जिन भाषाओं से इसका पारिवारिक सम्बन्ध नहीं भी रहा है—उनको भी यह प्रभावित करती रही है। जातीय प्रामाणिकता के ऐतिहासिक गौरव स्तम्भ के रूप में यह भाषा आधुनिक सभी भारतीय भाषाओं का हृत्कम्पन है इसलिए एक राष्ट्र के हृतकम्पन को मूर्तमान करने वाली राष्ट्रभाषा संस्कृत भाषा के रूप में ही सिद्ध हो सकती है। (2) **अन्तर्राष्ट्रीय (राष्ट्रता)वादी धारा**—जो यह मानकर चलती है कि राष्ट्र को प्रशासन और राजनीतिक दृष्टि से एक तो होना ही है। इसके साथ उसे आर्थिक दृष्टि से समुन्नत और शैक्षिक दृष्टि से सुदृढ़ होने के लिए यह जरूरी है कि वह आधुनिक ज्ञान-विज्ञान की उपलब्धियों से परिचित हो। ऐसा तभी संभव है जब हम अधिक विकसित और वैज्ञानिक चिंतन प्रणाली को अधिक क्षमता से व्यक्त करने वाली अंग्रेज़ी भाषा को स्वीकार करें जो अब तक उच्चशिक्षा की माध्यम भाषा होने के कारण शिक्षित वर्ग के लिए सहज ही उपलब्ध है। इस विचारधारा के अनुसार आज कोरी राष्ट्रीय भावुकता से काम नहीं चल सकता। संपर्क और सहयोग के कारण अब तक विभिन्न राष्ट्रों के समूह के रूप में फैला संसार अब सिमटता जा रहा है और अंतर्राष्ट्रीय सम्बन्धों के बिना आज किसी भी राष्ट्र के विकास की संभावना दुःस्वप्न मात्र है। इसके लिए हमें जो राष्ट्रभाषा चुननी है उसको एक आयाम पर अन्तर्राष्ट्रीय स्तर को भी छूने की शक्ति रखनी चाहिए। इस मत के अनुसार ऐसी शक्ति-सम्पन्न भाषा मात्र अंग्रेज़ी है, (3) **क्षेत्रीय धारा**—जो राष्ट्र को राजनीतिक इकाई मानते हुए भी अपनी प्रादेशिक सत्ता और क्षेत्रीय अधिकारों के प्रति सजग और सतर्क है। उनके अनुसार जिस प्रकार भारतवर्ष अनेक धर्मों और अनेक प्रजातियों का देश है उसी प्रकार वह ऐसा बहुभाषाभाषी देश भी है जहाँ अनेक भाषाएँ अपनी सांस्कृतिक और साहित्यिक सम्पदा के साथ फल-फूल रही हैं। इन सभी की अपनी सार्थकता है, अपने सन्दर्भ हैं और ये सभी राष्ट्रीय चेतना के सिद्ध रूप हैं। इनमें से किसी एक को भी राष्ट्रपद पर बैठाने पर अन्य सभी भाषाई समाज के अपने विकास का रास्ता सापेक्षतया कठिन हो जाएगा। भारतवर्ष ऐसे प्रजातन्त्र वाले देश में

ऊपर उठने के लिए सबको समान सुविधा मिलनी चाहिए। इसलिए निष्कर्षतः इस धारा के समर्थक यह मानते पाए जाते हैं कि सभी प्रादेशिक भाषाएँ, भारत की राष्ट्रीय भाषाएँ हैं। (4) **लोकवादी जनतान्त्रिक धारा**—यह मानती है कि भारतवर्ष अनेक प्रदेशों का एक समुच्चय है पर इस समुच्चय की सिद्धि एक संघ के रूप में है। यह संघ ही है जो एक ओर भारत को राजनीतिक इकाई का रूप देता है और दूसरी ओर राज्यों के अन्तस्सम्बन्धों के बीच कड़ी का काम भी करता है। इसी प्रकार प्रादेशिक भाषाओं की सत्ता और सार्थकता को स्वीकार करता हुआ वह उसके बीच कड़ी के रूप में सिद्ध होने वाली एक भाषा की धारणा को बढ़ावा देता है। इस मत के अनुसार भारत प्रजातंत्र के सिद्धांत का प्रबल समर्थक भी है अतः अखिल भारतीय स्तर पर संपर्क-सूत्र के रूप में स्वीकृत वही भाषा हो सकती है जिसके सामाजिक आयाम बहुमुखी और बहुस्तरीय हों, जिसको अन्य भाषा के रूप में बोलने और समझने वालों की संख्या सबसे अधिक हो और जो भारतीय संस्कृति की लोकवादी चिंतनधारा को मूर्तमान करने में सक्षम हो। ऐसी भाषा संप्रति हिन्दी ही है।

भारतीय संविधान में भाषा सम्बन्धी अनुच्छेदों का विश्लेषण करने पर यह स्पष्ट हो जाता है कि संविधान-निर्माता इन चारों प्रवृत्तियों से अपरिचित न थे और उनका प्रयास यही रहा है कि जहाँ तक हो सके, इन चारों धाराओं के बीच एक सामंजस्य पैदा कर कम से कम भाषाई तनाव की स्थिति पैदा की जाए। लोकवादी और अंतर्राष्ट्रीयतावादी धारा को एक साथ समेटने की कोशिश का यह परिणाम है कि प्राथमिक राजभाषा के रूप में 'हिन्दी' और सहयोगी राजभाषा के रूप में 'अंग्रेजी' को संविधान में स्वीकृत पाते हैं। इसी प्रकार क्षेत्रीय धारा के साथ समझौता करने के प्रयत्न को हम इस रूप में पाते हैं कि किसी भाषा को—यहाँ तक कि हिन्दी को भी, राष्ट्रभाषा के नाम से संबोधित या परिभाषित नहीं किया गया है और अष्टम अनुसूची में स्वीकृत भाषाओं के रूप में संस्कृत, उर्दू और सिंधी के साथ सभी प्रादेशिक (राज्यभाषाओं) भाषाओं का नाम लिखा पाते हैं। इसी प्रकार राष्ट्रीयतावादी धारा को इसके साथ मिलाकर रखने की प्रवृत्ति को हम अनुच्छेद 351 में पाते हैं। जो हिन्दी भाषा के विकास के लिए निदेश रूप में यह विचार व्यक्त करता है कि हिन्दी को 'अष्टम अनुसूची में उल्लिखित अन्य भारतीय भाषाओं के रूप, शैली और पदावली को आत्मसात करते हुए तथा जहाँ आवश्यक या वांछनीय हो, वहाँ उसके शब्द भंडार के लिए मुख्यतः संस्कृत से तथा गौणतः अन्य भाषाओं से शब्द ग्रहण करते हुए विकसित किया जाए।'

बहुभाषिता : शक्ति या सीमा ?

यह हमारे ज्ञान की विडबना ही है कि अधिकारी, विद्वान, दार्शनिक और यहाँ तक कि वैज्ञानिक भी अपने ही बुने हुए विचारों में मकड़ी की तरह उलझ जाते हैं। यह उलझन उनकी एकांगी दृष्टि का एक ऐसा प्रमाण बन जाता है जो अपनी वास्तविकता में 'मिथ' के रूप में विचाररूढ़ि बन जाता है। कभी-कभी ये विचाररूढ़ियाँ चिन्तन को ऐसा मोड़ दे बैठती हैं जिससे मुक्त होने के लिए समाज को एक लम्बी लड़ाई लड़नी पड़ती है। ज्ञान का इतिहास ऐसे मिथ-सृजन और उससे मुक्त होने की लड़ाई के लेखे-जोखे से भरा है। संभवतः इसीलिए प्रसिद्ध नृतत्वशास्त्री टेलर ने लिखा है कि संस्थागत ज्ञान के रूप में मिथ इतिहास की तुलना में अधिक समरूप और प्रभावशाली होता है। अत्यन्त वैज्ञानिक और आधुनिक तत्त्वदर्शी मन भी इसीलिए मिथ-सृजन की प्रवृत्ति और सामाजिक सांस्कृतिक अन्तर्विरोधों से उद्भूत विचाररूढ़ियों से मुक्त नहीं हो पाता।

(1)

भाषा को लेकर न केवल सामान्य व्यक्ति के मन में कई भ्रांतिपूर्ण धारणाएँ बनी हुई हैं बल्कि भाषा के प्रकांड पंडितों, अध्येताओं और चिन्तकों का मन भी तत्सम्बन्धी कई भ्रांतियों से मुक्त नहीं है। ज्ञान के प्रकाश में भी वे कई ऐसे मिथों का अनजाने ही निर्वाह करते जा रहे हैं जिनकी सच्चाई आँकड़े तथा तथ्य पर आधारित नहीं है। कुछ ऐसी ही धारणा द्विभाषिकता या बहुभाषिकता के संदर्भ में देखी जा सकती है। उदाहरण के लिए प्रसिद्ध समाज भाषा वैज्ञानिक फ़िशमैन का यह मत है कि भाषा के स्तर पर समरूप (होमोजीनियस) और विषमरूप (हैट्रोजीनियस) सामाजिक व्यवस्था का सीधा आनुपातिक सम्बन्ध उस समाज के आर्थिक विकास के साथ जुड़ा रहता है। फ़िशमैन के मत में भाषिक स्तर पर समरूप राजनीतिक इकाइयाँ सामान्यतः आर्थिक दृष्टि से अधिक विकसित, शिक्षा की दृष्टि से अधिक उन्नत, राजनीति की दृष्टि से अधिक आधुनिक और चिन्तन की दृष्टि से अधिक प्रौढ़ और संतुलित हैं। इसीलिए यह कहा जा सकता

है कि समाज को भाषाई स्तर पर समरूप बनना वांछनीय है। शुभेच्छा के रूप में (?) उनकी यह हार्दिक संस्तुति रही है कि अफ्रीकी और एशिया जैसे देशों को (जो भाषिक और सांस्कृतिक दृष्टि से विषम रूपी हैं) अगर 'आधुनिक संसार' की दिशा में प्रगति करनी है तो पाश्चात्य अनुभव के आधार पर उन्हें भी भाषाई स्तर पर समरूप बनना होगा। ध्यान देने की बात है कि प्रो० फ़िशमैन की यह मान्यता जिन तथ्यों पर आधारित है वे अपनी प्रकृति में सापेक्षिक ही कहे जा सकते हैं अन्यथा ऐसे कई देशों का नाम गिनाया जा सकता है जो अपनी भाषाई प्रकृति में विषमरूपी होकर भी आर्थिक दृष्टि से समुन्नत हैं। उदाहरण के लिए बेल्जियम, कनाडा, स्विट्ज़रलैंड, इस्राइल, सोवियत संघ, बल्गारिया, त्रिनिदाद आदि। इसी प्रकार ऐसे कई देशों का नाम गिनाया जा सकता है जिनकी प्रति व्यक्ति कुल राष्ट्रीय आय बहुत ही कम है यद्यपि वे भाषाई स्तर पर समरूपी हैं जैसे अल्बानिया, ब्राजील, मैक्सिको, पुर्तगाल, यूर्दान, कोरिया, लीबिया, सोमालिया, यमन आदि। इसलिए यह कहना कि भारत, पाकिस्तान, नेपाल, इंदोनेशिया, ईरान, नाइजीरिया, सीरिया, तुर्की, पेरू, सूडान, युगांडा आदि देश इसीलिए अविकसित हैं कि वे भाषाई प्रकृति में विषमरूपी हैं, तर्कसंगत नहीं है। फ़िशमैन के मत के विरोध में यह भी कहा जा सकता है कि छोटी इकाइयों में बसी हुई वन्य जातियाँ प्राय: अपनी भाषाई स्थिति में समरूप ही होती हैं, दूसरी तरफ भारतवर्ष बहुभाषी देश रहा है। यहाँ बहुभाषिकता आदिकाल से ही सामाजिक यथार्थ के रूप में प्रतिष्ठित रही है। और भारतीय समाज अपनी संस्थागत व्यवस्था और विचार दर्शन में इसकी व्यावहारिक सच्चाई को स्वीकार करता आया है। किसे नहीं मालूम कि इसके इतिहास का मध्यकाल हर दृष्टि से स्वर्णकाल रहा है और आर्थिक दृष्टि से सम्पन्न और शैक्षिक दृष्टि से समुन्नत भारत के मध्ययुगीन काल की सामाजिक व्यवस्था अपनी प्रकृति में बहुभाषी ही रही है।

(2)

द्विभाषिकता के सदर्भ में एक दूसरी विचाररूढ़ि की ओर संकेत दिया जा सकता है। कुछ विद्वानों का यह मत है कि द्विभाषिकता मानव-मन की सर्जनात्मक शक्ति का क्षय करती है। उनके अनुसार दो भाषा सीखने में जितनी शक्ति का उपयोग किया जाता है वह अगर केवल एक भाषा (मातृभाषा) सीखने में प्रयुक्त की जाती तो व्यक्ति का भाषा-विकास अधिक सहज, सार्थक और सर्जनात्मक होता। इसी दृष्टि से प्रसिद्ध भाषाविद् हेनरी स्वीट ने लिखा था कि उच्चकोटि का कोई भी भाषावैज्ञानिक न तो सार्थक साहित्य का सृजन कर सका है और न ही भाषा-विज्ञान के सिद्धांत के

क्षेत्र में महत्त्वपूर्ण उपलब्धि दे सका है। यस्पर्सन का भी यही मत रहा है कि कोई भी द्विभाषी बालक कभी भी महान कवि नहीं बन सका है। वस्तुतः वह तो एक ऐसे धनुष के समान है जिसमें दो डोरियाँ लगी हुई हैं लेकिन दोनों ढीली हैं। भाषा-संपर्क पर शोध करने वाले प्रसिद्ध विद्वान वाइन राइख का मत भी स्वीट और यस्पर्सन के विचार से अधिक भिन्न नहीं है। उनका तो यहाँ तक कहना है कि अगर हमें वाइज़गर्बर ऐसे विद्वानों को दृष्टांत रूप में लेना है तब यह कहा जा सकता है कि द्विभाषिकता पूरी सामाजिक संस्था की बौद्धिक क्षमता का क्षय करने और आने वाली अनेक पीढ़ियों तक उसको मानसिक दृष्टि से अपंग बनाने में समर्थ है ।

सर्जनात्मक शक्ति और द्विभाषिकता के अन्तःसम्बन्धों पर दी गयी विद्वानों की ये उक्तियाँ एक प्रकार की सारहीन विचाररूढ़ियाँ ही हैं जिसे भ्रमवश हम अपने ज्ञान के क्षेत्र में स्वीकार करते आये हैं अन्यथा क्या विदेश और क्या भारत, क्या मध्ययुग और क्या आधुनिक काल, विभिन्न स्थान और काल से ऐसे कई प्रतिभाशाली साहित्यकारों के उदाहरण दिये जा सकते हैं जो मूलतः द्विभाषी रहे हैं। सच तो यह है कि यूरोप में 18वीं शताब्दी तक यह परम्परा रही है कि उसके उच्चस्तरीय वर्ग के व्यक्ति अपनी मातृभाषा के अतिरिक्त लैटिन या फ्रांसीसी में प्रशिक्षित हों, साहित्य परम्परा का दबाव यह भी रहा है कि मातृभाषा की तुलना में लैटिन या फ्रांसीसी भाषा में कविता करना कहीं अधिक सम्मानजन्य माना जाता रहा है। भारत की भी स्थिति कुछ इससे भिन्न नहीं रही है। अपनी मातृभाषा की तुलना में संस्कृत भाषा या संस्कृतनिष्ठ किसी अन्य भाषा में काव्य-सृजन कहीं अधिक सम्मानपूर्ण माना जाता रहा है। अगर विदेशों से व्यक्तिगत उदाहरण लिये जायें तो संवेदनशील मन और सर्जनात्मक शक्ति का परिचय देने वाले कई ऐसे प्रबुद्ध साहित्यकारों के नाम गिनाये जा सकते हैं जिनकी शक्ति का रहस्य दो या उससे अधिक भाषाओं के प्रति लगाव रहा। उदाहरण के लिए सैमुअल बेकेट फ्रांसीसी और अंग्रेज़ी दोनों ही भाषाओं के आंतरिक सौन्दर्य को सहज रूप में सार्थक अभिव्यक्ति देने में सक्षम थे, हाइने फ्रांसीसी और जर्मन दोनों ही भाषाओं में समान रूप से संवेदनशील कविता करने में अद्वितीय क्षमता रखते थे। काफ्का चेक, जर्मन और यिद्दी एक साथ तीन-तीन भाषाओं में कविता करने की ललक का दबाव महसूस करते रहे। नोबोकोव ने तो रूसी, फ्रांसीसी, जर्मन और अंग्रेज़ी—इन चारों भाषाओं में स्वतन्त्र रूप से साहित्य-सृजन किया है साथ ही एक भाषा की अमर कृतियों की दूसरी भाषाओं में अनुवाद करने की अपूर्व क्षमता भी दिखायी है। सच तो यह है कि नोबोकोव ऐसे साहित्यकारों की अमर कृतियों की कथावस्तु और रूपविधान की अद्वितीयता का रहस्य बहुत कुछ इनकी बहुभाषी क्षमता और भाषाओं में बँधी संवेदनाओं और अभिव्यक्तियों की

टकराहट और तनाव में है।

बैकेट, हाइने, काफ्का, नोबोकोव, जोसेफ कोनरेड आदि साहित्यकारों की अनुपम कृतियाँ इस बात की सार्थक गवाह हैं कि अनेक भाषाओं का ज्ञान सर्जनात्मक शक्ति का किसी प्रकार भी क्षय नहीं करता। ऐसे कई उदाहरण भारत की अपनी सांस्कृतिक और साहित्यिक परम्परा से दिये जा सकते हैं। मध्यकालीन उत्तर भारत में सांस्कृतिक एवं साहित्यिक चेतना को अभिव्यक्ति देने के लिए ब्रजभाषा मान्य थी। यही कारण था कि विभिन्न भाषाई पृष्ठभूमि में पले सांस्कृतिक, धार्मिक पुनर्जागरण के कई महत्त्वपूर्ण चिंतकों और समाजसुधारकों ने अपने तत्त्वचिंतन के लिए संस्कृत भाषा और प्रसार-अभिव्यक्ति के लिए ब्रजभाषा को अन्य भाषा के रूप में अपनाया। उदाहरण के लिए रामानुजाचार्य, मध्वाचार्य, निंबार्काचार्य और वल्लभाचार्य के जीवनवृत्त (मातृभाषा), कृतित्व (संस्कृत) और पुनर्जागरण में योगदान (ब्रजभाषा) के बहुआयामी पक्ष को सामने रखा जा सकता है। सच तो यह है कि चाहे संस्कृत भाषा रही हो अथवा ब्रजभाषा अपनी सांस्कृतिक और साहित्यिक वैभव की चरम पराकाष्ठा पर उसने उन्हीं व्यक्तियों की लेखनी से अपना रूप निखारा है जिनकी वह मातृभाषा नहीं रही है। दूसरे शब्दों में कहें तो ये भाषाएँ अपनी प्रकृति में सार्वदेशीय बनकर ही कालजयी बनी हैं। दूसरी तरफ भारतीय द्विभाषिकता की गोद में पलकर साहित्य सृजन करने वाले ऐसे कई कवियों का नाम लिया जा सकता है जिनके लिए यह कहना सरल नहीं है कि वे किस एक साहित्यिक परम्परा की श्रेणी में रखे जायें— उदाहरण के लिए अवहट्ठ और प्राचीन मैथिल कवि विद्यापति हिन्दी के कवि हैं या बंगला के? प्राचीन ब्रज और राजस्थानी का पुट देकर लिखने वाली मीराबाई हिन्दी की कवयित्री हैं या गुजराती की? ब्रज, खड़ी बोली और पंजाबी के आंतरिक सम्मिश्रण को स्वीकृति देती हुई नानक की रचनाओं को हिन्दी साहित्य के अन्तर्गत रखा जाये या पंजाबी के? द्विभाषिकता को प्रयोजनपरक सिद्धि के रूप में आधुनिक काल के कई भारतीय सांस्कृतिक एवं राजनीतिक नेताओं ने भी अपने व्यवहार में उतारा है। दयानन्द सरस्वती का ज्वलंत उदाहरण हमारे सामने है। महात्मा गांधी की मातृभाषा गुजराती थी, अंग्रेजी में वे प्रभावशाली रूप से अपने विचार व्यक्त कर लेते थे लेकिन राष्ट्रभाषा की समस्या को न केवल हिन्दी के पक्ष में हल करना चाहते थे वरन् हिन्दी में व्यक्त करने के पक्षधर भी थे। साहित्यिक द्विभाषिकता के रूप में एक ओर तुलसी का नाम लिया जा सकता है जिन्होंने परम्परा-अनुमोदित काव्यविधा की दो प्रवृत्तियों को अवधी और ब्रज दो भिन्न साहित्यिक भाषाओं में समान सृजनात्मक प्रतिभा के साथ व्यक्त किया और दूसरी तरफ आधुनिक काल के नोबल पुरस्कार विजेता रवीन्द्रनाथ ठाकुर का उदाहरण सामने रखा जा सकता है जिन्होंने बंगला और

अंग्रेज़ी दोनों ही भाषाओं में अपनी कारयित्री प्रतिभा का परिचय दिया।

(3)

द्विभाषिकता एकभाषी पाश्चात्य समाज के व्यक्तियों के लिए भले ही अप्राकृतिक और विसंगतिपूर्ण रही हो लेकिन एशिया और अफ्रीका ऐसे बहुभाषी देशों के लिए वह सहज और सामान्य रही है। इन देशों के लिए बहुभाषिकता की स्थिति उसकी आंतरिक सामाजिक संरचना तथा विभिन्न सामाजिक स्तरों पर संप्रेषण की अनिवार्यता का परिणाम रही है। वह न तो संप्रेषण के लिए रुकावट बनी है और न सामाजिक, सांस्कृतिक और राजनीतिक एकता के लिए बाधक। अब तो कुछ भाषावैज्ञानिक यह मानने लगे हैं कि जिसे एकभाषी भाषा समुदाय कहा जाता है उसकी भाषा भी नितांत समरूप (होमोजीनियस) नहीं होती। विभिन्न सामाजिक संदर्भों, सांस्कृतिक परिवेश और विषय-भेद के आधार पर भाषा की समरूप व्यवस्था भी विषमरूपी (हैट्रोजीनियस) होने के लिए बाध्य है। विषम रूप को ठीक से समझाने के लिए ही भाषा वैज्ञानिकों ने कभी रजिस्टर (कार्य सम्बन्धी भाषा भेद) आदि और कभी उपकोड (व्यवस्थित शैली-भेद) आदि संकल्पनाओं को अपने भाषा-सिद्धांत में स्थान दिया।

अगर भाषा अपने प्रयोजन में समाज-संदर्भित है तब भाषा के अध्ययन अनुसंधान को सही दिशा तभी मिल सकती है जब हम उसको समाज की व्यवस्था से जोड़कर देखें और यह संभव है कि रजिस्टर या उपकोड का जो कार्य एक भाषा की विभिन्न उपव्यवस्थाएँ करती हैं उसको करने के लिए कोई समाज विभिन्न भाषाओं को अपनाये। यह दृष्टि इस तथ्य पर आधारित है कि आधारभूत इकाई समाज होती है और उसकी विभिन्न प्रयोजन-सिद्धियों का निर्वाह करने वाली संप्रेषण व्यवस्था समाज की प्रकृति द्वारा नियंत्रित होती है। अगर हम समाज को एक इकाई मानें तो उसके द्वारा अपनायी जाने वाली भाषा और संस्थागत भाषाभेद चाहे शैली के स्तर पर हों या भाषा के स्तर पर, वह उसी सामाजिक व्यवस्था के उपांग माने जायेंगे। इसी आधार पर यह भी कहा जा सकता है कि सामाजिक सदस्य के रूप में व्यक्ति और संप्रेषण व्यवस्था को साधने वाला उसका मन एक होता है और वही मन प्रयोजनसिद्ध भाषाभेद को उसी प्रकार साधता है जिस प्रकार किसी एक भाषा के शैलीभेद को। और सरल शब्दों में यह कहा जा सकता है कि जिस प्रकार व्यक्ति पर्यायवाची शब्दों का चयन विकल्प से करता है उसी प्रकार चुनाव में वह शैलीभेद को स्वीकार करता है और जिस प्रकार वह शैलीभेद को पहचानता और अपने व्यवहार में निर्वाह करता है उसी प्रकार भाषाभेद को विकल्प से अपनाता है और सहज रूप में स्वीकार करता है। भारतीय समाज की यह विशेषता रही है कि वह प्रयोजन

सिद्ध भाषाभेद को सहज और स्वाभाविक भाव में मान्यता देता आया है। उदाहरण के लिए पारिवारिक और अत्यन्त आत्मीयता के भाव को व्यक्त करने के लिए वह अपनी स्थानीय बोलियों को चुनता है, स्थानीय सामाजिक संदर्भों के निर्वाह के लिए वह जनपदीय भाषा को व्यवहार में लाता है और अंतर्क्षेत्रीय व्यवहार एवं क्रियाकलाप के लिए वह किसी और ही भाषा को माध्यम बनाता है।

अगर हमें दूसरे राष्ट्र से सम्बन्ध स्थापित करना है, दूसरे समाज के व्यक्तियों से विचारसंप्रेषण करना है या सामाजिक-सांस्कृतिक धरातल पर 'अंतर्राष्ट्रीय मानव' की संकल्पना को साकार करना है तो यह आवश्यक हो गया है कि हम अपनी निजी भाषाई व्यवस्था के दायरे से बाहर निकलें। इसी आवश्यकता ने अन्य भाषा शिक्षण को एक नया संदर्भ दिया है। अन्य भाषा शिक्षण का उद्देश्य ही है—व्यक्ति को द्विभाषिक बनाना।

बहुभाषिकता और हिन्दी भाषाई समाज

भारतवर्ष एक बहुभाषी देश है। 1961 की जनगणना के आधार पर यह कहा जा सकता है कि इस देश में 1652 मातृभाषाएँ हैं जिनको 200 वर्गीकृत भापाओं में बाँटा जा सकता है। यह तथ्य कम महत्त्वपूर्ण नहीं है कि साक्षर व्यक्तियों की संख्या अनुपात में कम होने तथा भाषाशिक्षण की किसी निश्चित योजनाबद्ध अध्ययन-अध्यापन के अभाव के बावजूद बहुभाषिकता देश की संचार-व्यवस्था की एक प्रमुख शर्त है। भारतवर्ष में बहुभाषिकता किसी समस्या के रूप में नहीं रही। यहाँ की संचार-व्यवस्था समाज की अपनी आवश्यकताओं के अनुरूप जिस प्रकृति में ढलती गई उसमें बहुभाषिक स्थिति एक सहज और प्राकृतिक लक्षण के रूप में उभरी। यही कारण है कि न केवल भारतवर्ष एक देश के रूप में बहुभाषी देश है वरन् हर भाषावार प्रदेश भी एक बहुभाषी प्रदेश है। (देखिए : परिशिष्ट-3)

उदाहरण के लिए बिहार प्रदेश को ही लें। उसके कोड मैट्रिक्स को नीचे दी गई तालिका के आधार पर देखा जा सकता है :

कुल जनसंख्या : 5,64,41,502

हिंदी	: 2,05,80,643	माल्तो	: 88,632	अंग्रेजी	: 8,387
पश्चिमी और पूर्वी		पंजाबी	: 72,191	मलयालम	: 7,559
(बिहारी)	: 1,64,42,087	राजस्थानी	: 61,618	मराठी	: 5,074
उर्दू	: 41,49,245	भूमिज	: 38,457	सिन्धी	: 4,089
सन्थाली	: 14,59,235	तेलुगु	: 37,222	कोरवा	: 3,768
बंगाली	: 12,20,800	नेपाली	: 29,747	असमिया	: 2,241
मुंडारी	: 4,74,482	मुंडा	: 20,301	द्रविडन	: 1,931
हो	: 4,45,068	गुजराती	: 20,068	बिरजिया	: 1,506
उड़िया	: 3,02,969	तमिल	: 16,177	गढ़वाली	: 1,057
खरिया	: 96,016				

इसके अतिरिक्त जिन भाषाओं को बोलने-समझने वाले सौ से ऊपर और हजार से नीचे हैं उनकी संख्या आठ है—कोरकू (867), कोंकनी (816), कन्नड़ (674), गोंडी (451), कश्मीरी (186), संस्कृत (129) और भीली (125)।

बिहार की भाषाई स्थिति भारतवर्ष के अन्य प्रान्तों में पाई जाने वाली भाषाई स्थिति से अलग-थलग या अनूठी हो—ऐसी बात नहीं। यह स्थिति अन्य प्रान्तों में भी है कि प्रायः विभिन्न भाषा-परिवारों की बोलियाँ एक ही समाज में न केवल अगल-बगल प्रयोग में आती हों, वरन् एक भाषा-परिवार की बोली को मातृभाषा के रूप में ग्रहण करने वाले, दूसरे भाषा-परिवार की बोली को भी सहज रूप में अपनाते देखे जाएँ। इस दृष्टि से बहुभाषिकता की प्रकृति के बारे में कुछ सामान्य अभिलक्षण देखे जा सकते हैं।

पहला तथ्य तो यही है कि बहुभाषिकता की यह प्रकृति समुदायपरक है न कि व्यक्तिपरक। व्यक्तिपरक बहुभाषिकता, एक भाषा-भाषी समुदाय में देखी जाती है जहाँ व्यक्ति अपने ज्ञान या अन्य वैयक्तिक आवश्यकताओं के कारण अन्य भाषा को स्वीकार करता और उसके प्रयोग को सीखता है। उदाहरण के लिए कोई अमरीकी या रूसी अपने देश में जब हिन्दी या अन्य कोई भारतीय भाषा सीखने की ओर प्रवृत्त होता है तब उसकी यह आवश्यकता उसके समाज की संचार-व्यवस्था का उपांग बनकर सिद्ध नहीं होती। इसके विपरीत समुदाय-परक बहुभाषिकता, एक बहुभाषी देश के समाज की व्यापक संचार-व्यवस्था का एक उपांग बनकर सिद्ध रहती है। पारिवारिक व्यवहार, संप्रेषणीयता, दैनिक आचरण आदि के संदर्भ में जब समाज एक से अधिक भाषाओं के प्रयोग को सहज और स्वाभाविक स्तर पर स्वीकार करने लगे तब समुदायपरक बहुभाषिकता की स्थिति उभरती है। इस दृष्टि से देखें तो जिसे हम हिन्दी प्रदेश कहते हैं, वह भी एक समुदायपरक बहुभाषी प्रदेश के रूप में ही सामने आता है।

बिहार के सन्थाली समाज को ही लें। अपने जीवन के पारिवारिक संदर्भ में वे सन्थाली का प्रयोग करते हैं। पर अपने वैयक्तिक और पारिवारिक जीवन के दायरे से बाहर आकर वे स्थानीय बोलियों का उपयोग करते देखे जाते हैं और जीवन के एक-दूसरे आयाम पर वे क्षेत्रीय बोलियों (भोजपुरी, मैथिली और मगही) को भी अपनाते देखे जा सकते हैं, प्रारंभिक शिक्षा के लिए उनमें से अधिकांश अखिल भारतीय हिन्दी के परिनिष्ठित रूप को ग्रहण करते हैं क्योंकि हिन्दी प्रदेश की यह विशेषता रही है कि वह स्थानीय बोली के घेरे से बाहर निकलकर हिन्दी को माध्यम भाषा के रूप में स्वीकार कर शिक्षा ग्रहण करने की ओर प्रवृत्त होती है। इस पूरे समाज में साक्षरता का सवाल बोली के स्थान पर क्षेत्रीय भाषा या हिन्दी के सीखने की प्रक्रिया से जुड़ा है। आगे जब उच्च शिक्षा की बात उठती है तब यही हिन्दी अंग्रेजी भाषा के सीखने और अपनाने

की समस्या से जुड़ जाती है।

परिवार, स्थानीय समुदाय, क्षेत्रीय जन-व्यवहार, साक्षरता और सामान्य तथा उच्च शिक्षा इन विभिन्न संदर्भों में जब हम भारतीय किसी भाषा-भाषी समुदाय के कोड मैट्रिक्स को देखते हैं तो उसे बहुभाषा की एक जटिल प्रक्रिया से बँधा पाते हैं। पर उसकी यह जटिलता भाषाविदों के लिए भले ही समस्या के रूप में आती हो और भाषाविद् भारत की इस आन्तरिक संचार-व्यवस्था के संदर्भ में भले ही उसे 'भाषाई पागलपना' कहते हों पर स्वयं समाज उसे सहज और सामान्य रूप से ग्रहण करता आ रहा है। समाज के स्तर पर संप्रेषणीयता में न तो कभी कोई गतिरोध ही आया और न उसकी संचार-व्यवस्था में ही कोई रुकावट आई। इसका कारण कोड-परिवर्तन (कोड स्विचिंग) की सहज स्वीकृति रही है।

यहाँ यह तथ्य भी कम महत्त्वपूर्ण नहीं रहा है कि जिस प्रकार एक गाँव की बोली अपने सीमावर्ती दूसरे गाँव की बोली से भिन्न होकर भी एक-दूसरे जनसमुदाय के लिए बोधगम्य रही है और जिस प्रकार अगल-बगल के गाँव आपसी व्यवहार के लिए एक क्षेत्रीय सामान्य उस बोली का निर्वाह एवं प्रयोग करते रहे हैं जो दोनों के लिए मान्य एवं सुबोध हो उसी प्रकार सामाजिक स्तर भेद की भी एक ऐसी क्रमिक सीढ़ी को भी हम पाते हैं जहाँ हर स्तर अपने सीमावर्ती स्तर की भाषा अथवा शैली से परिचित रहता है। इसमें संदेह नहीं कि ये सभी भाषाएँ एवं शैली भेद समाज-संदर्भित हैं, सभी की अपनी इयत्ता एक विशिष्ट सामाजिक आवश्यकता की पूर्ति के साधन हैं और उन सभी की सत्ता समाज की पूरी संप्रेषण व्यवस्था की एक अनिवार्य उपांग बनकर सिद्ध है। संक्षेप में इसे हम नीचे दिए गए रेखाचित्र से समझ सकते हैं :

पारिवारिक : (परिवार में प्रयुक्त भाषा/बोली)
स्थानीय : (स्थानीय गाँव में प्रयुक्त बोली)
क्षेत्रीय : (क्षेत्रीय स्तर की बोली/भाषा)
साक्षरता का स्तर : (माध्यम भाषा-1)
सामान्य शिक्षा का स्तर : (माध्यम भाषा-2)
उच्च शिक्षा का स्तर : (माध्यम भाषा-3)

इसके संदर्भ में यह तथ्य भी कम महत्त्वपूर्ण नहीं कि सम्पूर्ण भारतवर्ष में परिवार के जीवन-मूल्य और भाषा-रूप, समाज के बृहत्तर सन्दर्भ के सामाजिक मूल्य और भाषा-प्रयोग से भिन्न रहे हैं। इन दोनों के बीच की विभाजक रेखा निश्चित और सुदृढ़ रही है और ये दोनों आपस में नितांत भिन्न होने की स्थिति में भी एक-दूसरे की कभी विरोधी या प्रतिद्वन्द्वी नहीं रहीं। भारतवर्ष की

सामाजिक बनावट की यह प्रकृति ही रही है कि वह पारिवारिक मूल्यों का निर्वाह स्थानीय सामाजिक मूल्यों से टकराए बिना करती रही है। यह यहाँ की व्यवस्था का स्वीकृत तथ्य है कि अगर कोई व्यक्ति या समुदाय का वर्ग अपना भाषा-क्षेत्र छोड़कर अन्य भाषा-क्षेत्र में जाकर बसा है तो उसे अपनी भाषा छोड़ने की आवश्यकता कभी भी सामाजिक दबाव के रूप में नहीं महसूस करनी पड़ी। यह स्थिति अमरीका से काफी भिन्न है। वहाँ अगर किसी अन्य देश का भाषा-भाषी जाता है तो एक या दो पीढ़ी के बाद वह अपनी भाषा को छोड़कर वहाँ की भाषा (अंग्रेज़ी) अपना लेता है। पर हिन्दुस्तान के भीतर एक क्षेत्र की भाषा बोलने वाला जब दूसरे क्षेत्र में जाता है तब उसका अपना एक पाँव हमेशा अपनी धरती पर बँधा होता है। संयुक्त परिवार और कुल का सदस्य होने के नाते जीवन के एक दायरे में उसे उस परिवार या कुल से सम्बन्ध बनाए रखना पड़ता है जिसका वह मूलतः सदस्य है। परिणाम यह है कि हर भाषा-क्षेत्र में ऐसे कई सामुदायिक वर्ग मिल जाते हैं जो अपने सामाजिक व्यवहार क्षेत्र में स्थानीय और क्षेत्रीय बोलियों का प्रयोग करते हैं पर अपने पारिवारिक आचरण के लिए उस क्षेत्र के बाहर की भाषा का सहज भाव से निर्वाह कर लेते हैं। अतः बहुभाषिकता के सन्दर्भ में यह भाषा-निर्वाह भारत में कोई समस्या के रूप में सामने नहीं आता।

बहुभाषिकता के सन्दर्भ में यह तथ्य ध्यान देने योग्य है कि हर भाषा समाज के हर प्रकार के दायित्व को नहीं निभाती। अगर बहुभाषिकता की प्रकृति व्यक्तिपरक न होकर समुदायपरक है तब विभिन्न भाषाओं का प्रयोग अपना एक निश्चित सामाजिक सन्दर्भ की अपेक्षा रखेगा। उसी सन्दर्भ में उस भाषा का प्रयोग सहज और सामान्य माना जाएगा। जिस प्रकार किसी एक भाषा के भीतर कई शैलियाँ होती हैं और हर शैली एक विशेष सामाजिक-सांस्कृतिक सन्दर्भ की माँग करती है। उसी प्रकार अगर हम भाषा की सीमा का विस्तार कर अपनी दृष्टि भाषाई समाज तक ले जाएँ और उसे विवेच्य सामग्री के लिए इकाई मान लें तब हम पाते हैं कि एक भाषा समाज के बीच स्थिर सम्बन्धों के साथ निर्वाह करने वाली भाषाएँ भी शैलीवत ही सिद्ध रहती हैं। भाषा-प्रयोग के इन स्थिर सम्बन्धों की प्रकृति पर ध्यान देने से स्पष्ट हो जाता है कि जिस प्रकार वाक्य स्तर पर पर्यायवाची शब्दों की सत्ता और महत्त्व है और जिस भाषा स्तर पर शैली-भेद की स्थिति और प्रयोजन सिद्ध है, उसी प्रकार बहु-भाषी समाज के सन्दर्भ में उस भाषा-भेद की प्रकृति और उनके प्रयोजन का महत्त्व है जो उस भाषाई समाज की कोड-मैट्रिक्स है।

बहुभाषा समाज की (कोड-मैट्रिक्स) उन सभी प्रयोजनबद्ध भाषाओं एवं शैलियों के समूह को कहेंगे जिसे वह समाज अपने प्रभाव संचार के लिए अपनाने

के लिए विवश है। शैली-भेद की जहाँ तक बात है, हर भाषा में उसकी सत्ता असंदिग्ध रूप से देखी जाती है। पर ऐसी स्थिति भी देखी जा सकती है कि एक भाषा, दो या दो से अधिक ऐसी शैलियों का प्रयोग करती हो जो न केवल सामाजिक सन्दर्भों द्वारा नियन्त्रित हों अपितु जिनका भाषा के परिप्रेक्ष्य में प्रयोजन सिद्ध और स्थिर हो। प्रसिद्ध भाषा-वैज्ञानिक फरगुसन ने ऐसी स्थिति को 'डायग्लोसिया' नाम दिया है। उनके अनुसार 'डायग्लोसिया' एक ही भाषा की दो शैलियों के व्यवहार की वह स्थिर स्थिति होती है जिसमें भाषा की एक आधारभूत शैली के अतिरिक्त उससे भिन्न आरोपित एक और भाषा-शैली भी प्रयुक्त होती है। आधारभूत शैली का मानक रूप सम्भव है। आरोपित शैली का व्याकरण अतिरिक्त नियमों द्वारा न केवल सापेक्षतया जटिल होता है वरन् उसके प्रयोग को समाज में अधिक सम्मानजन्य माना जाता है। वस्तुतः लिखित साहित्य में इसी का प्रयोग अधिक होता है और औपचारिक अवसरों पर इसी भाषा-शैली को लोग व्यवहार में लाते हैं इसलिए भाषा का यह शैली रूप किसी-न-किसी औपचारिक सन्दर्भ में सीखा जाता है।

भारतीय समाज न केवल बहुभाषी समाज है बल्कि स्तरीकृत होने के कारण उसकी भाषाओं में शैलीभेद सामाजिक प्रयोजनों के साथ सम्बद्ध होकर सामने आते हैं। इन भाषाओं में 'डायग्लोसिया' की स्थिति स्पष्ट देखने को मिलती है। बंगाली भाषा में 'चलित' और 'साधुभाषा' तेलुगु में 'व्यावहारिक' और 'ग्रंथिका' शैली अथवा तमिल में 'पेचू' और 'सेन तमिल' की दो स्पष्ट शैलियाँ हैं। 'चलित', 'व्यावहारिक' और 'पेचू' आदि शैलियाँ वस्तुतः इन भाषाओं की आधारभूत शैलियाँ हैं जिन्हें सामान्य व्यक्ति सहज रूप में सीख लेता है। इनके विपरीत 'साधुभाषा' 'ग्रन्थिका शैली' अथवा 'सेन तमिल' इन भाषाओं की वह शैली है जिसे अधिक सामाजिक प्रतिष्ठा मिली है और जिसके न जानने से व्यक्ति सुसंस्कृत नहीं माना जाता अथवा उस भाषा का उसका ज्ञान अधूरा या अपूर्ण समझा जाता है।

हिन्दी की स्थिति इन भाषाओं से जटिल इस अर्थ में है कि इसमें आधारभूत शैली के अतिरिक्त एक नहीं अपितु दो आरोपित शैलियाँ हैं। आधारभूत शैली को प्रायः सामान्य हिन्दी या हिन्दुस्तानी की संज्ञा दी जाती है और आरोपित शैलियों को संस्कृतनिष्ठ (या उच्च हिन्दी) और फारसी-अरबीनिष्ठ (या उर्दू) शैलियाँ कहा जाता है। हिन्दी और उर्दू के बीच गहरी खाई का काम करने वाले दो प्रमुख तत्त्व रहे हैं—लिपि और साहित्यिक परम्परा। हिन्दी, नागरी लिपि की मुखापेक्षी है और उर्दू फ़ारसी लिपि की, हिन्दी की परम्परा भारतवर्ष की उस जातीय संस्कृति का संवाहक रही है जो संस्कृत भाषा से अबाध गति से चली आ रही है जबकि उर्दू मुड़-मुड़कर फ़ारसी काव्यधारा से भी काव्य-रूढ़ियाँ

आत्मसात करती रही है। पर लिपि भाषा नहीं और लिपि भेद को भाषा-भेद का आधार नहीं बनाया जा सकता। दूसरी बात यह भी स्पष्ट हो जानी चाहिए कि इन दोनों आरोपित साहित्यिक शैलियों का मूलाधार एक ही है—हिन्दुस्तानी, जो न केवल दोनों ही लिपियों में लिखी जा सकती है बल्कि लिखी जाने पर नागरी को देखकर जिस पाठ को एक वर्ग 'हिन्दी' से जोड़ता है तो फ़ारसी लिपि में पाकर उसी पाठ को दूसरा वर्ग 'उर्दू' मान बैठता है।

स्पष्ट है कि जिसे हम हिन्दी भाषा-समाज कहते हैं उसका भाषाई कोश (वर्बल रेपर्त्वा) दो या दो से अधिक बोलियों, हिन्दुस्तानी, हिन्दी की दो आरोपित शैलियों तथा उच्चवर्ग में अंग्रेज़ी भाषाओं से संक्रमित हैं और जो आपस में इस प्रकार ग्रंथित हैं कि उनमें कोड-परिवर्तन सहज और स्वाभाविक प्रक्रिया के रूप में देखने में आता है। बोली, शैली और भाषा-भेद के ये अन्तस्संबंध विभिन्न सामाजिक स्तरों पर भिन्न रूप में प्रतिफलित होते हैं, पर सामाजिक प्रक्रिया के संदर्भ में जिनको सामान्यीकृत नियमों से बांधना संभव है। यह देखा जा सकता है कि जिन सामाजिक दबाव और औपचारिक परिस्थितियों के संदर्भ में उच्चवर्ग के सदस्य हिन्दी और अंग्रेज़ी के बीच भाषा-परिवर्तन करते हैं, उन्हीं परिस्थितियों में बहुत कुछ आधारभूत शैली हिन्दुस्तानी और आरोपित शैलियों—उच्च हिन्दी अथवा उर्दू में भी परिवर्तन देखा जा सकता है और उसी प्रकार समाज के एक तीसरे स्तर पर उन्हीं संदर्भों में बोलियों और हिन्दुस्तानी के बीच कोड-परिवर्तन संभव है।

हिन्दी को उसके सही संदर्भ में समझने के लिए अत्यावश्यक है कि हम उसके समाज के भाषाई कोश (वर्बल रेपर्त्वा), कोड-मैट्रिक्स, कोड-परिवर्तन (कोड स्टाइल स्विचिंग) को उस समाज में पायी जाने वाली बहुभाषिकता की सही प्रकृति के परिप्रेक्ष्य में देखें।

मातृभाषा का सवाल और उसकी समस्या एकभाषी देश में जिस रूप में दिखाई देती है वहाँ बहुभाषी समाज में उसी रूप में नहीं प्रतिफलित होती। बहुभाषी देश में विभिन्न सामाजिक आवश्यकताओं एवं विभिन्न प्रयोजनों के निर्वाह के लिए भिन्न-भिन्न भाषाएँ काम में आने के कारण आपस में एक स्थिर संबंधों का निर्माण करती चलती है। जब तक इन संबंधों की प्रकृति का हम सही आकलन न कर लें, हम उस समाज की सम्प्रेषण-व्यवस्था और भाषा संबंधी उनकी जातीय चेतना का भी पता नहीं लगा सकते। भारतवर्ष जैसे देश में जहाँ बहुभाषिकता इतिहास समर्थित रही है और जहाँ भाषा-सहिष्णुता सामाजिक संस्कृति का निर्वाह तत्व रहा है वहाँ आज भाषा वैमनस्य की भावना का तीव्र उद्रेक निश्चय ही भाषा-नियोजन की किसी गहरी भूल का परिणाम कहा जा सकता है। भाषा-नियोजन के लिए यह आवश्यक है कि पहले

हम देखें कि अन्य भाषा के रूप में कोई भाषा किन प्रयोजनों को साधती है और इस दृष्टि से आज की भाषाई स्थिति में हिन्दी किन प्रयोजनों को लेकर प्रदेश अथवा भारत संघ की स्वीकृत भाषा बन सकती है।

अन्य भाषाओं के रूप में निम्नलिखित चार प्रयोजन देखे जा सकते हैं—

(1) सहायक भाषा (Auxiliary language)

जब अन्य भाषा सामाजिक संप्रेषण के लिए काम में न लायी जाए और उसे केवल ज्ञान के माध्यम के रूप में ही स्वीकार किया जाए तब ऐसी भाषा को सहायक भाषा की संज्ञा दी जा सकती है। इस दृष्टि से क्लासिक भाषाओं का ज्ञान प्राप्त किया जा सकता है।

विभिन्न विदेशी विश्वविद्यालयों में हिन्दी की पढ़ाई भारतवर्ष की समाज, संस्कृति और साहित्य आदि की जानकारी के लिए उपकरण के रूप में की जाती है। ऐसे प्रशिक्षण से उस तरह के द्विभाषी निकलते हैं जो ज्ञान के धरातल पर तो हिन्दी को सीख लेते हैं पर समाज के वास्तविक संदर्भों में इनका व्यावहारिक उपयोग नहीं कर पाते। इस सहायक भाषा को कभी-कभी पुस्तकालीय भाषा-रूप भी कहा जाता है।

(2) संपूरक भाषा (Supplementary language)

जब अन्य भाषा व्यवहार में तो प्रयुक्त हो लेकिन जिन आवश्यकताओं के लिए अपनायी जाती है वह अपनी प्रकृति में अस्थायी तथा अपने प्रयोग में अत्यन्त सीमित हो (यथा—पर्यटकों के उपयोग तक सीमित भाषा) तब इसे संपूरक भाषा की संज्ञा दी जा सकती है। इस दृष्टि से पढ़ाई जाने वाली भाषा आंशिक क्षमता के रूप में उन द्विभाषियों को पैदा करती है जिसकी प्रकृति भाषिक क्षमता के संदर्भ में अस्थिर होती है।

भाषा का सहायक एवं संपूरक प्रयोजन व्यक्तिपरक और व्यक्तिसाधक है न कि समाजपूरक और समाजसाधक। ये दोनों प्रयोजन किसी भाषा समाज की संप्रेषण व्यवस्था की आवश्यकता पर आधारित नहीं होते। अतः ऐसी भाषाओं का ज्ञान संस्था के रूप में किसी भाषा-समुदाय की आंतरिक आवश्यकताओं का परिणाम नहीं होते। इसके विपरीत नीचे दिए दो और प्रयोजनों के लिए भाषा समाज की अपनी आंतरिक व्यवस्था और संप्रेषण की सामाजिक आवश्यकताओं से बाधित होती है।

(3) परिपूरक भाषा (Complementary language)

अन्य भाषा के रूप से प्रयोग में आने वाली भाषा पहली या मातृभाषा के परिपूरक प्रयोजन में सिद्ध तब मानी जा सकती है जब वही भाषा (न कि कोई अन्य भाषा) निर्धारित भाषा-समाज के सीमित परंतु निर्दिष्ट सामाजिक संदर्भों में स्वभावतः प्रयुक्त की जाती है। इस दृष्टि से अगर हम अंग्रेज़ी के प्रयोग पर ध्यान दें तो स्पष्ट हो जाता है कि वह भारतीय भाषा समाज के लिए परिपूरक प्रयोजनवत सिद्ध है। हम अपने समाज के विशिष्ट संदर्भ में ही अंग्रेज़ी का प्रयोग करते हैं और जिन सीमित संदर्भों में इसका व्यवहार सहज रूप में होता है उसमें अन्य किसी विदेशी भाषा— रूसी, फ्रेंच, जर्मन आदि का व्यवहार नहीं होता। वस्तुतः अंग्रेज़ी इसी संदर्भ में एक अक्षेत्रीय लेकिन अखिल भारतीय स्तर पर व्यवहार में लायी जाने वाली संपर्क भाषा के रूप में विकसित हुई।

संपर्क भाषा के रूप में सिद्ध प्रयोजन भाषा परिपूरक संदर्भ को सामने उभारती है। इसी संदर्भ में कोई भाषा लिंग्वा-फ्रांका भी बनती है। यही उस विशिष्ट रजिस्टर को सामने उभारती है जिसे कभी हम अखिल भारतीय स्तर पर संघ की राजभाषा कह लेते हैं और कभी ज्ञान के स्तर पर पारिभाषिक शब्दावली से युक्त तकनीकी भाषा के नाम से संबोधित करते हैं। परिपूरक भाषा के रूप में अन्य भाषा शिक्षण उस स्थिर प्रकृति के द्विभाषी पैदा करता है जिसका ज्ञान अन्य भाषा के संदर्भ में आंशिक रहता है।

अहिंदी क्षेत्रों में हिंदी-शिक्षण का सही दृष्टिकोण परिपूरक प्रयोजनों को लेकर होना चाहिए। उन क्षेत्रों की अपनी मातृभाषा तो है ही इसलिए हिंदी की शिक्षा उन सन्दर्भों में करना अनुचित होगा जिनके लिए पहले से ही मातृभाषा का प्रयोग होता रहा है। ऐसा न करने पर हिंदी अनावश्यक रूप से अन्य भारतीय भाषाओं की प्रतिद्वंद्विता में उलझ जाएगी।

बहुभाषी समाज में प्रायः यह देखा जाता है कि समाज की पूरी संप्रेषण व्यवस्था के भीतर जब एक भाषा कुछ निश्चित क्षेत्रों में अपने दायित्व का निर्वाह करती है तो दूसरी भाषा कुछ अन्य निश्चित क्षेत्रों में। सीमित सामाजिक क्षेत्रों में प्रयुक्त होने के कारण यह कहा जाने लगता है कि वह भाषा अधूरी और अक्षम है क्योंकि उसका वह रूप खुलकर नहीं आता जो उन क्षेत्रों में प्रयोग में आने पर होता है जिनमें कोई दूसरी भाषा प्रयोग में आती है। लेकिन एक भाषावैज्ञानिक दृष्टि के आधार पर यह कहा जा सकता है कि कोई भी भाषा स्वयं में अधूरी अथवा अविकसित नहीं होती, केवल उसका प्रयोग क्षेत्र और व्यवहार सीमित या विस्तृत होता है। सभी भाषाएँ अपनी मूल रचना और प्रकृति में उन संभावनाओं से युक्त रहती हैं जो किसी भी विकसित भाषा के लिए मान्य स्वरूपगत विशेषताओं को

लिये होती हैं। हिंदी पर यह आक्षेप लगाया जाता है कि वह अंग्रेज़ी भाषा की तुलना में अधूरी अथवा अविकसित है। यह कथन भ्रांत दृष्टि का परिणाम है क्योंकि अंग्रेज़ी उन विशिष्ट सामाजिक सन्दर्भों में प्रयोग में लायी जाती रही है जिनमें हिंदी का प्रयोग नहीं होता था। साम्राज्यवाद एवं अंतर्राष्ट्रीय दबाव के फलस्वरूप हिंदी को अवसर ही नहीं मिला कि वह अपने भाषा-समाज के वृहत्तर आयाम पर प्रयुक्त हो। अब जबकि अंग्रेज़ी का बल घटता जा रहा है और शिक्षा का आधार व्यापक होकर जन समाज के निचले स्तर तक बढ़ता जा रहा है, यहाँ की अपनी भाषाएँ वह रास्ता स्वयं बनाती जा रही हैं जिस पर आधारित होकर वे समृद्ध और बहुप्रयोजनीय होती जा रही हैं। हिंदी शिक्षण को इस दृष्टि से भी अपने को समसामयिक माँग के अनुरूप सम्यक बनाना ज़रूरी है।

(4) **समतुल्य भाषा** (Equative language)

जब अन्य भाषा उन सभी सामाजिक सन्दर्भों में प्रयुक्त होने लगे जिनमें मातृभाषा प्रयोग में लायी जाती है तब उसे समतुल्य भाषा प्रयोजन की संज्ञा दी जा सकती है। ऐसी स्थिति में द्विभाषी धीरे-धीरे अंततोगत्वा एकभाषी बन जाता है, क्योंकि उसके लिए मातृभाषा एक अर्थहीन भाषा बन जाती है। यह स्थिति अमेरिका जैसे देशों में प्रायः देखने को मिलती है। जहाँ दूसरे भाषा समाज (यथा—रूसी, फ्रेंच, जर्मन आदि) के व्यक्ति जब वहाँ जाकर बस जाते हैं तब एक या दो पीढ़ी के बाद वे अपनी मातृभाषा को पहले आनुषंगिक और बाद में अर्थहीन देखकर उसे छोड़ते जाते हैं और अंत में वहाँ की भाषा को ही अपनी पहली भाषा के रूप में स्वीकार कर लेते हैं। भारतवर्ष में भाषा-परिवर्तन की यह स्थिति देखने को नहीं मिलती क्योंकि एक भाषाक्षेत्र से जब व्यक्ति दूसरे भाषाक्षेत्र में जाता है तब भी उसका एक पाँव अपनी स्थानीय मातृभूमि की व्यवस्था में जमा रहता है और जिसके फलस्वरूप वह अपने कुल, जाति एवं परिवार से संबंधित दायित्वों के निर्वाह के लिए अपनी मातृभाषा का प्रयोग करने के लिए सदा बाध्य रहता है। इस तरह अन्य भाषा के साथ-साथ अपनी मातृभाषा का भी वह निर्वाह करता है।

एक दूसरी स्थिति भी देखने को मिल सकती है। कभी-कभी विस्थापित परिवार अपनी ज़मीन से उखड़कर बोली के धरातल पर मान्य संप्रेषण व्यवस्था को छोड़ता हुआ पाया जा सकता है। हिंदी भाषा क्षेत्र के भीतर अनेक बोलियों के उपक्षेत्र हैं। इन बोली-उपक्षेत्रों से उखड़कर परिवार दूसरे बोली-क्षेत्र के शहरी जीवन में जब प्रवेश करता है तो एक या दो पीढ़ी के बाद वह हिंदी भाषा को अपने उन जीवन-सन्दर्भों में भी प्रयोग करता पाया जाता है जिसमें कभी वह अपनी बोली का प्रयोग करता था। ऐसी स्थिति में एक-दो पीढ़ी के बाद हिंदी

भाषा उसकी पहली भाषा बन जाती है।

भारतीय समाज भाषा-वैविध्य को बिना मिटाये हुए भाषा की एकता पर बल देता रहा है। भाषा सहिष्णुता उसकी जातीय एवं सांस्कृतिक चेतना की आंतरिक शक्ति के रूप में स्थित रही है। जिस सामासिक संस्कृति की बात हिंदी के माध्यम से संविधान में उठाई गई है, वह न तो भाषा परिवर्तन और न भाषा-लोप पर आधारित है बल्कि विभिन्न भाषाओं की परिपूरक प्रयोजनों पर आधारित सामाजिक संप्रेषण व्यवस्था से जुड़ी हुई है। आपसी भाषाई सहयोग उस बहुभाषी समाज का निर्माण करता है, जो अपनी प्रकृति में समानाधिकरणिक न होकर सामासिक होता है। हिंदी भाषा शिक्षण का सही सन्दर्भ यही है कि हम पहले भारतीय समाज की बहुभाषिकता की प्रकृति को ठीक से समझें और तदनुरूप विभिन्न भाषा प्रयोजनों के सन्दर्भ में हिन्दी के अन्य भाषाओं के साथ संबंधों की सही जानकारी रखते हुए भाषा-शिक्षण को सार्थक बनाएँ।

भारत की सम्पर्क भाषा : हिन्दी

भारत एक बहुभाषी देश है। सन् 1961 की जनगणना के अनुसार इस देश में मातृभाषा के रूप में 1652 भाषाएँ बोली जाती हैं। ये भाषाएँ किसी एक परिवार की न होकर विभिन्न परिवारों से संबंधित हैं। मुख्य रूप से ये चार भिन्न परिवारों के सदस्य के रूप में भारत में बोली जाती हैं जिनका विवरण नीचे दी गई तालिका : 1 में दिया गया है।

तालिका : 1

परिवार	बोलने वालों की संख्या	प्रतिशत
आर्यकुल	321,720,700	73.30
द्रविड़ कुल	107,410,820	24.47
आस्ट्रिक कुल	6,192,495	1.05
भोट-बर्मी कुल	3,183,801	0.73
अन्य	429,102	0.45

यह आंकड़ा 1961 की जनगणना के आधार पर है।

जनगणना के आधार पर यह कहा जा सकता है कि :

(क) भारत की विभिन्न जनभाषाएँ प्रमुखतः चार भाषाई-कुल के अंतर्गत हैं—आर्यकुल, द्रविड़ कुल, आस्ट्रिक कुल और भोट-बर्मी कुल, जिनके बोलने वालों की संख्या अपने योग में 99.55 प्रतिशत है।

(ख) चार भाषाई कुलों में दो परिवार (आर्य और द्रविड़) अपनी आबादी में कुल जनसंख्या का 97.7 प्रतिशत हैं।

(ग) अष्टम सूची में मान्य पंद्रह भाषाओं (हिन्दी, तेलुगु, मराठी, बंगाली, तमिल, उर्दू, गुजराती, कन्नड़, मलयालम, उड़िया, पंजाबी, असमी,

कश्मीरी, सिंधी और संस्कृत) के बोलने वालों की संख्या भारत की आबादी का 88 प्रतिशत है।[1]

(घ) ऐसी केवल 204 बोलियाँ (12 प्रतिशत) ही हैं जिनके मातृभाषी दस हज़ार या उससे ऊपर की संख्या में हैं। एक हज़ार से कम बोली जानेवाली बोलियों की संख्या 1428 (75 प्रतिशत) है। इससे यह निष्कर्ष भी निकाला जा सकता है कि भारत में ऐसी अनेक बोलियाँ हैं जिनके बोलने वाले कबीलों के रूप में अपनी निश्चित अस्मिता बनाए हुए हैं और अभी भी भारत की मुख्य संप्रेषण-व्यवस्था के साथ जुड़ नहीं पाए हैं।

इतनी संख्या में बोली और समझी जाने वाली मातृभाषा के बावजूद संप्रेषण-व्यवस्था के न टूटने का एक प्रमुख कारण यही है कि भारत में सम्पर्क भाषा के रूप में सिद्ध भाषाओं की एक अटूट शृंखला है जो एक ओर अंतर-क्षेत्रीय स्तर पर भी प्रयोजनसिद्ध भाषाएँ कही जा सकती हैं और किसी एक भाषाई समाज के स्तरीकृत सामाजिक संस्थानों में संबंध-स्थापन के लिए कार्य सिद्ध भाषाएँ भी मानी जा सकती हैं। उदाहरण के लिए आंध्र प्रदेश की राजभाषा के रूप में स्वीकृत तेलुगु भाषा की स्थिति को ही देखें जो जनसंख्या अनुपात में हिंदी के बाद, भारत की दूसरी सबसे बड़ी भाषा है। भाषा के रूप में तेलुगु अपने भाषाई-समाज को एकसूत्रता में बाँधने का काम करती है, पर इसके साथ यह भी देखा जा सकता है कि तेलुगु भाषी आंध्र प्रदेश के निकटवर्ती राज्यों में भी काफी फैले हुए हैं। उदाहरण के लिए सीमावर्ती राज्यों—तमिलनाडु, मैसूर, महाराष्ट्र और उड़ीसा में जिस अनुपात में ये बिखरे-फैले हैं उसको तालिका-2 में देखा जा सकता है :

1. दो दशक बाद भी यह स्थिति नहीं बदली है। जैसा कि परिशिष्ट-5 से स्पष्ट है कि मणिपुर, मेघालय, नागालैण्ड, सिक्किम आदि छोटे राज्यों को छोड़कर अन्य सभी राज्यों में अष्टम सूची में मान्य कोई न कोई भाषा प्रमुख रूप से व्यवहार में है।

तालिका : 2

राज्यों के अनुसार तेलुगु बोलने वालों का विवरण

राज्य	कुल बोलने वाले	तेलुगु बोलने वाले
समूह : (अ)		
1. आंध्र प्रदेश	35,983,447	30,934,898
2. मद्रास	33,686,953	3,353,834
3. मैसूर	23,586,772	1,047,379
4. महाराष्ट्र	39,553,718	640,893
5. उड़ीसा	17,548,846	393,443
समूह : (ब)		
6. प० बंगाल	34,926,279	80,930
7. मध्य प्रदेश	32,372,408	58,838
8. केरल	16,903,715	44,838
9. बिहार	46,455,610	36,222
10. आसाम	11,872,772	19,786
11. गुजरात	20,733,350	10,602
समूह : (स)		
12. उत्तर प्रदेश	73,746,401	4,530
13. पंजाब	20,306,812	2,410
14. राजस्थान	20,155,602	1,181
15. जम्मू और कश्मीर	3,560,976	172

इस तालिका से स्पष्ठ है कि तेलुगुभाषियों की संख्या लाखों में है। तालिका-3 से यह भी स्पष्ट है कि जिस अनुपात में तेलुगु-भाषी समीपवर्ती राज्यों में जाकर बसे हैं उसी अनुपात में उन समीपवर्ती राज्यों के प्रमुख भाषाओं के बोलनेंवाले भी आंध्र प्रदेश में रहते हैं।

तालिका : 3

आंध्र प्रदेश की मुख्य भाषाएँ
(संख्या हजार में)

समूह : 'अ'			समूह : 'ब'		
तेलुगु	:	30,935	राजस्थानी	:	584
हिंदी	:	139	तमिल	:	512
उर्दू	:	2,554	कन्नड़	:	382
			उड़िया	:	102
			मराठी	:	287
गुजराती	:	25	कोया	:	108
मलयालम	:	23	गोन्डा	:	76
समूह : 'स'			समूह : 'द'		
पंजाबी	:	11	येर्कुला	:	73
बंगाली	:	3	लंबादी	:	56
			सवारा	:	48
			खोंड	:	23
			कोलामी	:	12
			सिंधी	:	6
			कोंकणी	:	15
			मीत	:	1

यहाँ यह संकेत दे देना आवश्यक है कि हिंदी को संघ की और तेलुगु को आंध्र प्रदेश की राजभाषा स्वीकार किया गया है। पर इसके साथ ही साथ संविधान के अनुच्छेद-29 में सभी भाषाओं की उन्नति और विकास को मूल अधिकार के रूप में भी मान्यता दी है। इसी प्रकार शिक्षा-संस्थाओं की स्थापना और प्रशासन करने के अल्पसंख्यकों के अधिकार का निदेश अनुच्छेद-30 में दिया गया है। इसके अतिरिक्त प्राथमिक स्तर पर मातृभाषा के माध्यम से शिक्षा देने का निदेश भी अनुच्छेद-330(क) में है। भारतीय समाज की यह आंतरिक प्रकृति रही है कि उसने अल्पसंख्यक धर्म या प्रजाति की सत्ता को उचित महत्त्व और मान्यता तो दी है, उसे वृहत्तर सामाजिक संदर्भ से भी जोड़ा है। भारतीय समाज की बहुभाषी व्यवस्था ने अल्पसंख्यक भाषाई समाज के अस्तित्व को न केवल

स्वीकार किया है अपितु उसका बृहत्तर संप्रेषण-व्यवस्था के साथ जोड़ने के लिए संपर्क भाषा की अवस्था को व्यावहारिक रूप भी दिया है।

बहुभाषी देश अपनी स्थानीय आवश्यकताओं के लिए अगर एक भाषा का प्रयोग करता है तो इन आवश्यकताओं से ऊपर क्षेत्रीय स्तर की जरूरतों के लिए एक दूसरी ही भाषा का। उदाहरण के लिए बिहार में बसा मुण्डा-भाषाई समाज अगर पारिवारिक आवश्यकताओं के संदर्भ में अपनी मातृभाषा का प्रयोग करता है तो स्थानीय गाँव के स्तर पर वह नगपुरिया बोली का उपयोग करता है। अगर इस भाषाई समाज को प्रदेश या राष्ट्र के स्तर पर संप्रेषण व्यवस्था से जुड़ना है तो वह हिंदी भाषा को माध्यम बनाता है। इस पूरी स्तरीकृत व्यवस्था में नगपुरिया बोली एक माध्यमिक स्तर की संपर्क बोली का काम करती है जिसके सहारे मुण्डा समाज, प्रदेश या राष्ट्र के स्तर की हिन्दी भाषा की व्यापक संप्रेषण-व्यवस्था से जुड़ता है।

आंध्र प्रदेश में तेलुगु भाषा के अतिरिक्त उर्दू, कन्नड़, तमिल, उड़िया, मराठी, गुजराती ऐसी भाषाएँ भी हैं जो कई अल्पसंख्यक भाषाई समाज के लिए एक माध्यमिक स्तर की संपर्क भाषा के उत्तरदायित्व का निर्वाह करती हैं। इस माध्यमिक स्तर की संपर्क भाषा को तेलुगु भाषा से जाकर जुड़ना अनिवार्य है क्योंकि राजभाषा के रूप में आंध्र प्रदेश में तेलुगु ही मान्य है। कहने का तात्पर्य यह है कि अगर अल्पसंख्यकों के भाषाई समाज के व्यक्ति को राज्य स्तर पर कार्य करना है तब उसके लिए यह जरूरी है कि वह राज्य स्तर को संप्रेषण-व्यवस्था की माध्यम भाषा अर्थात् तेलुगु को व्यवहार में लाए। इसी प्रवृत्ति का यह कारण है कि जब आंध्र प्रदेश की अल्पसंख्यक जातियों में द्विभाषिकता का अनुपात लगभग 40 प्रतिशत है, स्वयं तेलुगु भाषी समाज में उसका अनुपात केवल 6 प्रतिशत है।

एक बार जब व्यक्ति राज्य स्तर की संप्रेषण-व्यवस्था से जुड़ता है तब उसका कार्यक्षेत्र राज्य सीमा तक ही जाकर बँध नहीं जाता। यह भी संकेत दिया जा चुका है कि राजनीतिक और प्रशासनिक सुविधा की दृष्टि से भले ही राज्य की सीमा निर्धारित कर दी गई है पर संप्रेषण-व्यवस्था की गतिशीलता उसका हमेशा अतिक्रमण करती रही है। उदाहरण के लिए तेलुगु भाषा, आंध्र प्रदेश की राजभाषा तो है पर उसके बोलने-समझने वाले निकटवर्ती प्रदेशों में भी कम नहीं। इनसे संबंध-स्थापन के लिए भी यह भाषा साधन बनती है।

यह भी ध्यान देने की बात है कि जिस प्रकार सभी राज्यों को भारत संघ के एक सदस्य के रूप में जुड़कर ही स्वायत्त बनने का अधिकार है उसी प्रकार भाषाई संप्रेषण-व्यवस्था के संदर्भ में भाषाई समाज को अखिल भारतीय स्तर पर जुड़कर ही अपनी क्षेत्रीय सत्ता सिद्ध करनी होगी। इस स्तर पर सिद्ध भाषा के

रूप में संप्रति हिन्दी और अंग्रेज़ी का नाम लिया जा सकता है। पर यहाँ इस ओर भी संकेत देना जरूरी है कि केवल संघ की संप्रेषण-व्यवस्था के धरातल पर सिद्ध होने के कारण ही हिन्दी और अंग्रेज़ी अधिक समर्थ संपर्क भाषाएँ नहीं हैं। यह कहना ज्यादा ठीक है कि जिस स्तर पर भारत की अन्य प्रादेशिक भाषाएँ, संपर्क भाषा के रूप में सिद्ध हैं उस स्तर पर भी हिन्दी उनकी तुलना में अधिक प्रयोजन-सिद्ध भाषा है।

यहाँ मैं केवल दो तथ्यों की ओर ध्यान आकर्षित करना चाहूँगा। जब कोई भाषा 'लिंगुआ फ्रेंका' के रूप में उभरती है तब राष्ट्रीयता या राष्ट्रता से प्रेरित होकर वह प्रभुतासपन्न भाषा बन जाती है। यह तो जरूरी नहीं कि मातृभाषा के रूप में इसके बोलने वालों की संख्या अधिक हो पर द्वितीय भाषा के रूप में इसके बोलने वाले बहुसख्यक होते हैं। सबसे बड़ी विशेषता इसकी यह है कि इसके मातृभाषी, अन्य किसी भाषा के सीखने की ओर प्रेरित नहीं होते। यह कहा जा सकता है कि भारत के आधुनिक युग में कदम रखने के पहले यहाँ बहुभाषिता थी, प्रमुख (राष्ट्रीय) भाषाएँ भी विकसित हुईं पर उनमें कोई भी इस संदर्भ में प्रभुतासंपन्न भाषा के रूप में नहीं उभरी। यहाँ तक कि मुग़लकाल में भी फारसी को यह दर्जा प्राप्त नहीं हुआ। अंग्रेज़ों के शासन सँभालने के बाद स्थिति बदलने लगी और अंग्रेज़ी भाषा ने भारत की संतुलित बहुभाषिकता में पहली बार दरार डालकर अपना प्रभुत्व जमाया। इसने एक ऐसा बुद्धिजीवी वर्ग भी पैदा किया जो यह समझता है कि उनके सामाजिक एवं बुद्धिपरक प्रयोजनों की पूरी सिद्धि केवल एक अंग्रेज़ी भाषा से हो सकती है।

यह ठीक है कि हर प्रमुख भाषा या बोली अपने स्तर पर सपर्क-भाषा/बोली है पर अखिल भारतीय स्तर पर हिन्दी-उर्दू या अंग्रेज़ी सापेक्षतया अधिक सिद्ध भाषाएँ हैं। भारत के द्विभाषी समाज के 52.5 प्रतिशत व्यक्तियों की ये दूसरी भाषाएँ हैं (हिन्दी-उर्दू 26.8 प्रतिशत और अंग्रेज़ी 25.7 प्रतिशत) और जैसा कि जनगणना से स्पष्ट है कि संपर्क भाषाई समुदाय के प्रति एक हजार व्यक्तिवर्ग पर 35 (30 + 5) हिन्दी-उर्दू और 25 अंग्रेज़ी जानने वाले व्यक्ति हैं। किसी भी अन्य भाषा जाननेवाले व्यक्तियों का अनुपात 10 या 10 से अधिक नहीं है। इससे यह भी स्पष्ट हो जाता है कि प्रायः सभी प्रमुख भाषाएँ अपने क्षेत्र के बाहर व्यवहार में आती हैं पर जैसा ऊपर संकेत दिया गया, व्यावहारिकता, प्रयोजनसिद्धि और प्रसार की दृष्टि से हिन्दी-उर्दू और अंग्रेज़ी की स्थिति उनसे भिन्न है। इसमें भी मातृभाषा के स्तर पर जबकि हिन्दी-उर्दू बोलनेवालों की संख्या करोड़ में है; अंग्रेज़ी की संख्या दो लाख के आस-पास है, और जिस प्रकार मातृभाषा के रूप में संस्कृत भाषा बोलने वालों की संख्या संदेह के साथ देखी जाती है उसी प्रकार अंग्रेज़ी की इस संख्या पर भी संदेह किया जा सकता है।

यहाँ यह ध्यान देना आवश्यक है कि भारतीय द्विभाषिकता की जड़ें दूर तक भारतीय समाज की व्यवस्था में फैली हैं और वह अपनी प्रवृत्ति और प्रयोजन दोनों ही स्तर पर स्तरीकृत भाषाई समाज के बीच एक अटूट शृंखला के रूप में सिद्ध है। द्विभाषिकता भारतीय समाज की अपनी संप्रेषण आवश्यकता का परिणाम है और प्रयोजनसिद्धि के रूप में वह भारतीय समाज को एकताबद्ध करने का एक समर्थ भाषाई उपकरण भी है। इस तथ्य पर ध्यान देने की जरूरत है कि भारतवर्ष की समुदायपरक बहुभाषिकता न तो अलगाव-सिद्धांत (प्रिंसिपल ऑफ सेग्रिगेशन) पर आधारित है और न ही समीकरण (प्रिंसिपल ऑफ इन्टीग्रेशन) के सिद्धान्त पर।

अलगाव-सिद्धान्त हर भाषाई समाज की जातीय प्रामाणिकता और सांस्कृतिक रूढ़ियों को उजागर कर एक ऐसी स्वतन्त्र इयत्ता प्रदान करने की ओर उसके सदस्यों को प्रेरित करता है जो वृहत्तर सन्दर्भ में एकीकरण के सिद्धान्त को नकारने के लिए उद्धत हो उठती है। हर भाषा न केवल इस दृष्टि के अनुसार स्वतन्त्र और स्वनिष्ठ है वरन् हर दूसरी भाषा से अधिक समृद्ध और सुसंस्कृत है, इसलिए हर भाषाई समाज अपने को दूसरे भाषाई समाज के संपर्क में इसलिए नहीं लाना चाहता कि उसकी संस्कृति दूषित हो जाएगी। और अगर सम्पर्क में आता भी है तो दूसरे समाज के मूल्यों और सांस्कृतिक उपलब्धियों को हेय दृष्टि से देखता है। यह कहने की जरूरत नहीं कि भारतीय समाज की दृष्टि न केवल व्यापक और उदार रही है वरन् उसकी प्रकृति गत्यात्मक और सम्पर्कपरक भी रही है। यह उसी का परिणाम है कि हम सिंध से आसाम तक भारत की सम्प्रेषण व्यवस्था को कहीं टूटते नहीं पाते और हिमालय से कन्याकुमारी तक भाषाई परिवारों के बीच अन्तस्सम्बन्धों की एक ऐसी कड़ी पाते हैं जो न केवल अटूट है बल्कि भाषाई रंगों की विविधता से भरी-पूरी भी है।

समीकरण सिद्धांत हर अल्पसंख्यक और गौण भाषा के सदस्यों को इस बात के लिए विवश करने के लिए प्रेरित करता है कि वे अपने भूखण्ड में स्वीकृत बहुसंख्यक प्रभुतासंपन्न भाषाई समाज के विश्वास, सांस्कृतिक मूल्य और जीवन की आचारशैली को अपनाएँ और व्यवहार में उतारें। प्रभुतासंपन्न भाषाई समाज का दबाव ही समीकरण प्रक्रिया का वह कारण बनता है जिसके चक्र में पिसकर अल्पसंख्यक भाषा समाज अपनी मातृभाषा को छोड़ने पर विवश हो जाता है। भारतीय समाज की यह विशेषता रही है कि वह अपने पारिवारिक जीवन-मूल्यों को व्यक्त करने के लिए अपनी मातृभाषा का प्रयोग करता है पर व्यापक सामाजिक संदर्भों के लिए अगर आवश्यकता पड़ी तो दूसरी भाषा को भी अपनाने में संकोच नहीं करता। गम्पर्ज और विल्सन के अनुसार स्थानीय मूल्य और

सामाजिक आचरण के क्षेत्र में घरेलू (मातृभाषा) और बाहरी (प्रादेशिक) भाषा के बीच का यह विभाजन ही भारतीय बहुभाषिकता का मूलाधार है। भारत कभी भी समीकरण के सिद्धांत का समर्थक नहीं रहा है और इसीलिए भारतीय संविधान में न केवल सभी भाषाओं की उन्नति और विकास को मूल अधिकार के रूप में माना गया है बल्कि अल्पसंख्यकों के अपने अधिकार का भी उसमें स्पष्ट उल्लेख मिलता है। यही नहीं, अपितु प्राथमिक स्तर पर मातृभाषा में ही शिक्षा का उसमें प्रावधान भी है।

यह एक दिलचस्प सवाल है कि भारत की बहुभाषिक स्थिति में कब और क्यों कोई अल्पसंख्यक भाषाई समुदाय अपनी भाषा छोड़ने के लिए बाध्य हो जाता है। यह बात तो सही है कि जब तक पारिवारिक मूल्य और प्रजाति-संरक्षण की भावना मजबूती से किसी भाषाई समुदाय में बनी रहेगी वह इस कारण से द्विभाषिक बना रहेगा कि परिवार के संदर्भ में अपनी मातृभाषा का प्रयोग करने के लिए वह प्रेरित होगा और परिवार से बाहर निकलकर सामाजिक जीवन-यापन के लिए उस क्षेत्र की प्रमुख और मान्यता प्राप्त भाषा का सहारा लेने के लिए भी वह बाध्य रहेगा। पर अगर किन्हीं कारणों से पारिवारिक स्वनिष्ठता टूटती है या किन्हीं विशेष परिस्थितियों में पड़कर अल्पसंख्यक वर्ग के किसी व्यक्ति को आर्थिक विकास या सामाजिक पद प्रतिष्ठा पाने के निमित्त परिवार के संकुचित दायरे से बाहर निकलकर विस्थापित ज़िन्दगी जीना पड़ता है, तब यह संभव है कि वह अपने पारिवारिक संबंधों को ढीला कर ले या उससे अपना संबंध तोड़कर दूसरे सामाजिक वर्ग की सदस्यता स्वीकार कर ले।

इस दिशा में सुब्रमणयम का शोध महत्त्वपूर्ण तथ्यों को सामने लाता है। उन्होंने त्रिवेन्द्रम शहर से लगे गाँवों में बसे दो अल्पसंख्यक भाषाई समाज की भाषाई व्यवस्था का अध्ययन इस संदर्भ में किया कि किन परिस्थितियों में वे अपनी मातृभाषा के परित्याग के लिए प्रवृत्त होते हैं तथा वे कौन-सी परिस्थितियाँ हैं जो मातृभाषा के संरक्षण के लिए जिम्मेदार हैं। पहला वर्ग आर्य भाषा की भाषा—कोंकणी बोलने वालों का समुदाय है जो 'कुदम्बी' प्रजाति के नाम से जाना जाता है और शहर से दस किलोमीटर दूर गाँव में बसा है। दूसरा वर्ग तेलुगु चेट्टियों का है जो शहर के पूरब में बसे हैं और 'करमन' प्रजाति के नाम से जाने जाते हैं। कुदम्बी प्रजाति ट्रावन्कोर के महाराज के निमंत्रण पर तीन सौ साल पहले इस गाँव में आकर इस काम के लिए बसी कि वे मंदिरों और राजभवन के लिए कूटकर चावल तैयार करें। तेलुगु चेट्टी भी ट्रावन्कोर के महाराज के संकेत पर लगभग उसी समय इसलिए आए कि वे सामन्ती परिवार के लिए राजसी पालकी तैयार कर सकें। आज की स्थिति में इन दोनों कामों का अब कोई आर्थिक मूल्य नहीं रह गया, इसलिए वे और काम-धंधों की ओर मुड़ गये हैं।

दोनों प्रजातियों की भाषाई व्यवस्था का समान पैटर्न रहा है कि वे अपने परिवार में अपनी मातृ-भाषा—कोंकणी या तेलुगु आधारित अवमिश्रित बोली का प्रयोग करते हैं पर बाह्य सामाजिक जीवन में मलयाली का सीमित प्रयोग करते रहे हैं। कुछ विशेष संदर्भों में इन दोनों वर्गों में कुछेक पूरी तरह से एक-भाषी भी हैं जो अपना काम केवल मातृभाषा के माध्यम से चला लेते हैं। पर अब धीरे-धीरे कुछ लोग अपनी भाषा छोड़कर क्षेत्रीय मान्यता-प्राप्त भाषा की ओर मुड़कर एक-भाषी भी बनते जा रहे हैं। सर्वेक्षण करने पर जो तथ्य सामने आए उनके आधार पर यह कहा जा सकता है कि ऐसे आठ अभिलक्षण हैं जिनके धनात्मक (+) और ऋणात्मक (—) मूल्य या तो मातृभाषा के संरक्षण के पक्ष में हैं या विपक्ष अर्थात् मातृभाषा के परित्याग में सहायक। इसको निम्नलिखित तालिका-4 द्वारा समझा जा सकता है :

तालिका : 4

	मातृभाषा-संरक्षण	मातृभाषा-परित्याग
1. नौकरी के लिए संपर्क वृत्ति	—	+
2. शिक्षा के लिए स्कूली संपर्क वृत्ति	—	+
3. विवाद के लिए संपर्क वृत्ति	—	+
4. स्वसमुदाय आबद्ध जीवन	+	—
5. प्रवासवृत्ति	—	+
6. आर्थिक स्पर्द्धा वृत्ति	—	+
7. व्यापार-रहस्य संरक्षण वृत्ति	+	—
8. वर्ग अस्मिता वृत्ति	+	—

यह कहा जा चुका है कि भारतीय द्विभाषिकता न तो अलगाव-सिद्धांत पर आधारित है और न ही समीकरण-सिद्धान्त पर। उसकी आधारशिला वस्तुतः समाकलन (इन्टिग्रेशन) सिद्धान्त है। इस सिद्धान्त के आधार पर विभिन्न प्रजातियों एवं भाषाई समाजों को यह तो स्वतंत्रता दी जाती है कि अपने एक निश्चित स्तर पर वे जातीय और सांस्कृतिक अस्मिता को स्वायत्त बनाएँ पर इसके साथ यह भी कोशिश रहती है कि विभिन्न प्रजातियों एवं भाषाई समुदाय अपने से ऊपर के स्तर पर उठकर एकीकरण की भावना से प्रेरित हों। समाकलन का

यह सिद्धान्त अनेकता में एकता की मान्यता को पुष्ट करता है जो भारतीय सामाजिक जीवन की वर्षों से चली आ रही मान्य धारणा है। इस दृष्टि से अखिल भारतीय राष्ट्रीय चेतना 'सुपर आर्डिनेट' भाषा की तरह सिद्ध रहती है जबकि प्रजातियों की संस्कृत उन बोलियों की तरह जो स्वनिष्ठ और स्वायत्त होती है और जो अपनी आत्यंतिक अस्मिता को हमेशा भाषा के संदर्भ में ही स्वीकार करती है। प्रादेशिक स्तर की स्थानिक संस्कृति की प्रकृति बोलियों के समान सिद्ध रहती है अर्थात् जिस प्रकार किसी एक भाषा की विभिन्न बोलियाँ अपनी सत्ता के माध्यम से भाषाई समाज की एकनिष्ठता की भावना खंडित नहीं करतीं, उसी प्रकार स्थानिक-संस्कृति भी राष्ट्रीय चेतना को संपुष्ट ही करती है।

समाकलन के इस सिद्धान्त को श्रृंखलाबद्ध रूप में हम त्रिभाषा-सूत्र की संकल्पना के पीछे देख सकते हैं। शिक्षा के संदर्भ में त्रिभाषा-सूत्र की अपनी कई सीमाएँ हो सकती हैं पर जहाँ तक उसके पीछे की चिंतन-पद्धति का सवाल है वह भारतवर्ष के समाकलन सिद्धान्त पर आधारित बहुभाषिकता को ही पुष्ट करता है। विभिन्न राज्यों के मुख्य मंत्रियों और केन्द्र के मंत्रियों की 1961 में हुई बैठक के बाद जो विज्ञप्ति (भारत सरकार: 1973) प्रकाशित की गई, उसमें निम्नलिखित तथ्यों की ओर संकेत दिया गया:

(1) प्राथमिक (प्राइमरी) शिक्षा के संदर्भ में यह कहा गया कि सभी भाषाई अल्पसंख्यक समाज के अधिकार को सुरक्षित रखते हुए इस स्तर की शिक्षा उनकी मातृभाषा में ही दी जाए।

(2) माध्यमिक (सेकंडरी) शिक्षा के स्तर पर तीन भाषाएँ पढ़ाई जाएँ—
   (क) प्रादेशिक भाषा और (उस स्थिति में जब मातृभाषा ही प्रादेशिक भाषा न हो) मातृभाषा।
   (ख) हिन्दी अथवा (हिन्दी प्रदेशों में) अन्य भारतीय भाषा।
   (ग) अंग्रेज़ी या अन्य आधुनिक यूरोपीय भाषा।

यह संकेत दिया गया कि माध्यमिक स्तर की शिक्षा के लिए केवल मातृभाषा का ही ज्ञान पर्याप्त नहीं। इस स्तर पर छात्रों को उच्चतर शिक्षा दी जाती है ताकि छात्र स्कूल छोड़ने पर पर्याप्त प्रशिक्षण-दक्षता प्राप्त कर किसी रोज़गार में लग सके अथवा विश्वविद्यालय की उच्च शिक्षा के लिए पर्याप्त आधार बना सके। इसके लिए यह जरूरी है कि वे अष्टम अनुसूची में स्वीकृत आधुनिक भारतीय भाषाओं में से किसी एक भाषा के साथ ही साथ अंग्रेज़ी का भी ज्ञान रखें।

यह भी स्वीकार किया गया कि भारतीय प्रादेशिक भाषाओं के विकास और शिक्षा-तंत्र में उत्तरोत्तर प्रसार के कारण यह आवश्यक हो जाता है कि अंतर-प्रादेशिक संप्रेषण-व्यवस्था के लिए किसी एक अखिल-भारतीय भाषा के प्रयोग को

उन सामाजिक क्षेत्रों में बढ़ावा दिया जाए जिनमें अब तक अंग्रेज़ी का प्रयोग होता रहा है। "यद्यपि भविष्य में कुछ समय तक माध्यम-भाषा के रूप में अंग्रेज़ी-प्रयोग चलता रहेगा। यह स्पष्ट है कि इस लक्ष्य की प्राप्ति के लिए तत्काल कुछ ऐसे कदम उठाने की अब सख्त जरूरत है जिससे हिन्दी का प्रयोग उन क्षेत्रों में उत्तरोत्तर बढ़े जिनमें इस समय अंग्रेज़ी का व्यवहार है। अन्यथा विभिन्न प्रदेशों के बीच संपर्क-सूत्र स्थापित करने वाली कड़ी के रूप में उभरने वाली भाषा के टूट जाने की पूरी आशंका है।" हिन्दी की शिक्षा के साथ अंग्रेज़ी की भी उपेक्षा दो कारणों से की गई। पहला कारण अंतर्राष्ट्रीय स्तर पर संप्रेषण-व्यवस्था की आवश्यकता को लेकर है और दूसरा कारण आधुनिक ज्ञान के विकास को लेकर (विशेषकर भारतीय विज्ञान, उद्योग और तकनीकी क्षेत्र) के लिए।

(3) विश्वविद्यालय स्तर की शिक्षा की माध्यम-भाषा पर विस्तार से विचार-विमर्श करने के बाद यह संकेत दिया गया कि विभिन्न प्रदेशों में स्थित विश्वविद्यालयों में माध्यम भाषा के रूप में प्रादेशिक भाषाओं की ओर झुकाव की प्रवृत्ति कई दृष्टियों से वांछनीय है लेकिन इसके परिणाम-स्वरूप ये विश्वविद्यालय भारतवर्ष के अन्य क्षेत्रों से टूटकर उस हालत में अलग-अलग हो जायेंगे, जब तक कि वे किसी अखिल-भारतीय संपर्क भाषा माध्यम से आपस में जुड़ नहीं जाते। ऐसी हालत में एक विश्व-विद्यालय से दूसरे विश्वविद्यालय में न तो छात्र ही आ-जा सकते हैं और न ही अध्यापकों को ही यह सुविधा मिल सकती है। बैठक में भाग लेने वाले सभी सदस्यों की यह राय थी कि अंग्रेज़ी और हिन्दी ही संपर्क सूत्र की आवश्यक कड़ी बन सकती है और इनमें भी अंततोगत्वा हिन्दी को ही इस दायित्व-भार को सँभालना है। इसके लिए यह जरूरी है कि इस दिशा में हिन्दी को सक्षम और समर्थ बनाने का हर उपाय किया जाए।

इसमें संदेह नहीं कि त्रिभाषा की धारणा राजनीतिक और सामाजिक दृष्टि पर आधारित थी और जैसा शिक्षा-आयोग की रिपोर्ट (1964-66) में संकेत दिया गया है, शिक्षा के कई संदर्भों की उपेक्षा करने के परिणामस्वरूप यह असफल ही रही। भाषा का प्रयोग व्यक्ति या समाज किसी निश्चित आवश्यकता से प्रेरित होकर ही करता है। दूसरी भाषा को सीखने के पीछे समूहगत संप्रेषण-व्यवस्था की अनिवार्यता बनी रहती है। शिक्षा-आयोग की यह आलोचना सही है कि त्रिभाषा-सूत्र, विभिन्न भाषाओं के विभिन्न प्रयोजनों के अंतर को ठीक से उभार नहीं सका। यही कारण है कि जब अहिंदी प्रदेशों के लिए तीसरी भाषा के रूप में हिन्दी पढ़ने की योजना रखी गई, वहीं हिन्दी प्रदेशों के लिए भी किसी अन्य भारतीय प्रादेशिक भाषा को सीखने का विधान किया गया। यह योजना प्रजातंत्र की हर प्रजाति और भाषाई समाज को समतुल्य समझने की धारणा को भले ही

पुष्ट करती हो, भाषा-अधिगम-प्रक्रिया और भाषा-नियोजन की आधारभूत मान्यता के विपरीत है। भाषा-अधिगम-प्रक्रिया के संदर्भ में ये दोनों एक नहीं कहे जा सकते क्योंकि जब अहिन्दी प्रदेशों में हिन्दी अध्ययन, संपर्क भाषा की प्रयोजन-सिद्धि का आवश्यक साधन है वहीं हिन्दी प्रदेशों के लिए अन्य किसी भारतीय भाषा का अध्ययन एक दूसरे ही प्रश्न के प्रयोजन को साधता है। सबसे महत्त्वपूर्ण प्रयोजन है—भारत की सामाजिक संस्कृति में योगदान। यहाँ भी यह ध्यान देने की बात है कि भाषा-शिक्षण में अन्य भाषा के रूप में द्वितीय भाषा शिक्षण और विदेशी भाषा शिक्षण में अंतर किया जाता है। जहां तक शिक्षण-विधि का सवाल है, संपर्क भाषा के प्रयोजन को सिद्ध करने वाली अहिन्दी प्रदेशों के लिए हिन्दी, देश की भाषाई संप्रेषण-व्यवस्था में मातृ-भाषा का परिपूरक (कांप्लिमेन्टरी) बनकर आती है (अत: उसकी शिक्षा, द्वितीय भाषा का योगदान या तो मातृ-भाषा के लिए सहायक (आक्जिलरी) रूप में रहता है अथवा संपूरक (सप्लीमेंटरी), और इसीलिए उसका अध्ययन अन्य भाषा के रूप में उसी प्रकार सिद्ध नहीं रह सकता, जिस प्रकार हिन्दी शिक्षण अहिंदी भाषियों के लिए सिद्ध है।

त्रिभाषा सूत्र में अंग्रेजी और अन्य आधुनिक यूरोपीय भाषा के शिक्षण को भी समान स्तर पर रखा गया है जो इस बात का प्रमाण है कि इस फार्मूले को बढ़ावा देने वालों ने भारत की भाषाई संप्रेषण व्यवस्था में प्रयुक्त होने वाली विभिन्न भाषाओं के सामाजिक प्रयोजनों को किंचित् भी ध्यान में नहीं रखा है। अंग्रेजी के भारतीय भाषाई व्यवस्था में बहुत कुछ परिपूरक होने का मतलब ही है कि वह भाषा (न कि कोई भी दूसरी भाषा), भाषाई समाज के सीमित पर सापेक्षतया निर्दिष्ट संदर्भों में स्वभावतः व्यवहार में लाई जाती है। उदाहरण के लिए सर्वोच्च न्यायालय की माध्यम भाषा का सवाल हो या विज्ञान, तकनीकी ज्ञान आदि क्षेत्रों में सर्वोच्च शिक्षा-संस्थाओं में प्रयुक्त होने वाले शिक्षा-माध्यम की भाषा का, हम पाते हैं कि वहाँ अब भी अंग्रेजी ही प्रयुक्त होती है। इसलिए भारतीय सामाजिक व्यवस्या के संदर्भ में रूसी, फ्रेंच, जर्मन आदि की तुलना अंग्रेजी के साथ करना भाषा के सामाजिक प्रयोजनों की ओर से आँखें मूंदना ही कहा जाएगा।

शिक्षा आयोग द्वारा संशोधित त्रिभाषा-सूत्र भाषाओं को निम्नलिखित क्रम से रखा गया है—

1. मातृभाषा अथवा प्रादेशिक भाषा
2. संघ की राजभाषा अथवा (जब तक स्थिति बनी है) संघ की सहयोगी राजभाषा, और
3. आधुनिक भारतीय अथवा विदेशी वह भाषा जो (1) और (2) के अन्तर्गत न आती हो और शिक्षा-माध्यम के लिए प्रयुक्त न होती हो।

इस संशोधित फार्मूले में एक ओर राजनीतिक दृष्टि से समतुल्यता के सिद्धांत पर अधिक आग्रह न रखकर भाषा की प्रयोजन-सिद्धि पर बल दिया गया अर्थात्---मातृभाषा, परिपूरक रूप में सिद्ध द्वितीय भाषा और संपूरक अथवा सहायक रूप में सिद्ध अन्य भाषा। यहां यह तथ्य ध्यान देने योग्य है कि मातृ-भाषा और अन्य भाषा के रूप में किसी भाषा का व्यवहार-क्षेत्र निश्चित करना अधिक सहज है पर द्वितीय भाषा को उस संदर्भ में प्रयोजन-निर्दिष्ट करना सापेक्षतया कठिन है। उसके कई स्तर संभव हैं--यथा स्थानिक क्षेत्र (जो जिला या जिला समूह हो सकता है), प्रदेश या राज्य, राष्ट्र और अंतर्राष्ट्रीय व्यवहार-क्षेत्र। इसी आधार पर लिंग्वा-फ्रेंका के रूप में द्वितीय भाषाओं की प्रयोजन-सिद्धि का भी क्रमिक स्तर निश्चित करना संभव है अर्थात् क्षेत्रीय भाषा, प्रदेश की राजभाषा, संघ की राजभाषा और अंतर्राष्ट्रीय संबंधों के निर्वाह की भाषा। भारत की संप्रेषण-व्यवस्था के संदर्भ में कहा जा सकता है कि भारत की हर प्रमुख भाषा सम्पर्क भाषा है और अन्तर-क्षेत्रीय स्तर पर हिन्दी और अंग्रेज़ी अधिक प्रयोजन-सिद्ध भाषाएँ हैं।

सामाजिक अस्मिता के संदर्भ में हिन्दी बनाम अंग्रेज़ी के प्रश्न पर विचार करते समय विद्वानों का एक वर्ग यह कहता पाया जाता है कि अंग्रेज़ी सामाजिक नियंत्रण का हमें अधिक अवसर प्रदान करती है। प्रभुतासंपन्न व्यक्तियों के आचरण का माध्यम होने के कारण आज मध्यवर्ग का हर व्यक्ति अपने बच्चों को अंग्रेज़ी पढ़ाने के लिए बेहिसाब खर्च करने में संकोच नहीं करता। यही कारण है कि अंग्रेज़ी शिक्षित वर्ग की सामाजिक अस्मिता की भाषा बनती जा रही है। यही वर्ग अपनी यह दलील भी पेश करता है कि हिन्दी या अन्य प्रादेषिक भाषाओं की तुलना में अंग्रेज़ी भाषा अधिक सक्षम और विकसित है, वैज्ञानिक चिंतन और सूक्ष्म विश्लेषण के लिए अधिक समर्थ है और अंतर्राष्ट्रीय व्यवहार की अधिक प्रयोजन-सिद्ध भाषा है। शिक्षा-माध्यम के रूप में भी अंग्रेज़ी अधिक समर्थ भाषा है क्योंकि विज्ञान और तकनीक के क्षेत्र में वह अपना रूप जिस स्तर पर निखार चुकी है उसकी छाया भी हमारे देश की प्रादेशिक भाषाएँ पकड़ने में असमर्थ हैं।

ऊपर के ये सभी तर्क भ्रांतिपूर्ण धारणाओं पर आधारित हैं। सम्पर्क-भाषा के रूप में जब भी किसी भाषा को देश की राष्ट्रभाषा अथवा राजभाषा के पद पर आसीन किया जाता है तब उस भाषा से कुछ अपेक्षाएँ भी रखी जाती हैं। महात्मा गाँधी के अनुसार किसी देश की राष्ट्रभाषा वही हो सकती है जो सरकारी कर्मचारियों के लिए सहज और सुगम हो; जो धार्मिक, आर्थिक एवं राजनीतिक क्षेत्र में माध्यम-भाषा बनने की शक्ति रखती हो; जिसको बोलने वाले बहुसंख्यक हों और जो पूरे देश के लिए सहज रूप से उपलब्ध हो। उनके अनुसार भारत जैसे बहुभाषी देश में हिन्दी ही राष्ट्रभाषा के निर्धारित अभिलक्षणों से युक्त है।

जहाँ तक हिन्दी भाषा की व्यापकता का प्रश्न है, उसके बारे में कुछ तथ्य देखे जा सकते हैं। भारत में अंग्रेज़ी को मातृभाषा के रूप में ग्रहण करने वालों की संख्या लगभग शून्य है। 1971 की जनगणना भी इस बात को प्रमाणित करती है कि भारत की पूरी आबादी 548,195,652 है। इसमें से अंग्रेज़ी को मातृभाषा स्वीकार करने वालों की संख्या मात्र 191,595 है जबकि हिन्दी को मातृभाषा के रूप में ग्रहण करने वालों की संख्या 208,514,005 है। इसके साथ ही हिंदी कम-से-कम 6 राज्यों तथा 2 संघीय क्षेत्रों की प्रमुख भाषा के रूप में भी मान्य है। राजस्थान में 91.73 प्रतिशत, हरियाणा में 89.42 प्रतिशत, उत्तर प्रदेश में 88.54 प्रतिशत, हिमाचल प्रदेश में 86.87 प्रतिशत, मध्य प्रदेश में 83.3 प्रतिशत, बिहार में 79.77 प्रतिशत, दिल्ली में 75.79 प्रतिशत और चंडीगढ़ में 65.96 प्रतिशत हिन्दी-भाषी हैं।[1] एक तथ्य और भी है जो हिंदी के व्यापक स्वरूप को उभारता है तथा उसके अखिल भारतीय स्वरूप को भी स्पष्ट करता है। पंजाब (20.10 प्रतिशत), पश्चिमी बंगाल (6.13 प्रतिशत), अंडमान-निकोबार (16.07 प्रतिशत), आसाम (5.34 प्रतिशत), महाराष्ट्र (5.20 प्रतिशत), आंध्र प्रदेश (2.28 प्रतिशत) तथा त्रिपुरा (1.48 प्रतिशत) में हिंदी तीसरे स्थान पर प्रतिष्ठित है। यह ठीक है कि अंग्रेज़ी द्वितीय-भाषा के रूप में भारत में प्रयुक्त होती है और भारत का 25.7 प्रतिशत द्विभाषिक-समुदाय इसका प्रयोग भी करता है, लेकिन इस दृष्टि से भी हिन्दी पिछड़ी भाषा नहीं सिद्ध होती क्योंकि उसे द्वितीय भाषा के रूप में अपनाने वालों की संख्या 26.8 प्रतिशत है जो अंग्रेज़ी की तुलना में अधिक है। इस संदर्भ में यह भी कहा जा सकता है कि राजभाषा के रूप में हिंदी, अंग्रेज़ी की तरह न केवल प्रशासनिक प्रयोजनों की भाषा है, बल्कि उसकी भूमिका राष्ट्रभाषा के रूप में भी है। वह हमारी सामाजिक-सांस्कृतिक अस्मिता की भाषा है।

---

1. परिशिष्ट-5 से स्पष्ट है कि 1981 की जनगणना भी इसी बात को पुष्ट करती है।

भारतीय व्यक्ति एवं उसका भाषाई व्यक्तित्व

(1)

सदियों से भारत बहुजातीय, बहुसांस्कृतिक एवं बहुभाषिक रहा है। पर इतिहास इस बात का साक्षी है कि भारत की यह बहुजातीयता यहाँ बसने वाले भारतीयों के व्यक्तित्व के विकास में कभी बाधक नहीं रही, उसकी बहुसांस्कृतिक चेतना ने उनकी सर्जनात्मक शक्ति का कभी क्षय नहीं किया और उसकी बहुभाषिकता समाज की सहज भाषाई सम्प्रेषण व्यवस्था में कभी अवरोधक कारण नहीं बनी। इसमें सन्देह नहीं कि भौगोलिक दृष्टि से भारत एक विशाल देश है और काल की दृष्टि से इसका इतिहास और परम्परा बहुत पुरानी है। अतः यह स्वाभाविक ही है कि देश-काल के आधार पर यहाँ जातिगत, सांस्कृतिक एवं भाषिक भिन्नता मिले। पर देश-काल से जुड़ी इन समस्त विभिन्नताओं के बावजूद हमें यहाँ एक अपूर्व अभिन्नता भी दिखलाई पड़ती है। चाहे वैदिक संस्कृत साहित्य हो या क्लासिक तमिल का संगम साहित्य और चाहे शिष्ट समाज के लिखित साहित्य की परम्परा हो या आदिवासी जनजातियों के मौखिक साहित्य की वाचिक परम्परा, सर्वत्र हमें संस्कार, चेतना एवं भावबोध का एक समानधर्मी भारतीय वातावरण देखने को मिलता है। इसी समानधर्मी वातावरण को ध्यान में रखकर विद्वानों ने भारतीय संस्कृति के सन्दर्भ में 'विभिन्नता में एकता' की बात कही है। भारतीय साहित्य के सन्दर्भ में यह निर्देश दिया है कि वह विभिन्न भाषाओं के माध्यम से व्यक्त होने वाला एक ही जनमानस द्वारा रचित काव्य है, और भारतीय व्यक्ति की अभ्युदय गाथा का वर्णन करते हुए यह संकेत दिया है कि विभिन्न जातियों एवं भाषाओं में बँटा हुआ यहाँ का प्रत्येक व्यक्ति अपने व्यक्तित्व के वृहत्तर आयाम पर एक है क्योंकि उसकी जातीय चेतना और भाषाई बुनावट की मूल प्रकृति सामासिक है।

तमिल, तेलुगु, मराठी, बंगाली आदि विभिन्न भाषाओं के माध्यम से अभिव्यक्त साहित्य क्यों एक होकर भारतीय साहित्य की संज्ञा पाने के अधिकारी

हैं, इसको हम हिन्दी साहित्य की अपनी संकल्पना के माध्यम से समझ सकते हैं। जब हम हिन्दी साहित्य की आज बात करते हैं, तब उसे खड़ी बोली में रचित काव्यकृतियों तक ही सीमित नहीं रखते। इसमें प्रसाद, पंत, निराला, प्रेमचन्द, अज्ञेय, यशपाल आदि की रचनाओं के साथ-साथ अवधी, ब्रज, मैथिली आदि भाषाओं के साहित्यकार जायसी, सूर, तुलसी, विद्यापति आदि की कृतियों को भी समाहित करने में संकोच नहीं करते। इन विभिन्न भाषा-बोलियों के माध्यम से अभिव्यक्त होनेवाला साहित्य एक है क्योंकि इनकी रचना करनेवाले हिन्दी भाषाई समाज की जातीय चेतना एक है। इसी जातीय चेतना का परिणाम है कि अपनी ऐतिहासिक परम्परा, सांस्कृतिक मूल्य और काव्य-संवेदना तथा काव्य वस्तु के संयोजन, कथा-रूढ़ियों के निर्वाह, भाव-बोध के संस्कार और शिल्पगत अभिविन्यास में वह एक-जैसा दीखता है। हिन्दी भाषाई समाज का सदस्य होने के कारण किसी व्यक्ति की मातृबोली चाहे ब्रज हो या अवधी, भोजपुरी हो या मैथिली, वह जायसी, सूर, तुलसी, विद्यापति आदि को अपना कवि उसी प्रकार स्वीकार करता है जिस प्रकार कि वह निराला और प्रेमचन्द को अपना साहित्यकार मानता है। स्पष्ट है, उसकी भाषाई विभिन्नता उसके साहित्य को एक (हिन्दी साहित्य) मानने के रास्ते में बाधक नहीं।

जिस प्रकार वृजवासी और अवध-निवासी व्यक्तियों की मातृबोली क्रमश: ब्रजभाषा और अवधी है, फिर भी हिन्दी भाषाई समुदाय का एक सदस्य होने के नाते अपने व्यक्तित्व के एक आयाम पर दोनों ही समान रूप से हिन्दी भाषा-भाषी हैं, उसी प्रकार हम यह भी कह सकते हैं कि तमिलनाडु का तमिलभाषी, आन्ध्र प्रदेश का तेलुगुभाषी, महाराष्ट्र का मराठीभाषी और बंगाल का बंगाली-भाषी अपनी तमाम क्षेत्रीय विशिष्टताओं के बावजूद अपने व्यक्तित्व के एक वृहत्तर आयाम पर भारतीय है और उनके द्वारा रचित साहित्य अपने समस्त भाषा-भेद के उपरान्त भी एक (भारतीय) साहित्य के अन्तर्गत आते हैं, क्योंकि भारतीय समाज की ऐतिहासिक परम्परा, सांस्कृतिक मूल्य और काव्य-संवेदना समानधर्मी है और उसके द्वारा रचित साहित्यिक कृतियों में काव्य-वस्तु का संयोजन, कथा-रूढ़ियों का निर्वाह, भाव-बोध का संस्कार और शिल्पगत अभिविन्यास की प्रकृति सामासिक है।

हिन्दी साहित्य का मूलाधार उस हिन्दी भाषाई समाज की काव्यात्मक संवेदना है जिसे हम आज एक बोली-समुच्चय के रूप में पाते हैं। इस बोली-समुच्चय इकाई को सम्प्रेषण के धरातल पर बाँधने का काम कर रही है उसकी सम्पर्क भाषा खड़ी बोली हिन्दी और भावात्मक सन्दर्भ में उसे जोड़ने का काम कर रही है इस भाषाई समाज की जातीय अस्मिता। भाषाई समाज के रूप में इसकी सत्ता यथार्थ है जिसे भारत के सामाजिक-सांस्कृतिक इतिहास ने भाषाओं

के वंशानुक्रम के सम्बन्धों का अतिक्रमण कर एक निश्चित सामाजिक अर्थवत्ता प्रदान की है। यह तथ्य कम महत्त्वपूर्ण नहीं है कि हिन्दी भाषाई समाज के भीतर आनेवाली बिहारी उपभाषा की बोलियाँ—भोजपुरी, मगही और मैथिली—उसी मागधी अपभ्रंश से निकली हैं, जिससे असमी और बंगाली। और राजस्थानी उपभाषा की बोलियाँ—मालवी, मेवाती, हड़ौती उसी नागर अपभ्रंश से सम्बद्ध हैं जिससे गुजराती और मराठी।[1] पर बिहारी और राजस्थानी उपभाषा वर्ग की बोलियों ने शोरसैनी अपभ्रंश से उद्भूत पश्चिमी हिन्दी और अर्धमागधी से उद्भूत पूर्वी हिन्दी भाषा उपवर्ग की बोलियों के साथ मिलकर हिन्दी भाषाई समाज की संकल्पना को सामाजिक-सांस्कृतिक यथार्थता प्रदान की है। इस हिन्दी भाषाई समाज की वास्तविकता यह है कि उसका हर सदस्य अपने घरेलू जीवन एवं व्यवहार के आत्मीय सन्दर्भ में अपनी बोलियों का प्रयोग करता है, शिक्षा एवं व्यवहार के औपचारिक सन्दर्भ में खड़ी बोली का प्रयोग करता है, और तकनीकी शिक्षा एवं पद-प्रतिष्ठा के व्यावहारिक सन्दर्भ में अंग्रेज़ी के प्रयोग की ओर प्रवृत्त होता है। उसका भाषाई व्यक्तित्व भाषा, बोली और शैली के अनेक रंगों से रंजित है पर उसकी जातीय अस्मिता एवं साहित्यिक संस्कार की प्रकृति केन्द्राभिमुखी है। उसकी यही केन्द्राभिमुखी प्रवृत्ति उसे बंगाली, गुजराती या फिर तमिल, तेलुगु आदि अन्य भारतीय भाषाई समाज से 'हम-वे' की मनोवृत्ति के आधार पर अलग कर देती है।

(2)

प्रत्येक भाषाई समाज के सदस्यों के बीच 'हम-वे' की मनोवृत्ति काम करती है। इस मनोवृत्ति का आधार होता है—भाषाई समाज की अपनी 'आभ्यंतर एकता' और 'बाह्य विशिष्टता'। 'आभ्यंतर एकता' इकाई के रूप में भाषाई समाज के भीतर की वह मान्यता है जो उसके विभिन्न घटकों को एकसूत्रता की कड़ी में पिरोती है। इसे भाषाई समाज की इकाई का अन्तरा-पक्ष (Intra-unit) कहा जा सकता है। इसके विपरीत 'बाह्य विशिष्टता' का सम्बन्ध भाषाई समाज की इकाई के अन्तर-पक्ष (Inter-unit) से रहता है। वह भाषाई समाज के उन आधारभूत लक्षणों को उभारता और सामने लाता है जो उसी के समकक्ष अन्य भाषाई समाजों से उसे अलग करता है, और इस प्रकार उस भाषाई समाज की अपनी पहचान का कारण बनता है।

---

1. आधुनिक आर्यभाषाओं के वर्गीकरण और उनके ऐतिहासिक परिदृश्य के लिए देखिए : परिशिष्ट-6 (ख)

इस दृष्टि के आधार पर यह पूछा जा सकता है कि जिस प्रकार हम भारत के भाषाई चित्रफलक पैर 'हिन्दी भाषाई समाज', 'बंगाली भाषाई समाज', 'तमिल भाषाई समाज', 'तेलुगु भाषाई समाज' आदि की अपनी अलग-अलग सत्ता पाते हैं, क्या हम 'भारतीय भाषाई समाज' की भी संकल्पना कर सकते हैं? अगर इसका उत्तर 'हाँ' में है, तब यह प्रश्न उठता है कि इस भाषाई समाज के व्यवित (भारतीय व्यक्ति) का भाषाई व्यक्तित्व क्या है ? इसके साथ यह भी प्रश्न उठता है कि यह भारतीय भाषाई समाज जिस 'हम-वे' की मनोवृत्ति से परिचालित है उसकी अपनी 'आभ्यंतर' की प्रकृति क्या है और उसकी 'बाह्य विशिष्टता' के समानधर्मी अपने आधारभूत लक्षण कौन-कौन से हैं ? इसके साथ एक सैद्धान्तिक प्रश्न भी उठता है—क्या भाषाई समाज की अपनी संकल्पना सापेक्षिक है ? हिन्दी या तमिल भाषाई समाज के सदस्य रहते हुए क्या हम भारतीय भाषाई समाज के भी सदस्य हो सकते हैं ?

इस लेख में हम मानकर चल रहे हैं कि 'भारतीय भाषाई समाज' जैसी कोई इकाई है और जिसकी समाज भाषावैज्ञानिक यथार्थता भी है। प्रायः यह कहा जाता है कि प्रत्येक भाषा का प्रयोक्ता उस भाषा के माध्यम से न केवल अपने विचार को व्यक्त करता है बल्कि उसके माध्यम से उस भाषा के अन्य प्रयोक्ताओं के साथ विचार-विनिमय भी करता है। भाषा के माध्यम से विचारों की यह अन्तर्विनिमयता एक तरफ उसके प्रयोक्ताओं को सामाजिक बनाती है तो दूसरी तरफ स्वयं भाषा को सामाजिक आधार प्रदान करती है। हमें यह भूलना नहीं चाहिए कि किसी भी व्यक्ति के सामाजिक दायित्व के निर्वाह का भाषा सर्वाधिक महत्त्वपूर्ण साधन भी है। पर व्यक्ति का सामाजिक दायित्व जटिल स्तरीकृत एवं अभिक्रमित होता है। एक स्तर पर वह अपने परिवार का सदस्य होता है, दूसरे स्तर पर अपने समीपवर्ती समाज का सदस्य तो तीसरे स्तर पर अपने पूरे देश का नागरिक। राज्यतंत्र के सन्दर्भ में हम कह सकते हैं कि समाज को हम जिला (District), राज्य (State) और राष्ट्र (Nation) आदि में विभक्त पाते हैं। हमें इन सभी स्तरों पर अन्तर्वैयक्तिक दृष्टि से विचार-विनिमय की आवश्यकता पड़ती है। एक-भाषी समाज में इन सभी स्तरों पर सम्प्रेषण की आवश्यकता को एक ही भाषा के माध्यम से पूरा कर लिया जाता है। सम्प्रेषण की इन विभिन्न आवश्यकताओं के पूरा करने के दौरान वहाँ उस भाषा में शैलीभेद का आ जाना स्वाभाविक है। पर बहुभाषा-भाषी देशों में यह आवश्यक नहीं कि हमारे सामाजिक दायित्व के सभी प्रसंगों में एक ही भाषा का प्रयोग हो। सामान्यतः यह देखा गया है कि बहुभाषा-भाषी देशों में व्यक्ति सामाजिक दायित्व के एक प्रसंग में एक भाषा का प्रयोग करता है तो उसके दूसरे सन्दर्भ में किसी दूसरी भाषा का। उदाहरण के लिए हिन्दी भाषाई समाज का सदस्य अपने पारिवारिक

जीवन में बोलियों का प्रयोग करता है, क्षेत्रीय जीवन में हिन्दुस्तानी या हिन्दी का और राष्ट्रीय या अन्तर्राष्ट्रीय क्षेत्रों में हिन्दी या अंग्रेजी का।

पर सवाल यहाँ हिन्दी भाषाई समाज का न होकर 'भारतीय भाषाई समाज' का है। इस सन्दर्भ में हम कह सकते हैं कि सामाजिक व्यक्ति के रूप में हर व्यक्ति को प्राथमिक (Primary), द्वितीयक ((Secondary) और तृतीयक (Tertiary) समाजीकरण की प्रक्रिया से गुजरना पड़ता है। सिंगल्टन (1973) के अनुसार प्राथमिक समाजीकरण के क्षेत्र का सम्बन्ध उन घनिष्ठ सन्दर्भों से है जिनमें रहकर व्यक्ति पारिवारिक और निकटतम व्यक्तियों से जुड़ता है; द्वितीयक समाजीकरण का सम्बन्ध उन सन्दर्भों से है जिनके माध्यम से व्यक्ति बिरादरी और वृहत्तर सामाजिक समुदाय का सदस्य बनता है; और तृतीयक समाजीकरण का सम्बन्ध उन सन्दर्भों से रहता है जिनके माध्यम से व्यक्ति अपने व्यावसायिक कौशल, तकनीकी योग्यता और बौद्धिक विकास करता है। भारत ऐसे बहुभाषी देश में इन तीनों समाजीकरण की प्रक्रिया में प्रायः तीन भिन्न-भिन्न भाषाओं का प्रयोग होते देखा जा सकता है।

अधिक्रम	समाजीकरण की प्रक्रिया	भाषा-भूमिका
(i)	प्राथमिक	मातृभाषा
(ii)	द्वितीयक	प्रमुख क्षेत्रीय भाषाएँ (लघु परम्परा वाले समाज के बीच की सम्पर्क भाषा)
(iii)	तृतीयक	राष्ट्र/राज भाषा (महान परम्परावाले समाज के बीच की सम्पर्क भाषा)

हमें यह नहीं भूलना चाहिए कि प्रत्येक भारतीय अपनी मातृभाषा के अतिरिक्त एक या उससे अधिक भाषाओं को सम्पर्क भाषा के रूप में प्रयोग करता है। इन सम्पर्क भाषाओं में कुछ विकसित और लिखित साहित्य की परम्परा में काफी समृद्ध हैं और कुछ की अपनी लिखित साहित्यिक परम्परा नहीं बन पाई है। हिन्दी, बंगला, मराठी, तमिल, तेलुगु आदि भाषाओं में प्रचुर मात्रा में उच्च

कोटि का लिखित साहित्य है, पर सम्पर्क भाषा के रूप में मध्य भारत में प्रचलित 'सदरी' उत्तरपूर्व भारत में व्यवहृत 'नगामी' और दक्षिण-पूर्व भारत में प्रयुक्त 'देसिया' आदि में अभी लिखित साहित्य की परम्परा नहीं बन पाई है। वस्तुतः सदरी, देसिया या नगामी को सम्पर्क भाषा के रूप में अपनाने वाले व्यक्ति सामान्य लोक द्विभाषिकता को पुष्ट करते हैं। आज कई ऐसे अशिक्षित व्यक्ति हैं जो हिन्दी को सम्पर्क भाषा के रूप में बोलते हैं। हिन्दी का ऐसा प्रयोग अखिल भारतीय स्पर पर अहिन्दी प्रदेश के अनेक तीर्थस्थलों, रेलवे प्लेटफार्म, अन्तर्राज्यीय बस अड्डों पर देखा जा सकता है। पर अन्य भाषा के रूप में हिन्दी के प्रयोग का एक अन्य सन्दर्भ भी उभरकर आज सामने आया है। तृतीयक समाजीकरण की प्रक्रिया को साधनेवाली भाषा आज प्रमुखत: अंग्रेज़ी ही है—इस तथ्य से इनकार नहीं किया जा सकता। इतिहास ने ब्रिटिश साम्राज्यवाद के जिस दौर से गुजरने के लिए भारत को विवश किया, उसके परिणामस्वरूप अंग्रेज़ी आर्थिक विकास, पद-प्रतिष्ठा-प्राप्ति और वैज्ञानिक उन्नति की साधन भाषा के रूप में यहां प्रतिष्ठित हुई। अंग्रेज़ी जाननेवाले न केवल शिक्षित हैं वरन् वे संभ्रान्त द्विभाषिकता को भी पुष्ट करने वाले हैं। स्वतंत्रता के बाद हिन्दी को इस अंग्रेज़ी की प्रतिस्पर्द्धी भाषा के रूप में विकसित करने का एक नया प्रयास शुरू हुआ। यह हिन्दी प्रशासनिक प्रयोजनों की उपकरण भाषा के रूप में अब आगे बढ़ायी जा रही है, साथ ही इसे राष्ट्रभाषा के रूप में भी प्रतिस्थापित करने का प्रयास चल रहा है। अहिन्दी भाषी उसके इसी सामाजिक दायित्व को नकारना चाहते हैं।

पर इतिहास इस बात का साक्षी है कि प्रत्येक युग में भारतीयों की मातृभाषा कुछ रही है, विभिन्न जनजातियों को जोड़नेवाली भाषा कुछ तथा बौद्धिक चेतना या पद-प्रतिष्ठा की भाषा कुछ और ही रही है। प्राचीन काल में तृतीयक समाजीकरण की भाषा संस्कृत थी जिसका व्यवहार उत्तर भारत में भी था और दक्षिण भारत में भी। बौद्धिक चेतना की भाषा होने के कारण इसीलिए हम सर्जनात्मक साहित्य के अतिरिक्त इसमें दर्शनशास्त्र और ज्ञान-विज्ञान के अन्य क्षेत्रों के विषय पर प्रचुर साहित्य लिखा पाते हैं। बौद्धिक चेतना की सन्दर्भ भाषा के रूप में संस्कृत भाषा का प्रयोग मध्ययुग तक चलता रहा, यहां तक कि जब जनसम्पर्क की भाषा के रूप में 'ब्रजभाषा' का विकास-प्रसार हुआ, तब भी आचार्यों ने तत्त्वचिन्तन के लिए संस्कृत भाषा को ही अपना माध्यम चुना। इसी का परिणाम है कि दक्षिण के उन आचार्यों ने भी अपने चिन्तन और कृतित्व के लिए संस्कृत भाषा को अपनाया जिन्होंने सांस्कृतिक पुनर्जागरण और जनसम्पर्क के लिए ब्रजभाषा को बढ़ावा दिया। ध्यान देने की बात है कि मध्ययुग के भक्तिकालीन आन्दोलन के दक्षिण के आचार्यों की मातृभाषा द्रविड़ कुल की भाषा

थी, उनके पुनर्जागरण और जन-सम्पर्क की भाषा ब्रजभाषा थी, पर तत्त्वचिंतन की भाषा संस्कृत ही रही। इन तीनों भाषाओं के समुचित योग के सहारे ही रामानुजाचार्य, मध्वाचार्य, निम्बाकाचार्य, वल्लभाचार्य जैसे आचार्यों का व्यक्तित्व प्रखर और प्रभावी बन पाया था।

संस्कृत भाषा के बाद जो भाषा उत्तर भारत में अन्य भाषा के रूप में पद-प्रतिष्ठा का आधार बनी, वह थी फ़ारसी। फ़ारसी मुसलमानों के साहित्यिक संस्कार की भाषा थी, जिसे मुग़लकाल में राजभाषा का पद प्राप्त हुआ। ध्यान देने की बात है कि बाहर से आने वाले सभी मुसलमानों की मातृभाषा फ़ारसी न थी। आनेवालों में कुछ की तुर्की, कुछ की अरबी और कुछ की मध्य-एशिया की कुछ अन्य भाषाएँ; यथा—पश्तो, उज़बेक आदि थीं। पर इन सभी जातियों के लोगों ने अपनी मातृभाषा के साथ-साथ फ़ारसी को न केवल अपनी साहित्यिक-सांस्कृतिक संस्कार की भाषा के रूप में स्वीकार किया, बल्कि उसे राजभाषा का दर्जा भी दिया। मुग़ल शासकों की राजभाषा फ़ारसी थी। परिणाम स्पष्ट है। ऐसे लोगों की मातृभाषा कुछ थी, जनसम्पर्क की भाषा हिन्दवी या भारत की कोई क्षेत्रीय बोली थी और सांस्कृतिक संस्कार और पद-प्रतिष्ठा की भाषा फ़ारसी थी। उदाहरण के लिए अमीर खुसरो को ही लें। खुसरो तुर्क थे अत: उनकी मातृभाषा तुर्की थी, जन-सामान्य के प्रयोग की भाषा अर्थात् द्वितीयक समाजीकरण की माध्यम भाषा मातृभाषा से भिन्न हिन्दवी थी और सांस्कृतिक भाषा इन दोनों से भिन्न फ़ारसी थी।

आधुनिक काल में भी इसी प्रकार की हम द्विभाषिकता की स्थिति पाते हैं। राष्ट्रीय चेतना के स्वतंत्रता आन्दोलन के दौरान जो भी नेता भारत के मानचित्र पर उभरा, उसकी मातृभाषा चाहे कुछ और क्यों न हो, जन-सम्पर्क की भाषा के रूप में उसने हिन्दी को अपनाया, जबकि बौद्धिक चेतना की भाषा के रूप में उसने या तो अंग्रेज़ी को अपनाया या संस्कृत भाषा को। उदाहरण के लिए राष्ट्रपिता महात्मा गाँधी को ही लें। उनकी मातृभाषा गुजराती थी, पर जन-आन्दोलन की भाषा के रूप में उन्होंने हिन्दी को बढ़ावा दिया और बौद्धिक चेतना की भाषा के रूप में अंग्रेज़ी को भी अपनाने में कभी संकोच नहीं किया। पर ब्रिटिश साम्राज्यवाद की राजभाषा अंग्रेज़ी होने के कारण समाज में पद-प्रतिष्ठा का आधार भी यही भाषा बनी रही जिसका दबाव स्वतंत्रता-प्राप्ति के इतने साल के बाद भी प्रत्येक भारतीय अनुभव करता है।

स्पष्ट है, सदियों से भारतीय व्यक्ति का भाषाई व्यक्तित्व बहुभाषिक रहा है। उसका व्यक्तित्व कम से कम तीन प्रयोजनपरक भाषाओं के ताने-बाने से निर्मित रहा है। ये भाषाएँ विभिन्न युगों में भले ही भिन्न-भिन्न रही हों, पर इन भाषाओं के प्रयोजनगत सन्दर्भ एक-जैसे रहे हैं।

(3)

भारत की बहुभाषिकता की प्रकृति सामाजिक रही है। सामाजिक बहुभाषिकता की स्थिति में सम्बद्ध भाषाओं में न केवल उनके शब्दों के बीच परस्पर आदान-प्रदान होता है, वरन् ध्वनि-संरचना, वाक्य-विन्यास, शब्दार्थ आदि क्षेत्रों में भी भाषाएँ एक-दूसरे को प्रभावित करती चलती हैं। यही कारण है कि दो भिन्न भाषा परिवार की भाषाओं के बोलने वाले जब सम्पर्क में आते हैं, तब कुछ समय के बाद उनके बीच कुछ समान भाषाई लक्षण उभरते हुए दिखाई पड़ने लगते हैं। भारत सदियों से बहुभाषिक देश रहा है, जहाँ चार भाषा परिवारों के—आर्यभाषा, द्रविड़ कुल, आस्ट्रिक (निषाद) और भोट-बर्मी (किरात)—सदस्य हजारों वर्ष से सम्पर्क की स्थिति में रहते आए हैं। विभिन्न भाषा-परिवारों की भाषाओं के बीच की इस निकट की सम्पर्क स्थिति का ही परिणाम कहा जा सकता है कि आज हम भाषा-परिवार की सीमा को तोड़ती हुई उनके बीच वह भाषाई समानता देखते हैं जो एक तरफ ध्वनि-अनुरूपता और आगत शब्दों के रूप में दिखलाई पड़ती है तो दूसरी तरफ शब्द-निर्माण और वाक्य-विन्यासी अन्तरण के रूप में अभिव्यक्त मिलती है।

दो भिन्न भाषाओं के बीच पाई जाने वाली भाषाई समानता का कारण निम्नलिखित में से कोई भी हो सकता है—

(1) सांयोगिक समरूपता;
(2) प्ररूपगत (Typological) समरूपता (अर्थात् कुछ भाषिक अभिलक्षणों का समानान्तर विकास);
(3) पारिवारिक सम्बन्ध; और
(4) भाषिक अभिलक्षणों का अभिसारण (Convergence) अर्थात् सम्पर्क की स्थिति में दो भाषाओं के बीच की अनुकूलता)।

हम इस बात पर बल देना चाहते हैं कि भारत की इस भूमि पर **'भारतीय व्यक्ति'** के आविर्भाव के पीछे की कहानी का मूलभूत आधार चौथा कारण (भाषिक अभिलक्षणों का अभिसारण) है। सुनीतिकुमार चाटुर्ज्या के अनुसार आर्य, द्रविड़, निषाद (आस्ट्रिक) और किरात (भोट-बर्मी) जातियों के बीच जो संगलन हुआ और उन विभिन्न भाषा-परिवारों के लक्षणों के अभिसारण की जो प्रक्रिया शुरू हुई, उसी ने सही अर्थों में 'भारतीय व्यक्ति' को पैदा किया। उनके अनुसार वैदिक युग की समाप्ति तक आते-आते इतिहास के रंगमंच पर संस्कृति की दृष्टि से सामाजिक और भाषिक गुणों की दृष्टि से अभिसारित इस 'भारतीय व्यक्ति' का उदय हो चुका था (चाटुर्ज्या 1978)।

भाषिक अभिसारण की प्रक्रिया वैदिक युग के पहले प्रारंभ हो चुकी थी।

विद्वानों ने ऋग्वेद पूर्व काल में भारतीय आर्य और द्रविड़ भाषाओं के बीच की इस अभिसारण प्रक्रिया से सम्बद्ध कई उदाहरण प्रस्तुत किये हैं (हाक 1975, 1984)। इसी प्रक्रिया का यह परिणाम है कि आज द्रविड़ भाषा परिवार के भाषाई अभिलक्षणों को आर्यभाषाओं में (गम्पर्ज़ 1971) और आर्यभाषा कुल के भाषाई लक्षणों को द्रविड़-कुल की भाषाओं में (श्रीधर 1978) हम आज स्पष्ट रूप से अन्तरित पाते हैं। इसी प्रकार हम भारतीय-आर्य भाषा नेपाली और तिब्बत-बर्मी भाषा नेवाड़ी के बीच (वेन्डिक्स 1974) तथा भारत के पूर्वी क्षेत्र में द्रविड़ और मुंडा भाषा परिवार (भट्टाचार्य 1972) के बीच भाषिक लक्षणों का अभिसारण पाते हैं।

भाषिक लक्षणों के अन्तरण और अभिसारण की प्रक्रिया के सन्दर्भ में यह कहा जा सकता है कि भारत की भाषाई सम्पर्क स्थिति में इसकी प्रकृति द्वितिम (Bidimensional) और उभयमुखी (Bidirectional) रही है। यही कारण है कि अगर द्रविड़ या मुण्डा परिवार की भाषाओं के शब्द संस्कृत भाषा में मिलते हैं तब हम संस्कृत भाषा से आगत कई शब्दों को द्रविड़ या मुण्ड परिवारों की भाषाओं में प्रयुक्त पाते हैं। द्रविड़ भाषाकुल के प्रसिद्ध विद्वान काडवेल ने (1875) द्रविड़ भाषा परिवार से संस्कृत में आगत शब्दों का उल्लेख किया है। उनके अनुसार इस प्रकार के कुछ शब्द हैं—अनल, अर्क, कुटी, कुंड, कुंडल, चंदन, निविड़, नीर, पंडित, बक, बिडाल, बिल, मयूर, मल्लिका, माला, मीन, मुकुट, वल्लरी, शठ आदि। द्रविड़ कुल से आए संस्कृत में कितने ही ऐसे शब्द हैं जो देशीकृत होकर भाषा में इस प्रकार घुल-मिल चुके हैं कि उनकी व्युत्पत्ति का सही-सही विवरण देना आज कठिन हो गया है। प्रसिद्ध भाषाविद् बरो (1983) ने कोलाहल, कुंजर, बुक्कति, सोपान आदि ऐसे बारह शब्दों की व्युत्पत्ति पर विचार किया है।

इसी प्रकार द्रविड़ भाषाओं में संस्कृत से आगत शब्दों पर विचार प्राचीन तमिल व्याकरण तोल्काप्पियम में मिलता है। लगभग चार सौ ईसा पश्च में रचित इस व्याकरण की पुस्तक में ऐसे शब्दों को 'वट च्चोल' कहा गया है जिसका शाब्दिक अर्थ है—उत्तरी शब्दावलि। ऐसे शब्द-समूह को दो वर्गों में विभाजित किया गया है—

(क) तड़चमम् (<सं० तत्सम) और (ख) तड़पवम् (<सं० तद्भवः)। संस्कृत से आगत तमिल के कुछ ऐसे ही शब्द हैं—कुरणम् (<सं० करणम्) कालम् (<सं० कालः), उलकम् (<सं० लोकः), तेय्यम् (<सं० देवम्), पूतभ (<सं० भूतः) तोल्काप्पियम में ऐसे कई शब्दों के उदाहरण हैं जो संस्कृत भाषा के नाम पर प्राकृत के शब्द-रूप को प्रतिबिम्बित करते हैं, यथा—वण्णम् (सं० वर्णः)। यह कहा जा सकता है कि द्रविड़ भाषा में प्राकृत से आनेवाले शब्दों की

संख्या संस्कृत से भी अधिक है। तमिल में ऐसे शब्द हैं—वतम् (: सं० व्रतम्), कप्पम् (: सं० कल्पः), तम्मम् (: सं० धर्मः)। प्राकृत से आगत ऐसे बहुसंख्यक शब्दों के दो कारण संभव हैं। पहला कारण यह है कि सातवाहन और प्रारम्भिक पल्लव शासनकाल की राजभाषा प्राकृत रही है। दूसरा कारण यह भी है कि जैसे धर्मावलम्बियों का शरणागत क्षेत्र प्रमुखतः दक्षिण भारत रहा है। द्रविड़ भाषा के कई प्रमुख साहित्यकार जैन धर्मावलम्बी भी रहे हैं जिन्होंने अपनी भाषा के अतिरिक्त प्राकृत भाषा में भी साहित्य-सृजन किया। ऐसा ही एक नाम जो प्रमुख है, वह नेमिचन्द्र का है। इसी प्रकार प्राकृत भाषा के जिन साहित्यकारों ने द्रविड़ भाषा में भी रचना की है, उनमें से कुछ है—पुष्पदंत, त्रिविक्रम और सकटायन। द्रविड़ भाषाओं में संस्कृत से आगत शब्दों की प्रक्रिया आधुनिक काल में समाप्त नहीं हो गई। नये आगत शब्दों के फलस्वरूप हम शब्द-युग्म (Doublet) के उदाहरण भी पाते, यथा—चेयम् : जयम्, वत्तु : वस्तु, अरि : हरि।

ब्लाक (1934), एमेन्यू (1956, 1962, 1974), काइपर (1948, 1967), अन्द्रानोव (1964, 1970), मसीका (1976) आदि विद्वानों ने भारतीय भाषाओं के बीच पाई जाने वाली अभिसरण प्रक्रिया पर प्रकाश डालते हुए उन संरचनात्मक भाषिक लक्षणों की भी चर्चा की है, जो शब्दों के आदान-प्रदान की प्रक्रिया से कहीं अधिक रोचक हैं। उनके शोधकार्यों के सन्दर्भ में हम कह सकते हैं कि द्रविड़ कुल की भाषाओं के प्रभाव के फलस्वरूप भारतीय आर्य भाषाओं में निम्नलिखित संरचनात्मक परिवर्तन आए—**ध्वनि-संरचनात्मक** : मूर्धन्य का स्वनिम के रूप में विकास, ह्रस्व ए और ओ का आविर्भाव, व्यंजन-गुच्छों का सरलीकरण, स्वर-मध्य व्यंजनों के लोप की आवृत्ति में वृद्धि; **शाब्दिक** : अनुरणन-शब्दों का प्रयोग, 'पूजा' संस्कृति से सम्बद्ध शब्द-समूह का विकास; **रूपिमिक** : द्विवचन का लोप (संस्कृत में वचन की संख्या तीन थी—एकवचन, द्विवचन और बहुवचन, जो मध्यकालीन भारतीय आर्य भाषाओं में आते-आते मात्र दो रह गई), पूर्व सर्गों के स्थान पर परसर्गों का प्रयोग, क्रियारूपों में सरलीकरण; **वाक्य-विन्यासात्मक** : शब्द-क्रम में परिवर्तन, संयोजक क्रिया का लोप, कृदन्त और संयुक्त क्रियाओं के प्रयोग की आवृत्ति में वृद्धि।

इसी प्रकार हम दूसरी दिशा में भी भाषाओं के बीच संरचनात्मक परिवर्तन पाते हैं जिसे हम द्रविड़ कुल की भाषाओं का आर्यीकरण का उदाहरण कह सकते हैं—**ध्वनि-संरचनात्मक** : अनुनासिक स्वरों का विकास, संध्यक्षरों का प्रयोग, महाप्राण ध्वनियों का आविर्भाव; **शाब्दिक** : यज्ञ, होम, वर्ण और आश्रम व्यवस्था से सम्बन्धित शब्द-समूहों का प्रयोग, अन्ति (संधि), कावियम (काव्यम्), देशम (देश) जैसे अनेक आगत शब्दों का देशीकरण; **रूपिमिक** : उत्तम पुरुष बहुवचन सर्वनामों के बीच के अभिविहित (Inclusive) और समर्यादित (Exclusive) भेद

का लोप, सार्वनामिक पूर्वाश्रमी (Enclitics) का विकास; **वाक्य-विन्यासात्मक** : निषेधवाची क्रिया-रूपों का लोप, विशेषण और क्रियाविशेषण के प्रयोग की आवृत्ति में वृद्धि, मिश्र और संयुक्त वाक्य प्रकारों का प्रयोग आदि।

यह कहा जा सकता है कि सम्पर्क की स्थिति के कारण भाषिक व्यवस्था के सभी स्तरों पर पाए जाने वाले उभयमुखी परिवर्तन अर्थात् द्रविड़ कुल की भाषाओं का आर्यीकरण और भारतीय आर्यभाषाओं का द्रविड़ीकरण, भाषाई अनुकूलन और अभिसरण की एक ही प्रक्रिया के दो पक्ष या उदाहरण हैं। इस प्रक्रिया ने ही विभिन्न भाषाई परिवारों की भाषाओं को समरूप बताया है। पारिवारिक भाषाई सीमा क्षेत्र का अतिक्रमण करते हुए भाषाई लक्षणों के इस प्रश्न के उचित समाधान के लिए ही एमेन्यू ने (1956) सबसे पहले 'भाषाई क्षेत्र' (Linguistic area) की संकल्पना करते हुए यह निर्देश दिया कि भारत को एक 'भाषाई क्षेत्र' के रूप में देखा जा सकता है। 'भाषाई क्षेत्र' के भीतर एक से अधिक भाषा-परिवारों की भाषाएँ साथ-साथ रहती हैं पर उनके बीच कुछ ऐसे भाषाई लक्षण समान रूप से मिलते हैं जो कम से कम एक परिवार के कुछ सदस्यों में देखने को नहीं मिलते। 'भाषाई क्षेत्र' की भाषाओं के बीच पाए जाने वाले भाषिक लक्षणों का आधार इसीलिए ऐतिहासिक अथवा वंशानुक्रम न होकर सम्पर्कजन्य स्थिति होती है। भाषाई क्षेत्र के रूप में भारत की संकल्पना को आगे बढ़ाते हुए एमेन्यू ने (1962, 1974) यह सिद्ध किया कि भारत के विभिन्न भाषाई परिवारों के बीच पाई जाने वाली भाषाई समानता युगों से चली आ रही सम्पर्क स्थिति का परिणाम है।

भाषा क्षेत्र के रूप में भारत की संकल्पना को मसीका ने (1974, 1976) आभ्यन्तर एकता और बाह्य विशिष्टता के निर्धारक लक्षणों के आधार पर देखने का प्रयत्न किया। संरचनात्मक कुछ भाषाई लक्षणों को पहले पाँच भारतीय भाषाओं (हिन्दी-उर्दू, बंगाली, तेलुगु, मलयालम और संथाली) के विश्लेषण के आधार पर उन्होंने निश्चित किया और फिर यूरोप से लेकर पूर्वी एशिया तक के क्षेत्रों में बोली जानेवाली अभारतीय भाषाओं से तुलना करते हुए उन्होंने इन भाषाई लक्षणों के प्रयोग-क्षेत्र की सीमा को निर्धारित करने का प्रयत्न किया। वंशानुक्रम की दृष्टि से तो भिन्न पर सतत सम्पर्क स्थिति के फलस्वरूप दो भिन्न भाषाओं के बीच समान रूप से पाए जाने वाले लक्षणों पर आधारित भारतीय भाषाखण्ड (Sprachbund) की चर्चा करते हुए उन्होंने यह संकेत दिया कि भारतीय भाषाखण्ड की अपनी एक अलग अस्मिता है। इस भारतीय भाषाखण्ड में बसनेवाले भारतीयों के भाषा-व्यवहार में निम्नलिखित व्याकरणिक लक्षण समान रूप से आज विद्यमान हैं—(1) कर्म के पश्चात क्रिया की स्थिति। जब वाक्य-संरचना में कर्ता प्रयुक्त हो तब सामान्यत: कर्म-पूर्व उसका प्रयोग।

संरचनात्मक दृष्टि से शब्दक्रम का प्रकार है—कर्ता + कर्म + क्रिया, न कि कर्ता + क्रिया + कर्म, जैसा कि अंग्रेजी में दिखलाई पड़ता है। (2) गत्यात्मक क्रियाओं, जैसे जाना, आना के साथ के वाक्य प्रयोग में कर्म स्थान पर विधेयवाची नाभिकों और क्रियाविशेषण पूरक का व्यवहार; उदाहरण के लिए हिन्दी का वाक्य होगा—'सब लोग अपने **घर** जाओ, उसकी साड़ी **काली है, वह बचना** चाहता था। अगर इन वाक्यों की तुलना अंग्रेज़ी की संरचना से करें तो इन्हें क्रिया के बाद प्रयुक्त पाते हैं। (3) मुख्य क्रिया के पूर्व सहायक क्रिया का प्रयोग। हिन्दी की संरचना है—'लड़का आ रहा **है**', 'लड़की मुश्किल से बोल **सकी**'। अंग्रेज़ी से तुलना करें जहाँ सहायक क्रियाओं का प्रयोग मुख्य क्रिया के पहले होता है। (4) संज्ञा में कारक विधान के निमित्त पूर्वसर्ग (preposition) के स्थान पर 'ने, को, में, से' आदि परसर्गों का प्रयोग। (5) शब्दक्रम का वह प्रकार जिसमें विशेषण, सम्बन्धवाचक पदबंध, संकेतवाचक विशेषण, संख्यावाचक शब्द सामान्यतः उस संज्ञा के पहले प्रयुक्त होते हैं जिसकी वे विशेषता बताते हैं। (6) शब्दक्रम जिसमें विशेषण के पहले विशेषक (Qualifier) प्रयुक्त होते हैं; यथा—**बहुत** सुन्दर लड़की, **खूब** गरम चाय आदि। वस्तुतः ये वे व्याकरणिक लक्षण हैं जो सभी भारतीय भाषाओं में समान रूप से मिलते हैं और इस प्रकार भारतीय भाषाओं के लिए एक साथ मिलकर वाक्य-विन्यासात्मक पहचान के कारण कहे जा सकते हैं। भाषा खण्ड के इन समानधर्मी लक्षणों के आधार पर भारत को एक भाषाई क्षेत्र सरलता से सिद्ध किया जा सकता है।

(4)

भारत को एक भाषाई क्षेत्र बनाने का काम इतिहास-चक्र ने किया है। यह एक ऐसी ऐतिहासिक प्रक्रिया का परिणाम है जिसने वंशानुक्रम पर आधारित पारिवारिक संकल्पना को तोड़कर ऐतिहासिक सम्बन्धों को एक नया आयाम और एक नयी अर्थवत्ता प्रदान की है। ऐतिहासिक सम्बन्धों के इस नये आयाम ने समरक्तता और सगोत्रता पर आधारित हमारे रिश्ते को झुठलाकर सतत सम्पर्क की स्थिति से उत्पन्न सजातीयता की भावना से हमें जोड़ा और बाँधा है। यही कारण है कि भारतीय आर्य, द्रविड़ कुल, भोट-बर्मी और आस्ट्रिक भाषा परिवारों में पाई जाने वाली समरूपता का सम्बन्ध भाषा परिवार की सगोत्रता से न होकर इतिहास-चक्र से उद्भूत एक साथ रहने की उस परिस्थितिजन्य नियति से है, जिसने हमें सामाजिक दृष्टि से द्विभाषिक बनाया, सम्पर्क भाषा के माध्यम से हमें एक-दूसरे से जोड़ा और विभिन्न जातियों की चेतनावाले भाषाई परिवार के सदस्यों को एक भारतीय महाजाति की सामासिक चेतना से बाँधा। जैसा कि

पहले संकेत दिया जा चुका है, यह सामासिक चेतना विभिन्न जातियों का एक-दूसरे के प्रति अनुकूलन और एक-दूसरे के पारिवारिक लक्षणों की अभिसारण प्रक्रिया का परिणाम है।

सामाजिक बहुभाषिकता से उत्पन्न इस अभिसारण प्रक्रिया ने भारत के सामाजिक, सांस्कृतिक एवं भाषाई इतिहास को ही बदल डाला, इस तथ्य की पुष्टि इस बात से ही हो जाती है कि वंशावली की दृष्टि से भारोपीय भाषा-परिवार का एक सदस्य होने के बावजूद भारतीय आर्य परिवार की भाषाएँ आज भारोपीय भाषा-परिवार के अन्य सदस्यों से अपनी संरचनात्मक बुनावट में उतनी समरूप नहीं रह गई हैं जितनी कि भारत की भूमि पर बोली जाने वाली अन्य भाषा-परिवार (अर्थात् द्रविड़, भोट-बर्मी और आस्ट्रिक) की भाषाओं के वे समरूप बन गई हैं। प्ररूपगत (Typological) अध्ययन के आधार पर हम आज यह कहने की स्थिति में हैं कि वंशानुक्रम की दृष्टि से भिन्न भारत के भिन्न भाषा-परिवारों की भाषाएँ हिन्दी, तेलुगु, गारो, संथाली आदि ध्वनि संरचना, शब्द समूह, रूपिमिक व्यवस्था, वाक्य-विन्यासी बुनावट की दृष्टि से जितना एक-दूसरे से निकट हैं; उतना वंशानुक्रम की दृष्टि से निकट भारोपीय भाषा-परिवार के अन्य उपवर्गों की, यथा—केल्टिक, जर्मनिक, इटैलिक, ग्रीक, इलिरियन (केंतुम वर्ग), अल्बानियन, आर्मीनियन, बाल्टो-स्लाविक, थ्रेसो-फ्रीजियन (सतम् वर्ग) भाषाओं के समीप नहीं हैं। निकट सम्पर्क स्थिति से उत्पन्न पारस्परिक आदान-प्रदान और अभिसारण प्रक्रिया के फलस्वरूप पाए जाने वाले समान प्ररूपगत लक्षणों को ध्यान में रखकर ही संभवतः एन्द्रनोव (1964) ने यहाँ तक कह डाला : 'एक परिवार की भाषाओं के बीच के तथाकथित आनुवंशिक सम्बन्धों की प्रकृति न तो आद्य है और न ही संतत। उनकी प्रकृति मात्र ऐतिहासिक है जिसका निर्माण धीरे-धीरे आनुक्रमिक ढंग से होता है और जो धीरे-धीरे ढीला पड़कर लुप्त भी हो सकता है। इस सन्दर्भ में आधुनिक भारतीय आर्य भाषाओं और द्रविड़ कुल की भाषाओं में प्ररूपगत समानता के विकास को एक नये भाषा-परिवार के निर्माण का प्रारम्भिक चरण कहा जा सकता है। अगर उनके विकास की दिशा भविष्य में नहीं बदली, तब रूपगत समानता की प्रवृत्ति और प्रबल बन सकती है जो नये सम्बन्धों और उस नये भाषा-परिवार के गठन का भी कारण हो सकती है जो (अपनी संरचनात्मक बुनावट में) न तो भारोपीय होगा और न ही द्रविड़।'

लेकिन यहाँ इस बात पर ध्यान देने की जरूरत है कि एन्द्रनोव जिस प्ररूपगत समानता की बात उठा रहे हैं उसका सम्बन्ध शुद्ध भाषा-वैज्ञानिक संरचना से है। लेकिन भाषा-परिवार के निर्माण का एक आयाम उसके सदस्यों के जातीय गठन, ऐतिहासिक चेतना, सामाजिक-सांस्कृतिक बोध, सामूहिक मनोवृत्ति, आदि से भी सम्बद्ध होता है। (ऐसे लक्षणों का आधार शुद्ध भाषा-

विज्ञान न होकर समाज-भाषा-विज्ञान होता है)। शुद्ध भाषावैज्ञानिक समरूपता दो भाषाओं को न तो 'एक' बनाने में समर्थ है और न ही उनकी विषमता उन्हें दो भिन्न-भिन्न सामाजिक इकाइयाँ सिद्ध करने में सक्षम होती है। हिन्दी-उर्दू को शुद्ध भाषाविज्ञान की दृष्टि से एक ही भाषा की दो प्रयोजनसिद्ध शैलियों के रूप में दिखलाया जाता है पर अपनी साहित्यिक-सांस्कृतिक परम्परा की भिन्नता के आधार पर वे दो भाषाएँ हैं, खड़ी बोली और भोजपुरी अपनी भाषिक संरचना में एक-दूसरे से काफ़ी भिन्न हैं पर वे एक ही हिन्दी भाषा की दो भाषिक इकाइयाँ मानी जाती हैं, जबकि इसके विपरीत खड़ी बोली और पंजाबी में भाषा व्यवस्था के सभी स्तरों पर प्ररूपगत समानता है, पर इन्हें आज दो भिन्न-भिन्न भाषाएँ स्वीकार किया जाता है। कहने का तात्पर्य मात्र इतना है कि भाषिक अभिसरण की प्रक्रिया दो भाषाओं को एक-दूसरे के अनुकूल बनाती है, उनकी संरचनात्मक बुनावट में समानता लाती है, और कुछ विशेष परिस्थितियों में नई भाषा के जन्म का कारण भी बन सकती है, पर नये भाषा-परिवार और जातीय गठन का एकमात्र कारण वह नहीं हो सकती।

भारतीय समाज सदियों से बहुभाषिक और बहुसांस्कृतिक रहा है और यह इस बात का प्रमाण है कि भारत की भूमि पर जब भी दो भाषाएँ सम्पर्क की स्थिति में आईं, उनमें से किसी ने भी सामान्य परिस्थिति में अपने अस्तित्व का दूसरे में विलय नहीं होने दिया। कहा जा सकता है कि भारतीय समाज ने युगों से भाषाई सहिष्णुता का परिचय दिया है। अगर ऐसा नहीं होता तो हमें आर्यभाषा परिवार क्षेत्र के बीच एकाकी पड़ गए द्रविड़ भाषा के प्रयोक्ता आज नहीं देखने को मिलते जैसा कि बिहार-पश्चिम बंगाल क्षेत्र में 'माल्टो' और मध्यप्रदेश में 'गोंडी' बोलने वाले देखने में आते हैं। इसी प्रकार हमें द्रविड़ प्रमुख तमिलनाडु या आन्ध्र प्रदेश में 'सौराष्ट्री' जैसी आर्यभाषा के प्रयोक्ता नहीं मिलते। दिल्ली, बम्बई, कलकत्ता, मद्रास जैसे भारत के प्रमुख शहरों में हम पाते हैं कि वहाँ विभिन्न भाषा-परिवारों के लोग कई पीढ़ियों से साथ-साथ रहते आ रहे हैं। इन्होंने उस क्षेत्र की प्रमुख भाषा के पक्ष में अपनी मातृभाषा को छोड़ देने की कभी विवशता महसूस नहीं की। अगर किसी दबाव का उन्हें अनुभव हुआ तो वह था—विभिन्न भाषा-परिवार के सदस्यों से सम्पर्क के लिए अन्य भाषा के रूप में उस क्षेत्र की प्रमुख भाषा के सीखने का। स्पष्ट है, भारत में जब भी किसी एक भाषाई समाज का व्यक्ति दूसरे भाषाई समाज क्षेत्र में जाकर बसता है, वह अपनी मातृभाषा को छोड़ देने की किसी प्रकार की विवशता महसूस नहीं करता, क्योंकि भारतीय समाज हर दूसरे के निजी जीवन और वैयक्तिक घरेलू संस्कार को मान देने के पक्ष में रहा है। यही कारण है कि घरेलू व्यवहार क्षेत्र में मातृभाषा अनुरक्षण भारत के लिए कभी भी कोई विषम प्रश्न बनकर उपस्थित

नहीं हुआ। इसी प्रकार दूसरे भाषाई क्षेत्र में जाकर बसने वाला प्रत्येक भाषाई समाज, स्थानीय व्यक्तियों से सम्प्रेषण व्यापार के लिए दूसरी भाषा के रूप में उन व्यक्तियों की भाषा को सहज भाव से सीखता रहा है। अन्य भाषा के रूप में ऐसी भाषाओं को समाज और परिस्थितियाँ स्वयं सिखाती रही हैं (श्रीवास्तव 1977)। अंग्रेज़ी भाषा शिक्षण की तरह इसके सीखने के लिए उन्हें किसी स्कूल या औपचारिक वातावरण की आवश्यकता नहीं पड़ती। इस स्थिति की तुलना अमरीका से करें जहाँ कुछ ही पीढ़ियों में विस्थापितों की मातृभाषा का लोप हो जाता है और उसके स्थान पर अंग्रेज़ी का प्रयोग दत्तक भाषा के रूप में जीवन के प्रत्येक व्यवहार-क्षेत्र में होने लगता है। पाश्चात्य और भारतीय भाषाई समाज के बीच के इस अन्तर को ध्यान में रखकर पंडित ने (1977) यह लिखा कि यूरोप तथा अमरीका में दूसरी पीढ़ी अधिशासित वर्ग की भाषा के पक्ष में अपनी भाषा को त्याग देती है। मातृभाषा-विस्थापन वहाँ के समाज का प्रतिमान है और भाषा-अनुरक्षण एक अपवाद। इसके ठीक विपरीत भारतीय सन्दर्भ में भाषा-अनुरक्षण उसका प्रतिमान है और भाषा-विस्थापन एक अपवाद।

भारतीय भाषाई समाज की जिस विशिष्टता की ओर हम यहाँ संकेत देना चाहते हैं, उसकी मूल प्रवृत्ति न तो समावेशीकरणवादी (assimilationist) है और न ही अलगाववादी (sessionist)। समावेशीकरणवाद वहाँ देखने को मिलता है जहाँ अल्पसंख्यक या विजित वर्ग अपनी सांस्कृतिक विशिष्टताओं और स्वजातीय गुणों को खोकर बहुसंख्यकों या विजेता वर्ग की जीवन पद्धति और सांस्कृतिक मूल्य अपनाता है। अलगाववाद में अल्पसंख्यक या विजित वर्ग अपनी जीवन पद्धति और सांस्कृतिक संस्कार को बनाये रखने के लिए सायास प्रयत्न करता है। भारतीय समाज न तो समावेशीकरणवादी है और न अलगाववादी; वह अपनी मूल प्रकृति में बहुलतावादी (pluralist) रहा है जहाँ एक ओर विजित वर्ग को अपनी सांस्कृतिक-सामाजिक अस्मिता को बनाए रखने की छूट मिली रहती है और दूसरी तरफ अल्पसंख्यक वर्ग अपने जीवन-व्यापार के वृहत्तर आयाम पर बहुसंख्यक या विजेता वर्ग के साथ सम्बद्ध होने की ओर प्रवृत्त भी होता है। बहुलतावादी समाज की व्यवस्था इसीलिए 'विभिन्नता में एकता' के सिद्धान्त को प्रश्रय देती है और समाज के विभिन्न घटकों को स्वांगीकृत करने के बजाय उन्हें समाकलित (integrate) करती है।

'अनेकता में एकता' के सिद्धान्त पर आधारित बहुल-संस्कृतिवादी समाज में ही दो जनजातियों में परस्पर अनुकूलता की मनोवृत्ति और उभयमुखी अभिसारण की प्रवृत्ति प्रभावी रूप से काम करती है क्योंकि ये जनजातियाँ आत्मीय एवं घनिष्ठ सन्दर्भों में स्वायत्त होते हुए भी जीवन-व्यापार के वृहत्तर सन्दर्भों में एक-दूसरे से जुड़ी रहने के लिए बाध्य होती है। भाषा के क्षेत्र से उदाहरण देते हुए

हम कह सकते हैं कि प्रत्येक भारतीय भाषाई समाज के भाषाई कोश में स्वजातीय अनुरक्षण के लिए उसकी मातृभाषा के अलावा एक सम्पर्क भाषा का भी योग रहता है। निकट सम्पर्क की स्थिति में रहने वाली विभिन्न जातियों में परस्पर सम्प्रेषण की आवश्यकता न केवल सम्पर्क भाषा को जन्म देती है पर दो भिन्न भाषाओं को एक-दूसरे के अनुकूल भी बनाती है। उदाहरण के लिए मैसूर शहर से कुछ मील दूर महाराष्ट्र के साँगली जिले के कुपवार गाँव की विभिन्न बोलियों का विश्लेषण करते हुए गम्पर्ज़ और विल्सन (1971) ने यह स्पष्ट दिखलाया है कि यहाँ पर कन्नड़ बोलने वाले जैनियों, उर्दू बोलने वाले मुसलमानों और मराठी बोलने वाले भूमिहीन मज़दूरों की बोलियाँ सम्पर्क की स्थिति में एक-दूसरे के प्रति इस प्रकार अनुकूलित हुई हैं कि उन्होंने एक संकेत विज्ञान, एक व्याकरण संहिता और एक ध्वनि व्यवस्था का निर्माण कर लिया है। अर्थ-संरचना, व्याकरण संहिता और ध्वनि व्यवस्था में एक होकर भी उन्होंने अपनी भाषाई अस्मिता नहीं छोड़ी है। इस अस्मिता की पहचान के लिए उन्होंने जिस भाषिक प्रक्रिया का सहारा लिया है वह उन नियमों से सम्बद्ध है जो आर्थी संवर्ग को रूपिमिक (morphemic) स्वरूप देते हैं। यही कारण है कि अपनी जातीय अस्मिता के लिए यह गाँव कन्नड़, उर्दू और मराठी भाषा के रूप में अपनी पहचान तो बनाए हुए है पर यहाँ बोली जाने वाली भाषाओं—कन्नड़, उर्दू और मराठी के बीच कोड परिवर्तन की निरन्तर आवश्यकता ने अर्थ, व्याकरण और ध्वनि के धरातल पर इस प्रकार एक बना दिया है कि उनमें शब्द-प्रति-शब्द और रूपिम-प्रति-रूपिम अनुवाद-परकता सहज ही देखी जा सकती है। यह अनुवादपरकता भारतीय भाषाई समाज के भाषाई कोश के किसी भी दो सदस्यों के बीच देखी जा सकती है। हम जितनी सरलता से तेलुगु से हिन्दी में अथवा बंगला से तमिल में अनुवाद कर लेते हैं, उतनी ही आसानी से अंग्रेजी से हिन्दी में और तमिल से जर्मन में नहीं कर पाते।

अवांतर से यहाँ यह भी संकेत दे देना समीचीन न होगा कि जिस प्रकार भारतीय भाषाओं के बीच पाई जाने वाली आभ्यन्तर साम्यता का आधार उनके सम्बन्धों की आनुवंशिक प्रकृति नहीं है उसी प्रकार भारतीय समाज के अन्य जातीय एवं सांस्कृतिक चेतना के क्षेत्र में भी हम एक अभूतपूर्व साम्य पाते हैं। उसका आधार भी आनुवंशिक न होकर वह ऐतिहासिक प्रक्रिया है जो परस्पर आदान-प्रदान, अनुकूलन और अभिसारण को अपना साधन बनाती है। आर्यों और आर्येतर भाषा-परिवारों के सम्पर्क की प्रकृति के बारे में विद्वान् एकमत नहीं हैं। अनुमान किया जाता है कि आर्यों के आगमन के पहले यहाँ तीन भाषा-परिवार की जातियाँ थीं—द्रविड़ जो दास, दस्यु या शूद्र कहलाते थे, आस्ट्रिक जो निषाद, भील, कोल या पुलिन्द के नाम से जाने जाते थे और भोट-बर्मी जो किरात के

नाम से प्रसिद्ध थे। जैसा पहले संकेत दिया जा चुका है कि 'भारतीय व्यक्ति' का जन्म इतिहास के दृश्य-फलक पर इन चारों परिवारों की जनजातियों के बीच अभिसारण प्रक्रिया के फलस्वरूप हुआ। इस अभिसारण प्रक्रिया के लिए सामाजिक द्विभाषिकता ने अपनी व्यापक भूमिका निभाई है। इस द्विभाषिकता की स्थिति को स्वीकार न करने की स्थिति में हमें संस्कृत भाषा में पाए जाने वाले नवप्रवर्तनकारी भाषिक नियमों को यादृच्छिक और अनुमेय-रहित मानना होगा। इसके साथ द्रविड़ भाषाओं के शब्द, यथा—अगरू, अनल, कुंड, कुंडल, चन्दन आदि के साथ संस्कृत में आस्ट्रिक परिवार के लवंग, कपसि, जाबाल, ताम्बूल आदि शब्दों का भी प्रयोग पाते हैं। अवमिश्रण और अभिसारण की प्रक्रिया आगे जिस अनुपात में देखने को मिलती है, उसने तो संस्कृत भाषा के इतिहास को ही बदल डाला। संभवतः इसी तथ्य को सामने रखकर काडवेल ने कहा था कि संस्कृत भाषा अपने इतिहास के दौरान जिस प्रकार विभिन्न 'वर्नाक्यूलर' (पाली और प्राकृत) में ढली, उसके पीछे अनार्य भाषाओं का बहुत कुछ हाथ रहा है।

इसमें सन्देह नहीं कि शुद्ध रक्तवाले आर्य हवन-संस्कृति के अनुयायी थे। 'पूजा'-संस्कृति द्रविड़ों की थी। अतः पत्र-पुष्प और अच्छत आदि का उनकी सांस्कृतिक चेतना में स्थान पाना अभिसारण प्रक्रिया का ही परिणाम कहा जा सकता है। इसी प्रकार द्रविड़ जाति में जो 'वर्ण' और 'आश्रम' व्यवस्था की छाप देखते हैं, उसे आर्यों की देन माना जा सकता है। आज हम हिन्दुओं की चिन्तन-परम्परा में 'निगम' और 'आगम' दोनों को ही वैदिक संस्कृति के दो पक्ष के रूप में स्वीकार करते हैं। पर 'आगम' जिसे हम 'तंत्र' और दक्षिण में विशेषतः जिसे हम 'मंत्र-शास्त्र' के नाम से जानते हैं, उसमें परम ब्रह्म की संकल्पना इस जीवन और जगत् की आद्य मातृशक्ति के रूप में की गई है, जो चाटुर्ज्या के मत में आर्येतर संकल्पना है। पर संस्कृतियों के अनुकूलन और अभिसारण की जो ऐतिहासिक प्रक्रिया यहाँ चली उसने अन्ततः तंत्र या मंत्रशास्त्र को उपनिषदों के वेदान्त साहित्य की चेतना से इस प्रकार जोड़ डाला कि कालांतर में प्रत्येक तांत्रिक ने यह घोषणा करनी शुरू कर दी कि वेद और तंत्र के आन्तरिक चिन्तन और दर्शन का मूलस्रोत एक है।

कहने का तात्पर्य यह है कि इतिहास के जिस दौर से गुजरकर आज हम जहाँ तक पहुँचे हैं वहाँ पर खड़े होकर केवल यही कहने की स्थिति में हैं कि हम भारतीय हैं। वैदिक युग की समाप्ति तक आते-आते इतिहास के चित्रपट पर जिस 'भारतीय व्यक्ति' का जन्म हुआ था, उसी की हम बार-बार दुहरायी गई कहानी हैं। आनुवंशिक दृष्टि से हम अपने को आर्य, द्रविड़, निषाद या किरात जाति के वंशज होने का दावा क्यों न कर लें, पर हम सबकी संस्कृति सामासिक

है। जिस प्रकार आर्य परिवार की भाषाओं में भारतवर्ष की आर्येतर भाषाओं के गुण और आर्येतर भाषाओं में आर्य भाषाओं के अभिलक्षण इस प्रकार संगलित हो चुके हैं कि उन्हें अलग कर आधुनिक आर्य या द्रविड़ भाषाएँ न तो 'आधुनिक' रह पाएँगी और न ही 'भाषाएँ'; उसी प्रकार हमारी जातीय चेतना में आर्य और आर्येतर जातियों के सांस्कृतिक अभिलक्षण संगलित होकर एक हो गए हैं। हम अपने सांस्कृतिक आचार-विचार में से न तो 'पूजा' की परम्परा को ही छोड़ सकते हैं और न ही 'हवन' को। इसी प्रकार परम्परागत दार्शनिक चिन्तन की 'निगम' और 'आगम' दोनों ही धाराओं में से किसी भी एक धारा का त्याग करने की स्थिति में हम नहीं हैं। इस 'भारतीय व्यक्ति' के भाषाई व्यक्तित्व के सन्दर्भ में कहा जा सकता है कि वह कुपवार गाँव के निवासियों की तरह है जो अपनी आनुवंशिक पहचान और जातिगत अस्मिता के लिए सतही स्तर पर एक (रूपिमिक) लक्षण को संजोए हुए हैं, पर जिनकी भाषाओं के बीच आभ्यन्तर स्तर पर अर्थ-संरचना, व्याकरण संहिता और ध्वनि व्यवस्था की दृष्टि से एक अभूतपूर्व साम्य है। कितने खेद की बात है कि इतिहास-चक्र ने हमारे आनुवंशिक भेद का अतिक्रमण कर जिस सामासिक संस्कृति के गर्भ से 'भारतीयता' को जन्म दिया, उसको अपनी पहचान का आधार बनाने के बजाय हम अब भी सतही अन्तर को अपना मूलभूत गुण सिद्ध करने का प्रयास करते जा रहे हैं।

REFERENCES

Andronov, M. S. 1964. On The typological Similarity of New Indo-Aryan and Dravidian. Indian Linguistics. 25.119-26.

—1970. Dravidian Languages. (Trans. by D. M. Segal). Moscow : Nanka

Bendix, E. H. 1974. Indo-Aryan and Tibeto-Burman contact as seen through Nepali and Newari verb tenses. International Journal of Dravidian Linguistics. 3. 42-59.

Bhattacharya, S. 1972. Dravidian and Munda. Third Seminar on Dravidian Linguistics (ed. by S. Agesthilingom and S. V. Shanmugam) 241-56. Annamalingar; Annamalai University.

Bloch, Jules. 1934. Indo-Aryan : From Vedas to modern times. (Trans. by A. Master). Paris : Librairie Andrien-Maisonneuv.

Caudwell, Rt. Rev. Robert. 1856. A comparative grammar of the Dravidian or South-Indian Family of languages. 3rd ed. 1961). Madras : University of Madras.

Chatterji, S K. 1942. Indo-Aryan and Hindi. Ahmedabad : Gujarat Vernacular Society.

—1978. Selected Writings (I). Delhi : Vikas

Emeneau, M. B. 1956. India as a linguistic area. Language 32.1. 3-16.

—1962. Bilingnalism and Structural borrowing. Proceedings of the American Philosophical Society 106.5. 430-42

—1974. The Indian linguistic area revisited. International Journal of Dravidian Linguistics. 3. 92-134

Gumpenz, J. J. and Wilson, R. 1971. Convergence and creolization : A case from the Indo-Aryan/Dravidian in India. In Pidginization and Creotization of languages. pp. 151-67. (ed. by Dell H. Hymes). London : Cambridge University Press.

Hock, H. H. 1975. Substratum influence on (Rig-Vedic) Sanskrit. Studies in Linguistic Sciences 5.2. 76-125

भाषा-अनुरक्षण तथा भाषा-विस्थापन के सिद्धांत

(1)

पिछले एक दशक में भाषा-चिंतन ने एक नया मोड़ लिया है। भाषा के सामाजिक संदर्भ पर विचार करते समय समाज भाषावैज्ञानिकों ने भाषाई-जाति-संहार, भाषा-मृत्यु तथा भाषा-आत्महत्या जैसे प्रश्नों पर गहराई से विचार-विमर्श किया। उदाहरण के लिए, डे (1981) ने अपने लेख में द्वितीय भाषा के रूप में अंग्रेजी के प्रसार को भाषा जाति-संहार के एक महत्त्वपूर्ण उपकरण के रूप में देखा है। अपने दूसरे लेख में (1985) में डे ने अपने सिद्धान्त को और व्यापक बनाते हुए भाषाई जाति-संहार के मूल में भाषाई असमानता के सिद्धान्त को प्रतिपादित किया है। कुछ भाषाएँ किस प्रकार (कहने मात्र के लिए) अपनी मौत मर रही हैं, इस प्रश्न पर ड्रसलर तथा लियोडोल्टर (1977) ने विचार किया है, जबकि डेनिसन (1977) ने भाषा-मृत्यु तथा भाषा-आत्महत्या पर प्रकाश डाला है। यह तथ्य भी कम महत्त्वपूर्ण नहीं है कि अब तक पदच्युत और सामाजिक-राजनीतिक दृष्टि से नगण्य भाषाएँ किस प्रकार पद-प्रतिष्ठा तथा प्रभुता-प्राप्ति के लिए न केवल संघर्षरत हैं, बल्कि कुछेक स्थितियों में अपने इस संघर्ष में सफल हुई हैं। इस पर भी विद्वानों ने काफी विचार-विमर्श किया है। उदाहरण के लिए, स्मिथरमैन (1984) ने यह दिखलाने का प्रयास किया है कि कुछ विशिष्ट संदर्भों में नीग्रो लोगों की भाषा प्रभुता और शक्ति का प्रतीक बन गई है। आज के बदलते हुए सामाजिक और राजनीतिक संदर्भ में प्रभुता और शक्ति के उपकरण के रूप में भाषाओं की स्थिति बदल रही है। यहाँ यह कहना असंगत न होगा कि जिस प्रकार भाषा प्रभुता तथा शक्ति का प्रतीक बन सकती है, उसी प्रकार शक्तिहीनता की द्योतक भी हो सकती है; एक बहुभाषी समाज में यदि कोई व्यक्ति इसलिए पद-प्रतिष्ठा प्राप्त कर सकता है कि वह एक निश्चित भाषा-समुदाय का सदस्य है तो उसी समाज में दूसरा व्यक्ति लाचार और शक्तिहीन रह सकता है क्योंकि वह किसी और ऐसे भाषाई समुदाय का सदस्य है जिसका न तो राजनीतिक दृष्टि से कोई महत्त्व है और न

ही सामाजिक-सांस्कृतिक दृष्टि से। स्पष्ट है कि भाषा को एक सशक्त उपकरण या प्रतीक या फिर एक बहाने के रूप में सामाजिक असमानता के लिए अपनाया जा सकता है।

विद्वानों के एक वर्ग ने भाषा-मृत्यु को भाषा-विस्थापन के साथ जोड़कर देखने का प्रयास किया है। यहाँ भाषा-विस्थापन से अर्थ है 'एक कोड के स्थान पर दूसरे कोड का प्रयोग'। यह विस्थापन पूर्ण भी हो सकता है और आंशिक भी। पूर्ण विस्थापन की स्थिति में एक कोड के स्थान पर दूसरे कोड का प्रयोग भाषा-व्यवहार के सभी प्रयोगगत संदर्भों में होता है, जबकि आंशिक विस्थापन की स्थिति में कुछ सीमित संदर्भों में ही एक कोड दूसरे कोड का स्थान लेता है। भाषा-विस्थापन के विपरीत भाषा-अनुरक्षण का संबंध उन स्थितियों से है जहाँ तमाम मानसिक तथा सामाजिक दबावों के बावजूद एक भाषाई समाज अपनी भाषा के स्थान पर दूसरी भाषा के प्रयोग को रोकने के लिए सचेष्ट रहता है। प्रयोग-क्षेत्र में दो भाषाओं के बीच इस तनावपूर्ण और संघर्षशील संदर्भ के दो पक्ष हैं।

यहाँ यह प्रश्न उठना स्वाभाविक है कि क्या भाषा-विस्थापन तथा भाषा-अनुरक्षण की प्रक्रिया की प्रकृति विभिन्न समाजों में एक-जैसी है? अमरीका जैसे मूलतः एकभाषी समाज में अल्पसंख्यकों के बीच पाए जाने वाले भाषा-विस्थापन तथा भाषा-अनुरक्षण की प्रकृति क्या वैसी ही है जैसी बहु-भाषा-भाषी प्रधान एशिया, अफ्रीका तथा लैटिन अमरीकी देशों में? हमारा मत है कि इन प्रश्नों के उत्तर ढूँढ़ते समय हमें उन सभी सामाजिक-सांस्कृतिक, ऐतिहासिक तथा भाषिक परिवर्तों (Variables) पर ध्यान देना होगा जिनका सम्बन्ध संपर्क में आने वाले भाषाई समाजों के बीच एकीकरण (Integration) अथवा संघर्ष (Conflict) की स्थिति से है।

अमरीका में प्रायः यह देखा गया है कि कुछ ही पीढ़ियों में वहाँ के विस्थापितों में अंग्रेज़ी मातृभाषा का स्थान ग्रहण कर लेती है (लीबरसन एवं करी 1971)। विस्थापितों की अपनी मातृभाषा के लुप्त होने का कारण यह है कि अगली पीढ़ी को मातृभाषा विरासत में नहीं मिली (थाम्सन 1974)। यदि अमरीका को उदाहरण के रूप में लें तो विस्थापितों की पहली पीढ़ी अपनी भाषा का अनुरक्षण करती है किंतु दूसरी पीढ़ी द्विभाषिक हो जाती है। उसमें अंग्रेज़ी का प्रयोग दूसरी भाषा के रूप में अधिक होता है और तीसरी पीढ़ी तक आते-आते उसमें अंग्रेज़ी का प्रयोग इतना अधिक हो जाता है कि वह अपनी मातृभाषा को लगभग छोड़ देती है। इस पीढ़ी के द्वारा अपनी मातृभाषा का प्रयोग केवल मौखिक व्यवहार के सीमित क्षेत्रों में और वह भी दादा-दादी से बातचीत के संदर्भ तक सीमित हो जाता है। फिश्मैन कूपर एवं रोजनबाम (1977) के अनुसार इस

प्रकार के भाषा-विस्थापन का मुख्य कारण व्यवसाय और उच्च नौकरियों में अंग्रेज़ी का प्रभुत्व एवं वरीयता है। अमरीका में अंग्रेज़ी जीविका की भाषा है (बुडनर 1972)। यद्यपि अंग्रेज़ी-भाषी बहुसंख्यक वर्ग का सामाजिक संसाधनों पर प्रचुर अधिकार है, फिर भी वहाँ के अल्पसंख्यकों में मातृभाषा अनुरक्षण की प्रबलता देखी जा सकती है। उदाहरण के लिए अमरीका के दक्षिण-पश्चिम में स्थित अमरीकी इंडियन्ज़ एवं चिकानो समाज में मातृभाषा-विस्थापन की बहुत ही धीमी गति पाई जाती है। वस्तुस्थिति यह है कि अमरीका और पश्चिम के कुछ अन्य विकसित देशों में अल्पसंख्यक भाषा-भाषी समुदायों में मातृभाषा-अनुरक्षण की प्रवृत्ति बढ़ी हुई मिलती है। इतना ही नहीं, वे अपनी मातृभाषा के द्वारा ही जातीय अस्मिता को बनाये रखने का प्रयास करते हैं (पालस्टन 1976)।

शर्मरहॉर्न ने अपने उल्लेखनीय कार्य में जातीय संबंधों में तुलनात्मक अध्ययन द्वारा उन कारणों एवं पक्षों का अध्ययन करने का प्रयास किया है, जो इन अल्पसंख्यक जातीय समूहों के वृहत्तर समाज में एकीकरण को प्रोत्साहित करते हैं अथवा उसमें बाधा डालते हैं (शर्मरहॉर्न 1970 : 14)। एकीकरण की प्रवृत्ति एवं मात्रा के नियामक विभिन्न कारण एवं मातृभाषा-विस्थापन की स्थितियाँ साथ-साथ चलती हैं। शर्मरहॉर्न के अनुसार परिवेशगत समाज के साथ विविध संस्कृतियों का एकीकरण वास्तव में तीन स्वतंत्र और तीन संदर्भपरक परिवर्तों पर आश्रित है। ये तीन स्वतंत्र परिवर्त हैं—(क) **पारस्परिक व्यवहार की प्रकृति** (अर्थात् प्रभुत्वशाली एवं अधीनस्थ समाज में अनुयोजन, प्रवसन या उपनिवेशीकरण जैसी संपर्क स्थितियों की आवृत्ति), (ख) **संवेष्टन की मात्रा** (अर्थात् संस्थागत अलगाव या वृहत्तर समाज से अधीनस्थ वर्ग का विखंडन), (ग) **नियंत्रण की मात्रा** (अर्थात् किसी विशिष्ट समाज में अधीनस्थ वर्ग के लिए उपलब्ध साधनों पर प्रभुत्वशाली वर्ग का नियंत्रण) (शर्मरहॉर्न, 1970 : 15)।

अल्पसंख्यकों द्वारा अपनाई जाने वाली नीतियों पर विचार करते हुए वर्थ (1945) ने उनका चतुर्मुखी वर्गीकरण प्रस्तुत किया है किंतु इसे शर्मरहॉर्न ने स्वीकार नहीं किया। वर्थ के अनुसार विभिन्न नीतियाँ इस प्रकार हैं— (1) **समीकरणवादी** (assimilationist : जब कोई अल्पसंख्यक वर्ग अपनी सांस्कृतिक विशिष्टताओं को खोकर प्रभुत्वशाली की जीवन पद्धति को अपना लेता है), (2) **अनेकतावादी** (pluralist : जब किसी अल्पसंख्यक वर्ग को अपनी सांस्कृतिक अस्मिता को बनाए रखने की छूट रहती है), (3) **पृथकतावादी** (assessionist : जिसमें अल्पसंख्यक वर्ग अपनी स्वतंत्र अस्मिता बनाए रखने के लिए सायास प्रयत्न करता है) और (4) **उग्रवादी** (militant : जहां अल्पसंख्यक अधिशासी वर्ग पर अधिकार जताने का प्रयत्न करता है)। शर्मरहॉर्न के अनुसार इस चतुर्मखी वर्गीकरण में प्रभुत्वशाली अधिशासी वर्ग की प्रतिक्रियाओं पर

पर्याप्त ध्यान नहीं दिया गया है। अतः शर्मरहॉर्न (1970 : 78) के अनुसार यह जानना भी अत्यन्त आवश्यक है कि 'अधीनस्थ वर्ग को क्या प्राप्त करना है तथा इस संबंध में प्रभुत्वशाली वर्ग की क्या राय है। इस प्रकार अधिशासी और अधिशासित के पारस्परिक आदान-प्रदान की दृष्टि से उन्होंने जीवन की केंद्राभिमुखी (centripetal) एवं केंद्रापसारी (centrifugal) प्रवृत्तियों की व्यावहारिक व्याख्या की। केंद्राभिमुखी प्रवृत्तियाँ अल्पसंख्यक वर्ग को बहुसंख्यक के जीवन-मूल्यों, जीवन-पद्धति आदि को अपनाने की ओर प्रवृत्त करती हैं। इसके साथ ही साथ अपने सदस्यों को समान रूप से निर्धारित उद्देश्यों की प्राप्ति के लिए भी प्रोत्साहित करती हैं। इसके विपरीत केंद्रापसारी प्रवृत्तियाँ अपनी भाषा, धर्म, मनोरंजन आदि के द्वारा अपनी सांस्कृतिक अस्मिता को बनाए रखकर दूसरे वर्ग से अलग किए रहती हैं।

सुसंगत एवं असंगत अभिविन्यास के आधार पर अधिशासी एवं अधिशासित वर्ग की केंद्राभिमुखी एवं केंद्रापसारी प्रवृत्तियों के विभिन्न संयोगों का चतुर्मुखी वर्गीकरण करना संभव है। इस वर्गीकरण को शर्मरहॉर्न (1970 : 83) के अनुसार इस प्रकार प्रस्तुत किया जा सकता है—

	(क)	(ख)	
अधिशासी	के० मु०	के० अप०	एकीकरण की ओर प्रवृत्त
अधिशासित	के० मु०	के० अप०	
	समीकरण समाविष्टी	सांस्कृतिक बहुलता स्वायत्तता	

	(ग)	(घ)	
अधिशासी	के० अप०	के० मु०	संघर्ष की ओर प्रवृत्त
अधिशासित	के० मु०	के० अप०	
	प्रतिरोध के साथ बलात् विखंडन	प्रतिरोध के साथ बलात् एकीकरण	

के० मु० = केंद्राभिमुखी

के० अप० = केंद्रापसारी

(चित्र 1)

विभिन्न समूहों के बीच जातीय संबंधों का यह प्रारूपपरक वर्गीकरण भाषा-विस्थापन (अर्थात् एक भाषा के स्थान पर दूसरी भाषा का प्रयोग करना) एवं भाषा-अनुरक्षण (अर्थात् विभिन्न सामाजिक एवं मनोवैज्ञानिक दबावों के बावजूद अपनी भाषा को बनाए रखने का प्रयास) की गत्यात्मकता पर प्रकाश डाल सकता है। चूंकि भाषा-विस्थापन के विषय में कहा जाता है कि यह अधिशासित एवं वृहत्तर भाषाई समाज के साथ एकीकरण का सूचक है अतः इस वर्गीकरण से यह भी उत्तर मिल सकता है कि अमरीका में विस्थापितों की आने वाली कुछ ही पीढ़ियों में अंग्रेज़ी उनकी मातृभाषा क्यों बन जाती है। इसके साथ ही साथ पंडित ने (1977) जो यह समस्या उठायी है कि भारतीयों को दूसरे भाषा-भाषियों के बीच निरंतर रहने के बावजूद अपनी भाषा को क्यों नहीं छोड़ना पड़ता—उसका भी इससे उत्तर मिल जाता है।

समीकरण (वर्ग क) की स्थिति को अमरीका के विस्थापितों के उदाहरण से भली प्रकार समझा जा सकता है। इसमें एक ओर विस्थापित समीकरण के इच्छुक हैं (के० मु०) तो दूसरी ओर अमरीका का वृहत्तर अंग्रेज़ी समाज भी समीकरण चाहता है (कें० मु०)। क्योंकि दोनों, अधिशासित (अल्पसंख्यक विस्थापित) एवं अधिशासी (बहुसंख्यक आतिथेय भी), अपने अभिविन्यास में केंद्राभिमुखी हैं अतः हमें पूर्ण समीकरण की स्थिति मिलती है। यह स्थिति स्वैच्छिक भाषा-विस्थापन को संकेतित करती है जो यह भी बताती है कि सामाजीकरण प्रक्रिया में विस्थापित अपनी भाषा का त्याग एवं अमरीकी जीवन तथा मूल्यों को अपनाने के लिए उत्सुक एवं तत्पर है।

ब्लूमफील्ड ने (1933) अमरीका के लाखों विस्थापितों के द्वारा इस प्रकार के भाषा-विस्थापन के संदर्भ में कहा है—

> "कुछ लोग विदेशी भाषा के लिए अपनी भाषा को पूर्ण रूप से त्याग देते हैं। इस समय वह स्थिति अमरीका के विस्थापितों में देखी जा सकती है—उन्होंने भाषा का विस्थापन किया है: उनके संप्रेषण का एकमात्र माध्यम अंग्रेज़ी है और उनके लिए यह उनकी देशी भाषा न होकर दत्तक भाषा है (ब्लूमफील्ड 1933 : 55)।

पूर्ण विस्थापन का यह उदाहरण उस स्थिति को जन्म देता है जहाँ विस्थापितों के लिए दत्तक भाषा (+मातृभाषा) का काम करती है परन्तु वह (—देशी भाषा) होती है।

इसके विपरीत अमरीका में अमरीकन इंडियन तथा नीग्रो प्रतिरोध के साथ बलात् एकीकरण (वर्ग घ) के उदाहरण कहे जा सकते हैं। यहाँ प्रभुत्वशाली वृहत्तर अंग्रेज़ी समाज देशी भाषा एवं संस्कृति का उन्मूलन करके शासन करना

चाहता है (के० मु०) और देशी अधिशासित वर्ग अपनी स्वायत्तता के लिए संघर्ष करता है (के० अप०)। क्योंकि अधिशासी वर्ग का आजीविका के संसाधनों पर पूर्ण आधिपत्य होता है अतः इन अधिशासितों को अनेक संसाधनों से वंचित रखा जाता है। दोनों वर्गों में संघर्ष की स्थिति होने के कारण इसमें मातृभाषा-विस्थापन की गति बहुत धीमी रहती है। पालस्टन (1978 : 319) के अनुसार "किस मात्रा तक यह देशी वर्ग द्विभाषी हो पाता है इस बात पर निर्भर करता है कि उनके लिए किस सीमा तक अंग्रेज़ी आजीविका की भाषा बन सकती है और मातृभाषा-अनुरक्षण सम्भवतः इस बात पर निर्भर करता है कि वे किस मात्रा तक एकीकरण का प्रतिरोध कर पाते हैं।"

बहुसंस्कृति समाज (वर्ग ख) की स्थिति भारतीय सामाजिक बहुभाषिकता पर प्रकाश डालती है। इस महाद्वीप में सतत एवं स्थिर बहुभाषिकता है जिसके कारण यहाँ विस्थापित न केवल अपनी भाषा के अनुरक्षण में सक्षम हैं बल्कि अपने भाषाई समुदाय का अन्य भाषाओं के साथ शांतिपूर्ण सह-अस्तित्व भी बनाए रखने में समर्थ हैं। भारतीय परंपरा में विस्थापित अपनी मातृभाषा को प्रायः इसलिए नहीं खो पाते कि 'यहाँ घरेलू जीवन में जातीय अलगाव का अत्यन्त महत्त्व है' और भाषा ज़ातीय अलगाव के साथ संबद्ध रहती है (गम्पर्स एवं विलसन 1971)। यहाँ बहुभाषिकता को इसलिए भी प्रोत्साहन मिलता है कि भाषिक संप्रेषण उस प्रकार्यात्मक भूमिका पर आधारित है जो विभिन्न कोडों के अनुसार कार्यान्वित होता है। इसी को श्रीवास्तव (1977) ने अप्रतिस्पर्द्धित (non-competing) एवं प्रतिद्वंद्व-रहित (non-conflicting) बहुभाषिकता कहा है। क्योंकि भारत में पाया जाने वाला भाषाओं का भूमिकापरक संयोजन यूरोप एवं अमरीका से भिन्न है, अतः यह अनेक ऐसे प्रश्नों को जन्म देता है जो पश्चिम से एकदम भिन्न हैं। इसलिए पंडित का कहना है—

> "यूरोप अथवा अमरीका में दूसरी पीढ़ी प्रभुत्वशाली वर्ग की भाषा के पक्ष में अपनी भाषा को त्याग देती है। भाषा-विस्थापन वहाँ का प्रतिमान है और भाषा-अनुरक्षण एक अपवाद। भारतीय संदर्भ में भाषा-अनुरक्षण एक प्रतिमान है एवं भाषा-विस्थापन एक अपवाद। भाषाओं का अनुरक्षण क्यों होता है, इस बात से अमरीकी समाजभाषाशास्त्री अपनी जिज्ञासा शुरू करते हैं. जबकि भारतीय समाजशास्त्री इस बात से अपना अध्ययन शुरू करते हैं कि लोग अपनी भाषा को क्यों त्याग देते हैं? (पंडित 1977 : 9)।

पंडित की यह धारणा गुजरात में अनेक पीढ़ियों से बसे मराठी-भाषियों के अनुभव पर आधारित है। ये लोग घर में मराठी का प्रयोग करते हैं, अपने कार्यक्षेत्र

में तथा आसपास के लोगों के साथ गुजराती में बातचीत करते है। लगभग यही स्थिति दिल्ली में बसे बंगालियों (बंगला-हिन्दी), मध्य प्रदेश में बसे मलयालम (मलयालम-हिन्दी) भाषा-भाषियों की भी है जो स्थिर बहुभाषिकता के उदाहरण कहे जा सकते हैं। वस्तुतः यह वह स्थिति है जहाँ बहुभाषिकता को उस बहु-संस्कृति का परिणाम माना जा सकता है जहाँ अधिशासित विस्थापित अपनी भाषा, खानपान, पहनावे आदि को सुरक्षित रखने के लिए पर्याप्त मात्रा में सांस्कृतिक अलगाव चाहते हैं (के० अप० स्थिति)। और दूसरी ओर वहाँ का अधिशासी बहुसंख्यक आतिथेय उन्हें स्वायत्त बने रहने की छूट देता है (के० अप० स्थिति)। क्योंकि अधिशासी एवं अधिशासित दोनों वर्ग सीमित अलगाव पर सहमत होते हैं अतः इनमें पारस्परिक अनुकूलन की प्रवृत्ति देखी जा सकती है। वस्तुतः इस प्रकार का एकीकरण भाषाद्वैत की स्थिति को जन्म देता है। ऐसी स्थिति में मातृभाषा का पूर्ण रूप में विलयन नहीं होता। जबकि अल्पसंख्यक अधिशासित वर्ग बहुसंख्यक अधिशासी वर्ग की भाषा को अपना भी सकता है ताकि उन्हें अधिकाधिक जीविकोपार्जन के अवसर मिल सकें, पर साथ ही साथ वे घरेलू तथा आत्मीय संदर्भों में अपनी भाषा का इस्तेमाल भी करते हैं। ये सभी स्थितियाँ मातृभाषा के संदर्भ में 'पूर्ण विस्थापन' के स्थान पर 'आंशिक विस्थापन' की स्थिति को जन्म देती हैं।

कुछ ऐसी भी स्थितियाँ हैं जहाँ पंडित की यह धारणा कि 'भारत में भाषा-अनुरक्षण एक प्रतिमान है एवं भाषा-विस्थापन एक अपवाद', पूर्ण असंगत हो जाती है। कम से कम स्पष्ट रूप से दो ऐसी स्थितियाँ हैं जहाँ हमें मातृभाषा का विस्थापन मिलता है। इनमें से हिंदी की बोलियों का एक ऐसा ही संदर्भ है। आज हम देखते हैं कि हिंदी की कई क्षेत्रीय बोलियाँ अपनी अस्मिता स्थापित करने का प्रयत्न कर रही हैं। मैथिली को अलग भाषा मानने की माँग की जा रही है। साथ ही यह आंदोलन भी चल रहा है कि हिंदी-राज्यों में भोजपुर, बुंदेलखंड एवं विशाल हरियाणा को अलग किया जाए। किंतु बहुत समय से इसके बोलने वालों ने अपनी निष्ठा हिंदी की भाषाई परंपरा के साथ जोड़ी है इसलिए हिंदी बोलियाँ (भोजपुरी, बुंदेली, मैथिली आदि) के भाषा-भाषियों ने अपनी क्षेत्रीय बोलियों को मूल मातृभाषा एवं हिंदी को सह-मातृभाषा के रूप में स्वीकार किया है (श्रीवास्तव 1977)। पूरा हिंदी क्षेत्र भाषा-बोली (अधिशासी हिंदी भाषा एवं अधिशासित क्षेत्रीय बोली) का उदाहरण है जहाँ हमें सीमित बहुसंस्कृति मिलती है और, क्योंकि अधिशासी एवं अधिशासित दोनों केंद्रापसारी स्थिति को स्पष्ट करते हैं अतः यह स्थिति वर्ग 'ख' के समान है। किंतु यह भी देखा गया है कि एक बार जब ये अधिशासित वर्ग के सदस्य अपने-अपने क्षेत्र को छोड़कर बाहर आ जाते हैं तो दो-तीन पीढ़ियों में ही वे अपनी मूल मातृभाषा को हिंदी के पक्ष

में उसी प्रकार छोड़ देते हैं जैसे कि अमरीका के संदर्भ में भारतीय विस्थापित अंग्रेज़ी के पक्ष में अपनी भाषाएँ छोड़ देते हैं। एक बार जब ये बोलीभाषी अपने क्षेत्र को छोड़कर दूसरी जगह विस्थापितों की तरह रहने लगते हैं तो अपने आपको वर्ग 'क' में वर्णित समीकरण की स्थिति में पाते हैं।

जनजातीय (tribal) अधिशासित वर्ग भाषा-विस्थापन का दूसरा संदर्भ प्रस्तुत करते हैं। भारत में अनेक ऐसे जनजाति वर्ग हैं जो या तो अपनी भाषा को पूर्णतः छोड़ चुके हैं या भाषा-विस्थापन की प्रक्रिया से गुजर रहे हैं। भील, भूमिज, गोंड, कोरथा, लोधा, मुंडारी, कुड़ुख आदि अनेक जनजातियाँ अपनी भाषा छोड़ चुकी हैं। अतः हम मातृभाषा के आँकड़ों से पाते हैं कि 1961 की भारतीय जनगणना के अनुसार उड़ीसा में 44.55 प्रतिशत कुड़ुख (ओराँव) ओड़िया को और पश्चिमी बंगाल में 55.3 प्रतिशत ने बंगला को मातृभाषा के रूप में अपना लिया है (एक्का : 1979)। इसी प्रकार लाल एवं रेखा शर्मा (1980) के अनुसार इस क्षेत्र की बहुत-सी विस्थापित जनजातियों ने बहुत सीमित व्यवहार क्षेत्र के कारण या तो अपनी मूल भाषाओं को खो दिया है या वे धीरे-धीरे सदरी (जो भोजपुरी का एक रूप है) को अपनाते जा रहे हैं। 1961 की जनगणना से स्पष्ट होता है कि अब 63.47 प्रतिशत जनजातियों ने सदरी को मातृभाषा के रूप में एवं 36.5 प्रतिशत ने अन्य भाषा के रूप में अपना लिया है।

पंडित का यह मत कि 'भारत में भाषा-अनुरक्षण एक प्रतिमान है'—उन परिस्थितियों पर आधारित है जहाँ संपर्क स्थिति में अधिशासित अल्पसंख्यकों की भाषा भारत के कुछ अन्य क्षेत्रों में अधिशासी भाषा वर्ग की प्रभुता-संपन्न भाषा है। अतः उनके उदाहरण उसी स्थिति तक ही सीमित हो जाते हैं जहाँ अधिशासी एवं अधिशासित की भाषाएँ महान परंपरा की भाषाएँ होती हैं। इसके विपरीत अल्पसंख्यक जातियाँ संपर्क स्थिति में अपनी भाषाओं को इसलिए छोड़ देती हैं क्योंकि उनके पास साक्षर समाज जैसी कोई महान् परंपरा नहीं है। वस्तुतः यहाँ अधिकांश मामलों में हम प्रतिरोध के साथ बलात् अलगाव (वर्ग ग) की स्थिति पाते हैं। हम बिहार, उड़ीसा एवं पश्चिमी बंगाल के कुड़ुख एवं संथालों के उदाहरण से इस बात को स्पष्ट कर सकते हैं। यहाँ एक ओर अधिशासी आर्य जाति अधिशासित वर्ग से अपने जातीय आदर्श के आधार पर अलगाव एवं पार्थक्य रखती है (के० अप० स्थिति) तो दूसरी ओर अल्पसंख्यक कुड़ुख एवं संथाल एकीकरण की माँग करते हैं (के० मु० स्थिति)। संथालों के संदर्भ में उन्नीसवीं शताब्दी में हुआ खेरवाड़ आंदोलन इसी संघर्ष का परिणाम है। इस आंदोलन में हिंदू विशिष्टताओं को आत्मसात करने की प्रतिस्पर्द्धा के कारण माँसाहार, चावलों से बनी शराब आदि के त्याग पर बल रहा जिससे वे हिंदू संप्रदाय में आत्मसात हो सकें (ऑरांस 1965)। इतना ही नहीं, जो लोग हिंदू हो गए हैं, उन्होंने

वस्तुत: जनेऊ भी धारण करना शुरू कर दिया। ये जनेऊधारी संथाल उन संथालों से परस्पर विवाह करने अथवा सामाजिक व्यवहार रखने में भी हिचकिचाते थे जो जनेऊधारी नहीं थे (महापात्र 1979 : 112)। इनमें से बहुत से संथालों ने अपनी मातृभाषा संथाली के स्थान पर अधिशासी वर्ग की आर्य भाषा को ग्रहण कर लिया है।

इतना ही नहीं, एक दूसरे संदर्भ में भी इस कथन पर प्रश्नचिह्न लगाया जा सकता है कि भारतीय भाषाओं में भाषा-अनुरक्षण एक प्रतिमान है। यह सच है कि परंपरागत कृषि समाज में भाषा-अनुरक्षण कोई समस्या नहीं है। यह समाज किसी तनाव अथवा विरोध के बिना विस्थापितों की भाषा को स्थान देने के लिए तैयार हो जाता है बशर्ते कि उनकी भाषा गृहीता (आतिथेय) समाज की भाषा से स्तर एवं शक्ति की दृष्टि से प्रतिस्पर्द्धा न करे। इसके विपरीत औद्योगिक और शहरी समाज में विभिन्न भाषाओं, समुदायों और संघर्ष एवं प्रतिस्पर्द्धा की स्थिति में रहना पड़ता है। जैसे ही किसी भाषा को राजभाषा का पद प्राप्त होता है, वैसे ही उसके प्रयोक्ता आजीविका के साधनों, (उच्च पदों के अवसर) व्यक्तिगत कैरियर, आर्थिक एवं राजनैतिक शक्ति प्राप्त करने की ओर प्रवृत्त हो जाते हैं। मान्यता-रहित दूसरी भाषा के बोलने वालों के लिए यह साधन सुविधाजनक रूप में उपलब्ध नहीं रहते। ऐसी स्थिति में आमतौर पर हम देखते हैं कि एक बहुभाषी समाज के भीतर प्राय: अशांति एवं विद्रोह का वातावरण पैदा हो जाता है। दूसरे समुदाय की भाषा को सीखने के दबाव की तीव्रता के कारण यह देखा जाता है कि न केवल विशिष्ट भाषा समुदाय के विभिन्न कोडों के पदस्तर में अंतर आ जाता है, बल्कि उनमें एक के बदले दूसरे कोड के प्रयोग संबंधी मनोवृत्ति में भी अंतर आ जाता है। दिल्ली विश्वविद्यालय में किये गये मुकर्जी (1980), सत्यनाथ (1982) एवं मोहन (1983) के सर्वेक्षण पर आधारित कार्यों ने इस बात को सिद्ध किया कि जहाँ प्रवासियों द्वारा प्रयुक्त भाषा तथा गृहीता समाज की भाषा में एक ही सामाजिक भूमिका को संपन्न करने के लिए आपसी संघर्ष नहीं होता तो वहाँ भाषा-अनुरक्षण की संभावनाएँ अधिक बढ़ जाती हैं और इसके विपरीत जहाँ उनमें संघर्ष एवं स्पर्द्धा होती है वहाँ उसका स्पष्ट परिणाम भाषा-विस्थापन होता है। उक्त अध्ययनों से यह भी स्पष्ट हो जाता है कि शहरी संपर्क की स्थिति द्विभाषिक समुदाय की ऐसी स्थिति को जन्म देती है जहाँ आमतौर पर 'पूर्ण विस्थापन' की अपेक्षा 'आंशिक विस्थापन' मिलता है। अर्थात् भाषा समुदाय का युवा वर्ग अपने आत्मीय व्यवहार-क्षेत्र से बाहर एवं आजीविका के क्षेत्र में मातृभाषा के स्थान पर दूसरी भाषा को अपनाता है तथा पारिवारिक परिवेश तथा अनौपचारिक घनिष्ठता के व्यवहार क्षेत्र में मातृभाषा का अनुरक्षण करता है। **भाषा-विस्थापन** की इस प्रक्रिया को (जहाँ एक कोड को हटाकर

दूसरे कोड का प्रयोग होता है) **भाषा विस्तरीकरण** की उस प्रक्रिया से अलग कर देखना चाहिए जो आधुनिकीकरण का कारण बनती है। आधुनिकीकरण के दबाव में सामाजिक गतिविधियों के कुछ नये क्षेत्रों का जन्म होता है अत: किसी कोड को हटाने का वहाँ प्रश्न ही नहीं उठता। गैर मातृभाषा के संप्रेषण अंतर को पूरा करने के लिए अथवा सामाजिक गतिविधियों के असंपृक्त क्षेत्रों में दूसरी भाषा को ग्रहण करने के लिए किसी समाज के संप्रेषण के तरीकों में प्रतीकात्मक परिवर्तन को वास्तविक अर्थों में भाषा-विस्थापन नहीं कहा जा सकता।

उन्नीसवीं शताब्दी में संथालों का खेरवाड आंदोलन वर्ग 'ग' का उदाहरण है। इस आंदोलन का प्रमुख लक्षण था हिंदू समाज के उन मूल्यों को अपनाना या नकारना जिनसे उन्हें सामाजिक प्रतिष्ठा प्राप्त हो सके। किंतु आज के संदर्भ में संथालों की भाषा के आंदोलन को वर्ग 'घ' के संदर्भ में ठीक-ठीक समझा जा सकता है। संथाल एक ऐसी भाषाई अल्पसंख्यक आदिम जाति है जो बिहार, उड़ीसा, आसाम एवं प० बंगाल में फैली हुई है। यह विशेष रूप से उल्लेखनीय है कि जहाँ पहले भारत की भाषानीति उदार थी और जिसके परिणामस्वरूप जातीय संघवाद को प्रोत्साहन मिला था, वहाँ अब वह राष्ट्रीय एकता के लक्ष्य से प्रेरित होने के कारण मुख्यतः केंद्रीकरण की प्रवृत्ति से संचालित है। जैसा कि श्रीवास्तव (1982) ने कहा है, केंद्र के आधिकारिक एवं मजबूत नियंत्रण से अ-जनजातीयता की प्रक्रिया शुरू हुई। यह प्रक्रिया राष्ट्रीय एकता एवं संगठन की पहली शर्त है। यह समाकलन की अपेक्षा समीकरण की प्रक्रिया पर अधिक बल देती है। प्रभुता-संपन्न अधिशासी वर्ग में अनेकता से एकता की ओर जो प्रवृत्ति बदली है, उसने ही संथालों को उग्रवादी रुख अपनाने के लिए बाध्य किया है।

आज की स्थिति इस बात का स्पष्ट संकेत देती है कि दोनों वर्गों में संघर्ष जारी है। अधिशासी वर्ग अपनी भाषा एवं संस्कृति को आरोपित करना चाहता है और यह भी चाहता है कि अ-जनजातीयता की प्रक्रिया में संथाल अपनी जनजातीय विशिष्टताओं को छोड़ दें (के० मु०); दूसरी ओर अधिशासित संथालों ने अपनी एक 'महान परंपरा' स्थापित करने का निश्चय किया है (के० अप० स्थिति)।

"यह सारा प्रयास नई सीमा रेखाओं को पैदा करने एवं अपनी जाति को स्थायित्व प्रदान करने के लिए है जो इस जनजाति को समीकरण से बचा सके। ये अभिलक्षण कुछ भी हो सकते हैं—चाहे गो-मांस-भक्षण, गौ-बलि, भाषा अनुरक्षण अथवा पारंपरिक नृत्य, चावल की शराब पीना या पारंपरिक देवी-देवताओं की आराधना अथवा पवित्र उपवनों का संरक्षण हो" (महापात्र

1979 : 113)।

इससे दूसरे प्रकार के प्रश्न पैदा होते हैं—कैसे कोई अपनी अस्मिता की भाषा (मातृभाषा) को बिना खोये उसका आरक्षण एवं विकास कर सकता है ? स्व-अनुरक्षण एवं स्व-निष्पत्ति के इस प्रश्न ने हम लोगों का ध्यान भाषा-विस्थापन से भाषा-अनुरक्षण की ओर मोड़ दिया है। अब प्रश्न यह नहीं है कि वे अधिशासी वर्ग की भाषा को कैसे सीखेंगे जिससे उन्हें आर्थिक एवं सामाजिक लाभ मिल सके, बल्कि इससे महत्त्वपूर्ण प्रश्न यह है कि किस प्रकार वे अपनी सामाजिक अस्मिता की भाषा का अनुरक्षण एवं विकास करें ? परिणामतः हम देखते हैं कि संथाल भाषा आंदोलन अपनी सांस्कृतिक विशिष्टताओं को कायम रखने तक ही सीमित नहीं है बल्कि वह सामाजिक-आर्थिक स्रोतों पर भी अपना प्रभुत्व जमाने में प्रयत्नशील है। भाषा आंदोलन के रूप में ऐसे आंतरिक संघर्ष भारत के अन्य भागों में भी देखे जा सकते हैं।

उक्त विवरण से स्पष्ट है कि शर्मरहॉर्न द्वारा प्रतिपादित के० मु० एवं के० अप० के चतुर्मुखी वर्गीकरण के अनेक लाभ हैं। इसके अतिरिक्त इसका एक लाभ यह भी है कि यह उन तीन स्वतंत्र परिवर्तों के परिणामों का भी उद्घाटन करता है जिन्हें हम इस चतुर्मुखी वर्गीकरण पर लागू करते हैं। इस वर्गीकरण के साथ-साथ ये परिवर्त भाषा-अनुरक्षण एवं विस्थापन की गतिशीलता को भी अच्छी तरह स्पष्ट करते हैं। उदाहरण के लिए यह सामान्यतः कहा जा सकता है कि केंद्राभिमुखी प्रवृत्ति वाला अधिशासित वर्ग मातृभाषा से विस्थापन की ओर प्रवृत्त होगा जबकि केंद्रापसारी प्रवृत्ति वाले अधिकतर मातृभाषा के अनुरक्षण की ओर प्रवृत्त होंगे। कार्य-कारण संबंधी पहलू के रूप में स्वतंत्र परिवर्त में संवेष्टन की मात्रा केंद्रापसारी प्रवृत्ति के प्रत्यक्ष अनुपात में होती है अर्थात् समाज में जितनी अधिक संवेष्टन की मात्रा होगी उतनी अधिक केंद्रापसारी प्रवृत्ति होगी। इसका अर्थ यह हुआ कि वर्ग 'क' एवं 'ग' मातृभाषा-विस्थापन की ओर इंगित करते हैं तो वर्ग 'ख' एवं 'घ' का उद्देश्य मातृभाषा-अनुरक्षण है। जैसा कि **लीबरसन, डालटो एवं जास्टन** ने कहा है, अन्य परिवर्तों के अचल रहने पर चार वर्गों—(1) मूल देशी अधिशासित, (2) प्रवासी अधिशासी, (3) देशी अधिशासित एवं (4) प्रवासी अधिशासित—में से प्रवासी अधिशासित में ही मातृभाषा-विस्थापन की गति अधिक तीव्र रहती है। लीबरसन आदि (1975) के अनुसार देशी अथवा प्रवासी अधिशासी वर्ग में मातृभाषा-विस्थापन की संभावना कठिनाई से ही मिलती है।

शर्मरहॉर्न के समर्थकों ने जो सुझाव दिया उसके अनुसार यह सच है कि प्रवासी अधिशासितों एवं देशी अधिशासितों के लिए वर्ग एवं जातीय संबंधों का मार्ग भिन्न होगा। फिर भी अनेक ऐसे प्रश्न हैं जिनका उत्तर देना अभी शेष है। पहला, क्या पश्चिम में ऐसे देश नहीं हैं जिनमें प्रवासी अधिशासितों द्वारा मातृ-

भाषा-विस्थापन की गति अमरीका के विस्थापितों की अपेक्षा धीमी हो ? यह देखा जाता है कि अमरीका की अपेक्षा यूरोप में भाषाई अल्पसंख्यकों में समीकरण की प्रक्रिया काफी धीमी है क्योंकि वहाँ का सामाजिक ढाँचा एवं परिवेश भिन्न है। यूरोप के भाषाई अल्पसंख्यक न तो बहुत युवा हैं और न ही वे सामाजिक स्तर में कमजोर हैं। उनका बहुसंख्यक अधिशासी भाषा वर्ग के साथ रहने का इतिहास लंबा और समानधर्मी है (प्लैंक 1978)। इन सभी तत्त्वों का प्रवासी अधिशासितों की मातृभाषा-विस्थापन की गति पर प्रभाव पड़ता है।

भारत में ऐसे अनेक उदाहरण मिलते हैं जहाँ भले ही कई प्रवासी अधिशासित जातियाँ एक ही क्षेत्र में और एक ही गृहीता समाज के साथ बस गयी हैं किंतु उनकी मातृभाषा-विस्थापन की गति एक-दूसरे में भिन्न है। इन प्रवासी भाषाई समुदायों में हम भिन्न पीढ़ियों में मातृभाषा-अनुरक्षण की गति या तीव्रता में अंतर देखते हैं। उदाहरण के लिए मुकर्जी (1980 : 140) द्वारा नीचे दिए गये आंकड़े स्पष्ट रूप से दिखाते हैं कि गृहीता समाज के साथ एकीकरण (पूर्ण समीकरण) के प्रश्न पर बंगाली एवं पंजाबी हिंदू (जो प्रवास अधिशासित के रूप में दिल्ली महानगर में बसे हैं का रुझान अलग-अलग है।

	बंगाली		पंजाबी	
	युवा	वृद्ध	युवा	वृद्ध
समीकरण	00.00	10.00	100.00	30.76
संवेष्टन	40.00	30.00	00.00	69.23
प्रतिधारण	60.00	60.00	00.00	00.00

(दिल्ली के बंगाली एवं पंजाबी हिंदुओं में समीकरण की प्रवृत्ति)

उक्त तालिका से स्पष्ट है कि युवा बंगाली पूर्ण विस्थापन की स्थिति को स्वीकार नहीं करते जबकि युवा पंजाबी हिंदू चाहते हैं कि वे गृहीता समाज के साथ पूर्णतः समीकृत हो जाएँ। इसी प्रकार, अधिकतर बंगाली चाहते हैं कि या तो उन्हें अपनी अस्मिता बनाए रखनी चाहिए या गृहीता समाज के साथ आंशिक समायोजन अर्थात् आंशिक रूप से मातृभाषा-विस्थापन की स्थिति कर लेनी चाहिए। दूसरी ओर एक भी पंजाबी हिंदू—युवा अथवा वृद्ध—नहीं है जो इस बात की आवश्यकता महसूस करे कि उसकी अपनी अलग पंजाबी अस्मिता हो। इससे यह पता चलता है कि बंगाली एवं पंजाबी हिंदू में एक ही समय में केंद्राभि-

मुखी एवं केंद्रापसारी प्रवृत्तियाँ मिलती हैं जो समीकरण की ओर इंगित करती हैं। किंतु दोनों भाषा-वर्गों में एक मूलभूत अंतर है। जहाँ बंगाली सांस्कृतिक बहुलता वर्ग 'ग' की पक्षधर है वहाँ पंजाबी हिंदू समीकरण वर्ग 'क' का। शर्मरहॉर्न ने इन दोनों वर्गों को दो अलग-अलग स्थितियों के रूप में माना था जिनमें परस्पर व्यापन के लिए कोई स्थान नहीं है। किंतु कन्नड़भाषी (सत्यनाथ 1982), पंजाबी सिख (रंगीला 1983) एवं कश्मीरीभाषी (मोहन 1983) पर किये गए भाषा-अनुरक्षण एवं भाषा-विस्थापन की प्रवृत्ति, प्रक्रिया एवं दिशा संबंधी शोधकार्य की तुलना से स्पष्ट होता है कि अनुरक्षण की मात्रा एवं भाषाई कोडों के अलगाव के आधार पर इन्हें एक मापदंड रेखा पर रखा जा सकता है। इस मापदंड रेखा के दो छोर शर्मरहॉर्न द्वारा संकेतित वर्ग 'क' एवं 'ख' हैं। उदाहरण के लिए बंगाली एवं पंजाबी हिंदू समीकरण के स्तर पर दो छोरों के प्रतीक हैं। जहाँ बंगाली न्यूनतम मातृभाषा-विस्थापन एवं अधिकतम अनुरक्षण दिखाता है वहाँ पंजाबी हिंदू अधिकतम मातृभाषा-विस्थापन एवं न्यूनतम मातृभाषा-अनुरक्षण। पंजाबी सिख एवं कश्मीरी को इन दोनों के बीच में कहीं रखा जा सकता है। तालिका-1 में दिए गए आँकड़ों से स्पष्ट है कि पंजाबी सिख एवं कन्नड़भाषी में पंजाबी हिंदुओं की अपेक्षा मातृभाषा-अनुरक्षण की प्रवृत्ति अधिक प्रबल है (किंतु बंगालियों से कम है)। साथ ही उनमें घर एवं बाहर के परिवेश में मातृभाषा-विस्थापन की मात्रा बंगालियों से अधिक है (किंतु पंजाबी हिंदुओं की अपेक्षा कम है)।

यह भी उल्लेखनीय है कि कोई भी पीढ़ी भाषिक व्यवहार के सभी क्षेत्रों में एक साथ एक कोड से दूसरे कोड में परिवर्तन नहीं करती। हमारा शोध भाषा-विस्थापन के तरंग-सिद्धांत को भी संपुष्ट करता है। दूसरे शब्दों में एक कोड से दूसरे कोड में परिवर्तन व्यवहार के कुछ सीमित क्षेत्रों में शुरू होता है। पहले एक या दो संदर्भों में दो कोडों का प्रयोग विकल्पवत चलता है, फिर एक कोड को प्राथमिकता मिलने लगती है, फिर इस कोड का प्रयोग स्थिर हो जाता है। इस स्थिर हो जाने वाले कोड का अन्य व्यवहार-क्षेत्रों में प्रसार होने लगता है। यह प्रसार एक तरंग की भाँति चलता है।

दूसरा, शर्मरहॉर्न ने जातीय संबंधों के लिए सिद्धांत एवं शोध की जो रूपरेखा प्रस्तुत की थी, वह सांस्कृतिक अनुरक्षण एवं अंतरवर्गीय संप्रेषण की संकल्पना से अधिक संबद्ध थी। किंतु सांस्कृतिक अनुरक्षण और भाषा-अनुरक्षण प्रकार्य में एक समान नहीं है। इस संबंध में फिश्मैन का कथन द्रष्टव्य है—

> "सामान्यतः जातीय संबंध एवं सांस्कृतिक अनुरक्षण भाषा-अनुरक्षण की अपेक्षा कहीं अधिक स्थिर हैं। एक ओर नई जातीयता एवं बहुसंस्कृति को अपनाने से बहुत पहले अधिकतर

तालिका : 1

भाषा समुदाय	माता	पिता	पति/पत्नी	पुत्री	पुत्र	अधिशासी	मित्र	सहयोगी	अधिकारी
1. बंगाली									
बंगला (मातृभाषा)	100	97	100	94	85	30	66	10	15
हिंदी	00	00	00	00	00	57	22	45	17
अंग्रेज़ी	00	03	00	06	12	13	02	45	66
2. कन्नड़िया									
कन्नड़ (मातृभाषा)	90	74	—	50	00	—	00	00	—
हिंदी	00	00	—	27	65	—	53	33	—
अंग्रेज़ी	10	26	—	23	35	—	47	67	—
3. पंजाबी हिंदू									
पंजाबी (मातृभाषा)	30	56	42	29	32	17	23	07	07
हिंदी	70	37	47	57	55	71	48	52	45
अंग्रेज़ी	00	07	11	14	13	12	29	41	48

(दिल्ली के बंगालियों, पंजाबियों एवं कन्नड़भाषियों द्वारा घर के परिवेश में भाषा प्रयोग का आरेख (सत्यनाथ 1982), बंगाली एवं पंजाबी की सूचना मुकर्जी (1980) पर आधारित है)

विस्थापित द्विभाषी बन जाते हैं और दूसरी ओर, सीमित ही सही किंतु प्रकार्यात्मक जातीयता मातृभाषा के पूर्ण विलयन के बहुत देर बाद तक बनी रहती है।" (फिश्मैन 1966 : 339)

इस बात की बहुत अधिक संभावना है कि इतिहास में एक समय पर एक भाषा-समुदाय केंद्राभिमुखी प्रवृत्ति को दिखाता हो। यह प्रवृत्ति उसके सांस्कृतिक समीकरण को प्रोत्साहित करती है। साथ ही केंद्रापसारी प्रवृत्ति अधिशासी वर्ग से उसे अलग करने की ओर प्रेरित करती है। भारतीय संदर्भ में इस बात को स्वीकार किया जा सकता है कि एक ओर तो विस्थापित भाषा-समुदाय के बच्चे—जो विस्थापित एवं गृहीता समाज के परस्पर-विरोधी दबावों के बीच बढ़ते हैं—क्षेत्र की प्रमुख भाषा को सामाजिक व्यवहार के बाहरी संदर्भ (नौकरी, बाजार-हाट आदि) में अपनाते जाते हैं, और दूसरी ओर व्यवहार के घरेलू संदर्भ में भाषाई एवं सांस्कृतिक एकता को बनाए रखने के लिए अपनी मातृभाषा का प्रयोग करते हैं।

प्लैंक (1978) के अनुसार यूरोप और अमरीका के विस्थापितों के भाषाई अल्पसंख्यकों के बीच जो प्रभेदक अभिलक्षण हैं वे इस संदर्भगत तथ्य पर आधारित हैं कि अमरीका में समीकरण प्रक्रिया के अनेक विभेदक तत्त्वों में से भाषा केवल एक है जबकि यूरोप में भाषा अस्मिता का एक बहुत बड़ा प्रतीक है। इसके विपरीत भारत में भाषाई समीकरण राष्ट्रीय अस्मिता के चयन का सूचक हो भी सकता है और नहीं भी। उदाहरण के लिए हम पंजाबी हिंदुओं को ले सकते हैं। इनमें भाषाई समीकरण इस बात का द्योतक है कि उन्होंने पंजाबी से हिंदी भाषाई समुदाय के साथ अपनी अस्मिता स्थापित कर ली है जबकि कन्नड़-भाषियों में भाषाई समीकरण इस बात का प्रतीक नहीं है कि उन्होंने किसी प्रकार की अस्मिता का विस्थापन किया है। उन स्थितियों में भी जहाँ भाषाई समीकरण एक अन्य अस्मिता के चयन को स्वीकारने का प्रतीक है—भारतीय संदर्भ में वहाँ यह महत्त्वपूर्ण प्रश्न उठता है—कौन-सी अस्मिता ? श्रीवास्तव एवं गुप्ता (1982:4) के अनुसार भारत जैसे परंपरावादी समाज में "क्षेत्रीय एवं सामाजिक अस्मिताओं का एक जाल-सा है; यथा—स्थानीय, सामाजिक, क्षेत्रीय तथा राष्ट्रीय अस्मिता, जो स्तरपरक अधिक्रम में हैं।" भाषाई अस्मिता की यह 'बहु-स्तरपरक सापेक्षिक व्यवस्था' बहुभाषिकता की प्रकृति पर प्रत्यक्ष प्रभाव डालती है। इसका भाषा-विस्थापन की प्रक्रिया पर सीधा प्रभाव पड़ता है जिसे मोहन (1983) ने दिखाया है।

तीसरा, जातीय वर्गों के दूसरे समाज में एकीकरण की प्रक्रिया को समझने के लिए शर्मरहॉर्न द्वारा सुझाये गए स्वतंत्र, संदर्भगत एवं आश्रित परिवर्त बहुभाषी समाज में उसी प्रकार कार्य करते हैं जैसे कि वे प्रभावी रूप से एकभाषिक संदर्भ में

कार्य करते हैं। शर्मरहॉर्न ने स्वयं ही इस ओर संकेत किया है कि बहुभाषी समाजों में रिश्ते-नाते के संबंध, धर्म, अर्थ, शिक्षा, मनोरंजन आदि की प्रथाएँ समान होती हैं, किंतु उनके मानदंड एवं ढाँचों में अन्तर होता है। आमतौर पर भाषा एवं जाति से इसमें अन्तर आ जाता है (शर्मरहॉर्न 1970 : 124)।

उदाहरण के लिए भारत में पंजाबी भाषा सिख धर्म (जिसकी स्थापना गुरु नानक ने पन्द्रहवीं शताब्दी में की थी) का प्रतीक बन गई है। सिखों में अलग राजनीतिक अस्मिता की स्पष्ट प्रवृत्ति मिलती है। पंजाब में वे बहुसंख्यक हैं और पंजाबी से वे अपनी भाषाई एवं सामाजिक-सांस्कृतिक अस्मिता स्थापित करते हैं। यह बहुत दिलचस्प स्थिति है कि एक ओर तो दिल्ली के आँकड़ों में पंजाबी प्रवासियों की संख्या में वृद्धि हुई है किंतु दूसरी ओर पंजाबी मातृभाषा के आँकड़ों में आश्चर्यजनक कमी आई है। ब्रास (1975) के अनुसार इस बेमेल स्थिति के कुछ सामाजिक एवं राजनीतिक कारण हैं। चूंकि सिखों की यह प्रवृत्ति है कि वे पंजाबी को धर्म एवं राजनीति की माँगों के साथ जोड़ते हैं अतः पंजाबी हिंदुओं ने पंजाबी को अपनी मातृभाषा मानने से इनकार कर दिया है। भारत में पंजाबी हिंदू और पाकिस्तान में पंजाबी मुसलमान के लिए पंजाबी भाषा एक भिन्न प्रतीक के रूप में आती है। पंडित (1974 : 30) के शब्दों में "दिल्ली का पंजाबी हिंदू (हिंदू-सिख के विरोध में), सिखों से अपनी अस्मिता नकारने के लिए पंजाबी को छोड़ देने के पक्ष में है और पाकिस्तानी पंजाबी मुसलमान पंजाबी को पुनर्जीवित करना चाहता है जिससे उसकी अस्मिता दूसरे मुसलमानों से अलग बनी रहे।"

अतः स्पष्ट है कि भारत में पंजाबीभाषी सिख अपनी भाषाई अस्मिता बनाए रख सकने में इसलिए समर्थ हैं कि उसके द्वारा वे अपनी जातीय अस्मिता बनाये हुए हैं। ब्रास के अनुसार इस जातीय अस्मिता का मूलाधार है, पंजाब की एक राजनीतिक इकाई के रूप में स्वीकृति तथा उस इकाई को राजभाषा के रूप में पंजाबी को वैधानिक मान्यता (ब्रास 1975 : 277)। यह प्लैंक (1978 : 458) के इस सामान्य सिद्धांत के अनुरूप ही है कि "समीकरण प्रक्रिया के भीतर ही धार्मिक विश्वास के आधार पर ध्रुवीकरण की प्रक्रिया भी चलती रहती है।" इस ध्रुवीकरण प्रक्रिया को हिंदू और सिख के बीच बने हरियाणा और पंजाब के क्षेत्रों में स्पष्ट रूप से देखा जा सकता है। किंतु यह प्रश्न जहाँ का तहाँ है कि दिल्ली के प्रवासी पंजाबी हिंदू एवं बंगाली हिंदू भाषा अनुरक्षण एवं भाषा-विस्थापन के संदर्भ में क्यों कुछ समान तथा कुछ विशिष्ट प्रवृत्तियाँ दर्शाते हैं। हमारा शोध इस तथ्य को स्पष्ट रूप से दिखाता है कि दोनों समुदायों में गृहीता समाज के साथ युवा पीढ़ी, प्रौढ़ पीढ़ी की अपेक्षा समीकरण (अर्थात् हिंदी को अपनाने) की ओर अधिक प्रवृत्त है। इसके साथ ही प्रवास के समय उसकी आयु क्या थी, यह दोनों समाजों के लिए भाषाई समीकरण का सबसे प्रमुख कारण

है। इसके अतिरिक्त दूसरे सामाजिक परिवर्त जिनका समीकरण पर प्रभाव पड़ता है, नितांत भिन्न हैं। स्पष्ट है कि शर्मरहॉर्न के परिवर्तों एवं रूप-तालिका (paradigm) को इन बहुभाषिक संदर्भों के परिप्रेक्ष्य में और अधिक व्याख्यायित करने एवं उनमें अंतर दिखाने की आवश्यकता है।

आमतौर पर यह कहा जाता है कि अंग्रेजी बोलने वाले बहुसंख्यकों का आजीविका एवं आर्थिक साधनों पर अधिकार ही है जो अमरीका के विस्थापितों में मातृभाषा के विस्थापन और अंग्रेज़ी के ग्रहण का मुख्य कारण बनता है। पाल्स्टन (1978 : 355) के शब्दों में "लाभ के अभाव में अंग्रेज़ी न तो महत्त्वपूर्ण थी और न है।" किंतु बहुभाषी एवं बहुजातीय भारतीय समाज के संदर्भ में हम पाते हैं कि बहुत-सी प्रवासी जनजातियों ने अपनी भाषा के स्थान पर अपने क्षेत्र की 'प्रमुख' अथवा 'जीविका की भाषा' की अपेक्षा दूसरी अल्पसंख्यक भाषा को विकल्प के रूप में चुना है। उदाहरण के लिए बिहार में 10.3 प्रतिशत कुड़ुखों ने अल्पसंख्यक सदरी को चुना है जबकि केवल 8.05 प्रतिशत ने हिंदी को चुना जो कि क्षेत्र की आजीविका की भाषा है। इसका कारण खोजने में कोई कठिनाई नहीं होगी। सदरी भी आर्य परिवार की ही एक भाषा है और प्रकार्य की दृष्टि से हिंदी की बोली है जो बिहार, प० बंगाल एवं मध्य प्रदेश की जनजातियों में संपर्क की भाषा के रूप में काम करती है। मूल रूप में यह सदानों की मातृभाषा थी किंतु अब यह बहुत बड़े जनजातीय समाज की भाषा है। यह एक महत्त्वपूर्ण तथ्य है कि 1951 की जनगणना में सदरी को मातृभाषा के रूप में बोलने वालों की कुल संख्या 56 थी। 1961 की जनगणना के अनुसार एक ही दशक में यह संख्या बढ़कर 3,65,772 हो गई। इस अभूतपूर्व वृद्धि का जहाँ एक ओर जनजातियों में जागरण से सीधा संबंध है वहाँ दूसरी ओर इसका संबंध जनजातियों में अंतर-समूह संप्रेषण माध्यम से भी है। यह सही है कि हिंदी आजीविका की भाषा के रूप में काम करती है, किंतु इन जनजातियों ने हिंदी के अनुरक्षण को आर्य संस्कृति के अनुरक्षण के प्रतीक के रूप में भी देखा है। उनके अनुसार हिंदी की ओर प्रवृत्त होने का अर्थ अपनी जातीय अस्मिता से विस्थापन है। जनजातियों की अंतस की गहराई ने कहीं समीकरण के इसी भय से ही हिंदी को अपनी अस्मिता की भाषा स्वीकारने से नकारा है, भले ही उन्हें उसका व्यावहारिक ज्ञान था। सदरी के साथ ऐसा कोई जातीय लांछन नहीं जुड़ा था। सदरी जहाँ एक ओर कुड़ुख-भाषियों की संपर्क भाषा का काम करती थी वहाँ दूसरी अन्य जनजातियों एवं उस क्षेत्र के दूसरे लोगों में संप्रेषण की भी भाषा थी। मध्य भारत में **सदरी**, उत्तर-पूर्वी क्षेत्र में **नागामीज** और दक्षिण-पूर्वी भारत में **देसिया** का संपर्क भाषा के रूप में प्रयोग जातीय अस्मिता के सवाल के साथ जुड़ा रहा है। सदरी का उदाहरण इस बात का प्रत्यक्ष प्रमाण है कि बहुसंस्कृति

एवं बहुजातीय समाजों के संदर्भ में शमंरहॉर्न के कुछ परिवर्तों की पुनर्व्याख्या करने की आवश्यकता है।

REFERENCES

Bloomfield, L. 1933. Language, New York : Holt.

Brass, Purl B. 1975. Language, Religion and Politics in North India. Delhi : Vikas Publishing House.

Brudner, L. 1972. The Maintenance of Bilingualism in Southern Austria. Ethnology 11. 39-54.

Day, Richard R. 1981. ESL : A Factor in Linguistic Genocide ? In On TESOL 80 Building Bridges : Research and Practice in Teaching English as a Second Language. Edited by J. C. Fisher. M. A. Clarker and J. Schacter. Washington, D. C. TESOL : 73-78.

—1985. The Ultimate Inequality : Linguistic Genocide. In Wolfson et. al. eds. 1985 pp. 163-181.

Denison, N. 1977 Language death or Language Suicide. International Journal of the Sociology of Language 12 : 13-22.

Dressler, W. and R. Woda—Leodolter 1977. Language death. International Journal of the Sociology of Language, 12 : 5-11.

Ekka, F. 1979. Language loyalty and maintenance among the Kuruxs. In Language Movement in India, Ed. by E. Annamalai (99-106). Mysore : CIIL.

Fishman, J. A., 1966. Language Loyalty in the United States. The Hague : Mouton.

Fishman, J. A., Cooper, R. L. and Rosenbaum. Y. 1977 English the world over : a factor in the creation of bilingualism today. In Bilingualism, Biculturalism and Education. Ed. by P. Hornby. Alberta,

Edmonton : University of Alberta.

Gumperz, J. J. and Wilson, R. 1971. Convergence and Creolization : A case from Indo-Aryan-Dravidian border. In Pidginization and Creolization of Languages. Ed. by D. Hymes(151-167). Cambridge : Cambridge University Press.

Lal, S. M. and Sharma, R. 1980. Identities and attitudes in a multiethnic, multilingual set up and their implications to language planning—a case study of Sadari. Paper presented at the International Summer Institute on Language Planning, held at the CIIL, Mysore.

Lieberson, S. and Curry. T. J. 1971. Language Shift in the United States : Some Demographic Cues. International Migration Review 5. 125-137.

Lieberson, S. et al. 1975. The Courses of Mother-tongue Diversity in Nations. American Journal of Sociology. 81. 34-64.

Mukherjee, A. 1980. Language Maintenace and Language Shift Among Punjabis and Bengalis in Delhi : A Socio-Linguistic Perspective. (Ph. D. dissertation submitted to the University of Delhi, Delhi).

Mahapatra, B. P. 1979. Santali Language Movement in the context of many Dominant. Languages. In Language Movements in India, Ed. by E. Annamalai (107-117) Mysore : CIIL.

Mohan, R. 1983. Language Maintenance and Language Shift : A Kashmiri Case in Kashmir Settings. (M. Phil. dissertation submitted to the University of Delhi, Delhi).

Orans, M. 1965. The Santal—A Tribe in Search of a Great Tradition. Detroit : Wayne State University Press.

Pandit, P.B. 1972. India as a Sociolinguistic Area. Poona :

University of Poona.

—1977. Language in a Plural Society. Delhi : Dev Raj Channa Memorial Committee.

Paulston, C.B. 1976. Ethnic Revival and Educational Conflict in Swedish Lapland. Communicative Educational Review 3. 474-485.

—1978. Education in a bi/multilingual Setting. International Review of Education 3. 309-328.

Plank, P. Vander. 1978. The Assimilation and Non-assimilation of Linguistic Minorities. In Advances in Study of Societal multilingualism. Ed. by J.A. Fishman (423-456). The Hague : Mouton.

Rangila, R.S. 1983. How does a minority community maintain its language : Punjabi in Delhi—a case study. (Mimeo) Paper presented in the National Seminar on : Sociolinguistic Problems of Minority Communities. Madurai. 28-30 June 1983.

Satyanath, T.S. 1982. Kannadigas in Delhi : A Sociolinguistic Study. (M.Phil. dissertation submitted to the University of Delhi, Delhi).

Schermerhorn. R. A. 1970. Comparative Ethnic Relations : a Framework for theory and research. New York : Random House.

Smitherman, Geneva. 1984. Black language as power. In Kramarae et al. Eds. 1984. pp. 101-115.

Srivastava, R.N. 1977. Indian Bilingualism : Myth or Reality. In Indian Bilingualism. Ed. by G. Sharma and S. Kumar. (57-87). Agra : Kendriya Hindi Sansthan.

—1980. Language Teaching in a bi-or Plurilingual and Multicultural Environment. (Academic Report). Paris : Unesco.

—1984. Linguistic Minorities and National Languages.

In Linguistic Minorities and Literacy. Ed. by F. Coulmas. (99-114). Mouton : Berlin : Amsterdam : New York.

Srivastava, R.N. and Gupta, R.S. 1982 Media of Instruction in Higher Education in India. Indian Journal of Applied Linguistics 8. 1-22.

Thompson, R.M. 1974. Mexican American language loyalty and the validity of the 1970 census. International Journal of Sociology 2. 6-18.

Werth, L. 1945. The Problem of Minority Groups. In Ralph Linton (ed.). The Science of man in the World Crisis. New York : Columbia Univ. Press.

भाषाई चेतना और हिन्दी

सूरदास की भाषिक सम्पदा

सूरदास की काव्य भाषा और उनकी भाषिक सम्पदा पर विचार करते समय यह पहले ही स्पष्ट कर लेना चाहिए कि बात सूरदास-रचित साहित्य और काव्यकृतियों के सन्दर्भ में की जा रही है। इससे विवेचन का जो सन्दर्भ उभरता है, वह है सूरदास की सर्जनात्मक शक्ति जिसके सहारे उन्होंने भाषा के भीतर से काव्य-मूर्तियों को गढ़ने का प्रयास किया है। दूसरे शब्दों में हम कह सकते हैं कि 'सूरदास की भाषिक सम्पदा' से हमारा तात्पर्य है सूरदास द्वारा रचित काव्यकृतियों में भाषा का साहित्यिक और सर्जनात्मक प्रयोग। पर 'भाषा का साहित्यिक प्रयोग' जैसी अभिव्यक्ति भी अपने में पूरी तरह से निर्भ्रान्त नहीं कही जा सकती। इसके कम-से-कम दो स्पष्ट सन्दर्भ देखे जा सकते हैं—(1) परम्परा-समर्थित भाषिक अभिव्यक्तियों का सर्जनात्मक प्रयोग, जिसे मैं 'काव्यपरक भाषा' नाम देना चाहूँगा और (2) भाषा की सम्प्रेषणपरक संभावनाओं के भीतर से खोजी गई नूतन अभिव्यक्तियाँ, जिसे मैं 'काव्यभाषा' की संज्ञा देना चाहूँगा। यह विभाजन हमें सूरदास द्वारा प्रयुक्त साहित्य की भाषा को दो दृष्टियों से देखने के लिए बाध्य करता है। पहली दृष्टि यह संकेत देती है कि सूरदास ने परम्परा से क्या अर्जित किया है और रिक्थ में उपलब्ध भाषा और अभिव्यक्ति-रूढ़ियों को कितना नया सन्दर्भ दिया है। दूसरी दृष्टि हमें यह बताती है कि साहित्य की भाषा के क्षेत्र में सूरदास ने क्या कुछ 'नया' दिया है, और उन्होंने भाषिक सम्पदा को कितना और किस रूप में समृद्ध बनाया है।

यह ध्यान देने योग्य है कि 'साहित्य में प्रयुक्त भाषा', विशेषकर कविता में प्रयुक्त भाषा की प्रकृति के बारे में विद्वान न केवल एकमत नहीं हैं बल्कि उनके द्वारा व्यक्त विचारों में अन्तर्विरोध भी देखने को मिलता है। कभी-कभी तो दो बिद्वानों के विचार एक-दूसरे के ठीक विरोध में भी व्यक्त मिलते हैं। इसका एक मुख्य कारण है कि ये विद्वान 'साहित्य में प्रयुक्त भाषा' जैसी अभिव्यक्ति से एक ही अर्थ नहीं निकालते। ऐसी भ्रान्तियों से बचने के लिए यह आवश्यक है कि निम्नलिखित चार निश्चित सन्दर्भों को स्पष्ट करते हुए सूरदास-रचित साहित्य में प्रयुक्त भाषा पर विचार करें, (1) काव्य (पोयटिक) भाषा, (2) काव्यपरक

(पोयटिकल) भाषा, (3) कविता की भाषा और (4) कवि-विशेष की भाषा।

काव्य-भाषा : कविता एक ऐसे कलाविधान की परिणति है जहाँ भाषा का सहारा लेते हुए सौन्दर्य को 'रूप' (फ़ार्म) के सहारे सम्प्रेष्य बनाया जाता है। यहाँ कलात्मक संवेग, भाषाई चेतना पर झेले जाने के बाद अपनी रूप-प्रकृति निर्धारित करती है। इस दृष्टि से हम यह कह सकते हैं कि काव्य-सृजन वस्तुतः कलात्मक संवेग का रूपबद्ध भाषिक रूपान्तरण है। अतः जो भी तत्त्व भाषिक अभिव्यक्ति को कविता में रूपान्तरित करता है और कविता को अपना 'अस्तित्व' प्रदान करता है, उसे काव्य (पोयटिक) कहा जा सकता है। चूँकि सभी भाषिक अभिव्यक्तियाँ काव्यात्मक नहीं होतीं अतः अभिव्यक्तिपरक हर भाषिक उपकरण को काव्यभाषा का हेतु नहीं माना जा सकता।

प्रयोजन की दृष्टि से भाषा-प्रयोग के कम-से-कम दो पक्ष तो सामने आते ही हैं—एक, दैनिक प्रयोग की भाषा जिसमें संकेतार्थ की प्रमुखता रहती है और जो हमारे व्यावहारिक जीवन और कार्य-व्यापार को साधने में काम आती है। इसे हमारे प्राचीन आचार्यों ने 'वार्ता' कहकर सम्बोधित किया है। दूसरा, कलात्मक संवेग और सौन्दर्य प्रतीति की भाषा जिसमें सम्पृक्तार्थ की प्रमुखता रहती है और जिसका संबंध हमारे भाव-संसार से है। यह भाषा का वह पक्ष है जो हमारी चेतना को उद्‌बुद्ध करता है, हमारे अनुभव को गहराई प्रदान करता है, हमारी अनुभूतियों को पैनापन देता है और संस्कार-अर्जित परम्परा को एक नया कोण देता है। संक्रियात्मक (आपरेशनल) दृष्टि से देखें, तो भाषा-प्रयोग का यह पक्ष उन भाषिक उपकरणों का 'सहेतुक' प्रयोग है जिससे हमारे 'प्रात्यक्षिक अनुभव और अनुभूतियों' को ग्रहण करने की शक्ति में वृद्धि होती है।

इसमें सन्देह नहीं कि सूरदास की भाषा में वह काव्यात्मक शक्ति निहित है जो हमारे प्रात्यक्षिक अनुभव को समृद्ध बनाती है। उनकी भाषिक उक्तियाँ हमें परिचित 'संकेतार्थ' को एक नये सन्दर्भ के साथ इस प्रकार देखने को विवश करती हैं जिससे जीवन और जगत् को देखने की हमारी दृष्टि में एक पैनापन आ जाता है। वस्तुतः वे हमारे प्रात्यक्षिक (परसेप्चुअल) संवेग की संतुष्टि के समर्थ साधन के रूप में प्रयुक्त हैं। उदाहरण के लिए निम्नलिखित पंक्तियों पर ध्यान दें—

(1) सूर श्री गोपाल की छवि, दृष्टि भरि-भरि लेहु
(2) देखत आनि संच्यो उर अंतर, दे पलकन को तारो री,
(3) लोक लाज सब फटकि पछारयो

सूरदास में बिम्ब-निर्माण की अद्‌भुत प्रतिभा थी। वे भाषा की सर्जनात्मकता का प्रयोग दृष्टि-छवियों के निर्माण में इस सफाई के साथ करने में समर्थ थे कि भाषा सहज और उक्ति मार्मिक बन जाए। कृष्ण की त्रिभंगी मुद्रा का यह वर्णन,

हमें एक नये ढंग से वस्तु को देखने के लिए विवश करता है,

(4) उर में माखन चोर गड़े।

अब कैसेहु निकसति नहीं ऊधौ। तिरछै है जु अड़े।

सूरदास की काव्यभाषा की प्रकृति ऐसी थी जो सहज ही उन अनुभवों और अनुभूतियों के लिए बिम्ब-रूप बन जाती थी जिसके लिए भाषाई कोष में कोई 'नाम' नहीं मिलता। वह सीधे-सादे और अति परिचित अनुभवों के उस पक्ष को उजागर करने में समर्थ हो जाती है जिसको देखने के लिए हमें दृष्टि के एक निश्चित 'कोण' की ज़रूरत महसूस होती है। चारित्रिक गुणों की सहजता सूरदास की भाषा में उक्ति की न्यूनता का पर्याय बन जाती है। माता यशोदा के पुत्र-प्रेम, उनकी झल्लाहट और स्थितियों के बीच टूटन की अनुभूति की तीखी व्यंजना का अनुभव सहज ही हम इस भाषिक अभिव्यक्ति के सहारे कर लेते हैं—'नन्द ! ब्रज लीनों ठोकि बजाय।' कोई अपरिचित शब्द नहीं, कोई जटिल वाक्य-विन्यास, नहीं, भाषा-व्यापार में कोई दुरूहता नहीं, फिर भी ममता की झल्लाहट, झन-झनाहट-सी दिल के कानों में अव्यक्त गूँज बन जाती है।

अनुभवों से समृद्ध और अनुभूतियों से पूरित काव्यभाषा के सार्थक प्रयोग के कई ऐसे उदाहरण सूरदास की कृतियों में बिखरे पड़े हैं जो हमारे प्रात्यक्षित संसार को समृद्ध बनाते हैं, यथा—'लोचन चुवति अचेत'; 'चिरई चुहचुहाती'; 'नीके उझकि निहारयौ'; 'निसि के उनींदे नैन'; 'सकुचि होत सुकुमार नींद में'; 'सुपने ज्यों डहकानो'; 'पटकत बांस-कांस-कुस चटकति' आदि।

काव्यपरक भाषा : काव्यपरक भाषा, परम्परा को समर्थन करने वाली प्रयुक्ति (रजिस्टर) सापेक्ष भाषा है। भाषा हमेशा प्रयोजन के अनुरूप अपना एक रूप ग्रहण कर लेती है। भाषा को जो भी भूमिका दीजिए, उसको साधने के लिए उस भूमिका के अनुरूप अपनी भाषिक उपव्यवस्था का भी वह निर्माण कर लेती है। परम्परा से बल पाकर कभी-कभी यह भाषिक उपव्यवस्था 'रूढ़िग्रस्त' हो जाती है। काव्यपरक भाषा ऐसी ही एक रूढ़िग्रस्त भाषिक उपव्यवस्था है जो साहित्य की परम्परा के रूप में निर्धारित और निर्दिष्ट होती है। एक ऐसी ही रूढ़िग्रस्त भाषिक व्यवस्था हमें पद्य का फ़ार्मेट देती है। गद्य के विरोध में जब हम 'पद्य' पर विचार करते हैं तब साफ़ हो जाता है कि इसका सम्बन्ध अब अनिवार्यतः कलात्मक संवेग के साथ नहीं रह गया है। पद्य से हम गद्यात्मक संवाद कर सकते हैं, उसमें आयुर्वेद की विषय-वस्तु का प्रतिपादन करते हुए 'चरक संहिता' लिख सकते हैं और साहित्यिक सिद्धान्त की चर्चा करते हुए उसमें 'काव्यशास्त्र' (काव्य नहीं) का भी निर्माण कर सकते हैं। संक्षेप में हम यह कह सकते हैं कि काव्यपरक भाषा भाषा-प्रयोग का वह अंश है जो अपने भाषिक विधान में एक निश्चित 'फ़ार्मेट' का अनुसरण करता है और अपने प्रकार्य में

'रूढ़िग्रस्त' होकर मात्र रूपात्मक (फ़ार्मल) रह जाता है।

कालपरक भाषा-प्रयोग के दो आयाम देखे जा सकते हैं। एक आयाम पर वह विगत का मात्र ऐतिहासिक देय है, इतिहास द्वारा प्रदत्त कहने का जीवन-विहीन एक ढंग है। इस दृष्टि से वह काव्यात्मक रूढ़ियों का वह समुच्चय है जो अपने संकेतार्थ में अनुभव-शून्य और सम्पृक्तार्थ में अनुभूतियों के दारिद्रय को व्यंजित करता है। दूसरे आयाम पर काव्यपरक भाषा को उस भाषिक स्रोत के रूप में देखा जा सकता है जो समय का अतिक्रमण करता है। इस दृष्टि से उसे अब तक हुए सर्जनात्मक भाषा-प्रयोगों के उस संचित कोश के रूप में देखा जा सकता है जिसके सहारे हम साहित्यिक और सांस्कृतिक स्तर पर अपने इतिहास से सम्बन्ध स्थापित करते हैं। अतः काव्यपरक भाषा भाषिक अभिव्यक्ति का वह विधान और फ़ार्मेट है जिसे साहित्यिक नैरन्तर्य को बनाए रखने के लिए विगत हमें एक अनुपम उपहार के रूप में देता है—जिसे सम्प्रति साहित्यकार को या तो निर्मम बोझ के रूप में स्वीकार करना पड़ता है अथवा उसे जीवन्त शक्ति के रूप में ग्रहण करना पड़ता है। उदाहरण के लिये सूर-साहित्य से लिये गए निम्नलिखित दो उद्धरणों पर ध्यान दें—

(1) दूर करहु बीना कर धारिबो
 मोहे भृग नाहीं रथ हाक्यो, नाहिन होत चन्द को ढारिबो।
(2) बातें बूझत यों बहरावति।
 सुनहुं श्याम ! वे सखी सयानी पावस ऋतु राधिकहिं सुनावति।
 घन गरजत तो कहत कुसलमति गूंजत गुहा सिंह समझावति।

पहला उद्धरण कथानक भंगिमा का वह रूप है जिसे सूरदास ने काव्य-रूढ़ि के रूप में पाया था और जो अपनी अर्थवत्ता खोकर अनुभवशून्य होकर रह गया था। साहित्यिक भाषा पर यह परम्परा से मिला एक बोझ है क्योंकि अपने प्रयोजन में वह सारी सर्जनात्मक शक्ति खो चुका है। हमें पूर्ववर्ती अन्य कवियों की रचनाओं में भी इसी प्रकार की अभिव्यक्तियाँ देखने को मिलती हैं। उदाहरण के लिए जायसी में भी इसी प्रकार के रूढ़ि-ग्रस्त प्रयोग मिलते हैं—

गहै बीन मकु रैन बिहाई। ससि बाहन तहं रहै ओनाई।

सच तो यह है कि सूरदास के अधिकांश कूट-पद इसी श्रेणी की अभिव्यक्तियाँ मानी जा सकती हैं जहाँ न तो हमें अनुभूतियों का कोई नया रंग देखने को मिलता है और न ही भाषा की सर्जनात्मकता का कोई नया सन्दर्भ ही।

इसके विपरीत जब हम दूसरे उद्धरण पर ध्यान देते हैं तब वहाँ भी हम काव्य-रूढ़ियों का प्रयोग पाते हैं, वहाँ भी बाह्य प्राकृतिक दृश्य और आन्तरिक भाव जगत् के बीच सम्बन्धों का वह रंग पाते हैं जो परम्परा-अनुमोदित है, पर सूरदास ने यहाँ सन्दर्भ की जो नूतन उद्भावना की है वह परम्परा से प्राप्त कथन-

भंगिमा की व्याख्या का एक नया आयाम खोलता है। यहाँ हमें साहित्यिक प्रयोग का एक नया स्वर सुनाई पड़ता है जो काव्य-रूढ़ियों को भी एक नया रंग दे देने में समर्थ है।

कविता और कवि की भाषा : कविता केवल भाषा के माध्यम से व्यक्त नहीं होती बल्कि वह भाषा के गर्भ से अपना जन्म भी धारण करती है। भाषा अपनी प्रकृति में उसी प्रकार सर्जनात्मक होती है जिस प्रकार मानव-मन सर्जनात्मक होता है। अगर हम कविता को मानव-मन की सर्जनात्मक शक्ति का एक अप्रतिम उदाहरण मानते हैं तब कविता की भाषा भी, भाषा की लचीली संभावना का क्षेत्र बन जाता है। भाषा से व्यक्ति जो भी काम लेना चाहे, भाषा उस काम के अनुरूप अपना रूप ढाल लेती है। किसी भी भाषा-समुदाय के व्यक्तियों की सामाजिक और सांस्कृतिक भूमिका के निर्वाह के लिए इसीलिए हमें एक ही भाषा के भीतर अनेक कथन-रीतियाँ देखने को मिल जाती हैं। यह इस बात का भी प्रभाव है कि भाषा की भीतरी व्यवस्था इतनी लचीली होती है कि विभिन्न सामाजिक भूमिका के लिए अपना एक नया रूप ले लेती है। भाषा का यह लचीलापन साहित्य की भाषा में सबसे अधिक देखने को मिलता है क्योंकि साहित्य, जीवन के बहुविध रूप को अपने भीतर समेटने के लिए बाध्य है।

कविता अपने व्यापार में एक ओर दूरवर्ती विगत घटनाओं से लेकर वर्तमान के आधुनिक काल-बोध को अपने भीतर समेटने की क्षमता रखती है और दूसरी ओर प्रतिष्ठा-प्राप्त व्यक्तियों की संस्कारित चेतना से लेकर लोक-जीवन के मिट्टी-सने अनुभव-संस्कार को अपने भीतर बाँधने की क्षमता रखती है। अतः कविता की भाषा और कुछ नहीं, उस भाषा की लचीली सम्भावना है जिसके गर्भ से कविता उद्भूत होती है और जिसके माध्यम से वह अपना रूप ग्रहण करती है। ध्यान देने की बात है कि कविता की भाषा के सन्दर्भ में काव्यात्मक और अकाव्यात्मक प्रयोग जैसे न तो भेद देखे जा सकते हैं और न ही काव्य-भाषा और काव्यपरक भाषा जैसे अन्तर। कविता की भाषा के भीतर इसीलिए ऐसे सीधे-सादे भाषा-प्रयोग भी आते हैं—

'मैया मैं नहिं माखन खायो' या 'मैया कबहिं बढ़ैगी चोटी'।

और उसके भीतर ऐसी उक्तियाँ भी देखने में आती हैं—'आपुन पौढ़ि अधर-सज्जा पर कर पलनव सों पद पलुटावति' या 'राजीवदल, इंदीवर, शतदल, कुशेशय जाति'।

कवि की भाषा, भाषा की लचीली संभावना के भीतर से 'विकल्प से चुनाव' का परिणाम होती है। यह कहा जा सकता है कि भाषा एक संभावना है और उस संभावना के भीतर रहकर व्यक्ति अनेक विकल्पों में से एक विकल्प का चुनाव कर उसे ठोस रूप देता है। कोई कवि एक ही संकेतार्थ के लिए तत्सम शब्दों का

चयन करने की ओर प्रवृत्त होता है तो उसी युग का कोई दूसरा कवि उसी संकेतार्थ के लिए तद्भव शब्दों का चयन करता है, एक कवि वाक्य-विन्यास में पदबंधीय शैली का प्रयोग करता है तो दूसरा कवि उपवाक्यीय शैली का। कवि की भाषा का सम्बन्ध वस्तुत: 'विकल्प से चुनाव' की धारणा को सामने लाता है और यह संकेत देता है कि भाषा की लचीली और अगाध संभावना के भीतर से कवि ने अपने स्वभाव (व्यक्ति शैली) के अनुरूप किस प्रयोग का चयन किया है। दूसरे शब्दों में यह कहा जा सकता है कि भाषा की लचीली संभावना उस भाषा में रचित कविता की भाषा है जबकि व्यक्ति शैली को व्यंजित करने वाला भाषिक चयन उक्त कवि की भाषा है। इसी दूसरे सन्दर्भ में सूरदास की भाषा पर नीचे कुछ विचार किया जा रहा है।

एक बहुभाषी समाज में विकल्प से चयन का एक आयाम स्वयं भाषा का भी होता है। कवि अगर बहुभाषी है तो किस भाषा में वह कविता करे? यह समस्या एक भाषा के भीतर की अनेक शैलियों में से किसी एक शैली के चुनाव की न होकर भाषाई समुदाय के भाषाई कोश के भीतर पाई जाने वाली अनेक भाषाओं में से किसी एक भाषा के चुनाव से सम्बद्ध है। परम्परा के रूप में यह संभव था कि भक्तिकाल में कोई व्यक्ति संस्कृत भाषा में कविता करे अथवा ब्रज या अवधी भाषा में। यह सच है कि सूर ने संस्कृत भाषा के विरोध में आकर 'भारवा' में लिखने के लिए न तो कोई घोषणा की है और न ही कोई तर्क दिया है, जैसा कि हम कबीर या तुलसी को करते पाते हैं। कबीर ने संस्कृत भाषा को 'कूप जल' और भारवा को 'बहता नीर' कहा है और तुलसी ने उसके अन्तर को प्रयोजन के आधार पर रखते हुए एक को 'कुमाच' कहा है और दूसरे को 'कामरी'। कोई उक्ति न देने के बावजूद स्पष्ट है कि सूरदास ने कबीर और तुलसी की तरह जन-सामान्य के हित के निमित्त अपने काव्य की रचना के लिए भारवा को ही आधार बनाया है।

भक्ति आंदोलन का सामाजिक-सांस्कृतिक पक्ष वर्ण और जातिगत विषमताओं से ऊपर उठा हुआ था। वह लोक-जीवन और लोक-संस्कार पर आग्रह रखता था। साहित्य में वह 'कला' को 'जीवन' के स्तर पर उठाने का प्रयास था और समाज में वह शोषित और पीड़ित वर्ग के हितों का संरक्षक था। अत: सामाजिक-सांस्कृतिक पक्ष के लिए उस 'भाषा' को अपनाने के पक्ष में था जो उसके आन्दोलन को बल दे सके और उस 'शैली' में बात कहने का समर्थक था, जो उसकी सामाजिक अस्मिता को दलित और शोषित वर्ग के साथ जोड़ सके। सूरदास ने न केवल ब्रज-भारवा को अपने काव्य-संदेश का माध्यम बनाया बल्कि उस भाषा-शैली को भी अपनाया, जो उसकी सामाजिक अस्मिता के पहलू को व्यंजित कर सके। वैसे तो आचार्य केशवदास ने भी ब्रज में अपनी रचना की, पर उनकी भाषा-शैली

कला के जिस संस्कार से जोड़ती है उसको किसी भी प्रकार से लोक-जीवन से उद्भूत नहीं कहा जा सकता। उनकी काव्य-भाषा न तो कला को लोक-जीवन के स्तर पर ला पाने में समर्थ है और न ही वह लोक-संस्कार के गर्भ से उत्पन्न ही जान पड़ती है। केशवदास ने स्वयं स्वीकार किया है कि उनके घराने के लोग उस भारवा शैली से परिचित नहीं जो काव्यभाषा को नीरस बन देती है। उनके अनुसार अलंकार और साज-सज्जा के बिना कविता संभव ही नहीं—"भूषन बिनु न बिराजई कविता बनिता मित्त'। इसके विपरीत सूरदास अपनी अस्मिता की पहचान उस भारवा-शैली के माध्यम से देते हैं जो भक्ति आन्दोलन के मूल्यों के अनुरूप था।

इसके साथ ही अगर सूरदास अपनी भाषिक सम्पदा पर ध्यान दें तो यह बात भी साफ हो जाती है कि वह एक तरफ कबीर की भारवा-शैली से भिन्न है तो दूसरी तरफतुलसी की भारवा-शैली से भी अलग है। यहाँ मैं भाषिक सम्पदासे अर्थ संकेतित करना चाहता हूँ—वह है विकल्प से चयन के सिद्धान्त पर आधारित कवि-प्रयुक्त भाषिक अभिव्यक्ति, पर्यायवाची प्रयोग, अभिव्यक्तिपरक शब्द, अभिव्यंजक उक्तियाँ आदि, जो भाषा-शैली को सम्पृक्तार्थ से जोड़ती हैं अथवा उसके लिए भाषिक आधार बनती हैं। इस दृष्टि से देखें तो कबीर की कोशीय सम्पदा में संस्कृतनिष्ठ भाषिक तत्त्वों का सचेतन बहिष्कार पाते हैं और तुलसी के भाषाई कौशल में न केवल इस दिशा में सहेतुक समृद्धि पाते हैं बल्कि उनका अकारण प्रयोग भी देखते हैं। इसके विपरीत सूरदास की भाषिक सम्पदा पर जब हम ध्यान देते हैं तब वहाँ ऐसे तत्त्वों का प्रयोग कविता की स्वाभाविक प्रक्रिया में आए अंश के रूप में सिद्ध पाते हैं। वे सन्दर्भ की अपनी आवश्यकता के परिणाम है और मूलतःकाव्यात्मक संवेदना से खिंचकर आये हुए प्रयोग हैं। और यही कारण है कि हमें सूर-साहित्य में ऐसे संकर-प्रयोग भी देखने को मिलते हैं—'फौजपति, भूषनसिया, सृकसीपज, प्रीतितरवारि, लोचन चुवति' आदि। एक ही पद में हम 'अति मलीन वृषमानु कुमारी' जैसी अभिव्यक्ति देखते हैं तो वहीं 'छूटे चिकुर बदन कुम्हिलाने' जैसी अभिव्यक्ति भी। वहाँ अगर हमें ऐसे समास मिलते हैं—'किसलय कुसुमावलि, अम्बुज पराग' तो हमें ऐसे बोलीगत प्रयोग भी दिखाई देते हैं—"रिझवति तिय सिगरी', 'आँख घूर सी रीन्हीं', 'कहा ठगी सी ठाड़ी'।

कोई भी भाषा अपने व्यवहृत रूप में समरूपी नहीं होती। प्रयोगगत वैविध्य भाषा की अपनी नियति है। ब्रजभाषा में भी शब्द-संरचना या वाक्य-विन्यास स्तर पर हम बहुमुखी विविधता देख सकते हैं। वस्तुतः जिसे हम 'ब्रजभाषा' कहते हैं वह शब्द-संरचना और वाक्य-विन्यास की उपशैलियों का एक समुच्चय मात्र है। शब्द स्तर पर हम इसे तत्सम, अर्द्धतत्सम, तद्भव, विदेशी आदि भाषिक तत्त्वों के रूप में समृद्ध पाते हैं और वाक्य-विन्यास के स्तर पर कर्तृवाच्य, कर्मवाच्य,

स्थैतिक-संक्रियात्मक आदि वाक्य-संरचना से अभिवृद्ध देखते हैं। इनमें से किसी एक का चुनाव या सांख्यिकी के सन्दर्भ में किसी एक के प्रचुर प्रयोग का कुछ न कुछ कारण होता है। सूरदास की काव्यशैली में हम देखते हैं कि जहाँ भी बिम्ब स्थैतिक है वहीं नाभिक शब्द अपनी प्रकृति में तत्सम, क्रिया अपने प्रयोजन में स्थिर और पदबंध अपनी संरचना में सामासिक हो उठे हैं। उदाहरण के लिए नीचे के पद में कृष्ण के स्थैतिक सौन्दर्य के वर्णन के लिए अपनायी गई भाषा पर ध्यान दें—

चारु कपोल, लोक्त लोचन, गोरोचन तिलक दिए।
लट लटकानि मन मत्त मधुप-गज, मादक मधुंहि पिए।
कठुला कंठ, वज्र केहरि-नख, राजत रुचिर हिए।
धन्य सूर एको पल इहिं सुख, का सत कल्प जिए।

तत्सम शब्द, स्थिर क्रिया और सामासिक अभिव्यक्ति की बहुलता हम निम्नलिखित पदांश में भी देखते हैं—

कछुक कुटिल कमनीय सघन सिर गो-रज मण्डित केस।
सोभित मनु अंबुज-पराग-रुचि रंजित मधुप सुदेस।
कुण्डल किरन कपोल-लोल छवि नैन कमल-दलमीन।
प्रति प्रति अंग अनंग-कोटि सुनि सखि परम प्रवीन।

इसके विपरीत जब सूरदास कृष्ण की बाललीला के संक्रियात्मक बिम्ब को व्यक्त करते हैं अथवा गोपियों के भाव या विचार की गत्यात्मकता को प्रतिपाद्य बनाते हैं, वहाँ शब्दों की प्रकृति तद्भव हो जाती है, क्रिया अपने प्रयोजन में 'गतिमान' हो उठती है और भाषा-प्रयोग दैनिक जीवन की शैली अपना लेता है। उदाहरण के लिए निम्नलिखित पद पर ध्यान दें—

खेलन दूर जात कत कान्हा।
आज सुन्यो मैं हाऊ आयौ, तुम नहिं जानत कान्हा।
इक लरिका अबहिं भजि आयौ, रोवत देख्यौ ताहि।
कान तोरि वह लेत सबनि के, लरिका जानत जाहि।

भ्रमरगीत में दैनिक जीवन की भाषा-शैली के वैदग्ध्य प्रयोग का काव्यशैली के रूप में अत्यन्त सार्थक प्रतिफलन दिखलाई देता है। वस्तुतः यहाँ भाषा की लचीली संभावना का सबसे अधिक उपयोग हुआ है। सन्दर्भगत प्रयुक्तियों से बँधकर भाषा-शैली अपनी पूरी सार्थकता के साथ निखरकर उभरी है। किस तरह सामान्य भाषा के सामान्य प्रयोग सन्दर्भ की नूतन उद्‌भावना के सहारे काव्यात्मक उक्तियाँ बन गए हैं, उसके कुछ उदाहरण नीचे दिए जा रहे हैं—

'ऊधो मन नाहीं दस बीस', 'ऊधो कहा करैं ले पाती',
'ऊधो जाहु तुमहिं हम जाने', 'ल्याटो लाख घरो दस कुबरी',

'अन्तहिं कान्ह हमारो', 'हम दासी धिन मोल की ऊधो',
'क्यों गुड़िया बिन डोर', 'सिर पर सौति हमारे कुबिजा',
'चाम कै दाम चलावे', ये बतियाँ छतियाँ लिखि राखी,
जे नन्दलाल कहीं' आदि।

सूरदास की भाषिक सम्पदा की जो बात हमारा सबसे अधिक ध्यान आकर्षित करती है वह है उनके द्वारा अपनाये गए विभिन्न शब्द-स्रोत। उनके भाषाई कोश में एक ओर हैं तत्सम और अर्द्धतत्सम शब्द-प्रयोग, यथा—'अम्बुज, कल, पिनाक, अहिपति' और 'परतीत, सूकर, गनिका, आरत, स्वान, पदुम' और दूसरी और तद्भव और आँचलिक शब्द-प्रयोग हैं, यथा—'अंचरा, कोख, सांवरो, जोति, अटारी' और 'औचक, चिरिया, बकोटति, लठबासी, मूड़'। फ़ारसी-अरबी भाषा से आगत शब्दों की संख्या भी वहाँ कोई कम नहीं, यथा—'गरीबनि, दरबान, अबाज, बकसीस, गुमान, रुक्का, खसम'। मुहावरे और लोकोक्तियों ने सूर की भाषा को जीवन्त और गत्यात्मक बनाया है। वे भाषा की स्फूर्ति के रूप में उभरे हैं और शैली के सहेतुक पक्ष के दीप्ति-स्तंभ-से बन गए हैं, यथा—'आँख बरति है मेरी, एकहु अंग न कांची, गाढ़े दिन के मीत; अपने स्वारथ के सब कोऊ, जीवन रूप दिवस दस ही के, प्रेम कथा का कहिबो मनो कोटिबो पास, जाके हाथ पेड़ फल ताको, जाहि लगे सोई पै जाने'।

कभी-कभी सूर-साहित्य में मुहावरों और लोकोक्तियों के बहुविध प्रयोग को देखकर ऐसा लगता है जैसे सूर ने सप्रयास उनको कविता में बाँधा है। वे सूर के भाषा-सामर्थ्य को तो संकेतित करते हैं पर काव्यभाषा को बोझिल भी बना देते हैं। उदाहरण के लिए उनके निम्नलिखित पद पर ध्यान दें—

आए जोग सिखावन पांडे
परमारथी पुराननि लादे ज्यों बनजारे रांड़े।
हमरे गति-पति कमल नयन की, जोग सिखें तें राड़ें।
कहौ मधुप कैसे समाहिगें, एक म्यान दो खाड़े।
कहु षटपद कैसे खेयतु है, हाथनि के संग गांड़े।
काकी सूख गई बयारि भषि, बिन दूध-घृत माड़े।
काहे को झाला लै मिलवति, कौन चार तुम डांड़े।
सूरदास तीनो नहिं उपजत, धनिया, धान, कुम्हाड़े।

सूरदास ने जिस भाषा-रूप और भाषिक शैली का प्रयोग किया है वह सहज ही समय का अतिक्रमण करती है और साथ ही 'कविता की भाषिक सम्पदा' और 'काव्य भाषा के सर्जनात्मक प्रयोग' के अन्तर के लिए चुनौती है। सच तो यह है कि उनके काव्य में यह अन्तर काव्यात्मक भाषिक चयन को उतना उजागर नहीं करता है जितना कि काव्यात्मक सन्दर्भ की उद्भावना को संकेतित

करता है। वस्तुतः सन्दर्भ की नूतन उद्भावना और जीवन और जगत् को देखने की नई दृष्टि ही सामान्य जीवन के उनके सामान्य भाषा-प्रयोग में काव्यात्मकता के गुण से युक्त कर देते हैं। सामान्य शब्दों में काव्य शक्ति का प्रस्फुटन इस बात को भी स्पष्ट कर देता है कि शब्द न तो अपने में 'अच्छे' या 'बुरे' होते हैं और न ही 'काव्यात्मक' और 'अकाव्यात्मक'। कला रूप में जो भी भाषा-शैली या शब्द-चयन है उनका आधार उनका सार्थक और निरर्थक सन्दर्भ होता है। उदाहरण के लिए निम्नलिखित अभिव्यक्तियों की काव्यशक्ति पर ध्यान दें जहाँ भाषिक प्रयोग अपने में अतिसामान्य होने पर सन्दर्भ से जुड़कर काव्योत्कर्ष के उदाहरण बन गए हैं—

मधुबन ! तुम कत रहत हो?
बिरह बियोग श्याम सुन्दर के ठाढ़े क्यों न जरे?
+ + +
नंद ! ब्रज लीजै ठोकि बजाय।
देहु बिदा मिलि जाहि मधुपुरी जहँ गोकुल के राम
+ + +
मेरे मन इतनी सूल रही।
बै बतिया छतियाँ लिखि राखी जे नन्दलाल कहीं।

निष्कर्ष रूप में यह कहा जा सकता है कि सूरदास की भाषिक सम्पदा अपनी प्रकृति में बहुआयामी है। वह काव्यात्मकता की व्यंजना के लिए किसी भी भाषिक स्वर या किसी भी शैली रंग को नकारने के पक्ष में नहीं। यद्यपि अपनी अभिवृद्धि के लिए वह किसी भी भाषिक स्रोत का रास्ता बन्द नहीं करती, फिर भी उसकी मुख्य प्रवृत्ति लोक संस्कार और जन-जीवन के सामान्य पक्षों के भीतर से उभरती हुई उस संस्कृति से प्रेरित है जो साहित्य को लोक-जीवन का पर्याय बनाती है। वस्तुतः वह सामान्य व्यक्ति की सामान्य भाषा का उस काव्यभाषा में रूपान्तरण है जो हमारी चेतना को गहराई देती है, हमारे प्रात्यक्षिक बोध के लिए नया रास्ता बनाती है और अनुभवों को व्यापकता प्रदान करती है। कविता की भाषा के क्षेत्र में सूर की भाषा एक क्रान्तिकारी प्रयोग माना जा सकता है जो इलियट की इस धारणा को पुष्ट करती है कि 'कविता के क्षेत्र में होने वाली हर क्रान्ति सामान्य व्यक्तियों की सामान्य भाषा के प्रयोग की ओर मुड़ी होती है।'

भारतेन्दु युग की भाषाई चेतना

भारतेन्दु युग की भाषाई चेतना पर विचार करने के पहले यह आवश्यक है कि हम उस युग की सामाजिक, सांस्कृतिक पृष्ठभूमि पर संक्षेप में विचार कर लें। वैसे इस युग को विद्वानों ने एक ओर हिन्दी साहित्य के आधुनिक काल के रूप में सम्बोधित किया है तो दूसरी ओर इसे गद्य काल की संज्ञा भी दी है; एक ओर इसे सामाजिक-सांस्कृतिक आन्दोलन का पुनर्जागरण काल कहा है तो दूसरी ओर इस युग को हिन्दुस्तानी-जाति के गठन और उसके सांस्कृतिक विन्यास का युग भी स्वीकार किया है। इसी प्रकार अगर विद्वानों के एक वर्ग ने इसे नाट्य विधा प्रधान साहित्य युग के रूप में देखा है तो दूसरी ओर कुछ आलोचकों ने इस युग की प्रतिभा को जनसम्पर्क के सशक्त माध्यम पत्र-पत्रिकाओं के आविर्भाव एवं प्रसार के रूप में भी देखा है। स्पष्ट है कि इस युग की जो भी सामाजिक, सांस्कृतिक एवं राजनैतिक पृष्ठभूमि रही है, उसने अगर हिन्दी साहित्य को नई अर्थवत्ता और युगानुरूप मूल्य दिया है तो उसी ने हिन्दी भाषा और उसके साहित्यिक रूप को भी नया अर्थ प्रदान किया है और उसे युगानुकूल प्रवृत्तियों से जोड़ा है।

एक बात और। भारतेन्दु काल को संक्रमण काल भी कहा गया है। इसे नई और पुरानी प्रवृत्तियों का सन्धिस्थल बतलाया गया है। यह वह युग है, जहाँ एक ओर सामन्तवाद ऊपर से ढहता पर मनोवृत्ति में अपना दबाव डालता है और दूसरी ओर पूंजीवाद का अंकुर फूटता है और औद्योगिक युग सम्बन्धी प्रवृत्तियाँ पनपती-सी दिखायी देती हैं। सामाजिक चेतना के स्तर पर इसमें राजभक्ति और देशभक्ति का विचित्र स्वर संयोग मिलता है। साहित्य के क्षेत्र में इसकी काव्यधारा में रीतिकालीन शृंगारिक प्रवृत्तियाँ भी मिलती हैं और आधुनिक युग की जनवादी मनोवृत्ति तथा सामन्तविरोधी राष्ट्रीय चेतना का भी स्वर गूँजता है। किसी भी अन्य युग में भाव और विवेक के धरातल पर सामूहिक द्वन्द्व तथा पुरानी और नई प्रवृत्तियों का संक्रमण साहित्य और भाषा के स्तर पर ऐसा खुलकर नहीं देखने में आया जितना कि भारतेन्दु काल में दिखलायी पड़ता है। सच तो यह है कि मात्र भारतेन्दु का अपना साहित्य या उनकी अपनी भाषाई चेतना स्वयं इस संक्रमण, द्वन्द्व और तनाव का अप्रतिम उदाहरण है। आचार्य रामचन्द्र शुक्ल

ने भारतेन्दु हरिश्चन्द्र पर लिखते हुए कहा है— 'अपनी सर्वतोन्मुखी प्रतिभा के बल से एक ओर तो वे पद्माकर और द्विजदेव की परम्परा में दिखायी देते थे, दूसरी ओर बंगदेश के माइकेल और हेमचन्द की श्रेणी में। एक ओर तो राधाकृष्ण की भक्ति में झूमते हुए नई भक्तमाल गूँथते दिखायी देते थे, दूसरी ओर मन्दिरों के अधिकारियों और टीकाधारी भक्तों के चरित्र की हँसी उड़ाते और स्त्री-शिक्षा, समाज-सुधार आदि पर व्याख्यान देते पाये जाते थे। प्राचीन और नवीन का यही सुन्दर सामंजस्य भारतेन्दु की कला का विशेष माधुर्य है।'

प्राचीन और नवीन के इस संधिकाल में यह युग अपनी अभिव्यक्ति-माध्यम के सन्दर्भ में भी भाषा के चुनाव और शैली के निर्माण में दुहरे द्वन्द्व से मुक्त न था। भारतेन्दु युग पूर्व काल की जो धारा अव्यवहित भाव से हिन्दी में बह रही थी उसका माध्यम ब्रजभाषा थी। ब्रजभाषा को एक ओर भक्ति परम्परा ने संस्कार दिया था तो दूसरी ओर रीतिकालीन काव्य-धारा ने अलंकृत और रसमंजित किया था। इस युग के संदर्भ में इसे परम्परा की संवाहिका भाषा कहा जा सकता है। इसके विपरीत सामन्तवाद के गर्भ में पनप रहे जिस विकासशील व्यापारी वर्ग ने हिन्दी जनपद का जातीय गठन किया उसका अभिव्यक्ति-माध्यम खड़ीबोली थी। गद्य के प्रसार का इतिहास भी इस बात का साक्षी है कि उसका सम्बन्ध मध्यवर्ग के व्यापारिक सम्बन्धों एवं प्रकार्य से जुड़ा होता है। समाज की जटिलता, बौद्धिकता, व्यवितगत समस्याओं आदि को सही ढंग से प्रस्तुत करने के हेतु गद्य का प्रादुर्भाव हुआ।

साहित्यिक विधा के रूप में भारतेन्दु युग की एक महत्त्वपूर्ण देन है— उपन्यास। हिन्दुस्तानी भाषाई समाज का गठन, खड़ीबोली गद्य का आविर्भाव एवं उपन्यास विधा का जन्म, उत्पत्ति की दृष्टि से अन्योन्याश्रित है। गद्य की माध्यम भाषा के रूप में खड़ीबोली का चुनाव आधुनिक चेतना के दबाव का परिणाम था। वस्तुतः यही आधुनिक चेतना साहित्यिक विधा के रूप में उपन्यास कला के आविर्भाव का भी कारण बनी। गद्य के जन्म के मूल में भी वे ही कारण मुख्य हैं जो उपन्यास विधा के आविर्भाव के कारण थे। इसी आधार पर संभवतः आचार्य नन्ददुलारे वाजपेयी ने संकेत दिया—'उपन्यास से आजकल गद्यात्मक वृत्ति का अर्थ लिया जाता है। पद्यबद्ध उपन्यास नहीं हुआ करते। उपन्यास के विकास से गद्य के विकास का भी सम्बन्ध है। प्रायः वही परिस्थितियाँ गद्य के विकास में सहायक हुई हैं जो उपन्यास के विकास में सहयोग दे रही थीं।'

भारतेन्दु युग में कविता में ब्रजभाषा और उपन्यास तथा निबन्ध में खड़ीबोली —इस तथ्य को इतिहासकारों ने बड़े सहज भाव से यह कहकर स्वीकार कर लिया कि साहित्यिक काव्यधारा की भाव-व्यंजना का प्रधान माध्यम ब्रजभाषा थी और तथ्य-निरूपण, बौद्धिक चिन्तन एवं सामाजिक विद्रोह की उपकरण भाषा

खड़ीबोली थी। पर हम यह भूल जाते हैं कि भारतेन्दु काल में ही गद्य और पद्य की भिन्न-भिन्न भाषा होने की स्थिति का विरोध प्रारम्भ हो चुका था। इन दो भाषाओं के प्रयोग की अस्वाभाविक स्थिति स्वयं भारतेन्दु के मन को उद्वेलित कर रही थी। उन्होंने खड़ीबोली में भी कविता रची और उसे 'भारत मित्र' में छपवाया। यह अवश्य है कि खड़ीबोली में रचित उनकी कविताओं को वह आदर नहीं मिल सका, जो परम्परा-प्राप्त माध्यम भाषा ब्रज में रची कविताओं को मिला था। पर भारतेन्दु ने भाषा माध्यम के क्षेत्र में जो नूतन प्रयोग का बीज डाला, वह न केवल अपने युग में वाद-विवाद का विषय बना अपितु आगे चलकर एक सशक्त धारा के रूप में विकसित भी हुआ। विवाद के रूप में हम पाते हैं कि श्रीधर पाठक और अयोध्याप्रसाद खत्री खड़ीबोली के समर्थक थे। इस दिशा में अम्बिकादत्त व्यास और प्रेमघन की रचनाएँ भावी पीढ़ी के लिए प्रेरणास्रोत हैं। दूसरी तरफ प्रतापनारायण मिश्र तथा राधाचरण गोस्वामी जैसे साहित्यकार ब्रजभाषा के समर्थक थे। इस सन्दर्भ में 'हिन्दोस्थान' पत्रिका के 1888 के एक अंक का सम्पादकीय लिखते हुए स्वयं भारतेन्दु ने यह लिखा—'गद्य और पद्य की भिन्न-भिन्न भाषा होना हमारे लिए उतना अहंकार का विषय नहीं है जितना लज्जा और उपहास का'।

यहाँ इस तथ्य की ओर संकेत देना अनुचित न होगा कि भारतीय समाज में दो भिन्न कालों में बड़े स्तर पर सामाजिक-सांस्कृतिक मूल्यों में परिवर्तन देखने को मिलता है जिन्हें इतिहासकारों ने पुनर्जागरण काल कहा है। पहले पुनर्जागरण का सम्बन्ध भक्तिकाल से है, जिसके मूल में सामन्तवाद के गर्भ में पनप रहा विकासशील व्यापारी वर्ग था। इसका प्रतिनिधित्व घरेलू उद्योग-धन्धों से सम्बद्ध कारीगरों के वर्ग ने किया। वस्तुतः सन्त साहित्य में जो सामाजिक विद्रोह का स्वर फूटा उसकी मूल प्रवृत्ति इसी चिन्तनधारा से जुड़ी थी। देववाणी संस्कृत के विरोध में जनपदीय बोलियों का आग्रह भाषा के धरातल पर इस विद्रोह का ही परिणाम माना जा सकता है। इन बोलियों में ब्रजभाषा को सर्वाधिक सामाजिक और साहित्यिक संस्कार मिला। यह भी ध्यान देने की बात है कि पूर्व पूँजीवादी मध्यवर्ग का प्रतीक साहित्यिक ब्रजभाषा अपने भौगोलिक क्षेत्र का अतिक्रमण कर देशव्यापी बनी। इसके बिपरीत खड़ीबोली का सम्बन्ध पूँजीवादी व्यवस्था के माध्यम से जुड़ा है। जैसा रामविलास शर्मा ने संकेत दिया है—'पूँजीवादी व्यवस्था में महाजातियों का गठन होता है; किसी एक बोली के आधार पर जातीय भाषा का विकास होता है। अन्य लघु जातियों की भाषाएँ बोली मात्र रह जाती हैं। जैसे सामाजिक गठन के रूपों में हम लघु जाति से महाजाति की ओर बढ़ते हैं, वैसे ही भाषा का क्षेत्र भी लघु से वृहत्तर होता जाता है। खड़ीबोली इसी प्रक्रिया के प्रसार का परिणाम बन भाषा के रूप में विकसित हुई।' इस सन्दर्भ में हम कह

सकते हैं कि ब्रजभाषा और खड़ीबोली के दुहरे द्वन्द्व से भारतेन्दु युग इसलिए भी अपनी प्रवृत्ति में अछूता न रहा क्योंकि उस युग में दोनों प्रकार के मध्यवर्ग क्रियाशील थे।

ग्रियर्सन ने गद्य भाषा के रूप में खड़ीबोली के साहित्यिक संस्कार संबंधी भाषा-क्रान्ति का श्रेय गिलक्राइस्ट और फोर्ट विलियम कॉलेज को दिया है। इसके विपरीत भारतेन्दु के एक लेख का हवाला देते हुए, शुक्लजी ने यह संकेत दिया है कि हिन्दी सन् 1873 ई० में नई चाल में ढली'। उनके अनुसार हिन्दी गद्य का ठीक परिष्कृत रूप पहले-पहल 'हरिश्चन्द्र मैगजीन' में प्रगट हुआ जिसे भारतेन्दु हरिश्चन्द्र ने 1873 ई० में निकाला। हिन्दी साहित्य के इतिहास में हरिश्चन्द्र मैगजीन के सम्बन्ध में उन्होंने लिखा—'हिन्दी गद्य का ठीक परिष्कृत रूप पहले-पहल इसी चन्द्रिका में प्रगट हुआ। जिस प्यारी हिन्दी को देश ने अपनी विभूति समझा, जिसको जनता ने उत्कण्ठापूर्वक दौड़कर अपनाया, उसका दर्शन इसी पत्रिका में हुआ।' ध्यान देने की बात है कि गिलक्राइस्ट ने न केवल लल्लूलाल को भाषा-क्रान्ति का श्रेय दिया, बल्कि हिन्दी की खड़ीबोली के ढाँचे को उर्दू से लिया हुआ भी बतलाया। ये दोनों तथ्य भ्रामक हैं। पहली बात तो यह है कि लल्लूलाल की भाषा-शैली के आधार पर हिन्दी गद्य का आगे विकास नहीं हुआ क्योंकि जैसा कि शुक्लजी ने लिखा है उनकी भाषा 'कृष्णोपासक व्यासों की-सी ब्रज-रंजित खड़ीबोली है।' जिस गद्य को भारतेन्दु युग ने अपनाया और जिसको साहित्यिक संस्कार दिया, वह पत्रकारिता की सामाजिक सम्प्रेषणीयता के मूल्य से युक्त थी और चिन्तन की तर्क प्रणाली के अनुरूप भी। 'लल्लूजी का काव्याभास गद्य भक्तों की कथावार्ता के काम का ही अधिकतर है; न नित्य-व्यवहार के अनुकूल है, न सम्बद्ध विचारधारा के योग्य।' (शुक्ल जी) दूसरी बात यह है कि भाषा-नीति-निर्धारण में फोर्ट विलियम कॉलेज की गहरी साजिश थी, पर जिसे आगे की पीढ़ी ने पूरी तरह से नकार दिया। गिलक्राइस्ट ने 'हिन्दुस्तानी' के नाम पर उर्दू की तीन शैलियाँ बतलायीं—(1) हाईकोर्ट की अर्थात् फ़ारसी शैली, (2) बीच की अर्थात् मुंशियों की शैली, और (3) गँवारू अर्थात् जन-समाज की हिन्दवी। मुंशी लोगों की जिस बीच की हिन्दुस्तानी को बढ़ावा देने की बात कही गई उसके लिए यह कहा जा सकता है कि मुंशी लोग दरबार या हाईकोर्ट से सम्बद्ध थे और उनकी सामाजिक अस्मिता का आधार दरबार की शैली ही थी। इसलिए हिन्दुस्तानी फ़ारसी मिश्रित उर्दू में ढलती गई। यही कारण है कि डाडसन ने जब 1872 ई० में हिन्दुस्तानी भाषा का व्याकरण लिखा तब उसे उर्दू का पर्याय माना, रिचर्ड टेम्पल ने हिन्दुस्तानी और उर्दू में कोई फ़र्क नहीं रखा और जैसा कि मद्रास के गवर्नर विलियम्स ने 1869 ई० में लिखा—फोर्ट विलियम की देखरेख में जो हिन्दुस्तानी पनपी, जिसे मुंशियों ने अपनाया और मुसलमानी

मदरसे में वहाँ के लड़कों ने सीखा, वह हिन्दुस्तान के किसी भाग में नहीं बोली जाती थी। भारतेन्दु युग की भाषा की प्रकृति लोकोन्मुखी थी, वह नित्य व्यवहार के अनुकूल थी और सम्बद्ध विचारधारा के योग्य। वह एक खुली भाषा थी जिसमें किसी भी स्रोत से आये शब्द की सहज स्वीकृति थी बशर्ते वह बोधगम्य और सम्प्रेषणीय हो। अगर इस गद्य शैली पर किसी प्रवृत्ति का दबाव था तो वह दबाव साहित्यिक भाषा को बोलचाल की भाषा के नजदीक लाने का था, उसे जीवन्त बनाने और लोकधर्म से जोड़ने का था। यह तथ्य कम महत्त्वपूर्ण नहीं है कि भारतेन्दु काल के सभी साहित्यकार पत्रकार भी थे। अत: उनकी ललक भाषा और विचार के माध्यम से जन-साधारण के हृदय तक पहुँचने की थी। इस युग के अधिकांश साहित्यकार भाषा के दोनों साहित्यिक रूप हिन्दी और उर्दू पर समान अधिकार रखते थे। न उन्होंने अंग्रेज़ी से आगत शब्दों को नकारा और न ही जनपदीय बोलियों के संस्कार को झुठलाया। यही कारण है कि बालकृष्ण भट्ट में हम पूर्वी प्रयोग पाते हैं, प्रतापनारायण मिश्र के गद्य में बैसवाड़े की महक पाते हैं और भारतेन्दु की भाषाशैली में बनारस के आँचलिक तत्त्वों का समावेश पाते हैं। यह तथ्य भी कम महत्त्वपूर्ण नहीं कि 'हरिश्चन्द्र-मैगजीन में अंग्रेज़ी में भी निबन्ध छपते थे। मानक भाषा के नाम पर आज जिस कोड मिश्रित शैली को मानवच्युत कहकर बहिष्कृत किया जाता है, उसे इस युग ने भाषाई यथार्थ मानकर स्वीकार किया था। इस युग में रचित उपन्यासों में वर्णित संसार इस भाषागत शैली की विविधता से संयुक्त है। पं० श्रद्धाराम फिल्लौरी द्वारा रचित उपन्यास 'भाग्यवती' में क्षेत्रीय एवं सामाजिक दोनों ही प्रकार की भाषा-शैलियों का संयोग मिलता है। ठगी के एक वृत्तान्त के वर्णन में लेखक ने पंजाबी तीर्थयात्री से उसी की बोली प्रयुक्त करायी है। दूसरे ठग-वृत्तांत-वर्णन में महन्तजी के मुख से उनकी बाँगरी बोली बुलवाया है। पूर्वी कहारों की बोली की स्वाभाविक छवि भी दिखलायी है, यथा—'कौन लाला का, जानी कहाँ गए हमका हियन लो भाड़ा पर लिवाय लाये रहे।' पंडित उमादत्त से उन्होंने संस्कृत शब्दावली का पत्र में प्रयोग करवाया है, यथा—'स्वस्ति श्री मन्निखिलविद्याविशारद पण्डितराज बासुदेव शास्त्री के प्रति नमस्कार प्रणाम के अनन्तर प्रार्थना है कि···' स्पष्ट है कि भारतेन्दु युग की भाषाई चेतना में भाषाई यथार्थता का महत्त्व सबसे ऊपर था और यह यथार्थता एक ओर लोकोन्मुख थी और दूसरी ओर प्रयोजनपरक।

यह प्रयोजनपरक दृष्टि ही थी कि व्यंग्य और पैरोडी के लिए अंग्रेज़ी कोड-मिश्रित हिन्दी का प्रयोग इस युग में कविता के क्षेत्र में भी हुआ। 'हरिश्चन्द्र मैगज़ीन' के सातवें अंक में नवशिक्षित बाबुओं की अंग्रेज़ी की खिल्ली उड़ाती हुई एक कविता इस दृष्टि से द्रष्टव्य है—

"When I go Sir—Molakat Ko, these chaprasis
Trouble me much',
How can I give daily Inam, ever they ask
Me I say such.
Some time they give me gardaniya
And tell bahar niklo tum;
Dena na lena muft Ke aye yaha hain
Bare Darbari ki dum."

कहने का तात्पर्य यह कि भारतेन्दुयुगीन भाषाई चेतना की नींव का आधार उनकी लोकवादी प्रवृत्ति थी। उनका प्रयत्न हिन्दी के सहज और प्राकृतिक रूप का संरक्षण तथा उसका साहित्यिक संस्करण निर्मित करना था। इस सहज रूप के निर्माण में उन्होंने भाषा के हर वातायन को खुला रखा। साहित्यिक अभिव्यक्ति को विषयवस्तु से जोड़ते हुए उन्होंने प्रयोजनपरक भाषा-शैली का सर्जनात्मक निर्माण किया। उदाहरण के लिए भारतेन्दु की भाषा-शैली के सम्बन्ध में शुक्ल जी ने यह संकेत दिया है कि हम उनमें दो प्रकार की शैलियों का व्यवहार पाते हैं—भावावेश की भाषा-शैली, जिनमें 'प्रायः वाक्य बहुत छोटे-छोटे होते हैं और पदावली सरल बोलचाल की होती है, जिसमें बहुत प्रचलित साधारण अरबी-फ़ारसी के शब्द भी कभी-कभी, पर बहुत कम आ जाते हैं।' दूसरी तथ्य-निरूपण की भाषा-शैली है जिसमें संस्कृत पदावली का कुछ अधिक समावेश होता है। वैयक्तिकता की छाप लिये हुए प्रयोजनवती भाषा-शैली का संस्कार उस युग के प्रायः सभी प्रतिभाशाली लेखकों में देखने को मिलता है।

भारतेन्दु युग की खुली भाषा और प्रयोजनसिद्ध शैली की तुलना मुंशी इंशाअल्ला खाँ की भाषा-शैली से करें, जिन्होंने 'उदयभान चरित' या 'रानी केतकी की कहानी' लिखने का कारण बताते हुए यह लिखा है—'एक दिन बैठे-बैठे यह बात अपने ध्यान में चढ़ी कि कोई कहानी ऐसी कहिये कि जिसमें हिन्दवी छुट और किसी बोली का पुट न मिले, तब जा के मेरा जी फूल की कली के रूप में खिले। बाहर की बोली और गँवारी कुछ उसके बीच में न हो।' स्पष्ट है कि बाहर की बोली अर्थात् अरबी, फ़ारसी, तुर्की, गंवारी बोली अर्थात् जनपदीय बोलियाँ ब्रज, अवधी आदि से उन्होंने अपनी भाषा-शैली को मुक्त रखने का प्रयास किया। भारतेन्दु युग की भाषाई चेतना की लोकोन्मुख धारा की तुलना उस मनोवृत्ति से भी करें जिसकी पहल सैयद अहमद 'देहलवी' ने 'फरहंगे आसफिया' (जिल्द अव्वल) में की है—'हम अपनी जबान को मरहठी बाजों, लावनी बाजों की जबान, धोबियों के खण्ड, जाहिल ख्यालबन्दों के ख्याल, टेसू के राग याने बेसरतोपा अल्फ़ाज का मजमूआ बनाना कभी नहीं चाहते और न उस आजदाना

उर्दू को ही पसन्द करते हैं जो हिन्दुस्तान के ईसाइयों नौमुसलिम भाइयों, ताज़ा विलायत साहब लोगों, खानसामाओं, खिदमतगारों, पूरब के मनहियों, कैम्प ब्वायों और छावनियों के सतबझेड़े बाशिन्दों ने इख्तियार कर रखी है।'

भारतेन्दु युग ने जिस खड़ीबोली के ढाँचे पर अपनी साहित्यिक भाषा का निर्माण किया वह निश्चित रूप से न तो गिलक्राइस्ट की हिन्दुस्तानी थी और न फ़ारसी-मिश्रित उर्दू। उसने न तो इंशाअल्ला खाँ के बिलगाव की प्रवृत्ति को अपनाया और न ही मुंशी सदासुखलाल की संस्कृत-मिश्रित हिन्दी को ही प्रश्रय दिया। उसकी मुख्य चेतना भाषा के प्रकृत साहित्य निर्माण की ओर प्रवृत्त थी।

निष्कर्ष रूप में हम कह सकते हैं कि भारतेन्दु युग की भाषा-क्रान्ति के निम्नलिखित लक्षण मुख्य थे—(1) गद्य और पद्य में प्रयुक्त माध्यम भाषा के बीच की दूरी के प्रति असन्तोष, (2) हिन्दी समाज के भाषाई कोष में उपलब्ध सभी भाषाओं, जनपदीय बोलियों और भाषा-शैलियों की स्वीकृति, (3) नित्य-व्यवहार में प्रयुक्त भाषा का साहित्यिक रूपांतरण (न कि उसका मानकीकरण) और (4) विषयानुकूल प्रयोजनवती भाषा-शैली का निर्माण और संस्कार।

मैथिलीशरण गुप्त का भाषा-बोध

(1)

किसी भी साहित्यकार की रचनाधर्मिता वस्तु-विन्यास में अपने युग के सामाजिक-सांस्कृतिक बोध का अतिक्रमण नहीं कर पाती। इसी प्रकार साहित्यकार की अभिव्यंजक शैली उसकी भाषाई चेतना का अतिक्रमण करना चाहकर भी उसके पार नहीं जा पाती। यह कथन अपने युग के सशक्त प्रवक्ता मैथिलीशरण गुप्त पर पूरी तरह लागू होता है। यह बात सही है कि गुप्त जी की रचनाएँ अपने युगधर्म की सीमा का अतिक्रमण नहीं करतीं, पर इसके साथ यह भी सच है कि युगधर्म के बदलते मूल्यों के साथ गुप्त जी की रचनासलिला भी सहज भाव से प्रवाहित होती रही। उनकी रचनाओं के विकास-क्रम में वह ठहराव के साथ बँधती दिखलायी नहीं देती। यही कारण है कि काव्य-रुचियों के बदलाव के साथ हम गुप्त जी के रचना-संसार को भी बदलते पाते हैं। भाषा-शैली के चुनाव तथा युगानुरूप उसके संस्कार के तत्त्व उनके साहित्यिक विकास के प्रत्येक चरण पर हमें देखने को मिलते हैं। यही कारण है कि राष्ट्रकवि मैथिलीशरण गुप्त न केवल आधुनिक हिन्दी काव्य के निर्माताओं में से एक थे, अपितु एक ओर वे राष्ट्रीय/सांस्कृतिक चेतना के समर्थ युगधर्मी कवि थे और दूसरी तरफ वे खड़ी बोली की काव्यजन्य व्यंजना के सशक्त रचनाकार भी थे।

गुप्त जी की भाषाई चेतना की आधारभूत प्रकृति को समझने के लिए यह जरूरी है कि हम यह पहले देख लें कि जिस समय उन्होंने अपना लेखन-कार्य आरंभ किया, उस समय हिन्दी साहित्य के क्षेत्र में काव्य भाषा किस द्वंद्व के साथ अपना रूप ग्रहण कर रही थी। भारतेन्दु युग में खड़ी बोली गद्य के क्षेत्र में न केवल अपना स्थान बना चुकी थी बल्कि नये-नये विषयों की संवाहक भाषा बनने के कारण वह अभिव्यंजक शैली का संस्कार भी पा चुकी थी। पर जहाँ तक कविता के क्षेत्र का सवाल था, उसका प्रयोग अभी सीमित था। स्वयं भारतेन्दु ने खड़ी बोली में कुछ कविताएँ रचने का उत्साह दिखाया था, पर काव्य क्षेत्र में यह

उनका प्रमुख स्वर न था। यहाँ एक-दो बातों पर ध्यान दे लेना आवश्यक है। भारतेन्दु युग ने परम्परा के दबाव को कविता के क्षेत्र में झेला पर कविता की माध्यम-भाषा प्रमुखत: ब्रज थी। इसके विपरीत बदलते सामाजिक मूल्यों और नूतन सांस्कृतिक चेतना के दबाव को उसने गद्य की विविध अभिव्यक्ति प्रणालियों द्वारा व्यक्त किया और इस गद्य की अभिव्यक्ति-भाषा प्रधानत: खड़ी बोली थी। भारतेन्दु के हाथों भाषा को जो नया संस्कार गद्य के क्षेत्र में मिला, उसका शतांश भी काव्य-क्षेत्र में नहीं मिला। आचार्य शुक्ल का इस सन्दर्भ में यह कथन सही ही है कि 'गद्य को जिस परिमाण में भारतेन्दु ने नये-नये विषयों और मार्गों की ओर लगाया, उस परिमाण में पद्य को नहीं।' इसमें सन्देह नहीं कि कविता के क्षेत्र में गुप्त-पूर्व युग एक तनाव भरे वातावरण में घिरा हुआ था। भक्ति और रीतिकाल की परम्परा का दबाव न केवल काव्य विषय को भक्ति और शृंगार की प्रवृत्ति से बाँधे हुए था बल्कि बरसों से मँजती-सँवरती ब्रजभाषा को काव्याभिव्यक्ति का आधार बनाये हुए था जबकि गद्य साहित्य के माध्यम से खड़ी बोली अपना नया साहित्यिक संस्कार ग्रहण कर रही थी। खड़ी बोली कब और कैसे कविता की प्रमुख अभिव्यक्ति भाषा बनी और इस बनने की प्रक्रिया में गुप्त जी का क्या योगदान रहा, इस प्रश्न पर अभी गहराई से विचार करना शेष है। वस्तुस्थिति को स्पष्ट करने के लिए यह आवश्यक है कि हम गुप्त जी के पूर्व काव्य रचना के क्षेत्र में अभिव्यक्ति-माध्यम के प्रश्न पर कम-से-कम दो दृष्टियों से विचार कर लें—(1) प्रयोग क्षेत्र (डोमेन) विश्लेषण और (2) अभिवृत्ति (एटीट्यूड) विश्लेषण।

प्रयोग क्षेत्र विश्लेषण : भारतेन्दु युग में गद्य-पद्य की माध्यम भाषा का भेद बना रहा यद्यपि भारतेन्दु और उनके कुछेक सहयोगी साहित्यकार पद्य के प्रयोग क्षेत्र में परम्परा से प्राप्त ब्रजभाषा में भी रचना करते थे और गद्य के व्यवहार क्षेत्र में प्रयुक्त खड़ी बोली में भी कविता करने की ओर उन्मुख हुए थे। द्विवेदी युग के प्रारंभ में भी यही स्थिति बनी रही। यह बात अवश्य थी कि इसमें खड़ी बोली के प्रयोग को कुछ और गति और विषय क्षेत्र में कुछ और प्रसार मिला। सवाल यहाँ उठता है कि इस युग के साहित्यकार परम्परा से स्वीकृत और साहित्यिक संस्कारों से युक्त ब्रजभाषा में रचना करने के साथ-साथ खड़ी बोली में भी कविता करने की ओर क्यों प्रवृत्त हुए। इसका एक सहज उत्तर तो यही है कि इस युग के साहित्यकार गद्य और पद्य की माध्यम भाषा की दूरी मिटाना चाहते थे, वे चाहते थे कि जिस भाषा में वे गद्य लिखें, उसी भाषा में वे कविताओं को भी रचें। पर यहाँ यह भी तो प्रश्न उठाया जा सकता है कि इन साहित्यकारों ने यह क्यों न चाहा कि जिस माध्यम भाषा में वे कविताओं की रचना करते रहे हैं, और जिसके प्रयोग की एक दीर्घ परम्परा बनी हुई है, उसी में वे गद्य साहित्य का

भी निर्माण करें। ब्रजभाषा में गद्य न लिखा गया हो, ऐसी बात तो थी नहीं, फिर भी गद्य के व्यवहार क्षेत्र में खड़ी बोली को ही प्रश्रय मिला। पर जितनी सुविधा और सहज़भाव से खड़ी बोली को गद्य के क्षेत्र में स्वीकार किया गया, उतनी सहजता से वह कविता के प्रयोग क्षेत्र में स्वीकृत नहीं हुई।

प्राय: हम यह भूल जाते हैं कि भाषा, साहित्य के लिए मात्र साधन या माध्यम का ही कार्य नहीं करती। भाषा स्वयं में कथ्य और सम्प्रेष्य वस्तु भी है। कुछ स्थितियों में वह न केवल हमारे जातीय मूल्यों की संवाहिका है बल्कि स्वयं में मूल्य के रूप में सामाजिक वस्तु बन जाती है। यही कारण है कि भाषा स्वयं में हमारे राग-द्वेष, हमारी सामाजिक मनोवृत्ति, हमारे जातीय मूल्य आदि का प्रतिमान बन जाती है। इतिहास जब भी करवट लेता है या बदलाव की संक्रान्ति के दौर से गुजरता है, भाषा-चयन का प्रश्न एक 'मूल्य' के रूप में साहित्यिक समाज के सामने उभरता है, जिसका समाधान युग को ढूंढना ही पड़ता है। क्या भाषा-चयन के प्रश्न का सामना भक्तियुग के कवियों को नहीं करना पड़ा था ? क्यों कबीर, जायसी, तुलसी आदि ने अपरिमार्जित और अ-संस्कारित ब्रज, अवधी आदि 'भाखा' को अपनी कृतियों की माध्यम भाषा के रूप में स्वीकार किया जबकि साहित्यिक भाषा के रूप में 'संस्कृत' का मान था। स्पष्ट है, संस्कृत भाषा, आभिजात्य साहित्य की माध्यम भाषा थी, जबकि 'भाखा' को सांस्कृतिक पुनर्जागरण के साहित्य की माध्यम भाषा के रूप में जोड़कर देखा गया। कबीर ने संस्कृत को 'कूपजल' और भाखा को 'बहता नीर' कहा और तुलसी ने पहले को ऐश्वर्य-परिधान के रूप में 'कुमाच' कहा जबकि दूसरे को सामान्य पर व्यावहारिक काम-काज की वस्तु 'कामरी' के रूप में देखा। वस्तुत: संस्कृत उस समय न केवल परम्परा की संवाहिका भाषा थी, बल्कि स्वयं में एक ऐसा मूल्य थी जो आभिजात्य वर्ग और रूढ़िवादी प्रवृत्ति की प्रतीक थी। साहित्यिक चित्रफलक पर तथाकथित 'भाखा' के उदय की कहानी मात्र नई माध्यम भाषा के प्रयोग-व्यवहार की नहीं है, बल्कि उस ऐतिहासिक करवट की कहानी है जिसने इस युग को सांस्कृतिक पुनर्जागरण और भक्ति आन्दोलन के रूप में उभारा था।

हिन्दी साहित्य के सन्दर्भ में यह कहा जा सकता है कि यह दो सांस्कृतिक पुनर्जागरण काल से गुजरा है—मध्यकाल में भक्ति आन्दोलन के रूप में उसको पहली अभिव्यक्ति मिली थी और आधुनिक काल में गद्य आन्दोलन के रूप में दूसरी। पहली स्थिति में भाषा का तनाव 'संस्कृत-भाखा' में से किसी एक के चयन को लेकर था और दूसरी स्थिति में 'ब्रज-खड़ी बोली' में से किसी एक के चयन से सम्बद्ध था। जिस प्रकार क्रान्ति का मानस परम्परा और आधुनिकता, पुराने और नये मूल्यों का सम्मिश्र योग होता है और जिस प्रकार व्यक्तित्व में ये दोनों प्रवृत्तियाँ एक साथ देखने को मिलती हैं उसी प्रकार प्रत्येक युग का अपना

सामाजिक एवं मनोवैज्ञानिक व्यक्तित्व होता है जिसमें पारंपरित और आधुनिक दोनों ही वृत्तियाँ काम करती हैं। संक्रमण-काल की स्थिति में प्रत्येक साहित्यकार अपनी रचनाओं में इन प्रवृत्तियों का दबाव अनुभव करता है। नई प्रवृत्तियाँ प्रयोग के कुछ ही क्षेत्रों में पहले देखने को मिलती हैं जो बाद में अपने व्यवहार क्षेत्र का प्रसार पाती हैं। इस दृष्टि से कविता के क्षेत्र में खड़ी बोली के प्रयोग पर ध्यान दें तो उसे भारतेन्दु की रचनाओं में कम-से-कम पहले-पहल नाटकों में यत्र-तत्र प्रयुक्त पाते हैं अथवा कुछ ऐसे सामाजिक विषयों में जिनका संबंध तत्कालीन समाज की राजनैतिक स्थिति से था। शुक्ल जी के अनुसार देश-दशा-अतीत-गौरव आदि पर भारतेन्दु की कविताएँ या तो नाटकों में रखने के लिए लिखी गईं या प्रिन्स ऑफ वेल्स के आगमन, मिश्र पर भारतीय सेना द्वारा ब्रिटिश सरकार की विजय आदि विशेष अवसरों पर पढ़ने के लिए रची गईं। स्पष्ट है कि खड़ी बोली में कविता की विषय-सामग्री कुछ सीमित संदर्भों से प्रारंभ होती है तो बाद में जीवन और जगत् के अन्य विषयों तक अपना प्रसार पाकर पूर्ण रूप से काव्य-भाषा का रूप ग्रहण कर लेती है। यहाँ इस ओर भी संकेत दे देना अनुचित न होगा कि छिटपुट ढंग से कविता के क्षेत्र में खड़ी बोली के प्रयोग के प्रचलन के समय तीन अभिव्यक्ति प्रणाणियाँ दिखलाई पड़ रही थीं—हिन्दी के कवित्त/सवैया की प्रणाली, उर्दू छंदों की प्रणाली और लावनी का ढंग। भारतेन्दु ने देश सम्बन्धी गेय पदों की रचना 'लावनी' और 'ख़याल' में की थी जिनकी माध्यम भाषा खड़ी बोली थी। शुक्ल जी ने पंडित श्रीधर पाठक की पुस्तक 'एकांतवासी योगी' को खड़ी बोली पद्य की पहली पुस्तक माना है तथा इसकी अभिव्यक्ति-प्रणाली को लावनी और खयाल के ढंग पर प्रस्तुत किया गया बतलाया है।

द्विवेदी युग में कविता के क्षेत्र में खड़ी बोली के प्रयोग की मात्रा में ही न केवल वृद्धि हुई अपितु उसके प्रयोग-संदर्भ में भी फैलाव आया। पर इसके साथ यह भी सच है कि इस युग के भी अधिकांश कवियों में ब्रज-भाषा और खड़ी बोली का प्रयोग दोहरे प्रयोग में चलता रहा। पंडित अयोध्यासिंह 'हरिऔध', राय देवी प्रसाद 'पूर्ण', पंडित नाथूराम शंकर शर्मा, पंडित गयाप्रसाद शुक्ल 'सनेही', लाला भगवानदीन आदि सभी कवि साहित्यिक दृष्टि से द्विभाषिक थे। इन सभी साहित्यकारों ने ब्रज-भाषा के साथ-साथ खड़ी बोली में कविताएँ लिखीं। महत्त्वपूर्ण बात यह है कि इनके मानस में ब्रज-भाषा बनाम खड़ी बोली का प्रयोग-क्षेत्र परंपरा बनाम सामयिक मूल्य से संबद्ध विषयों की अभिव्यक्ति की समस्या से जुड़ा रहा। इन रचनाकारों में से अधिकांश ने ब्रजभाषा का प्रयोग शृंगार, भक्ति, वीर आदि के परंपरागत विषयों के लिए अपनाया और उन्हें पुरानी परिपाटी के कवित्त/सवैया द्वारा अभिव्यक्त किया, जबकि खड़ी बोली का प्रयोग

इन्होंने नई सामाजिक चेतना एवं मूल्यों से संबद्ध विषयों के लिए किया। बहुतों ने हिन्दी के कवित्त-सवैया की प्रणाली से अलग हटकर नये-नये ढंग की अभिव्यक्ति प्रणाली को भी ढूँढ़ने का प्रयत्न किया। कुछ ने तो ब्रजभाषा की अभिव्यक्ति प्रणाली की तुलना में अतीत गौरव से प्रेरित होकर संस्कृत की पदावली और वर्ण वृत्तों के प्रचलन को बढ़ावा दिया। परंपरा से चली आ रही ब्रजभाषा में प्रयुक्त छंदों के स्थान पर संस्कृत के वर्ण वृत्तों का सहारा लेते हुए हरिऔध जी ने 'प्रियप्रवास' की पूरी रचना ही कर डाली।

अभिवृत्ति विश्लेषण—गद्य के क्षेत्र में खड़ी बोली में रचित प्रचुर साहित्य के बाद भी कविता के लिए बहुत समय तक विद्वानों ने इसे उपयुक्त माध्यम नहीं स्वीकार किया। जिन विद्वानों ने खड़ी बोली को काव्यभाषा के रूप में स्वीकार नहीं किया, उनके अनुसार इस भाषा में वह शक्ति ही नहीं है जो उसे काव्यात्मक बना सके। ब्रजभाषा की तुलना में वे इसे एक प्रकार से गँवारू, संस्कार-शून्य और विभिन्न राग-रागिनियों के गाने के प्रतिकूल पाते थे। खड़ी बोली उन्हें 'कठोर' लगती थी और ब्रजभाषा 'मधुर', खड़ी बोली की आकारान्त प्रकृति उन्हें कर्णकटु प्रतीत होती थी क्योंकि उनके मत में भाषा की यह प्रकृति काव्य की परम्परा के अनुकूल नहीं बैठती थी। औरों की बात तो अलग, भाषा और साहित्य के प्रसिद्ध विद्वान ग्रियर्सन भी कविता के क्षेत्र में खड़ी बोली के प्रयोग के विरुद्ध थे।

अयोध्याप्रसाद खत्री ने दो खण्डों में 'खड़ी बोली का पद्य' प्रकाशित करवाया। 1887 और 1889 में प्रकाशित इन पुस्तकों की भूमिका पिन्काट ने लिखी। उनके अनुसार बोलचाल की सामान्य भाषा में अपने सभी विचार व्यक्त करने और उस ओर अपने देशवासियों को प्रवृत्त करने के कारण बाबू अयोध्याप्रसाद जी ने इन पुस्तकों के द्वारा एक स्तुत्य प्रयास किया है। इस पुस्तक को ग्रियर्सन के पास उनके विचार जानने के लिए भेजा गया। ग्रियर्सन ब्रजभाषा और खड़ी बोली के द्वंद्व में ब्रजभाषा के पक्ष में थे। बाबू अयोध्याप्रसाद को उन्होंने स्पष्ट शब्दों में अपना मत भेजते हुए लिखा—आपकी 'खड़ी बोली का पद्य' पुस्तक की प्रति मिली। इसका प्रकाशन बहुत सुन्दर हुआ है। लेकिन मुझे खेद है कि मैं आपके निष्कर्ष से सहमत नहीं हो सकता। मेरे मत में यह अत्यंत खेद का विषय है कि 'खड़ी बोली का आन्दोलन' ऐसे असंभव कार्य पर इतना श्रम और धन व्यय किया जा रहा है। ग्रियर्सन ने तो खड़ी बोली के काव्यभाषा बनने के रास्ते में आने वाली कठिनाइयों पर भी अपना वक्तव्य दे डाला। उनके अनुसार खड़ी बोली के विरोध का आधार उसके प्रति अभिवृत्ति या कोई नकारात्मक मनोवृत्ति नहीं थी। खड़ी बोली की भाषिक संरचना ही काव्यात्मक संस्कार और छंदशास्त्रीय विधान के प्रतिकूल बैठती है। उनके अनुसार खड़ी बोली के क्रिया

पद रचना का ध्वन्यात्मक आवेष्ठन ही ऐसा है, जो नाद और लय के अनुकूल नहीं बैठता, अनेक क्रियाओं के रूपिमों में दीर्घ स्वरों का प्रयोग है, जो भाषा को असंगीतात्मक बना देता है।

स्पष्ट है, कविता के क्षेत्र में खड़ी बोली के प्रयोग के प्रश्न पर विद्वानों के न केवल विचार भिन्न थे, अपितु उनके संस्कार और मनोवृत्ति भी भिन्न थी। पिन्काट के अनुसार सामान्य व्यक्ति की भाषा में काव्याभिव्यक्ति एक स्तुत्य प्रयास था जबकि ग्रियर्सन के अनुसार श्रम और धन का अपव्यय। पहले के अनुसार अपने युग के कवि एक नई भाषा के भीतर काव्य-चेतना की एक सशक्त धारा का निर्माण कर रहे थे तो दूसरे के अनुसार वे उस भाषा (खड़ी बोली) का आन्दोलन चला रहे थे जिसकी भाषिक बुनावट अपनी आभ्यंतर प्रकृति के आधार पर ही काव्यभाषा के विपरीत ठहरती थी। आगे चलकर ब्रजभाषा बनाम खड़ी बोली का विवाद अभिवृत्ति के अन्य सन्दर्भों से जुड़ा। पहले वर्ग के साहित्यकार गद्य और पद्य की दूरी को भाषा के स्तर पर कम करने की ओर प्रवृत्त हुए जबकि दूसरे वर्ग की मनोवृत्ति इसके ठीक विपरीत थी। वे काव्यभाषा को जनप्रयोग और व्यावहारिक क्षेत्र से अलग प्रयुक्ति क्षेत्र की वस्तु समझने के कारण इसे न केवल 'विशिष्ट' मानने के पक्ष में थे, अपितु अपने पाठकों में परंपरा अर्जित संस्कार की भी अपेक्षा रखते थे। वे यह मानते थे कि कविता की भाषा में ऐसा नाद तत्त्व भी होना अपेक्षित है जिसके सहारे वह संगीतात्मक बन सके, विभिन्न राग-रागिनियों के अनुरूप जिसमें काव्य-सर्जना की जा सके। स्वच्छंदतावाद के प्रवर्तक पं० श्रीधर पाठक की 'एकान्तवासी योगी' जैसी रचनाओं की तीव्र आलोचना पं० माधवप्रसाद मिश्र ने की। पर श्रीधर पाठक और उन जैसे खड़ी बोली के पक्षधर साहित्यकार कविता में लय और नाद के प्रश्न को राग-रागिनियों के सवाल से अलग करना चाहते थे। उनके अनुसार विशिष्ट राग-रागिनियों को ध्यान में रखकर कविता लिखनी एक बात है और कविता में लय और नाद का होना उससे भिन्न दूसरी बात। यही कारण है कि खड़ी बोली में रचना करने वाले इन कवियों ने लय और छन्द के नये-नये ढाँचों का न केवल प्रयोग किया वरन् कविता को एक नये ढंग के नादात्मक सौन्दर्य से सँवारने का प्रयत्न भी किया।

(2)

जिस समय मैथिलीशरण गुप्त ने काव्य-रचना प्रारंभ की, उस समय काव्य क्षेत्र में खड़ी बोली का प्रयोग एक अंकुर की भाँति फूट चुका था, पर साहित्यिक वातावरण में वटवृक्ष का काम अभी भी ब्रजभाषा ही कर रही थी। आचार्य

महावीरप्रसाद द्विवेदी नये पौधे के रूप में 'सरस्वती' के माध्यम से खड़ी बोली के मानक रूप को सींचने का प्रयत्न कर रहे थे, पर अभी भी अनेक साहित्यकारों के मन में खड़ी बोली को लेकर संशय भाव बना हुआ था। वे इसे मूलतः नये प्रयोग और नई चुनौती का क्षेत्र मानने के पक्ष में थे अन्यथा साहित्यिक जगत् में मान-प्रतिष्ठा के लिए ब्रजभाषा को ही उपयुक्त माध्यम मानने के पक्ष में थे। स्वयं मैथिलीशरण गुप्त का बाल्यकाल जिस साहित्यिक वातावरण में गुजरा, उसका रूप-रंग ब्रजभाषा-रंजित था। उनके पिता रामचरण कनक ब्रजभाषा में ही कविता करते थे। गुप्त जी ने लगभग बारह वर्ष की उम्र से ही कविता करनी शुरू कर दी थी और लगभग पाँच-छह वर्ष तक 'वेश्योपकारक' पत्र में कभी-कभी छपते भी रहे। 'छप्पय' और ब्रजभाषा में परम्परा से चले आ रहे अन्य छन्दों में इनकी कविताएँ तब तक ब्रज में छपती रहीं जब तक कि वे आचार्य द्विवेदी के सम्पर्क में नहीं आए। उन्होंने अपने उपनाम 'रसिकेन्द्र' के साथ ब्रज भाषा में लिखी अपनी एक कविता को 'सरस्वती' में छपने के लिए आचार्य द्विवेदी के पास भेजा। आचार्य जी का स्पष्ट मत था—कविता इसलिए प्रकाशित नहीं हो सकती क्योंकि वह ब्रजभाषा में है और 'सरस्वती' की नीति के अनुसार कविता उसी भाषा में छप सकती है जो जनसामान्य की अभिव्यक्ति-माध्यम हो। 'रसिकेन्द्र' उपनाम पर टिप्पणी करते हुए उन्होंने यह संकेत किया कि रसिकेन्द्र बनने का युग अब बीत चुका है। यह उत्तर गुप्त जी के लिए न केवल चुनौती बनकर आया, बल्कि उसने उनकी काव्यधारा को एक मोड़ ही दे डाला। खड़ी बोली के प्रति प्रारंभ में पूर्ण विश्वस्त न होने पर भी उन्होंने आचार्य द्विवेदी के उत्तर को चुनौती मानकर खड़ी बोली में अपनी कविता भेजी जो संशोधित होकर 'सरस्वती' में प्रकाशित हुई। यह कहा जा सकता है कि बाल्यकाल की ब्रजभाषा में रचित कविताओं ('वेश्योपकारक' में प्रकाशित) से लेकर खड़ी बोली में लिखी रचना 'हेमन्त' ('सरस्वती' में प्रकाशित) तक के समय को गुप्त जी की काव्य-यात्रा का पहला चरण कहा जा सकता है। इस यात्रा के दौरान गुप्त जी की खड़ी बोली में उनकी मातृ बोली बुन्देली का पुट, व्याकरण-च्युत प्रयोग और भाषा की असंस्कारजन्य अभिव्यक्तियाँ अनुपात में काफी मात्रा में मिलती हैं।

खड़ी बोली के भाषा-संस्कार की दृष्टि से गुप्त जी की रचनाओं के कुछ निश्चित चरण निर्धारित किए जा सकते हैं।

(i) **काव्यप्रणयन का आरंभिक काल** (1900 से 1909) : यह चरण कार्यता से परिचय का काल था। रचनाएँ प्रमुखतः ब्रजभाषा में छिटपुट ढंग से लिखी गईं।

(ii) **खड़ी बोली की संभावना से साक्षात्कार** (1910 से 1929) : रंग में भंग (1909) से झंकार (1929) तक की यात्रा के दौरान गुप्त जी

खड़ी बोली की काव्य-भाषा से साक्षात्कार करते रहे, इस काल की प्रमुख रचनाओं में 'जयद्रथ वध' (1910), भारत भारती (1912), किसान (1917), शकुंतला (1923), पंचवटी (1925), झंकार (1929) आदि हैं।

(iii) **शैली संस्कार और साहित्यिक उपलब्धि** (1930-1940) : इस चरण में गुप्त जी की भाषा-शैली में न केवल गद्यात्मक स्थिरता आयी अपितु उनकी रचनाओं में काव्योचित व्यंजना और नादात्मक सौन्दर्य की भी वृद्धि हुई। इस चरण की रचनाओं में प्रमुख हैं—साकेत (1932), यशोधरा (1932), द्वापर (1936), नहुष (1940)

(iv) **शैली तटस्थ और साहित्यिक व्यामोह** : (1940 से अन्त तक) : इस चरण में गुप्त जी की रचनाएँ या तो गीतात्मक कथा की ओर मुड़ीं; यथा—'कुणाल गीत' (1941) या छोटे-छोटे खण्डकाव्य की ओर; यथा—'अर्जन और विसर्जन' (1942)। गाँधी जी की हत्या से अभिभूत शोक-गाथा 'अंजलि और अर्घ्य' (1950), सैंतालीस खण्डों में रचित 'जयभारत' (1952) और अंतिम रचना 'स्वस्ति और संकेत' (1953) भी इसी धारा की रचनाएँ कही जा सकती हैं। भाषा की दृष्टि से एक परिपक्व कवि की ठहरी हुई दृष्टि की ये रचनाएँ उदाहरण मानी जा सकती हैं।

अपने विकास के पहले चरण में गुप्त जी भाषा-चयन के प्रश्न से सम्बद्ध थे। ब्रज और खड़ी बोली के दुहरे प्रयोग से वे आचार्य द्विवेदी के सम्पर्क में आकर उभरे। ध्यान देने की बात है कि गुप्त जी जिस समय खड़ी बोली में कविता करने की ओर प्रवृत्त हुए, उस समय उसमें तीन प्रकार की काव्य शैली भाषा की दृष्टि से प्रचलित थी। राय देवीप्रसाद पूर्ण की खड़ी बोली में ब्रजभाषा का पुट था जिसे वे माधुर्य और कोमल संवेदना की अभिव्यक्ति के लिए आवश्यक समझते थे। दूसरी ओर हरिऔध जी थे, जो खड़ी बोली का निर्माण संस्कृत तत्त्वों के आधार पर करने के पक्ष में थे। यह तथ्य कम महत्त्वपूर्ण नहीं है कि विकास के प्रारंभिक चरण में हरिऔध जी ने खड़ी बोली में रचना उर्दू के छन्दों में की थी और अपनी काव्यभाषा को ठेठ प्रयोगों के अनुकूल बनाने के पक्षधर थे। आचार्य महावीरप्रसाद द्विवेदी के प्रभाव में आकर ही वे संस्कृत की पदावली का सहारा लेते हुए संस्कृत छन्दों में खड़ी बोली को संस्कारित करने की ओर प्रवृत्त हुए। द्विवेदी जी ने ब्रजभाषा की भक्ति और रीति की परम्परा से खड़ी बोली को मुक्त करने की प्रेरणा दी और इसके लिए संस्कृत के वृत्तों को उन्होंने बढ़ावा भी दिया। पर जहाँ तक भाषा का प्रश्न है, वे बोलचाल की भाषा के साफ-सुथरे रूप के ही पक्षधर थे। सामाजिक विषयों पर बोलचाल की सामान्य भाषा के

प्रयोग पर बल देने की मनोवृत्ति ने ही खड़ी बोली में इतिवृत्तात्मक साहित्य को प्रश्रय दिया।

गुप्त जी की काव्यभाषा के विकास के द्वितीय चरण के प्रारंभ में खड़ी बोली में संस्कृत के तत्त्व इतने अधिक थे कि काव्य-भाषा संस्कृतनिष्ठ उच्च हिन्दी की शैली का रूप ग्रहण करती दिखलाई पड़ती है; यथा—

राम नाम ललाम जिसका सर्व-मंगल-धाम है
प्रथम उस सर्वेष को श्रद्धा समेत प्रणाम है।

(रंग में भंग : 1909)

यहाँ भाषा के स्तर पर शब्द तत्सम प्रकृति के साथ-साथ सन्धि और समास की दृष्टि से भी संस्कृतनिष्ठ हो गए हैं, जैसे 'सर्वेष', 'सर्व-मंगल-धाम'।

स्वदेश-प्रेम की भावना से अनुप्राणित उनकी कविताओं का एक नया रंग 'भारत भारती' में मिलता है। इस प्रकार की रचनाओं में सम्बोधन शैली के साथ-साथ शिष्ट भाषा का इतिवृत्तात्मक प्रयोग भी दिखलाई पड़ता है। काव्य-भाषा को गद्य के संस्कार के साथ जोड़ने की प्रवृत्ति भी इसमें दिखलाई पड़ती है।

क्षत्रिय ! सुनो अब तो कुयश की कालिमा को मेट दो।
जिस देश को जीवन सहित तन-मन तथा धन भेंट दो।
वैश्यो ! सुनो व्यापार सारा मिट चुका है देश का।
सब धन विदेशी हर रहे हैं, पार है क्या क्लेश का ?

(भारत भारती : 1912)

द्वितीय युग के प्राय: सभी कवि अगर एक ओर ब्रजभाषा के साथ खड़ी बोली में कविताएँ रच रहे थे तो दूसरी ओर खड़ी बोली के साथ-साथ उर्दू कविता करने की ओर भी प्रवृत्त थे। हरिऔध जी ने खड़ी बोली के लिए जिन छंदों का विधान अपने सामने रखा, वह उर्दू साहित्य की परम्परा से लिया गया था। पंडित गयाप्रसाद शुक्ल 'सनेही' ने उर्दू में भी कविताएँ की थीं। लाला भगवानदीन जी ने खड़ी बोली की रचनाओं में उर्दू के छन्द विधान को तो लिया ही, अरबी-फ़ारसी के शब्दों का भी मुक्त ढंग से प्रयोग किया है। खड़ी बोली की संभावना का साक्षात्कार करते हुए एक ओर गुप्त जी ने अपने विकास के इस चरण में ठेठ प्रयोगों और क्षेत्रीय अभिव्यंजन भाषा को स्वीकारा, यथा—

'मानो अचानक सुखद, जीवन-सार सर्व बिला गया'

(जयद्रथ-वध : 1910)

और दूसरी तरफ उर्दू की अभिव्यक्ति-शक्ति को भी आत्मसात करने का प्रयत्न किया।

हुकुम हुआ फिर मगर कबूलता होगी फिर बेकारा।
इन्दलतलब नाम का रुक्का लिखा गया लचारा।

(किसान : 1917)

गुप्त जी के काव्य-संसार और काव्यभाषा के निर्माण और संस्कार में उनकी अनूदित रचनाओं का भी काफी दूर तक हाथ है। अनूदित रचनाओं में विरहिणी ब्रजांगना (1914), प्लासी का युद्ध (1920), वीरांगना(1927), मेघनाद बध (1927), स्वप्नवासवदत्ता (1929) और रुबाइयात उमर खय्याम (1931) प्रसिद्ध हैं जो गुप्त जी की काव्यभाषा-यात्रा के इसी दूसरे चरण में लिखी और प्रकाशित हुई हैं।

काव्य-यात्रा के तीसरे चरण में गुप्त जी भाषा-शैली के एक प्रबुद्ध एवं समर्थ कवि के रूप में उभरते हैं। सन् 1932 में प्रकाशित 'साकेत' और 'यशोधरा' इस दृष्टि से उनकी अन्यतम रचनाएँ हैं। 'साकेत' का प्रकृति-वर्णन अपना विविध आयाम खोलता है—प्रकृति के विवरणात्मक रूप के साथ-साथ हम उसके मनोभाव, अनुरंजित छवि और चित्रोपम वर्णन के भी दर्शन करते हैं। जहाँ तक गीतों के प्रयोजन का सन्दर्भ है, क्या भाव और क्या भाषा, दोनों ही दृष्टियों से सर्वथा योग्य पाते हैं। इन गीतों में कवि की आत्माभिव्यक्ति भी देखने को मिलती है और काव्य भाषा की आन्तरिक संगीतात्मकता भी। 'साकेत' में एक ओर यमक और अनुप्रास का स्वाभाविक प्रयोग है—'निर्झर झर-झर नाद सुनाकर झर तू' तो दूसरी तरफ 'मानवीकरण' और 'विश्लेषण विपर्यय' जैसे अलंकारों का सार्थक संयोजन भी है—'गाने को मचलता रोदन' तथा 'कैसी हिलती-जुलती अभिलाषा है कली, तुझे खिलने की।' छन्द की दृष्टि से भी 'साकेत' एक वैविध्यपूर्ण कोष है जिसमें 'बरवै' से लेकर 'घनाक्षरी' मिल जाता है और आठ सगण का सवैया भी। यह ठीक है कि गुप्त जी की कविता में अन्त्यानुप्रास की प्रचुरता उसे झुंझलाहट तक बोझिल बना देती है, पर यह भी सही है कि छन्दों के वैविध्य के पीछे एक सार्थकता भी है। प्रत्येक छंद स्वयं एक प्रसंग की उद्‌भावना करता है। यह ध्यान में रखने की बात है कि जिस युग में गुप्त जी रचना कर रहे थे, वह खड़ी बोली के परिमार्जन और मानकीकरण का काल था। यद्यपि गुप्त जी ने 'छायावाद' को काल में भी रचना की जिसमें प्रगीत, मुक्तक अपनें लाक्षणिक वाक्-वैचित्र्य के साथ उभरकर आए, पर इसकी ओर झुककर भी गुप्त जी भाषा के प्रयोग-सन्दर्भ में अपनी ही बनाई भूमि पर खड़े रहे।

इस पूरे प्रसंग में हम यह भी कह सकते हैं कि काव्य भाषा के प्रयोग में आज भी हम छायावादी कविता के तत्व प्रचुर मात्रा में पाते हैं, आज भी कई कवि छायावादी मनोवृत्ति और उसकी भावभूमि का विरोध तो करते हैं पर लाक्षणिक प्रयोगों की वक्रता, अभिव्यक्ति के आभिजात्य संस्कार, सामान्य भाषा से इतर काव्यशैली के संस्कार, ठेठ और यथार्थ अभिव्यक्ति के अभिव्यंजक भाषिक तत्त्वों के स्थान पर कल्पनालोक के लाक्षणिक तंतु-जाल में उलझे दिखलाई पड़ते हैं। आधुनिक काल में गुप्त जी की भाषा-शैली की प्रासंगिकता इसी बात में है कि वे

शब्द-शक्तियों में न केवल अभिधा से व्यंजना तक की सहज यात्रा करने में सहज समर्थ लगते हैं वरन् छायावादी तंतुजाल से हमारी भाषा को मुक्ति दिलाने के अन्य अनेक रास्ते खोलने में भी सहायक लगते हैं। 'गद्य' और 'पद्य' की भाषिक संवेदना का वे अन्तर भी रखते हैं और साथ ही उसकी ऊपरी दूरी भी मिटाते हैं। 'साकेत' का यह उदाहरण देखें—

वेदने ! तू भी भली बनी।
पाई मैंने आज तुझी में अपनी चाह घनी।
अरी वियोग-समाधि अनोखी, तू क्या ठीक ठनी।
अपने को, प्रिय को, जगती को देखूं खिंची तनी।

(साकेत : 1932)

निष्कर्षतः हम यह कह सकते हैं कि मैथिलीशरण गुप्त की काव्यभाषा की यात्रा ब्रजभाषा से शुरू होकर खड़ी बोली तक ही नहीं पहुँची बल्कि अनेक पगडंडियों से गुजरती और अपने लिए नये-नये रास्ते बनाती हुई जिस प्रशस्त पथ पर जाकर ठहरी, उसकी सार्थकता आज प्रासंगिक हो उठी है। छायावादी और प्रयोगवादी कार्यताओं की काव्यभाषा एक बार अलग छिटककर जिस पगडंडी पर चल पड़ी थी, उसने अभिव्यंजना की दृष्टि से हमें चमत्कृत किया, हमारे हृदय को गुदगुदाया, भ्रमित मन को कुछ और भरमाया पर यथार्थ के अनेक प्रसंगों के साक्षात्कार से समाज के बहुलांश को काटकर रखा। काव्यभाषा के आभिजात्य संस्कार के व्यामोह से अगर आज हमें उभारना है तब इसके लिए यह आवश्यक है कि गुणात्मक भेद के साथ हम गुप्त जी के बनाए उस रास्ते पर चलें जो गद्य और पद्य के बाह्य परिधान की दूरी को मिटाते हुए काव्यभाषा को अभिव्यंजनकता और सम्प्रेषणीयता दोनों ही गुणों से परिपूर्ण बनाती है।

आचार्य द्विवेदी का भाषा-विषयक चिन्तन

कालजयी साहित्यिक परम्परा और संश्लिष्ट इतिहास-बोध के सर्जक साहित्यकार के रूप में हजारीप्रसाद द्विवेदी पर काफ़ी कुछ लिखा जा चुका है। पर जहाँ तक उनके भाषा विषयक चिन्तन का प्रश्न है, उस पर अभी तक समुचित प्रकाश नहीं पड़ पाया है। अपने इस लघु निबन्ध में मैं इस प्रश्न के साथ सम्बद्ध केवल तीन प्रश्नों पर विचार करना चाहूँगा और वे हैं—1. भाषा की सामान्य प्रकृति, 2. काव्यभाषा का प्रकार्यात्मक पक्ष, और 3. हिन्दी का उसकी जनपदीय बोलियों तथा उर्दू के साथ सम्बन्ध।

द्विवेदी जी शब्दों द्वारा व्यक्त भाषा को मनुष्य के सामाजिक सम्बन्धों के प्रतीक के रूप में देखते हैं। शब्द की न केवल प्रकृति-समाजपरक है, वरन् उसका प्रयोजन भी सामाजिक है। प्रयोजन के रूप में वह सम्प्रेषण का उपकरण है, मनुष्य की सामाजिकता का साधन है और व्यक्ति की परिपूर्णता का माध्यम है। द्विवेदी जी के अनुसार शब्द "इस उद्देश्य से बनाये गये हैं कि व्यक्ति की भावना दूसरे के चित्त में आसानी से उतार दी जा सके। व्यक्ति यदि अपने आप में ही परिपूर्ण होता, तो शब्द द्वारा अर्थ को प्रकट करने वाली भाषा की आवश्यकता नहीं होती। यह अत्यन्त महत्त्वपूर्ण बात है।" स्पष्ट है, व्यक्ति सामाजिक सम्बन्धों के आधार पर ही परिपूर्ण बनता है, और द्विवेदी जी के अनुसार सामाजिक बनने की प्रक्रिया का रास्ता भाषा का रास्ता है। द्विवेदी जी शब्द और उसके अर्थ के सम्बन्धों की प्रकृति को समझाने के लिये कागजी नोट का उदाहरण सामने लाते हैं। उनके ही शब्दों में—"रुपये का यह कागजी नोट हमारी उलझी हुई सामाजिक व्यवस्था को प्रतीक रूप में उपस्थित करता है। अति परिचयवश उसके इस रूप की हम उपेक्षा करते हैं। जिस प्रकार बाजार में हमारे श्रम और उत्पादन के जटिल सम्बन्धों को रुपये का नोट प्रतीक-रूप में सामने ला देता है, ठीक उसी प्रकार शब्द हमारी सामाजिक भावनाओं का प्रतिनिधित्व करते हैं।" ध्यान देने की बात है कि 'नोट' और 'शब्द' के समानधर्मी लक्षणों की बात 'द्विवेदी जी ने 1954 में की, जबकि आज के प्रमुख अर्थशास्त्री टालकट पार्सन्स ने कागज़ी

नोट को एक विशिष्ट भाषा के रूप में 1967 में प्रतिपादित किया। पार्सन्स के अनुसार न केवल कागज़ी नोट विशिष्ट भाषा रूप है बल्कि आर्थिक व्यापार एक विशेष प्रकार का वार्तालाप है, पैसे का वितरण विशिष्ट कोटि का सम्प्रेषण है और सम्पूर्ण अर्थतंत्र भाषा के व्याकरणिक व्यवस्था के समरूप है। पार्सन्स यह मानते हैं कि रुपये का नोट तथा भाषा में समानता का आधार उसके व्यवहार-कर्ताओं के अन्तर्वैयक्तिक सम्बन्धों में निहित है, इस तथ्य की ओर द्विवेदी जी बार-बार संकेत देते हैं।

भाषा के सन्दर्भ में आचार्य द्विवेदी ज्ञान को दो-मुँहा पदार्थ मानते हैं। इनके अनुसार एक ओर वैयक्तिक तथ्य जगत है, जो व्यक्ति-सापेक्ष होता है। दूसरी तरफ अन्तर्वैयक्तिक तथ्य जगत है जो समाज-सापेक्ष होता है। इन दोनों के सम्बन्धों की प्रकृति पर विचार करते हुए उनका यह मत है कि वैयक्तिक तथ्य जगत निरन्तर दूसरे लोगों के उपलब्ध तथ्य जगत से टकराते रहने के कारण अन्तर्वैयक्तिक तथ्य जगत के रूप में परिवर्तित होता रहता है। यह संसार दूसरों की उपलब्धि और स्मृति से बनी तथ्यात्मक ज्ञान राशि से टकरा-टकराकर बना हुआ पदार्थ है। द्विवेदी जी के अनुसार "यह अन्तर्वैयक्तिक तथ्य जगत निरन्तर परिवर्धमान और परिवर्तमान पदार्थ है—वह गतिशील है। वह नाना वैयक्तिक तथ्य जगतों के संघर्ष से स्थिरीकृत 'सामान्य जगत' है।" ध्यान देने की बात है कि आचार्य द्विवेदी ने भाषा के स्थितिकृत सामान्य प्रकृति के साथ उसकी गत्यात्मक शक्ति पर भी प्रकाश डाला है। सामाजिक और गतिशील होने के कारण ही द्विवेदी जी यह मानते हैं कि भाषा हमारी सामान्य अन्तर्वैयक्तिक उपलब्धियों के गाम्भीर्य और प्रसार का पता बतलाती है। "भाषा की इस गतिशील प्रकृति के साथ साहित्य की संकल्पना को जोड़ते हुए वह यह भी कहते हैं कि भाषा तथ्यात्मक अनुभूतियों के सम्प्रेषण की साधन होने के साथ-साथ साहित्य का वाहन भी है। उनके ही शब्दों में निरन्तर परिवर्तमान और परिवर्धमान इन उपलब्धियों के लिखित रूप को ही सामान्य रूप से 'साहित्य' कहते हैं।"

काव्य में प्रयुक्त अर्थ-प्रकाशक शब्दों के आचार्य द्विवेदी दो आयाम मानते हैं। इन दो आयामों को वे गणित और संगीत के आधार पर निरूपित करते हैं। संगीत-आयाम का सम्बन्ध मानव जीवन की आन्तर-सत्ता से है, इसी आन्तर-सत्ता से जुड़कर शब्द भावावेगजन्य कम्पन से आन्दोलित होता है। वस्तुतः यही कम्पन छन्द का प्राण बनता है। आचार्य द्विवेदी के शब्दों में छन्द इस आवेग का वाहन है। वह एक प्रकार की **वक्र कम्पनशील नृत्य भंगिमा है**। काव्यभाषा में कमोबेश सर्वत्र आन्तर-सत्ता की झंकार सुनाई पड़ती है, संरचना का लोच और अर्थ की वक्रता दिखलाई पड़ती है। कविता में इसकी स्पष्ट छाप दिखलाई पड़ती है, पर उपन्यास में यह आवेग कम होता है। पर जहाँ कहीं भी उसमें आवेग का कम्पन

आता है, वहीं प्रच्छन्न छन्द भी रहता है।

अर्थ की इसी आन्तर-सत्ता के आधार पर गणित काव्य से भिन्न है। गणित बाह्य जीवन के व्यापार की अमूर्त संकल्पना है, न कि मानव जीवन की आन्तर-सत्ता का प्रकाशन। मानव जीवन का यथार्थ मनुष्य के आन्तर और बाह्य सत्ता के सही सहयोग के आधार पर खड़ा होता है। मात्र बाह्य सत्ता अथवा आन्तर-सत्ता के आधार पर मानव-जीवन को नहीं समझा जा सकता। बाह्य सत्ता का कितना भी गणितीय अमूर्तन क्यों न कर दिया जाय, वह हमारे जीवन की सामान्य जटिलता पर कुछ भी प्रकाश नहीं डाल पाती क्योंकि द्विवेदी जी के अनुसार "मनुष्य का जीवन स्लेट पर लगाये जाने वाला हिसाब नहीं है कि गलती हुई तो मिटाकर फिर से ठीक-ठाक हिसाब लगा लिया गया। यहाँ तो रूढ़ जो गलती एक बार हुई, वह निश्चित रूप से जीवन को मोड़ने की क्रिया में अपना प्रभाव छोड़ जाया करती है।"

काव्य की तुलना में अगर गणित में आन्तर-सत्ता का अभाव होता है तो ठीक इसके विपरीत संगीत में बाह्य सत्ता का। संगीत शुरू से अन्त तक शुद्ध आवेग का कम्पन है। द्विवेदी जी के अनुसार "काव्य जिस प्रकार शब्द प्रकाश्य अर्थ द्वारा बाह्य विषय सत्ता से बँधा रहता है उस प्रकार संगीत नहीं बँधा रहता है। काव्य में आवेग द्वारा जो स्पन्दन उत्पन्न होता है, वह बाह्य सत्ता से पूर्णतया सम्बद्ध होता है, हम बाह्य घटनाओं की अनुभूति से चकित होते रहते हैं। काव्य पाठक के सुख-दुःख का आवेग उत्पन्न करता है।" इसके विपरीत संगीत की अनुभूति को आचार्य द्विवेदी ने अहेतुक माना है। उनके अनुसार "मनुष्य का चित्र सर्वत्र कार्य-कारण की शृंखला खोजता रहता है, अनुभूति और वेदना के क्षेत्र में भी।" यही कारण है कि काव्य की अनुभूति में एक प्रकार की सान्द्रता बनी रहती है। द्विवेदी जी के शब्दों में "काव्य विश्वजनीन होने पर भी सहेतुक होने के कारण ठोस और सान्द्र होता है।" इसके विपरीत "टोड़ी के आलाप से जो एक प्रकार की उदास और विरह-व्याकुल वेदना चित्त में घुमड़ आती है, वह विश्वजनीन तो होती है, पर अविच्छिन्न या एबसट्रैक्ट होने के कारण अनुभूति में वह सांद्रता नहीं ले आ पाती जो काव्य के कारण रस से उत्पन्न होती है।" आचार्य द्विवेदी ने यह संकेत दिया है कि चेतना के एक प्रान्त पर संगीत है और दूसरे पर गणित। काव्य इन दोनों से इस आधार पर भिन्न है कि एक ओर तो उसमें गणित के समान बाह्य जगत का संयोग रहता है और दूसरी तरफ संगीत की तरह आन्तर-जगत का स्पन्दन। काव्य-चेतना कहने की आवश्यकता नहीं कि सामान्य एवं काव्य भाषा विषयक आचार्य द्विवेदी की चिन्तन-दृष्टि समकालीन अन्य विचारकों की तुलना में कहीं अधिक पैनी और संतुलित है।

जिन दो भाषिक समस्याओं पर मैं आचार्य द्विवेदी के विचार को सामने

रखना चाहता हूँ, उनमें पहला है—**हिन्दी और उसकी जनपदीय बोलियों का सम्बन्ध, और दूसरा है हिन्दी और उर्दू का सम्बन्ध।** इन दोनों समस्याओं के मूल में कोई भाषाई तथा व्याकरणिक विवाद नहीं है। विवाद है तो हमारी सामाजिक अस्मिता का। इन समस्याओं पर यदि हमने तत्काल ध्यान नहीं दिया तो "नाना प्रकार की जातियों-उपजातियों में विभक्त सम्प्रदायों और पन्थों में उद्भ्रान्त और शतछिद्र हमारे देश के कलश" को ये और भी क्षत-विक्षत कर देंगी।

हिन्दी भाषा के साथ इसकी मैथिली, राजस्थानी आदि जनपदीय बोलियों तथा उर्दू जैसी भाषा शैली के झगड़े एवं संघर्ष की चर्चा करने से पहले यह जान लेना आवश्यक है कि भाषा किसी भी सामाजिक समुदाय के सदस्यों को अंदरूनी तौर पर जोड़ने और बाँधने वाली एक जबरदस्त ताकत के रूप में अपनाई जा सकती है। दूसरी तरफ किसी एक संगठित समुदाय में अलगाव और बिखराव पैदा करने वाले एक हथियार के रूप में भी भाषा का इस्तेमाल किया जा सकता है। भाषा में जोड़ने या तोड़ने वाली ताकत एक ही चीज़ के दो पहलू हैं, एक ही समस्या को देखने की दो दृष्टियाँ हैं, और वह चीज़ या समस्या है सामाजिक अस्मिता (आइडेन्टिटी)।

हिन्दी की अपनी नई क्षेत्रीय बोलियाँ हैं, यथा—ब्रज, अवधी, भोजपुरी, मैथिली आदि। शुद्ध भाषिक रचना की दृष्टि से जिस प्रकार खड़ी बोली के संस्कारित रूप में मान्य हिन्दी एक भाषा है, और उसका एक विशिष्ट व्याकरण है, उसी प्रकार ये बोलियाँ भी 'भाषा' हैं क्योंकि इनकी भी अपनी विशिष्ट भाषिक रचना या व्यवस्था है, इनका भी अपना एक विशिष्ट व्याकरण है। पर भारत जैसे बहुभाषिक देश में भाषा-बोली का आधार वह भाषाई चेतना है जिसकी प्रकृति संस्थागत होती है। प्रायः यह देखा गया है कि जातीय पुनर्गठन की सामाजिक प्रक्रिया के दौरान कोई बोली व्यापार, राजनीति या संस्कृति के कारण अन्य जनपदीय बोलियों के बीच सम्पर्क साधन का काम करने लगती है। बाद में चलकर अन्य बोलियों का प्रयोग करने वाले भी इस सम्पर्क साधन में प्रयुक्त बोली के साथ अपनी सामाजिक अस्मिता जोड़ने लगते हैं। आज की स्थिति में खड़ी बोली के पर्याय के रूप में मान्य 'हिन्दी' तो भाषा है, पर ब्रज, अवधी, भोजपुरी, मैथिली आदि मात्र उसकी बोलियाँ।

भाषा और बोली के इस प्रकार्यात्मक सम्बन्धों की बात को भुलाकर आज कई बोलियों को बोलने वाले अपनी विशेष बोली को स्वतंत्र भाषा के रूप में विकसित करना चाहते हैं। द्विवेदी जी इस तथ्य से परिचित थे। पूर्व में मैथिली और पश्चिम में राजस्थानी की ओर से यह दावा किया गया है कि वे हिन्दी की उपभाषा नहीं हैं। अतः उन्हें अपने को स्वतन्त्र भाषा के रूप में विकसित करने का अवसर मिलना चाहिए। द्विवेदी जी यह मानते हैं कि प्रत्येक मातृभाषी को

अपनी भाषा को विकसित करने का अधिकार है, पर इसके साथ हमें यह भी ध्यान में रखना चाहिए कि भाषा हमारे 'भावी महालक्ष्य की पूर्ति का साधन है। हमें ऐसी भाषा बनानी चाहिए जिसके द्वारा हम अधिक से अधिक व्यक्तियों को शारीरिक, मानसिक और आध्यात्मिक क्षुधा-निवृत्ति का संदेश दे सकें।' इसके लिए यह आवश्यक है कि हम ऐसी भाषा सीखें जिसे अधिक से अधिक लोग समझते हैं। जीवन-व्यापार के बृहत्तर आयाम पर बोलियों का सहारा व्यक्ति के सामाजिक विकास में बाधक सिद्ध होगा। घरेलू व्यवहार, आत्मीय परिवेश, अनौपचारिक सन्दर्भ में बोलियों का प्रयोग सहज माना जाएगा, पर जहाँ तक उच्च शिक्षा, अन्तर्क्षेत्रीय व्यापार और औपचारिक सन्दर्भ का सवाल है, द्विवेदी जी के मत में सार्वदेशिक भाषा के रूप में विकसित हिन्दी का प्रयोग ही उचित है। अन्यथा भाषा और बोली का विवाद वहीं तक नहीं रुकेगा, उसकी अपनी परिणति बोली-बोली के झगड़े में भी ढल सकती है। द्विवेदी जी के शब्दों में 'आखिर इस गरीब देश में आप कितने विश्वविद्यालय और कितने हाईकोर्ट चलायेंगे? एक-एक जिले का दावा अलग-अलग हो सकता है।' ग्रियर्सन ने जिन लोगों की भाषा को 'स्टैण्डर्ड' भोजपुरी कहा है, वे लोग बनारस वाले हाईकोर्ट की भाषा क्यों मानेंगे! और बनारस वाले ही अपनी सम्पूर्ण ऐतिहासिक परम्परा के बावजूद बलिया-आरा की बोली को क्यों स्टैण्डर्ड मानेंगे। झगड़ा तो वहाँ भी खड़ा होगा।

द्विवेदी जी के अनुसार भाषा-शैली के विवाद में **व्यक्ति को अपनी संकुचित दृष्टि वृहत्तर लक्ष्य-प्राप्ति के सन्दर्भ में छोड़नी होगी।** भाषा का गहरा सम्बन्ध व्यक्ति की अपनी रुचि और संस्कार के साथ रहता है। अपनी इसी रुचि और संस्कार से अभिभूत होकर बोली और भाषा के बीच बोली को वह भाषा से बड़ा मानकर अलगाव का रास्ता अपना लेता है। मनुष्य तर्कशील प्राणी है। अतः वह इस अलगाव के रास्ते पर चलकर बोली को शक्तिशाली भाषा सिद्ध करना चाहता है। द्विवेदी जी व्यंग्य का सहारा लेते हुए वह कहना चाहते हैं कि मैथिली मातृभाषियों की तरह वह भी अपनी मातृबोली भोजपुरी को देश की सर्वाधिक शक्तिशाली भाषा सिद्ध कर सकते हैं। उनके ही अपने शब्दों में 'मैं इतिहास से गवाही ढूँढ़ सकता हूँ। भारतवर्ष का ज्ञात इतिहास भोजपुरियों से आरम्भ होता है। जिन सैनिकों के नाम मात्र से सम्राट सिकन्दर काँप उठे थे, वे भोजपुरी थे। जिन भिक्षुओं ने पर्वत और समुद्र लाँघकर चीन से जापान तक भारतीय संस्कृति की पताका फहराई थी, वे अधिकांश भोजपुरी थे। चन्द्रगुप्त और कुमारजीव भोजपुर की सन्तान थे और मध्ययुग का सबसे बड़ा प्राणवान पुरुष भोजपुरी था—मेरा मतलब कबीर से है, आदि।' राजस्थानी या मैथिली के पक्षपाती भी ऐसा ही तर्क उपस्थित करते हुए यह सिद्ध कर सकते हैं कि हिन्दी की एक भी उपभाषा, उनकी भाषा जितनी शानदार और जानदार नहीं

है। द्विवेदी जी के अनुसार ऐसा करने से उनका या उनके गाँव-जवार वालों का सीमित लाभ तो होगा, पर व्यक्ति की दुनिया यहीं तक समाप्त नहीं हो जाती। अतः हमें इस प्रश्न को जरा दूर तक सोचना होगा। उनके अपने शब्दों में—"यदि हमारे तर्कों और युक्तियों के मूल में कोई संकीर्ण स्वार्थ है या व्यक्तिगत रुचि-अरुचि का प्राबल्य है तो निष्कर्ष दोषयुक्त होगा।" द्विवेदी जी के अनुसार बोलियों के पक्ष में किया गया निर्णय संकीर्ण स्वार्थ पर आधारित है। इस देश में शताधिक भाषाओं के प्रचलन से हमारे अनेक प्रयत्न विच्छिन्न और अकारथ हो जायेंगे। "**हमें ऐसी भाषा का सहारा लेना है जो इन बोलियों से समता रखती हो।**" कहने की आवश्यकता नहीं कि बोली क्षेत्रों को एक वृहत्तर जनपद में बाँधने वाली ऐसी भाषा हिन्दी ही है। पर द्विवेदी जी एक सतर्क भाषा नियोजक थे। अतः उनका स्पष्ट निर्देश है कि केन्द्रीय भाषा के रूप में **हिन्दी के प्रति श्रद्धाभाव और अपनी-अपनी बोलियों के प्रति अनुराग दोनों बातें आवश्यक हैं।** यह आवश्यक है कि केन्द्रीय भाषा हिन्दी इन बोलियों के नज़दीक आए।

भाषा और बोली के विभेद को लेकर भाषावैज्ञानिक चाहे जिन भी लक्षणों की ओर संकेत क्यों न दें, समाज भाषा-वैज्ञानिक अब यह स्वीकार करने लगे हैं कि इनके अन्तर का आधार मात्र भाषावैज्ञानिक नहीं। भाषा अपनी **सत्ता में स्वायत्त और विकास में अपकेन्द्री (सेन्ट्रीफ्युगल)** होती है जबकि बोलियाँ अपनी प्रकृति में भाषोन्मुखी और प्रसार में **अभिकेन्द्री (सेन्ट्रीपीटल)**। हिन्दी का दूसरा पक्ष भी है। वह अपनी सभी **अभिकेन्द्री बोलियों का समुच्चय** है। अपनी सामाजिक अस्मिता के लिए ये बोलियाँ अपने 'स्व' के साथ-साथ हिन्दी की बृहत्तर जातीय परम्परा से भी अपनी अस्मिता को जोड़ती हैं। हमें यह ध्यान में रखना चाहिए कि हिन्दी मात्र व्याकरण नहीं और न ही वह केवल खड़ी बोली के रूप में एक विशिष्ट भाषिक संरचना है। भाषा के रूप में वह एक सामाजिक संस्था है, संस्कृति के रूप में भाषाई प्रतीक है, और साहित्य के रूप में वह एक जातीय परम्परा भी है।

सामाजिक संस्था के रूप में स्वीकार करते हुए द्विवेदी जी ने **हिन्दी को मनोवृत्ति प्रधान भाषा** कहा है। उनके अनुसार इसी मनोवृत्ति के आधार पर सभी हिन्दी भाषा के अन्तस में यह बात जमी हुई है कि हिन्दी वह भाषा है जिसमें कबीर, तुलसी, मीरा आदि ने कविता लिखी थी। उनके शब्दों में—"वे सब बोलियाँ जिनका मुख केन्द्राभिमुख है, अर्थात् जिनके बोलने वाले की नाड़ियों में मूल केन्द्रीय भाषा से सम्बद्ध बने रहने के संस्कार दृढ़ निबद्ध हैं—हिन्दी है। जो बोलियाँ केन्द्राभिमुख न होकर अपने आप में ही केन्द्रित हो जाती हैं, और तुलसी और सूर को अपना कवि नहीं मानना चाहतीं, वे टूटकर अलग हो जाती हैं।"

हिन्दी-उर्दू के विवाद के प्रश्न के मूल में भी इसी सामाजिक अस्मिता का प्रश्न दिखलाई पड़ता है क्योंकि हिन्दी और उर्दू की लड़ाई भाषा की लड़ाई कम,

भाषाई अस्मिता की लड़ाई अधिक है। मैंने अन्यत्र यह दिखलाने की कोशिश की है कि सामाजिक अस्मिता का सवाल हिन्दी-उर्दू के प्रश्न तक ही सीमित नहीं। यह सवाल पूरे भारतवर्ष को लेकर उठाया जा सकता है। क्या पंजाबी-हिन्दी की समस्या इससे अलग है? या बाँगला-उड़िया का सवाल इससे भिन्न है?

"वे सिक्ख जो हिन्दी को मादरी जवान की तरह अपनाये हुए हैं, मर्दुमशुमारी के समय क्या उन्होंने अपनी मातृभाषा पंजाबी नहीं लिखाई? पंजाब के वे हिन्दू जो हिन्दी भाषा जानते भी नहीं, उन्होंने क्या हिन्दी को अपनी मातृभाषा नहीं बताया? यह सामाजिक अस्मिता 'यथार्थ' है, भारतीय समाज की सचाई है, भले ही जिस आधार पर वह टिकी है वह अवैज्ञानिक हो, उसकी भित्ति अन्धविश्वास और अज्ञान की नींव पर बनी हो।"

द्विवेदी जी भी हिन्दी-उर्दू के विवाद को सामाजिक और जातीय अस्मिता के प्रश्न के रूप में देखने के पक्ष में हैं। वे अन्य भाषाविदों की तरह स्पष्ट शब्दों में घोषित करते हैं कि 'उर्दू का भाषाशास्त्रीय ढाँचा हिन्दी के भाषाशास्त्रीय ढाँचे से अलग नहीं है।' वे पंडित चन्द्रधर शर्मा गुलेरी की इस मान्यता के भी समर्थक हैं कि "जिस हिन्दी को आजकल हम साहित्यिक हिन्दी कहते हैं, वह उर्दू पर से बनाई गई है।" अतः अपने जन्म रूप में 'हिन्दी, मुसलमानी भाषा है क्योंकि शुरू-शुरू में खड़ी बोली मुसलमानों की भाषा मानी जाती थी।' 'पुराने हिन्दू कवियों ने जब मुसलमान पात्रों से कोई कविनिषिद्ध प्रौढ़ोक्ति कहलाई है तो खड़ी बोली में बुलवाया है। जिस भाषा को हम साहित्यिक हिन्दी कहते हैं उसकी प्रथम भित्ति-प्रतिष्ठा मुसलमान भाइयों के हाथों हुई है। यह नहीं कि वह भाषा ही कोई नई बनायी गई है बल्कि यह कि इसे साहित्यिक, सामाजिक और सांस्कृतिक आदान-प्रदान का वाहन मुसलमानों ने बनाया।"

खड़ी बोली और उर्दू अपने जन्म-सन्दर्भ में एक हैं। भाषाशास्त्रीय ढाँचे में हिन्दी और उर्दू एक हैं— फिर भी वे आज दो भाषाओं के रूप में क्यों मान्य हैं? द्विवेदी जी की स्पष्ट धारणा है कि हिन्दी को हम एक जातीय परम्परा के रूप में भी ग्रहण करते हैं। वह एक मनोवृत्ति-प्रधान भाषा भी है। भाषाशास्त्री, व्याकरणशास्त्र के आधार पर हिन्दी को उर्दू की और उर्दू को हिन्दी की विशिष्ट भाषा-शैली के रूप में देखने का आग्रह क्यों न करें, पर अपनी परम्परा में वे दो 'यथार्थ' हैं, सामाजिक-सांस्कृतिक अस्मिता के धरातल पर वे दो भिन्न मनोवृत्तियों के संस्कारित रूप हैं। अपने समर्थन में द्विवेदी जी निम्नलिखित तर्क उपस्थित करते हैं—

यदि उर्दू, हिन्दी की एक विशिष्ट शैली है, तो हिन्दी साहित्य के इतिहास में तथा पाठ्यक्रम में उसे पूर्ण स्थान क्यों नहीं मिला? इसके दो कारण संभव हैं—

(क) उर्दू एक सम्पूर्ण साहित्य है,

(ख) हिन्दी के अब तक के स्वीकृत साहित्य के इतिहास से उसका कोई सम्बन्ध नहीं रहा है और दोनों अपने-अपने रास्ते बिना एक-दूसरे को प्रभावित किए विकसित होते रहे हैं। आचार्य द्विवेदी के अनुसार 'हिन्दी साहित्य का इतिहास पढ़ने से दोनों धारणाएँ पुष्ट होती हैं।' उनका तो यहाँ तक कहना है कि अन्य प्रदेशों में जहाँ कहीं भी सामाजिक एवं सांस्कृतिक आन्दोलन हुए हैं, वहीं से हिन्दी ने प्रेरणा संग्रह की है, परन्तु अपने ही प्रदेश में पड़ोस में ही बसने वाले उर्दू साहित्यिकों से उसे प्राणदायिनी प्रेरणा कम प्राप्त हुई है। "क्वचित कदाचित केवल बाहरी रूप और बनाव-सिंगार की प्रवृत्ति की प्रेरणा इस भाषा से अवश्य मिली है, परन्तु वह क्षणिक और अस्थायी ही बनी रही है।"

आचार्य द्विवेदी जी की इस व्याख्या को कुछ प्रगतिवादी आलोचकों ने उनकी ब्राह्मणवादी शुद्ध मनोवृत्ति का परिणाम माना है। ऐसा कहकर उनके द्वारा उठाये गए सामाजिक अस्मिता के प्रश्न को जो झुठलाना चाहते हैं, उन्हें एक-दो प्रश्नों का उत्तर देना अनिवार्य है। यह क्या कारण है कि हिन्दी साहित्य के इतिहास नामधारी ग्रन्थों में राजधानी भाषा का साहित्य है, ब्रजभाषा का साहित्य है, अवधी का साहित्य है, बुन्देलखण्डी और बघेलखण्डी का साहित्य है, भोजपुरी और मैथिली का साहित्य है। इन सभी साहित्यों का भाषाई आधार भिन्न है पर क्यों वे एक ही साहित्यिक धारा के भीतर समाहित हैं जबकि एक ही भाषा के भिन्न शैली रूप में स्वीकृत उर्दू के साहित्य का उसमें समावेश नहीं? द्विवेदी जी के अनुसार उर्दू **अभी तक आत्मकेन्द्रित भाषा बनी रही है क्योंकि केन्द्राभिमुखी-भाषा होने में वह हिन्दी के समान है, न कि उसकी जनपदीय बोलियों के**। इसीलिए वह सूर, तुलसी, कबीर की परम्परा को अपनी परम्परा नहीं मानती और अन्य संतों और भक्तों के सात्त्विक साहित्य को अपना साहित्य मानने में कुंठा अनुभव करती रही। साथ ही उसने इस देश की पुरानी परम्परा से—अपभ्रंश, प्राकृत और संस्कृत के साहित्य से—घनिष्ठ और अविच्छेद्य सम्बन्ध स्थापित करने का प्रयत्न कभी नहीं किया।

हमारी बात अधूरी ही रह जाएगी, अगर भाषा-नियोजन के सन्दर्भ में हम हिन्दी-उर्दू की समस्या पर विचार न कर लें। आचार्य द्विवेदी ने जिस उर्दू की बात उठाई है, उसका सम्बन्ध मुख्यत: मध्यकालीन काव्य परम्परा से रहा है, उस साहित्य से रहा है जिसे राजशक्ति का संबल मोहग्रस्त करता रहा है, उस काव्य चेतना से रहा है जो अपने प्रेरणा-स्रोत में जनमानस और बोलियों के संयोग को नकारता रहा है। अन्यथा आज लिखे जा रहे उर्दू साहित्य की भाषा मनोवृत्ति उसे हिन्दी के नजदीक ही ला रही है। इसी संभावना को देखते हुए उन्होंने उर्दू-हिन्दी के सहज संयोग पर आधारित महाजाति की साहित्य चेतना का पक्ष लेते हुए यह भी कहा है कि "उर्दू को हमें सम्पूर्ण रूप से स्वीकार करना ही होगा।"

इस सन्दर्भ में मैं एक-दो तथ्य आपके सामने रखना चाहूँगा। पहले उर्दू की एक ऐसी धारा भी थी जिसके समर्थक जनता की भाषा में बोलने के कायल न थे, जो अपनी शिक्षा-दीक्षा के पद-प्रतीक के लिए फ़ारसी ज़बान के इस्तेमाल के हिमायती थे। इस वर्ग का परिवेश पहले सामन्ती और दरबारी रहा और अंग्रेजों के काल में राजतंत्रीय, पर इससे कोई फर्क नहीं पड़ता। इस लोक तटस्थ धारा की पहल सैयद अहमद देहलवी ने 'फरंहगे असफिया' (जिल्द अव्वल) में की है: "हम अपनी ज़बान को मरहठीबाजों, लवनीबाजों की जबान, धोबियों के खण्ड, जाहिल ख्यालबन्दी के ख्याल, टेसू के राग याने बेसरतोपा अल्फाज़ का मजबूआ बनाना कभी नहीं चाहते ..।" इस धारा की तुलना आज के उर्दू की लोकवादी धारा से करें जिसमें एक ओर समाज की आम जनता के दुख-दर्द की आवाज है और जिसमें बोलियों की गमक है। आज वह 'आलमशाह' खान द्वारा राजस्थान की बोलियों, 'राही' के द्वारा अवधी, मेहरून्निसा परवेज और 'शानी' द्वारा बस्तर की बोलियों और ज़हीर नियाजी द्वारा भोजपुरी, असगर वजाहत द्वारा ब्रज और कन्नौजी तथा हबीब तनवीर द्वारा छत्तीसगढ़ी आदि से अपनी साहित्यिक शक्ति और शब्दावली लेने लगी है।" इसमें संदेह नहीं कि हिन्दी और उर्दू को एक महाजाति के साहित्य में बाँधने वाली अगर कोई शक्ति काम कर सकती है तो उसका आधार बनेगी—जनशक्ति, जनपदीय बोलियाँ और इस महाजाति की अपनी सह-अनुभूति। आचार्य द्विवेदी के शब्दों में "हिन्दी और उर्दू का प्रश्न बहुत दिनों से हमारे देशवासियों के लिए टेढ़ा प्रश्न रहा है। मैं नहीं मानता कि यह प्रश्न अब उतना टेढ़ा रह गया है। परन्तु फिर भी कभी-कभी पुराने इतिहास का भूत डराता ही रहता है।"

भाषाबोध का तुलनात्मक आधार
हिन्दी और इतालवी

हिन्दी और इतालवी के नाते-रिश्ते की शब्दावली

(1)

किसी भी भाषा के नाते-रिश्ते (kinship) की शब्दावली का अध्ययन कई दृष्टियों से महत्त्वपूर्ण होता है। एक तरफ़ इन से सम्बन्धित शब्द सामाजिक संस्थान की अपनी मान्यताओं को व्यंजित करते हैं और दूसरी तरफ़ भाषा की रूप-संरचना पर प्रकाश डालते हैं। सामाजिक मूल्य और भाषाई बोध के अन्तस्सम्बन्धों को समझने के लिए इसीलिए ये सर्वाधिक महत्त्वपूर्ण सामग्री माने जा सकते हैं। सच तो यह है कि कोई भी समाज न तो 'जन्म', 'विवाह' और 'मृत्यु' जैसी सामाजिक घटनाओं से अपने को काटकर रख सकता है और न ही 'उत्तराधिकार' के सवाल से व्यक्ति को मुक्त कर सकता है। 'व्यक्ति', 'परिवार' और 'समाज' के बीच पाए जाने वाले सम्बन्धों के लिए नाते-रिश्ते की शब्दावली एक सच्चे दर्पण का काम करती है। इस दर्पण में हम परिवार के सदस्यों के आपसी सम्बन्धों की छवि देख सकते हैं, 'विवाह' जैसे सामाजिक रिश्ते की प्रकृति की झलक पा सकते हैं और व्यक्तियों के सामाजिक आचरण के कुछ पहलुओं का भी परिचय पा सकते हैं।

सामाजिक मूल्य और भाषाई बोध के इस अन्तर-सम्बन्धों की प्रकृति को किसी भी दो भाषाओं के नाते-रिश्ते की तुलना के आधार पर देखा जाना संभव है। उदाहरण के लिए हिन्दी के 'माँ-बाप' की संकल्पना की तुलना तमिल के 'अम्मा-अप्पा' से ही करें। तमिल भाषा के 'अम्मा' शब्द के भीतर अपनी 'माँ' के अतिरिक्त 'मौसी' और 'चाची' तो आती हैं, पर 'बुआ', 'मामी' या 'सास' को नहीं समेटा जा सकता। इन तीनों को बोधात्मक अर्थ के एक निश्चित दायरे में समेटने वाला नाते-रिश्ते का एक दूसरा शब्द है—'अत्तई'। यही स्थिति वहाँ 'अप्पा' शब्द की है। नाते-रिश्ते का शब्द अपने 'पिता' के अतिरिक्त 'मौसा' और 'चाचा' के लिए भी प्रयुक्त होता है, पर इसका प्रयोग 'मामा', 'फूफा' या 'ससुर' के लिए नहीं हो सकता। उसके लिए तमिल में एक दूसरा शब्द है—'मामन्'।

सवाल उठाया जा सकता है कि तमिल भाषा में 'आधा' शब्द में 'चाचा'

और 'मौसा' तो समा जाते हैं पर उसके अर्थ के दायरे के भीतर 'मामा' या 'फूफा' क्यों नहीं समाते? या फिर यह पूछा जा सकता है कि अपने जनक 'बाप' के अतिरिक्त 'चाचा' और 'मौसा' को यह शब्द क्यों समेटे हुए है? जो सवाल 'अप्पा' के सम्बन्ध में उठाया जा सकता है वही उसके 'अम्मा' शब्द के बारे में भी पूछा जा सकता है। क्यों 'अम्मा' शब्द के अर्थ की व्याप्ति 'चाची' और 'मौसी' तक है, पर 'बुआ' या 'मामी' तक नहीं, और क्यों 'बुआ' और 'मामी' को एक साथ समेटनेवाला वहाँ एक दूसरा ही शब्द 'अत्तई' है?

इन सवालों का उत्तर तमिल समाज की वैवाहिक मान्यता और आचरण सम्बन्धी नियमों के भीतर छिपा है। हिन्दी समाज की तरह वहाँ भी यह मान्यता है कि अपने माँ-बाप के औलाद के बीच विवाह सम्बन्ध संभव नहीं। पर जिन्हें वे 'माँ' का सामाजिक दर्जा देते हैं, उनमें माँ की बहन (मौसी) और पिता के भाई की पत्नी (चाची) भी शामिल हैं। इसके विपरीत जिसे वे 'सास' बराबर का दर्जा देते हैं, उनमें माँ के भाई की पत्नी (मामी) और पिता की बहन (बुआ) शामिल हैं। अतः 'बुआ' और 'मामी' के बच्चों के साथ विवाह सम्बन्ध संभव हैं। यही स्थिति 'पिता' की संकल्पना के साथ भी है। 'बाप' के बराबर का दर्जा, पिता के भाई (चाचा) और माँ की बहन के पति (मौसा) का तो है, पर 'फूफा' और 'मामा' का नहीं। उन्हें सामाजिक दर्जा 'ससुर' के समान है। अतः 'फूफा' और 'मामा' के बच्चों के साथ विवाह-सम्बन्ध संभव है, पर 'मौसा' और 'चाचा' के बच्चों के साथ नहीं।

इतालवी समाज विवाह सम्बन्ध में अधिक स्वतंत्र है। इस समाज में अपने पिता-माता के संतान के बीच विवाह संभव नहीं। इतालवी भाषा में न तो हिन्दी की तरह प्रत्येक सम्बन्ध के लिए कोई अलग-अलग युग्म ही है, यथा चाचा-चाची, मामा-मामी आदि और न ही तमिल भाषा की तरह 'अप्पा' और 'अम्मा' जैसी संकल्पना। वहाँ अंग्रेज़ी भाषा के समान 'पाद्रे' (पिता, father), सुओचैरो (ससुर, father-in-law) और ज़ीओ (चाचा, मामा, फूफा, मौसा को समेटने वाला शब्द 'अंकल') (uncle) है और उसके समानान्तर युग्म बनाने वाले नाते-रिश्ते के शब्द, यथा—माद्रे (माता, mother) सुओचैरा (सास, mother-in-law) और ज़ीआ (आन्ट, aunt) हैं।

ऊपर दिये गए तथ्य को हम अगले पृष्ठ पर दी गई तालिका द्वारा देख सकते हैं:

<table>
<tr><th></th><th>1</th><th>2</th><th>3</th><th>4</th><th>5</th><th>6</th></tr>
<tr><td></td><td>F</td><td>FB</td><td>MZH</td><td>MB</td><td>FZH</td><td>SpF</td></tr>
<tr><td>हिंदी</td><td>पिता</td><td>चाचा</td><td>मौसा</td><td>मामा</td><td>फूफा</td><td>ससुर</td></tr>
<tr><td>तमिल</td><td colspan="3">अप्पा</td><td colspan="2">मामन्</td><td></td></tr>
<tr><td>इतालवी</td><td>पाद्रै</td><td colspan="4">ज़ीऔ</td><td>सुऔचैरा</td></tr>
</table>

(क) 'पिता' की पीढ़ी के नाते-रिश्ते के शब्द

<table>
<tr><td></td><td>M</td><td>FBW</td><td>MZ</td><td>FZ</td><td>MBW</td><td>SpM</td></tr>
<tr><td>हिंदी</td><td>माता</td><td>चाची</td><td>मौसी</td><td>बुआ</td><td>मामी</td><td>सास</td></tr>
<tr><td>तमिल</td><td colspan="3">अम्मा</td><td colspan="3">अत्तई</td></tr>
<tr><td>इतालवी</td><td>माद्रै</td><td colspan="4">जीआ</td><td>सुऔचैरा</td></tr>
</table>

(ख) माता की पीढ़ी के नाते-रिश्ते

पृ० 183 पर दी गई तालिका (क) और (ख) को सामने रखने पर निम्नलिखित तथ्य सामने उभरते हैं :

(1) प्रत्येक भाषा नाते-रिश्ते के सम्बन्धों को एक 'पैटर्न' में बाँधती है। हिन्दी का 'पैटर्न' जिस युग्म को उभारता है, वह है 'पिता' : 'माता' :: 'चाचा' : 'चाची' :: 'मौसा' : 'मौसी' :: 'फूफा' :: 'बुआ' : : 'मामा' : 'मामी' :: 'ससुर' : 'सास' : ।
तमिल का 'पैटर्न' है :
'अप्पा' : 'अम्मा' :: 'मामन्' : 'अत्तई'।
इतालवी का पैटर्न बनता है :
'पाद्रे', 'माद्रे', 'ज़ीओ', 'जीआ', 'सुओचैरो', 'सुओचैरा'।

(2) 'पैटर्न' बनने का आधार विवाह, उत्तराधिकार, जन्म-मरण के संस्कार आदि सामाजिक बोध और भाषाई संरचना है।

(3) सामाजिक बोध और भाषाई संरचना के अन्तस्सम्बन्धों की प्रकृति अलग होने के कारण प्रत्येक भाषा के भीतर पाये जाने वाले नाते-रिश्ते के 'पैटर्न' अलग-अलग होते हैं।

भाषा का गहरा सम्बन्ध सामाजिक बोध और सांस्कृतिक संस्कार के साथ होता है। जिस समाज की जैसी मानसिक वृत्ति और भावबोध होगा, भाषा में उसी के अनुरूप हमें प्रयोग भी दिखाई देंगे। पितृसत्तात्मक होने के कारण हिन्दी और इतालवी दोनों ही समाज में लिंग के आधार पर हमें दुहरे सामाजिक मूल्य दिखाई पड़ते हैं। पुरुषवाचक नाते-रिश्ते के शब्दों की तुलना में स्त्रीवाचक नाते-रिश्ते के शब्द गाली के रूप में हम ज्यादा पाते हैं। दोनों ही भाषा मे 'माँ-बहन' की गालियाँ हैं। पर हिंदी समाज में 'लड़की वालों' का दर्जा वैवाहिक सम्बन्धों के सन्दर्भ में हमेशा 'लड़के वालों' से नीचा माना जाता है। इसलिए गाली का एक आयाम हिन्दी में 'साली' के अलावा 'साला' और 'ससुर' शब्दों के रूप में भी देखा जा सकता है। इतालवी समाज में 'साला', 'साली' या 'ससुर' को लेकर गालियाँ नहीं हैं। यह भी ध्यान देने की बात है कि इतालवी भाषा में 'पत्नी' की तरफ़ से बनने वाले रिश्ते मात्र के लिए अलग से शब्द नहीं हैं। हम आगे देखेंगे कि किस प्रकार 'को ज्योतो' शब्द के भीतर साला, साढ़ू के साथ-साथ जीजा, और ननदोई जैसे रिश्ते के लोग भी समाहित हैं।

हिन्दी भाषाई समाज में 'माँ' का दर्जा काफ़ी ऊँचा है। अगर लिंग सम्बन्धी अवमानना की बात छोड़ दें, तो नारी को मातृत्व भाव से मंडित कर यह समाज उसको 'आदर' का वह पद देता है, जो दूसरे समाज में कम ही देखने को मिलता है। यही कारण है कि प्रयोग के धरातल पर यह शब्द आधिदैविक शक्ति, पशु-

पक्षी, निर्जीव-सजीव उन सभी व्यक्तियों / वस्तुओं के साथ प्रयुक्त हो सकता है जिसमें समाज जीवन-धारिणी शक्ति का स्रोत पाता है। देवी-देवता के रूप में हम प्रयोग पाते हैं—दुर्गा माँ, काली माँ, पशुओं में हम 'गाय' को 'गौ-माता' कहते हैं, पौधों में हम 'तुलसी' को 'तुलसी माँ' कहकर उसकी पूजा करते हैं, और पृथ्वी को 'धरती माँ' कहकर सम्बोधित भी करते हैं।

(2)

हिन्दी के नाते-रिश्ते की शब्दावली पर बहुत थोड़ा काम हुआ है। उल्लेखनीय कामों में ड्यूमों (1962), कार्टर (1973), वटुक (1969) नाम लिया जा सकता है। तुलनात्मक दृष्टि से काम नहीं के बराबर है। द्राविड़ भाषाओं के नाते-रिश्ते के सन्दर्भ में ट्राउटमैन (1981) ने हिन्दी की शब्दावली पर थोड़ा विचार किया है।

इतालवी भाषा के नाते-रिश्ते की शब्दावली के साथ तुलना करने के पहले सामान्य रूप से प्रचलित तकनीकी प्रतीक-चिह्नों की सूची नीचे दी जा रही है, जिसका प्रयोग इस लेख में किया गया है :

F=पिता B=भाई
M=माता Z=बहन Sb=भाई-बहन

S=पुत्र H=पति
D=पुत्री W=पत्नी Sp=पति-पत्नी

e=बड़ा y=छोटा

नाते-रिश्ते की शब्दावली का अध्ययन 'स्व' (Ego) को केन्द्र में रखकर किया जाता है। यह 'स्व' पुरुष भी हो सकता है और स्त्री भी। 'स्व' की पीढ़ी को L°, उसके माता-पिता की पीढ़ी को L^{+1}, दादा-दादी की पीढ़ी को L^{+2} से संकेतित किया गया है। इसी प्रकार 'स्व' के बेटा-बेटी और पोते-पोती की पीढ़ी को क्रमश: $L-$ और L^{-2} से संकेतित किया गया है। अगले पृष्ठ पर जो सूची दी गई है, उसमें पहले हिन्दी के नाते-रिश्ते के शब्द, उसके पारिभाषिक संकेतक प्रतीक चिह्न, इतालवी भाषा के समतुल्य शब्द का देवनागरी रूप रखा गया है। नाते-रिश्ते के शब्दों को उन्हीं रूपों तक सीमित रखा गया है जो लेखक के परिवार में बोले जाते हैं—हिंदी के लिए श्रीवास्तव और इतालवी के लिए नार्देल्ला।

L° : स्व की पीढ़ी			L^{+1} : माता-पिता की पीढ़ी		
भाई	B	फ्रातैल्लो	पिता~बाप	F	पाद्रै
बहन	Z	सोरैल्ला	माता~माँ	M	माद्रै
भाभी	BW	को याता	ताऊ	FeB	जीओ
जीजा / बहनोई	ZH	कौंयातो	चाचा	FyB	जीओ
			ताई	FeBW	जीआ
जेठ	HeB	जीओ	चाची	FyBW	जीआ
देवर	HyB	जीओ	बुआ~फूफी	FZ	जीआ
जिठानी	HeBW	जीआ	फूफा	FZH	जीओ
देवरानी	HyBW	जीआ	मामा	MB	जीओ
ननद	HZ	जीआ	मामी	MBW	जीआ
ननदोई	HZH	कौंयांतो	मौसी	MZ	जीआ
साला	WB	कौंयातो	मौसा	MZH	जीओ
सलहज	WBW	कौंयाता	ससुर	HF / WF	सुओचैंरो
साली	WZ	कौयाता			
साढ़ू	WZH	कौंयातो	सास	HM / WM	सुओचैंरा
समधी	SWF / DHW	सुओचैंरा			
समधिन	SWM / DHM	सुओचैंरा			
पति	H	मरीतो			
पत्नी	W	मोल्यै			

L^{+2} : दादा-दादी की पीढ़ी			L^{+3} : परदादा की पीढ़ी		
दादा~बाबा	FF	नौन्नो	परदादा	FFF	बिसनौन्नो
दादी	FFW	नौन्ना	परदादी	FFFW	बिसनौन्ना
नाना	MF	नौन्नो	परनाना	MFF	बिसनौन्नो
नानी	MFW	नौन्ना	परनानी	MFFW	बिसनौन्ना

L—[1] : बेटा-बेटी की पीढ़ी

बेटा~पुत्र	S	फ़िल्यौ
बेटी~पुत्री	D	फिल्या
भतीजा	BS	निपोतै
भतीजी	BD	निपोतै
भांजा	ZS	निपोतै
भांजी	ZD	निपोतै
दामाद~जमाई	DH	जैनैरो
बहू	SW	अुऔरो

L—[2] : परपोते-परपोती की पीढ़ी

पोता	SS	निपोतै
पोती	SD	निपोतै
धेवता/नाती	DS	निपोतै
धेवता/नतिनी	DD	निपोतै

हिन्दी और इतालवी भाषा के ऊपर दिये नाते-रिश्ते की शब्दावली की तुलना करने पर जो दिलचस्प बातें सामने आती हैं, उनकी चर्चा नीचे की जा रही है।

(1) नाते-रिश्ते के विभेद के तीन निश्चित आयाम दिखलाई पड़ते हैं। पहला आयाम लिंग का है। जहाँ तक मूल (nucleus) परिवार से सम्बन्धित शब्द हैं, उनमें से अधिकांश रूप के धरातल पर एक-दूसरे से अलग हैं, जैसे माँ-बाप, पति-पत्नी, भाई-बहन। हिंदी में केवल बेटा-बेटी में रूपात्मक युग्म देखा जा सकता है। इतालवी भाषा के पाद्रै-भाद्रै, फ़्रौहैल्लौ-सौरेलाना, मरीतौ-मौल्यै शब्द हैं। पर इस भाषा में भी बेटा-बेटी से सम्बन्धित शब्द रूप के आधार पर सम्बद्ध है, यथा—फिल्यौ-फ़िल्या।[1]

1. रूप (form) के धरातल पर हिन्दी में पुल्लिग/स्त्रीलिंग के संकेतार्थ का सम्बन्ध-आ/-ई ध्वनियों से जुड़ता है, यथा—बेटा/बेटी, दादी/दादी, लड़का/लड़की। ध्वनि के साथ जुड़ी प्रकार्यात्मक शक्ति का परिचय हम उन शब्द/शब्दों में पाते हैं, जहाँ ये शब्द-रूप हमारे भाव-बोध से टकराते हैं। उदाहरण के लिए 'बुआ' शब्द को लें। इसका संकेतार्थ स्त्री-वाचक है पर 'रूप' की दृष्टि से इसका अन्त 'आ' ध्वनि में होता है। अतः इस शब्द का युग्म हम नहीं पाते। जो युग्म बनता है, उसका आधार 'फूफी' है, जिससे व्युत्पन्न

दूसरा आयाम **पीढ़ी** का है। दोनों ही भाषाओं में 'स्व' की अपनी पीढ़ी पर नाते-रिश्ते की संख्या सबसे अधिक है, जो पीढ़ियों के अन्तर के साथ क्रमश: कम होती जाती है। तीसरी पीढ़ी पर कोई आधारभूत शब्दावली नहीं मिलती, इसलिए उपसर्ग लगाकर शब्द व्युत्पन्न कर लिये जाते हैं। इतालवी की तुलना में हर पीढ़ी के नाते-रिश्ते की शब्दावली की संख्या हिन्दी में अधिक है। उदाहरण के लिए L° पीढ़ी पर हिन्दी में 16 और इतालवी में 8 शब्द हैं, L^{+1} पीढ़ी पर इनका अनुपात 14 (हिन्दी) और 6 (इतालवी) का है, L^{-1} पीढ़ी पर यह अनुपात 8 (हिन्दी) और 5 (इतालवी) का है।

तीसरा आयाम **वय** (सापेक्षिक आयु) का है। यह आयाम हिन्दी में एक तरफ ताऊ-चाचा, ताई-चाची, जेठ-देवर, जिठानी-देवरानी का युग्म बनाता है और दूसरी तरफ़ देवर (H_y B) और भाभी ($_e$B W) तथा जेठ (H_e B) और बहू ($_y$B W) के रिश्ते की ओर संकेत देता है। वय का यह आयाम इतालवी भाषा में लागू नहीं होता।

(2) हिन्दी भाषा में लिंग के आयाम में गहराई (depth) है जो रिश्ते में मात्र पति-पत्नी तक सिमटकर नहीं रह जाती। यहाँ माँ-बाप के साथ जुड़नेवाले रिश्तों को एक सीमा तक अलग कर देखा जाता है। इसलिए एक तरफ पिता के भाई (ताऊ/चाचा) और बहन (बुआ/फूफी) के सम्बन्ध को माँ के भाई (मामा) और बहन (मौसी) से अलग रखा जाता है और दूसरी तरफ L^{+2} पीढ़ी पर पिता और माता के पिता के लिए अलग-अलग शब्द, यथा—दादा/नाना दिए जाते हैं। इतालवी भाषा में लिंग का आधार मूलत: पति-पत्नी का है इसलिए उसमें चाचा/मामा या दादा/नाना जैसे सम्बन्धों का अंतर नहीं दें।

अभिविन्यास की दृष्टि से हिन्दी में L^{+2} पीढ़ी के रिश्ते का पैटर्न बनता है :

दादा (FF) : दादी (FM) : : नाना (MF) : नानी (MM) :

यही रिश्ता इतालवी में जिस भाव को सामने उभारता है, उसका

शब्द है 'फूफा'। इतालवी भाषा में 'औ' ध्वनि से बोले जाने वाले शब्द पुरुषवाचक हैं और 'आ' ध्वनि से अन्त होने वाले शब्द स्त्रीवाचक। नामों में अत: हमें युग्म मिलता है—फ्रांकौ/फ्रांका, कारलौ/कारला, मरीया। नाते-रिश्ते की शब्दावली में ज़ीऔ/ज़ीआ, नौत्रौ/नौना, फिल्यौ/फिल्या।

पैटर्न है :

नौन्नो $\left(\begin{bmatrix} F \\ M \end{bmatrix} F\right)$: नौन्ना $\left(\begin{bmatrix} F \\ M \end{bmatrix} Fw\right)$

(3) पीढ़ियों के नाते-रिश्ते के सम्बन्धों को जहाँ तक संभव है हिन्दी भाषा अलग-अलग रखती है। पर इतालवी भाषा में नाते-रिश्ते के कुछ शब्द ऐसे हैं जो एक से अधिक पीढ़ी के रिश्तों के लिए प्रयुक्त होते हैं। उदाहरण के लिए 'जीऔ' शब्द पति के भाई (छोटा या बड़ा) के लिए प्रयुक्त होता है और दूसरी तरफ़ माता-पिता के भाई के लिए भी। इसी प्रकार 'सुऔचैंरौ' जहाँ 'समधी' के लिए प्रयोग में लाया जा सकता है वहाँ 'ससुर' के लिए भी। यही स्थिति 'ज़ीआ' और 'सुऔचैंरा' की है।

(4) न्यून विभेदीकरण की प्रक्रिया हिन्दी में एक पीढ़ी के बाद शुरू होती है। हम पाते हैं कि 'पिता के पिता' को 'दादा' कहते हैं और पिता के पिता के भाई (छोटा और बड़ा) को भी 'दादा' ही कहते हैं। यही स्थिति 'नाना' शब्द की है। माता-पिता की पीढ़ी पर भी न्यून विभेदीकरण दिखलाई पड़ता है जिसका आधार 'लिंग' (Sex) है। उदाहरण के लिए पिता के भाई और उनकी पत्नी वय (बड़े/छोटे) के आधार पर 'ताऊ/ताई' और 'चाचा/चाची' के रूप में अलग-अलग शब्द पाते हैं, पर वय का यह आयाम न तो 'पिता की बहन' के सन्दर्भ में दिखलाई पड़ता है और न ही 'माता के भाई' के सन्दर्भ में। पिता की या माता के भाई की उम्र छोटी या बड़ी हो उनको क्रमश: 'बुआ' और 'मामा' ही कहा जाता है।

इतालवी भाषा में न्यून विभेदीकरण की प्रक्रिया हिन्दी की तुलना में एक पीढ़ी पहले ही शुरू हो जाती है। 'जीऔ' शब्द पिता और माता दोनों के भाई के लिए समान रूप से प्रयुक्त शब्द है और 'ज़ीआ' शब्द भी इनकी पत्नियों (चाची और भाभी) के अतिरिक्त पिता और माता की बहनों (बुआ और मौसी) को भी अपने संकेतक सीमा में समेटता है।

(5) दोनों ही भाषाओं में व्युत्पन्न शब्द तीसरी पीढ़ी $I.^{+3}$ पर दिखलाई पड़ते हैं। हिन्दी में 'दादा' और 'नाना' से 'परदादा' और 'परनाना' और इतालवी में 'नौन्नौ' से 'बिसनौन्नौ'। हिन्दी में विवरणात्मक रूप के नाते-रिश्ते की अभिव्यक्तियों का सिलसिला 'स्व' के रिश्ते के तीसरे चरण पर शुरू होती है। इसके लिए 'न एरा' प्रत्यय का प्रयोग होता है, यथा 'स्व के पिता/माता' (पहला चरण), उनके भाई/बहन

(दूसरा चरण) और उन भाई/बहन के लड़के (तीसरा चरण) के लिए 'चचेरा, फूफेरा, ममेरा, मौसेरा' (भाई) कहा जाता है।

ऊपर संकेत दिया जा चुका है कि न्यून विभेदीकरण की मात्रा हिन्दी की तुलना में इतालवी भाषा में अधिक है। एक से अधिक हिन्दी के नाते-रिश्ते के संकेतार्थ को समेटने वाले इतालवी शब्दों को नीचे दिया जा रहा है :

1. निपोतै = (भतीजा, भतीजी, भांजा, भांजी, पोता, पोती, धेवता, धेवती)
2. ज़ीआ = (जिठानी, देवरानी, ननद, ताई, चाची, बुआ, भाभी, मौसी)
3. ज़ीओ = (जेठ, देवर, ताऊ, चाचा, फूफा, मामा, मौसा)
4. कोंयातौ = (बहनोई, ननदोई, साला, साढू)
5. कोंयाता = (भाभी, सलहज, साली)
6. सुओचैरो = (समधी, ससुर)
7. सुओचैरा = (समधिन, सास)
8. नौन्नौ = (दादा, नाना)
9. नौना = (दादी, नानी)

सन्दर्भ-ग्रंथ

1. Carter, A. T. 1973. A comparative analysis of systems of kinship and marriage in South Asia. Proceedings of the Royal Anthropological Institute of Great Britain and Ireland 29-54.
2. Dumont, Louis 1962 le vocabulaire de parante' dans l'Inde du nord. L'homme 2:5-48.
3. Trautman, Thomas R. 1981. Dravidian Kinship. Cambridge : CUP.
4. Vatuk, Sylvia. 1969. A structural analysis of the Hindi Kinship terminology. Contributions to Indian sociology 3:94-115.

हिन्दी और इतालवी की शिष्ट अभिव्यक्तियाँ

भाषा न तो मात्र शब्दों का समूह है और न ही शुद्ध व्याकरण की व्यवस्था। किसी भाषा का शब्दकोश या व्याकरणिक व्यवस्था उसके ढांचे का काम तो कर सकती है, पर उस भाषा का पर्याय नहीं बन सकती। भाषा का अगर मूलाधार संरचना है तो उसका प्रयोजन सन्दर्भ सम्प्रेषण व्यापार है। इस सम्प्रेषण व्यापार के सन्दर्भ में ही भाषा, 'अर्थ की संभावना' का अपना आयाम पाती है। एक तरफ़ वक्ता/लेखक अपने कथ्य को शब्दों और व्याकरणिक नियमों के सहारे बाँधता है और ध्वनि या लिपि चित्रों द्वारा सम्प्रेषित करता है और दूसरी तरफ़ श्रोता/पाठक अपने भाषा-ज्ञान के सहारे उस कथ्य को अर्थ के रूप में ग्रहण करता है। कथ्य को अर्थ के रूप में बाँधने (वक्ता का सन्दर्भ) और उस अर्थ के सहारे कथ्य तक पहुंचने (श्रोता का सन्दर्भ) के इस पूरे व्यापार में भाषा वक्ता और श्रोता दोनों का ही पूरी तरह साथ देती है। यही कारण है कि भाषा को सम्प्रेषण व्यापार के अन्यतम साधन के रूप में देखने वाले विद्वान उसे 'अर्थ की संभावना' के रूप में भी देखने के पक्ष में हैं।

किसी भी भाषा की शिष्ट अभिव्यक्तियों के आधार पर यह भी कहा जा सकता है कि भाषा के भीतर छिपी अर्थ की संभावना के लिए उस भाषा के शब्द समूह और व्याकरणिक व्यवस्था आधार का काम तो कर सकते हैं, पर उसकी सीमा नहीं बन सकते। भाषा शब्दकोश में दिए शब्दों के अर्थ और व्याकरण द्वारा निर्धारित संरचनात्मक नियमों का अतिक्रमण करने में सक्षम है। अतिक्रमण करने की उसकी क्षमता केवल साहित्य के क्षेत्र में ही देखने को नहीं मिलती। उसका परिचय हमें सामान्य भाषा-प्रयोग के उन सन्दर्भों में भी मिलता है, जहाँ व्यक्ति को सामाजिक-सांस्कृतिक मूल्यों को व्यंजित करना पड़ता है। लक्षणा और व्यंजना के प्रयोग का सन्दर्भ केवल 'काव्य' ही नहीं है, बल्कि उसका एक सार्थक दैनिक जीवन में प्रयुक्त हमारी बातचीत भी है। यही कारण है कि सामान्य बोलचाल की भाषा में भी प्रकार्य (function) और रूप (ferni) में कोई सीधा सम्बन्ध नहीं दिखाई देता। इसलिए 'रूप' के आधार पर 'प्रयोजन'

को समझने में भाषाविद् प्रायः कठिनाई का अनुभव करते हैं।

उदाहरण के लिए सम्बोधन सर्वनाम के रूप में हम हिन्दी में तीन रूप पाते हैं—'तू' (एकवचन), 'तुम' (बहुवचन) और आदरार्थ 'आप' (बहुवचन)। इतालवी भाषा में इसके 'रूप' कम से कम चार माने जा सकते हैं—तू (tu) 'तू' (एकवचन), वोइ (voi) 'तुम' (बहुवचन) और आदरार्थ लैई (Lei) : 'आप' (एकवचन) तथा लौरो (Loro) 'आप' (बहुवचन)। इसके विपरीत अंग्रेज़ी में मात्र एक सर्वनाम है—'you' जिसे चाहे एकवचन के लिए प्रयुक्त कर लें या बहुवचन के लिए, सामान्य सम्बोधन सर्वनाम के रूप में व्यवहार कर लें अथवा आदरार्थ अर्थ में। अगर हम शिष्ट अभिव्यक्ति के सन्दर्भ में कही जाने वाली इस उक्ति को आप्त वाक्य के रूप में स्वीकार करें कि 'बहुवचन रूप' शिष्टता का व्यंजक है अर्थात् सम्बोधित व्यक्ति वास्तविक संसार में संख्या में 'एक' हो पर उसके लिए व्याकरणिक रूप का प्रयोग बहुवचन में किया गया है, तब भाषाई रूप-व्यवस्था की दृष्टि से इतालवी, हिन्दी और अंग्रेज़ी भाषा में इतालवी शिष्टतम साबित होगी (क्योंकि इस भाषा में सम्बोधन सर्वनाम के दो बहुवचन रूप हैं—'लैई' और 'लौरो, और अंग्रेज़ी शिष्टता की दृष्टि से न्यूनतम (क्योंकि रूप की दृष्टि से इसमें एक ही सर्वनाम you है)। पर इसका यह अर्थ कदापि नहीं लगाया जा सकता कि अंग्रेज़ी में शिष्ट अभिव्यक्तियों की कमी है या शिष्टता को व्यंजित करने की उसमें क्षमता नहीं।

भाषा प्रयोजन-साध्य होती है और इसलिए वह रूप की व्यवस्था का अतिक्रमण भी करती चलती है। भाषा में सर्जनात्मक शक्ति के पीछे प्रयोजन और प्रकार्य की प्रेरणा अन्तर्निहित होती है। इसलिए किसी एक व्याकरणिक 'रूप' के आधार पर बनी सीमा को किसी दूसरे व्याकरणिक 'रूप' की शक्ति द्वारा पूरा करती चलती है। एक सर्वनाम 'you' से बनी शिष्टता की सीमा का अंग्रेज़ी भाषा कैसे अतिक्रमण करती चलती है, इसका उदाहरण अंग्रेज़ी के निम्नलिखित उदाहरण से मिलता है :

(1) Close the door.
(2) Please close the door.
(3) Will you close the door ?
(4) Will you please close the door ?
(5) Won't you close the door ?

क्यों (1) से (5) तक के वाक्य क्रमिक रूप में शिष्ट से शिष्टतर अभिव्यक्तियाँ हैं, इसका विश्लेषण राबिन लेकाफ़ (1972 a, b) ने किया है। वाक्य (1)

आज्ञार्थक है जबकि (2) और (3) सामान्य अनुरोध।[1] इसके विपरीत वाक्य (4) और (5) संश्लिष्ट अनुरोध के उदाहरण माने जा सकते हैं। वाक्य (4) में अनुरोध की प्रकृति संश्लिष्टात्मक इसलिए है कि उसमें वाक्य (2) और वाक्य (3) दोनों की अनुरोधात्मक वृत्ति का संयोग है। एक तरफ़ उसमें 'कृपया' का आदरार्थ भाव है और दूसरी तरफ़ प्रश्नवाचक होने के कारण निर्णय लेने का आधार श्रोता को दिया गया है कि वह दरवाज़ा बन्द करे या न करे। वाक्य (5) के संश्लिष्ट अनुरोध होने का कारण यह है कि उसमें एक ओर प्रश्नवाचक रूप है और दूसरी ओर वह निबंधवाचक रूप से बँधा हुआ है। यह अभिव्यक्ति शिष्टतम है क्योंकि इसके पीछे जो वृत्ति काम कर रही है, वह श्रोता को बन्द करने या न करने की अधिक छूट देती है।

प्रयोजन और कथ्य के धरातल पर ऊपर दी गई अंग्रेज़ी की शिष्ट अभिव्यक्तियों का हिंदी में अनुवाद होगा :

(1) दरवाज़ा बन्द कर/करो।

(2) कृपया दरवाज़ा बन्द करें/कीजिए।

(3) क्या तुम/आप दरवाज़ा बन्द करोगे/करेंगे ?

(4) क्या आप दरवाज़ा बन्द करने की कृपा करेंगे ?

(5) क्या तुम/आप दरवाज़ा बन्द नहीं करना चाहोगे/चाहेंगे ?

अगर हिन्दी के इन वाक्यों की अंग्रेज़ी वाक्यों से तुलना करें तो एक बात स्पष्ट हो जाती है। हिंदी के सम्बोधन और सर्वनाम द्वारा संकेतित प्रकार्य या तो संज्ञापद और क्रिया रूप दोनों ही के द्वारा साधे जाते हैं अथवा केवल क्रिया रूप के द्वारा व्यक्त होते हैं। उदाहरण के लिए वाक्य (1) और (2) को देखें। इसमें सर्वनाम का प्रयोग नहीं हुआ है। अगर वाक्य (1) को पढ़ें—'दरवाज़ा बन्द कर' तो यह 'तू' के लिए सम्बोधित होगा जबकि 'दरवाज़ा बन्द करो' पढ़ने पर 'तुम' के लिए। वाक्य (2) में लुप्त सर्वनाम आदरार्थ 'आप' है। (3) और (5) वाक्यों में संज्ञापद (सर्वनाम तुम/आप) की अन्विति क्रियारूप करोगे, चाहोगे/करेंगे, 'चाहेंगे' के साथ है।

यह ठीक है कि हिन्दी में अन्विति के आधार पर क्रियारूप, 'तू, तुम या आप' सर्वनाम प्रकार का संकेत देने में समर्थ हैं। उदाहरण के लिए वाक्य (6) से (8) पर ध्यान दें :

---

1. 'आज्ञा (order) और अनुरोध (request) एक ही कथ्य के दो पक्ष हैं। इनमें अन्तर का आधार 'सामाजिक अर्थ' है जो एक तरफ़ वक्ता और श्रोता के सामाजिक सम्बन्ध और दूसरी तरफ़ वाक्य के अभिविन्यास के आधार पर मित्र हो जाता है (श्रीवास्तव, 1977)

(6) (तू) कल आ।

(7) (तुम) कल आओ।

(8) (आप) कल आएं ।

पर इसके साथ यह भी सच है कि हिन्दी में एक ही क्रियारूप एक से अधिक सर्वनाम प्रकार की ओर भी संकेत दे सकते हैं (श्रीवास्तव और पंडित, 1988)। उदाहरण के लिए वाक्य (4) 'कल आएं' के निम्नलिखित सर्वनाम प्रकार संभव हैं—

(i) हम (आदर तटस्थ, उत्तम पुरुष, एक व्यक्ति)

(ii) हम लोग (आदर तटस्थ, उत्तम पुरुष, दो या उससे अधिक व्यक्ति)

(iii) आप (आदरार्थ, मध्यम पुरुष, एक व्यक्ति)

(iv) आप लोग (आदरार्थ, मध्यम पुरुष, दो या उससे अधिक व्यक्ति)

(v) ये/वे (आदरार्थ, अन्य पुरुष, एक व्यक्ति)

(vi) ये/वे (आदरार्थ, अन्य पुरुष, दो या उससे अधिक व्यक्ति)

(vii) ये/वे लोग (आदर-तटस्थ, अन्य पुरुष, दो या उससे अधिक व्यक्ति)

इतालवी भाषा में भी क्रिया रूप अपनी अन्विति के आधार पर सर्वनाम की सूचना दे देते हैं। आज्ञार्थक वाक्य प्रकार में इसीलिए सर्वनाम के बावजूद अर्थ समझने में कोई कठिनाई नहीं होती। उदाहरण के लिए 'पारलारे (parlare) 'बोलना' से सम्बन्धित वाक्यों को देखें—

(9) पारला (parla) = (तू) बोल।

(10) पारली (parli) = (आप) बोलिए।

(11) पारलाते (parlate) = (तुम) बोलो।

(12) पारलीनो (parlino) = (अन्य लोग) बोलें।

अंग्रेजी और हिन्दी में 'आज्ञा' से 'अनुरोध' सम्बन्धी जो शिष्ट अभिव्यक्तियों का क्रम (1) से (5) में दिया गया है, उसके समानान्तर ही इतालवी के वाक्य निम्नलिखित होंगे—

(13) क्यूदि ला पौर्ता
(Chiudi la porta)

(14) पैर पियाचरें क्यूदा ला पौर्ता।
(Per piacere chiuda la porta)

(15) वुऔलै क्यूदैरे ला पौर्ता ?
(Vuole chiudere la porta ?)

(16) वुऔलै पैर पियाचेरै क्यूदैरे ला पौर्ता ?
(Vuole per piacere chiudere la porta ?)

(17) नौन वुओले क्यूदैरे ला पौर्ता ?

(Non vuole chiudere la porta ?)

वाक्य (14) और (16) में 'कृपया' के लिए प्रयुक्त 'पैर पियाचेरै' के स्थान पर 'पैर फ़ाबोरै' (per favore), 'पैर कोर्तैसीया' (per cortesia), पैर जैंतिलेज्जा (per gentileza) आदि अभिव्यक्तियां भी प्रयुक्त हो सकती हैं। वाक्य (16) का एक दूसरा रूप (18) भी सम्भव है।

(18) वुओले फ़ार्मि इल पियाचेरै दि क्यूदैरे ला पौर्ता ?

(Vuole farmi il piacere di chiudere la porta ?)

अंग्रेज़ी, हिन्दी और इतालवी की इन शिष्ट अभिव्यक्तियों पर ध्यान देने से स्पष्ट हो जाता है कि 'प्रकार्य' (function) के सन्दर्भ में 'रूप' (form) का अध्ययन करना तो सम्भव है, पर 'रूप'-मात्र के आधार पर सम्प्रेषणपरक प्रकार्य को नहीं समझा जा सकता। पर इन उदाहरणों से यह भी स्पष्ट हो जाता है कि अगर दो भाषाओं की प्रकार्यात्मक एवं रूपात्मक तुलना करनी हो, तो तुलना का आधार भाषा के दोनों ही पक्ष बनेंगे। आगे हम इतालवी और हिन्दी की सर्वनाम व्यवस्था पर संक्षेप में प्रकाश डालते हुए उनकी शिष्ट अभिव्यक्तियों की तुलना करेंगे।

(2)

हिन्दी की ही तरह इतालवी भाषा में वचन (एकवचन और बहुवचन) तथा पुरुष (उत्तम, मध्यम और अन्य) के अनुसार अलग-अलग सर्वनाम हैं।

	एकवचन	बहुवचन	एकवचन	बहुवचन	
उत्तम पुरुष	io ईओ	noi नोई	मैं	हम	उत्तम पुरुष
मध्यम पुरुष	tu तू	voi वोई	तू	तुम	मध्यम पुरुष
अन्य पुरुष पुल्लिग	esso ऐस्सो	essi ऐस्सी	यह	ये	अन्य पुरुष समीपवर्ती
स्त्रीलिंग	essa ऐस्सा	esse ऐस्से	वह	वे	दूरवर्ती
	(अ) इतालवी		(आ) हिन्दी		

तालिका-1

ऊपर की तालिका से स्पष्ट है कि इतालवी भाषा में अन्य पुरुष में लिंग भेद हैं जबकि हिन्दी में ऐसा भेद नहीं है। इसके विपरीत हिन्दी में अन्य पुरुष में समीपवर्ती और दूरवर्ती भेदक लक्षण हैं, जो इतालवी भाषा में नहीं।

इतालवी और हिन्दी भाषा में क्रिया रूपों की अन्विति सर्वनाम के साथ है। पर ध्यान देने की बात है कि इतालवी भाषा में अन्विति का आधार वचन-लिंग न होकर वचन-पुरुष हैं जबकि हिन्दी में क्रिया रूपों की अन्विति का आधार वचन-लिंग है। इस तथ्य को 'बोलना' के क्रिया रूप के आधार पर नीचे दी गई तालिका द्वारा देखा जा सकता है। (सुविधा के लिए केवल 'एकवचन' का रूप ही दिया जा रहा है।)

पुरुष लिंग	पुल्लिग	स्त्रीलिंग	प्रत्यय
मैं	बोलता (हूं) parlo	बोलती (हूं) parlo	—आ 1-ई (हिन्दी) —ओ (इतालवी)
तू	बोलता (है) parli	बोलती (है) parli	—आ 2-ई (हिन्दी)
वह	बोलता (है) parla	बोलती (है) parla	—आ 1-ई (हिन्दी) —आ (इतालवी)

तालिका-2

ऊपर की तालिका से जाहिर है कि हिन्दी में पुल्लिग सूचक प्रत्यय-आ है और स्त्रीलिंग सूचक—ई, जो पुरुष-भेद (मैं, तू, तुम) के साथ नहीं बदलता। इसके विपरीत इतालवी में पुल्लिग और स्त्रीलिंग में क्रिया रूप एक-जैसे हैं। उनका रूप पुरुष के अनुरूप बदल जाता है, यथा—उत्तम पुरुष (मैं) में-ओ' मध्यम पुरुष (तू) में-ई, और अन्य पुरुष (वह) में-आ प्रत्यय लगता है।

लिंग की सूचना इतालवी भाषा में पूर्वपद (article) या विशेषण-रूपों से मिलती है। जैसे पुल्लिग संज्ञा के पहले ऊन (un) और स्त्रीलिंग संज्ञा के पहले 'ऊना' (una) का प्रयोग मिलता है।

(19) a. un dallaro b. una lira

(ऊन दोल्लारो)=एक डालर (ऊना लीरा)='एक लीरा'

(20) a. un mese b. uno lezione

'एक महीना' 'एक पाठ'

'ज' ध्वनि से प्रारम्भ होने वाले शब्दों में 'ऊन' का रूप 'ऊनो' हो जाता है,

यथा—uno zio (ऊनौ ज़िओ) 'एक चाचा'।[1]

सम्बोधन के रूप में हिन्दी का आदरार्थ सर्वनाम 'आप' है जिसका प्रयोग बहुवचन क्रिया रूप के साथ होता है, यथा—'आप' (एक व्यक्ति) या 'आप लोग' आएं, न कि 'आप आ'। आदरार्थक क्रिया रूप 'आइए' का भी प्रयोग चलता है। (बोलचाल की भाषा में रूप-मिश्रण सम्भव है, यथा—'आप आओ, तुम आइयो आदि; पर ऐसे प्रयोग को मानक नहीं माना जाता।) इतालवी भाषा में 'आप' के समानार्थक शब्द हैं Lei (लैई) और Loro (लौरो)—'लैई' (एक वचन) और 'लौरो' बहुवचन। ये दोनों शब्द बड़े अक्षरों से लिखे जाते हैं। ध्यान देने की बात है कि हिन्दी की तरह से 'लैई' (आप) बहुवचन नहीं है। दूसरी बात यह है कि इसके साथ हमेशा अन्यपुरुष, एकवचन क्रिया का रूप ही चलता है।

इतालवी में बड़े (L) और छोटे (l) अक्षरों से लिखे जाने पर 'लैई' (Lei/lei) में अन्तर आ जाता है। बड़े अक्षर से लिखे जाने पर सामाजिक बोध के धरातल पर यह हिन्दी के आदरार्थ सर्वनाम 'आप' के समकक्ष होता है जिसे औपचारिक सन्दर्भ में अपरिचित व्यक्ति या सम्मान-प्राप्त व्यक्ति के लिए प्रयोग में लाया जाता है। यही स्थिति इसके बहुवचन रूप 'लौरो' (Loro) का है। पर जब ये शब्द छोटे अक्षरों से लिखे जाते हैं, इनका सामाजिक और व्यावहारिक मूल्य 'तू' और 'आप' के बीच का होता है। यही कारण है कि शिक्षार्थी जब अध्यापक को लिखित रूप में सम्बोधित करता है, वह Lei का प्रयोग करता है जबकि अध्यापक, छात्रों को tu (तू) या lei (लैई) लिखता है।[2]

---

1. भाषा की ध्वनियाँ व्याकरणिक प्रकार्य के साथ-साथ भाव-बोध का भी काम करती हैं। उदाहरण के लिए अगर हिन्दी के कुछ शब्द-युग्मों, यथा—लड़का-लड़की, बेटा-बेटी, दादा-दादी आदि को देखें तो आ-ध्वनि का पुल्लिग और ई-ध्वनि का स्त्रीलिंग से भाव जुड़ जाता है, और युग्म बनता है 'आ। ई' का। इतालवी भाषा में कुछ ऐसी ही बात 'नाम' को लेकर है। 'औ' ध्वनि से बनाने वाले शब्द यहाँ पुरुषवाचक हैं, यथा—फ्रांकौ कारलौ, मारियौ आदि, जबकि—'आ' ध्वनि से अन्त होने वाले नाम-शब्द स्त्रीवाचक हैं, यथा—फ्रांका, कारला, मारिया आदि।

2. इतालवी लेखन-व्यवस्था अंग्रेज़ी से भिन्न है। इसमें राष्ट्रीयता, महीना, दिन आदि छोटे अक्षरों से प्रारम्भ होते हैं, यथा—italiano, gennaio, lunedi.

'आप' के अर्थ में बड़े अक्षरों से लिखे जाने वाले शब्द 'लेई' (एकवचन) और 'लौरो' (बहुवचन) उभयलिंग हैं, अतः ये पुरुष और स्त्री दोनों के लिए समान रूप से प्रयुक्त होते हैं। इसके विपरीत छोटे अक्षरों से लिखे जाने वाले शब्दों में लिंगभेद हैं—'लेई' स्त्रीलिंग है, जबकि इसका पुल्लिंग रूप 'लुई' (lui) है। इसके साथ यह भी ध्यान देने की बात है कि सम्बोधन के रूप में प्रयुक्त होने वाले ये सर्वनाम Lei, lei और lui अन्य पुरुष, एकवचन का ही क्रिया रूप लेते हैं, इस तथ्य को निम्नलिखित तालिका से स्पष्ट किया जा सकता है :

io (ईओ	sono सौनो)	: मैं हूँ
tu (तू	sei सेई)	: तू है
lui (लूई	è ऐ)	: वह (पु०) है
lei (लेई	è ऐ)	: वह (स्त्री०) है
lei (लेई	è ऐ)	: आप (पु०/स्त्री०) है।

तालिका : 3

ऊपर की तालिका यह संकेत देती है कि इतालवी भाषा में प्रकार्य और रूप में भेद है। सम्बोधन शब्दावली के रूप में वहाँ 'तुम' के शिष्ट रूप की स्थिति हिन्दी के 'यह/वह' जैसी है। वाचन-पुरुषलिंग तथा प्रयोजनपरक मूल्य के साथ इतालवी सर्वनाम की सूची तालिका 4 में दी जा रही है।

सर्वनाम	पुरुष	लिंग	वचन	प्रयोजनपरक संदर्भ
ईओ	उत्तम	पु०/स्त्री०	एक०	सभी सन्दर्भ
नोई	उत्तम	पु०/स्त्री०	बहु०	सभी सन्दर्भ
तू	मध्यम	पु०/स्त्री०	एक०	घनिष्ठ, आत्मीय
वोई	मध्यम	पु०/स्त्री०	बहु०	घनिष्ठ (पर एक व्यक्ति के लिए प्रयुक्त होने पर आदरार्थ और सम्मान्य)
लैई	मध्यम	पु०/स्त्री०	एक०	अधिक आदरार्थ (अनौपचारिक सन्दर्भ)
एल्ला	मध्यम	पु०/स्त्री०	एक०	अत्यन्त आदरार्थ (औपचारिक सन्दर्भ)
लौरो	मध्यम	पु०/स्त्री०	बहु०	आदरार्थ
एल्यी	अन्य	पु०	एक०	(लिखित प्रयोग में, व्यक्ति के लिए)
लूई	अन्य	पु०	एक०	बोलचाल की भाषा में, व्यक्ति के लिए
ऐस्सौ	अन्य	पु०	एक०	सामान्यतः पशुओं और निर्जीव पदार्थों के लिए
एल्ला	अन्य	स्त्री०	एक०	'एल्पी' का स्त्री० रूप
लैंई	अन्य	स्त्री०	एक०	'लुई' का स्त्री० रूप
ऐस्सा	अन्य	स्त्री०	एक०	'एस्सौ' का स्त्री० रूप
ऐस्सी	अन्य	पु०	बहु०	सभी के लिए
ऐस्सै	अन्य	स्त्री०	बहु०	सभी के लिए
लौरो	अन्य	पु०/स्त्री०	बहु०	आदरार्थ

हिन्दी में 'तू' का प्रयोग दो स्थितियों में होता है। या तो यह उस व्यक्ति के लिए सम्बोधित होता है जिसकी मान-प्रतिष्ठा न हो, यथा—नौकर-नौकरानी या जिसे व्यवसाय में अत्यन्त हेय दृष्टि से देखा जाता है, यथा– धोबी, मोची आदि, अथवा इसका प्रयोग घनिष्ठ आत्मीयता और सामाजिक तादात्म्य को व्यंजित करने के लिए किया जाता है। इतालवी भाषा में tu (तू) का प्रयोग केवल दूसरे अर्थ में ही होता है। वह घनिष्ठ मित्रों तथा परिवार के सदस्यों के लिए प्रयोग में लाया जाता है। इस अन्तर से न केवल हमें प्रयोगगत भेद मिलता है, बल्कि

सामाजीकरण की प्रक्रिया में इनका व्यवहारगत अन्तर भी देखने को मिलता है। उदाहरण के लिए प्रजातंत्र के मूल्य ने जहाँ समाज को बराबरी की भावना से प्रेरित किया है, उसने हिन्दी भाषा में 'तू' के प्रयोग को कम किया है, क्योंकि यह समाज के उच्च/निम्न स्तर का सूचक है। इसके विपरीत बराबरी की भावना ने इतालवी भाषा में tu (तू) के प्रयोग को बढ़ावा दिया है; क्योंकि यह इटली में समता-सूचक और घनिष्ठ सम्बन्धों को व्यंजित करनेवाला सम्बोधन शब्द रहा है।

हिन्दी में नाते-रिश्ते, व्यवसाय आदि क्षेत्रों में (± सामाजिक स्तर) के अनुरूप क्रिया एकवचन या बहुवचन में रखी जाती है। यह तथ्य ब्राउन और गिलमैन (1960) के इस कथन की पुष्टि करता है कि बहुवचन, प्रायः आदरार्थक होता है अर्थात् एक व्यक्ति के लिए सम्बोधित रूप में बहुवचन का प्रयोग उसके उच्च स्तर को व्यंजित करता है। यही कारण है कि हिन्दी में 'बेटा आता है' पर 'पिताजी आते हैं'; 'धोबी बोलता है' पर 'प्रोफ़ेसर बोलते हैं'। इतालवी भाषा में ऐसा भेद नहीं मिलता, अतः इसमें अगर 'बेटा आता है' तो 'पिता भी आता है'। दोनों में ही 'पार तीरे' (partire) 'चले आना' का क्रिया रूप 'पार्ते' ही होगा। इसी प्रकार 'धोबी' और 'प्रोफेसर' दोनों ही 'बोलता है, दोनों में ही क्रिया बोलना' (parlare) का रूप 'पार्ला' (parla) ही होगा। पर जैसा पहले संकेत दिया गया है, भाषा में सामाजिक मूल्य प्रयोग-भेद के रूप में अपना रास्ता स्वयं बना लेते हैं। अगर यह भेद क्रिया-रूप के एक स्तर पर नहीं मिलता, तो वह दूसरे स्तर पर व्यक्त होता है। इतालवी भाषा में आज्ञार्थक सन्दर्भ में हम समान स्तर के व्यक्ति के लिए कहेंगे '(तू) बोल' parla (पारला), जबकि शिष्ट अभिव्यक्ति के रूप में '(आप) बोलिए' का रूप होगा parli (पारली)।

जहाँ तक सम्बोधन शब्दावली का सवाल है, वहाँ भी हिन्दी की ही तरह इतालवी में स्तर-भेद सामने उभर आता है। हिन्दी में शिक्षक-विद्यार्थी, मालिक-नौकर आदि युग्म में सामाजिक स्तरभेद के साथ सम्बोधन-प्रयोग में अन्तर है। शिक्षक, विद्यार्थी को 'तुम' कहता है जबकि विद्यार्थी, शिक्षक को 'आप'। यही स्थिति इतालवी भाषा की है, जिसे निम्नलिखित आरेख द्वारा दिखाया जाना सम्भव है—

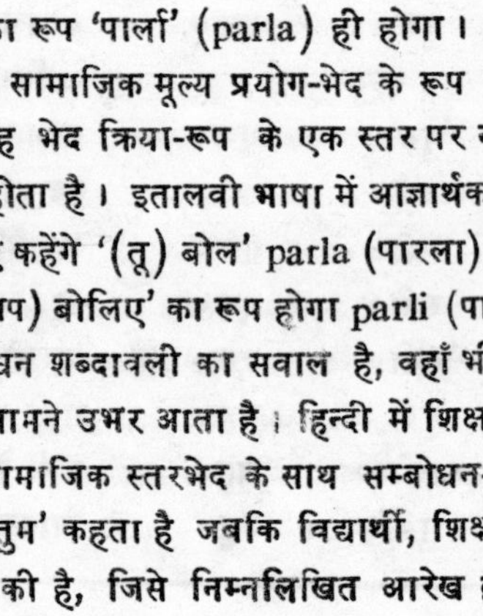

यही स्थिति अभिवादन शब्दावली के साथ है। हिन्दी के नमस्कार/नमस्ते का इतालवी में समानार्थी शब्द है, 'बुऔन जौरनो' (Buon giorno)। दो व्यक्ति आपस में अभिवादन के लिए एक-दूसरे को 'बुऔन जौरनो' कह सकते हैं। पर गाफ़मैन (1956) ने इस तथ्य की ओर भी संकेत दिया है कि उच्च स्तर का व्यक्ति अपनी निकटता दिखाने के लिए निम्न स्तर के व्यक्ति को अपने घेरे में लेने की छूट तो ले सकता है, पर यह छूट निम्न स्तर के व्यक्ति को नहीं है। यही कारण है कि विद्यार्थी, शिक्षक को अभिवादन के लिए 'बुआन जोरना' कहता है, पर अध्यापक को यह छूट है कि वह शिष्ट प्रयोग 'बुओन जा रना' कहे या बराबरी के बीच प्रयुक्त होने वाला अधिक आत्मीय अभिवादन शब्द रूप 'चिआओ' (ciao) का प्रयोग करे। यह छूट विद्यार्थी को नहीं है।

जहाँ तक नाम लेकर सम्बोधन का प्रश्न है, हिन्दी और इतालवी भाषा में काफी समानता मिलती है। दोनों ही भाषाओं में पहले नाम का प्रयोग सामाजिक सामीप्य का सूचक है। अतः 'रवीन्द्र श्रीवास्तव' या 'ऊम्बैर्तो नार्देल्ला' को सम्बन्धों की निकटता के सन्दर्भ में 'रवीन्द्र' या 'ऊम्बैर्तो' से बुलाना सम्भव है। अधिक घनिष्ठ सम्बन्ध को दिखाने के लिए नामों का संक्षेप-रूप भी प्रयुक्त हो सकता है, यथा—'रवीन्द्र' का 'रवि' या 'करोलीना' का 'लीना'। मात्र आखिरी नाम से (श्रीवास्तव/नार्देल्ला) केवल परिचित ही बुला सकते हैं, जिसमें थोड़ी तुच्छता का पुट मिला होता है। दोनों ही भाषाओं में औपचारिक सन्दर्भ में सम्मानसूचक पदों का प्रयोग किया जाता है। हिन्दी में पुरुषों के लिए 'मिस्टर, 'श्रीमान' और विवाहित स्त्रियों के लिए 'मिसेज', 'श्रीमती' का प्रयोग होता है। इतालवी में पुरुष के लिए 'सि योर' (Signor), विवाहित स्त्री के लिए सि ओरे (Signora) और अविवाहित के लिए 'सि ओरीना' (Signorina) का प्रयोग होता है। 'सुश्री' जैसे हिन्दी शब्द का इतालवी में समानार्थी शब्द नहीं है। केवल लिखित भाषा में ही पूरे नाम 'रवीन्द्र श्रीवास्तव' या 'ऊम्बैर्तो नार्देल्ला' का प्रयोग दोनों भाषाओं में सम्भव है। दोनों ही भाषाओं में पादनामों के साथ पहले नाम का प्रयोग मान्य नहीं है। न तो हिन्दी में ही हम 'प्रोफेसर रवि' या 'प्रोफेसर रवीन्द्र' कह सकते हैं और न ही इतालवी भाषा में 'प्रोफेसर ऊम्बैर्तो'।

सन्दर्भ :

1. Brown, R. and A. Gilman 1960. Pronoun of power and solidarity, In T. A. Sebeok (ed.) Style in Language. Cambridge MIT Press, 253-276
2. Goffman, E. 1956. The nature of deference and dimeanor

American Anthropologist 58: 473-499.

3. Lakoff, R. 1972. Language in context, Language 48: 907-27.
4. Srivastava, R. N. 1977, Linguistic perspective to the study of social meaning. Papers in Linguistic Analysis 2: 1-18.
5. I. Pandit 1988. The pragmatic bases of syntactic structures and the politeness hierarchy in Hindi. Journal of Pragmatics 12: 185-205.

स्मृति-सन्दर्भ

प्रबोध बेचरदास पंडित

मृत्यु जीवन का दर्पण है। यह वह शीशा है जिसमें स्मृतियों की छाँव में पलने वाली घटनाएँ न केवल प्रतिमूर्तित होती हैं अपितु स्थिर समय को भेदकर वे भविष्य में भी अपनी सत्ता का प्रक्षेपण करती हैं। मृत्यु इसीलिए काल के वर्तमान बोध से जुड़कर भी मुक्त रहती है। आमतौर पर मृत्यु को वर्तमान से जोड़ दिया जाता है। ऐसा करने के प्रयास में हम जिसकी मृत्यु की बात उठाते हैं उसको उसके शरीर से बाँधकर देखने लगते हैं पर 'व्यक्ति' और 'व्यक्ति का शरीर'—दो भिन्न इकाइयाँ हैं, जिनके स्तर दो हैं, संदर्भ दो हैं और सच पूछा जाये तो जिनकी पूरी सत्ता (या सार्थकता) के आयाम ही दो हैं। अगर कोई कहे—(1) मैंने यह पुस्तक याद कर ली और (2) 'इस पुस्तक में सौ पृष्ठ हैं; तो वाक्य (1) और वाक्य (2) में प्रयुक्त 'पुस्तक' प्रयोग का अंतर स्पष्ट हो जायेगा। इसी प्रकार वाक्य (3) 'मुझे अपनी माँ की बहुत याद आती है और वाक्य (4) 'मेरी माँ का वजन साठ किलोग्राम है' में 'माँ' का प्रयोग दो भिन्न संदर्भों के साथ हुआ है। वाक्य (1) और (3) में 'पुस्तक' और 'माँ' व्यक्ति का सूक्ष्म रूप है, भौतिक उपकरणों से मुक्त वह एक ऐसे यथार्थ की संकल्पना है जिसे उसी तरह स्थूल उपादानों से नहीं बाँधा जा सकता जिस प्रकार वाक्य (२) और (4) में प्रयुक्त 'पुस्तक' और 'माँ' को। वैसे तो समय बहुत बलवान होता है—क्या सूक्ष्म और क्या स्थूल, क्या व्यक्ति और क्या व्यक्ति का शरीर—सभी को बाँधकर क्षरशील बना डालता है। मृत्यु इसी क्षरशील प्रक्रिया का अंतिम पड़ाव है। पर जीवन की सार्थकता समय को बाँधकर कालजयी बनने में है। कुछ व्यक्ति जीवन को इस प्रकार जीते हैं, कि जैसे-जैसे उनके स्थूल शरीर का क्षय होता जाता है उनके व्यक्ति का सूक्ष्म रूप काल को बाँधता चलता है। प्रोफसर प्रबोध बेचरदास पंडित का जीवन इसका ज्वलंत उदाहरण है।

प्रो० पंडित अब नहीं रहे। 28 नवंबर 1975 को अचानक उनकी मृत्यु हो गयी। 52 वर्ष की आयु में मृत्यु की यह मुहर उनके कायिक जीवन का विराम बन गयी। कुछ ही अरसा पहले उनसे मुलाकात हुई थी। बातों के दौरान उन्होंने

अपनी कई योजनाओं और भाषा विज्ञान संबंधी अपनी नई मान्यताओं को लेकर बात की थी। सोचने पर इन बातों के पीछे का अर्थ आज भी मूर्त रूप में सामने आ उभरता है। ध्वनियाँ तो उसी क्षण हवा में खो गयीं लेकिन छाप के रूप में कथ्य मृत्यु के दायरे में नहीं बंध पाया। मृत्यु के झरोखे से जब डॉ० पंडित के विगत जीवन पर दृष्टि डालता हूँ तो ऐसे कई अर्थवान कथ्य मूर्तिमान रूप में सजीव हो उठते हैं।

प्रो० पंडित का जन्म 23 जून, 1923 को सौराष्ट्र के बलभी नगर में हुआ था। प्रारंभिक शिक्षा गुजरात में हुई। भाषा के प्रति सजग बुद्धि और अनुसंधान के प्रति आग्रह भाव, उन्हें अपने पारिवारिक वातावरण से मिला। पिता स्वयं मध्यकालीन आर्य भाषाओं के प्रकांड पंडित हैं। उन्हीं की शैक्षिक गोद में डॉ० पंडित के भीतर का जिज्ञासु बालक अपनी सहज ललक के साथ विकसित हुआ। बम्बई विश्वविद्यालय से तुलनात्मक वाङ्मीमांसा में एम० ए० की डिग्री ली और 1947 में पी-एच० डी० करने के लिए स्कूल ऑफ ओरियंटल एंड अफ्रीकन स्टडीज़, इंग्लैंड गये जहाँ उन्होंने विश्वप्रसिद्ध भाषाविद् राल्फ टर्नर के अधीन काम किया। शोध के दौरान कुछ महीनों के लिए वह पेरिस भी गये जहाँ उन्हें महान् भाषाविद् प्रो० जूल्स ब्लाख के साथ काम करने का सुअवसर मिला। अपनी शिक्षा-दीक्षा के बाद वह 1950 में अहमदाबाद लौट आये और 1955 तक एल० डी० आर्ट्स कॉलेज में वेद और तुलनात्मक वाङ्मीमांसा का अध्यापन किया। भारतीय भाषाविज्ञान का इस समय दूसरा दौर चल रहा था। साहित्य विभागों में भाषाविज्ञान एक विषय के रूप में अपनी मान्यता प्राप्त करता जा रहा था। विषय की दृष्टि से या तो संस्कृत अथवा पाली, प्राकृत भाषाओं पर नयी दृष्टि से खोज सामग्री जुटायी जा रही थी अथवा आधुनिक भारतीय भाषाओं या उसकी बोलियों का संरचनात्मक विश्लेषण किया जा रहा था। यह वह दौर था जब भाषाविज्ञान में एक ओर ऐतिहासिक दृष्टि से भाषा तत्त्वों का विश्लेषण किया जा रहा था तो दूसरी ओर संरचनात्मक प्रारूप के अनुरूप भाषा का विवरण प्रस्तुत हो रहा था। स्वतंत्र विषय के रूप में भाषा विज्ञान प्रतिष्ठित नहीं हो पाया था। उस समय भाषा-वैज्ञानिक के रूप में वे व्यक्ति काम कर रहे थे जो साहित्य और भाषा विभागों की पृष्ठभूमि लेकर इस क्षेत्र में आये थे। डॉ० पंडित के पी-एच० डी० का विषय 'चौदहवीं शताब्दी की प्राचीन गुजराती पाठ सामग्री' था और अपने इस कार्य के सहारे वह एक वाङ्-मीमांसक के रूप में प्रतिष्ठित हो चुके थे। इसलिए विभिन्न संस्थानों एवं विश्वविद्यालयों ने उन्हें भाषण के लिए आमंत्रित किया। 1954 में बनारस हिन्दू विश्वविद्यालय ने प्राकृत भाषा पर व्याख्यान देने के लिए बुलाया। दूसरी तरफ भाषाविज्ञान के ग्रीष्मकालीन पाठ्यक्रम के आयोजन के लिए वह संबद्ध कर

लिये गये। 1955 से 64 तक गुजरात विश्वविद्यालय के भाषा साहित्य भवन के भाषाविज्ञान के रीडर पद पर काम करने के बाद वह डकन कॉलेज, पूना में 1964 में प्रोफेसर पद पर नियुक्त हुए। तदनंतर दिल्ली विश्वविद्यालय के संप्रति उपकुलपति डॉ० देशमुख के विशेष निमंत्रण पर उन्होंने भाषा विज्ञान विभाग के प्रोफेसर अध्यक्ष पद का भार जनवरी 1966 में संभाला।

वाङ्मीमांसक से भाषा वैज्ञानिक की यात्रा को उन्होंने एक ध्वनि-वैज्ञानिक के रूप में तय किया। प्रारंभ में अपने शोध का विषय 'गुजराती भाषा की ध्वनि व्यवस्था' रखा। उस समय उन्होंने स्वनिक और स्वनिम दोनों ही स्तर पर महत्त्वपूर्ण लेख लिखे। यद्यपि यह विषय अपनी सीमा में गुजराती भाषा से बंधा था लेकिन इसके संदर्भ में जिन समस्याओं को डॉ० पंडित की अंतर्दृष्टि ने देखा, वे सैद्धान्तिक और व्यापक थीं। इन लेखों की ओर न केवल भारतीय भाषा वैज्ञानिकों का ध्यान गया वरन् विदेश में काम करने वाले उस क्षेत्र के अधिकारी विद्वानों का भी ध्यान आकर्षित हुआ।

उदाहरण के लिए इंडियन लिंग्विस्टिक्स के 1957 के अंक में प्रकाशित उनके लेख 'गुजराती में अनुनासिकता, महाप्राणत्व और मर्मर' में उठायी गईं सैद्धान्तिक समस्याओं पर एक ओर प्रसिद्ध विदुषी एली फ़िशर जार्गेन्सन ने प्रायोगिक परीक्षण किया और दूसरी तरफ प्रसिद्ध ध्वनि विशेषज्ञ पीटर लेडेफ़ोजेड ने। ध्वनि व्यवस्था संबंधी लेखों के विषय इतने व्यापक थे कि जब प्रसिद्ध भाषा-शास्त्री जार्ज कारडोनो ने गुजराती पर संदर्भ व्याकरण लिखा तो उसके ध्वनि पक्ष पर लिखते हुए यह संकेत दिया कि पुस्तक के इस पक्ष की पूरी सामग्री डॉ० पंडित के लेखों पर आधारित है।

गत कुछ वर्षों से डॉ० पंडित समाज भाषा विज्ञान, द्विभाषिकता और भाषा नियोजन की समस्याओं से उलझ रहे थे। उनको यह विश्वास हो चला था कि भाषा का संबंध मानव मन से तो है लेकिन वह मानव मन से मानव का है जो सामाजिक है। मनुष्य समाज में रहने के लिए विवश है इसलिए भाषा आतंरिक मन और बाह्य सामाजिक संदर्भ के द्वंद्व से उद्भूत प्रतीक व्यवस्था है। अगर सामाजिक संदर्भ समरूप नहीं तो भाषा भी अपनी आंतरिक प्रकृति में विषम होगी। किसी भाषा के भीतर दिखायी देने वाले भेद भाषा के आदर्श रूप के प्रतिफलन नहीं हो सकते। समाज भाषा-वैज्ञानिक के रूप में उनकी यह मान्यता थी कि भारतीय भाषाओं के सामाजिक संदर्भ को लेकर सबसे पहले उन्होंने ही काम शुरू किया। 'गुणे मेमोरियल' 'लेक्चर के रूप में उन्होंने पूना विश्वविद्यालय में 'इंडिया ऐज ए सोशियो लिंग्विस्टिक एरिया' विषय पर प्रसार व्याख्यान दिये, जो बाद में 1972 में पुस्तक के रूप में प्रकाशित हुए। बहुभाषिकता, सामाजिक भेद, परंपरा और प्राविधि आदि विषयों से संबद्ध अपने लेखों का एक संग्रह

'समाज भाषा विज्ञान के आयाम' नाम से टंकित कराकर उन्होंने अपने सहयोगियों एवं छात्रों में वितरीत किया। अपनी पिछली भेंट में इसके प्रकाशन के विषय में मुझसे उन्होंने बात भी की।

प्रो० पंडित अपने विज्ञान, ज्ञान और लेखन से भारत और विदेश में विद्वत् समाज के भीतर भली-भाँति प्रतिष्ठित हो चुके थे। गुजराती में ध्वनिविज्ञान पर लिखी पुस्तक के लिए उन्हें 1967 में साहित्य अकादमी पुरस्कार मिला।

अन्तर्राष्ट्रीय संगोष्ठियों में भाग लेने वे अमेरिका के अतिरिक्त अफ्रीका, आस्ट्रिया और जापान की यात्रा कर चुके थे। ग्रीष्मकालीन पाठ्यक्रम में अध्यापक के रूप में 1967 में मिशिगन गये और 1969-70 में उन्होंने विजिटिंग प्रोफेसर के रूप में कार्नेल विश्वविद्यालय में पढ़ाया।

ज्ञान के रूप में विषय का अमूर्तन भी किया जा सकता है पर उसकी सार्थकता भी सामने आती है जब उसका प्रयोग वस्तुस्थिति को सही संदर्भ में समझने के लिए तथ्यों पर किया जाये। भाषाविज्ञान के क्षेत्र में काम करने वाले अधिकांश विद्वान विदेशों में प्रशिक्षित हैं, विदेशी भाषाओं के तथ्यों और विदेशी भाषा व्यवस्था के संदर्भों पर आधारित सिद्धांत से वे परिचित होते हैं—इसमें संदेह नहीं लेकिन इन सिद्धान्तों की प्रामाणिकता और प्रयोजनपरक जानकारी तब तक सिद्ध नहीं हो सकती जब तक अपनी सामग्री पर उन्हें लागू न कर लिया जाये। भाषा-विज्ञान विभाग के अध्यक्ष होने के नाते अध्ययन-अध्यापन की नीतियों के निर्धारण के समय उनकी मान्यताएँ सामने उभरकर आती थीं जबकि वे अपने सहयोगियों से आग्रहपूर्वक कहा करते थे कि स्थान और काल से मुक्त सिद्धांत को हम तभी अपने छात्रों तक पहुँचा सकते हैं जब हम छात्रों के स्थान और काल के बीच व्यवहार में आने वाले तथ्यों के सहारे उन्हें सुलझाएँ। मुझे स्वयं इस बात का संतोष रहा है कि उनकी सत्प्रेरणा से ही भाषा विज्ञान के उदाहरण भारतीय भाषाओं से देने की प्रवृत्ति मुझमें पनपी। इतना ही नहीं, अगर किसी प्रतिष्ठित सिद्धान्त के प्रति मेरे मन में शंका उभरी तो उसके मूल में भारतीय भाषाओं की प्रकृति की अपनी अद्वितीयता ही रही है। डॉ० पंडित के अपने लेखों में भारत की बहुभाषिकता की प्रकृति ने इस क्षेत्र में प्रचलित-बहुप्रचलित कई सिद्धान्तों को चुनौती दी है।

विद्वानों की नियति भी अजीब होती है। एक ओर वे अपने ज्ञान-क्षेत्र के बुने ताने-बाने से उलझे रहते हैं और दूसरी ओर अपने चारों ओर फैले सामाजिक वातावरण के अंतर्विरोधों से पीड़ित होते रहते हैं। समाज भाषा-वैज्ञानिक के रूप में वे बहुभाषिकता और भाषा नियोजन पर अपना शोधकार्य कर सकते हैं और उसके साथ ही संविधान, राजनीति और वास्तविक सामाजिक स्थिति से जूझ भी सकते हैं। एक ओर अंतर्राष्ट्रीय स्तर पर विद्वानों के समाज से वे जुड़ते हैं तो

दूसरी ओर स्थानीय परिस्थितियों की जटिलता से भी वे मुक्त नहीं हो पाते। अपने जीवन के अंतिम चरण में डॉ० पंडित को इस द्वंद्व के भीतर से गुजरना पड़ा। केन्द्रीय हिन्दी संस्थान द्वारा आयोजित प्रयोजनमूलक हिन्दी की गोष्ठी के एक सत्र के अध्यक्ष पद से डॉ० पंडित को संभवतः इसीलिए कहना पड़ा कि अगर उनके एक हाथ में ब्लूमफील्ड की भाषाविज्ञान संबंधी पुस्तक हो और दूसरे हाथ में भारत का संविधान, तो विकल्प की विवश स्थिति में वे ब्लूमफील्ड की पुस्तक को ही चुनेंगे। ज्ञान की इस प्रतिबद्धता से वे अपने को अंत तक मुक्त नहीं कर पाये।

आज लिखते समय डॉ० पंडित की स्मृतियों का दबाव जो महसूस कर रहा हूँ वह उनके ज्ञान और व्यवहार से बँधा उनका व्यक्ति है जो मेरे साथ उनकी मृत्यु के पहले भी था और आज मृत्यु के बाद भी है। मृत्यु के बाद यह दबाव कुछ और पैना हो गया है। शायद काल और स्थान में बँधी स्थूलता स्मृतियों की नोंक पर सूक्ष्मतः जम गयी है।

धूप की छाँव में : पंडित विद्यानिवास मिश्र

जब कभी अपनी रचनाओं के झुरमुट के बीच बैठता हूँ, कुछ नाम क्षितिज पर उभर आते हैं। फुरसत के समय इन छोटे-छोटे सूरज के आलोक में स्वयं अपने को पढ़ा करता हूँ। पढ़ने की प्रक्रिया भी अजीब-सी होती है। धूप का गोला अगर पीछे होता है, तो अपनी छाया को नापने लगता हूँ, और जब वह आगे लुढ़क जाता है, तो पीछे मुड़कर अपनी परछाईं बनाने लगता हूँ। सिर पर सीधे चढ़ने का उसे मैंने कभी मौका दिया ही नहीं, इसलिए अपने से काटकर सूरज को कभी पाया ही नहीं। ऐसे धूप-लिपटे नामों में एक नाम है पंडित विद्यानिवास मिश्र का। मेरे विचारों के क्षितिज पर यह नाम धूप-छाँव के रंगों से कई आकृतियाँ बनाता रहा है। भाषाशास्त्रीय चिन्तन का एक छोटा-सा पौधा मैंने भी रोपा है। उससे छनकर आने वाली जो धूप ज़मीन पर मेरा नाम लिख जाती है, उसकी कुछ किरणें मिश्र जी के नाम से भी लिपटी हैं।

धूप ने कभी भी मेरा पीछा नहीं छोड़ा। वह हमेशा ही मेरी सोच के मूल्यांकन की कसौटी रही है। मुझे याद हैं—सन् '70 से '75 के बीच राष्ट्रीय शिक्षा संस्थान के ग्रीष्मकालीन शिविरों और केन्द्रीय हिन्दी संस्थान के विभिन्न संगोष्ठी-सत्रों में मिश्र जी के साथ हुईं कुछ भेंट-मुलाकात। मैं उस समय सोवियत संघ और अमेरिका दोनों ही देशों से भाषा-विज्ञान में प्रशिक्षित होकर आया था। मन का उत्साह बाढ़ का पानी बना हुआ था। समुद्र बनने के उछाह में अपने कगार की सत्ता स्वीकारने के पक्ष में न था। मन की इसी स्थिति में मिश्र जी से एक शिविर में साक्षात्कार हुआ। 'शैलीविज्ञान' पर दो समानान्तर कक्षाएँ चल रही थीं। समय-सारिणी के अनुसार एक कक्षा मैं ले रहा था, दूसरी मिश्र जी। उस समय तक अपने गुरु नामवर सिंह की प्रेरणा और आग्रह पर 'आलोचना' में इस विषय पर मेरे कुछ लेख प्रकाशित हो चुके थे। केन्द्रीय हिन्दी संस्थान के उस समय के निदेशक आदरणीय ब्रजेश्वर वर्मा ने 'प्रसार व्याख्यान माला' के अन्तर्गत जो मेरे भाषण कराये थे वे **'शैलीविज्ञान और आलोचना की नई भूमिका'** के रूप में प्रकाशित भी हो चुके थे। मेरे लेख और यह पुस्तक घने बादल की तरह आकाश

में उमड़-घुमड़ रहे थे। धरती पर सूरज की रोशनी के छनकर आने के बदले पानी की झड़ी लगी हुई थी। मैं अपने ही बादल और उसी बादल से आँगन में गिरते पानी को उलीचने में लगा था। मिश्र जी के पहले 'व्याख्यान' में जाने की मैंने शायद जरूरत महसूस न की। पर शाम एक घटना घट गई।

घटनाओं के छोटी-बड़ी होने का सम्बन्ध उस घटना के भीतर के समय के साथ उतना नहीं होता, जितना कि उसके स्वयं को समय बन जाने में रहता है। कुछ 'बड़ी' लगने वाली घटनाएँ समय के झरने में साथ बह जाती हैं। वे या तो हथौड़े के घन की तरह मारकर 'झन्न' हो जाती हैं या फूल की पंखुड़ी की तरह ऊपर-ऊपर सहलाकर सूख जाती हैं। पर 'छोटी' दीखने वाली कुछ घटनाएँ ठूंठ बने जीवन पर हरे पत्ते-सा चिपक जाती हैं या फिर कील-सा मन में धँसकर अटक जाती हैं। इनको समय नहीं बाँधता, बल्कि समय को ये बाँधती हैं। ऐसा न होता तो लगभग बीस साल पहले की वह मासूम-सी दिखने वाली घटना आज भी अपने जीवन से चिपकी मैं क्यों महसूस करता?

शाम ढलने के साथ अगली कक्षा की तैयारी में लगा था जब मेरी पत्नी वीना के साथ मेरे शिष्य दम्पति अशोक और सुधा कालरा ने कमरे में प्रवेश किया। ये तीनों उस शिविर में प्रतिभागी-छात्र के रूप में भाग ले रहे थे। उनकी बातचीत में कुछ उत्तेजना और कुछ उद्वेलन था। पूछने पर वीना ने कहा : 'मिश्र जी के क्लास में मजा आ गया। शैलीविज्ञान के रूप में सर्जनात्मक समीक्षा का एक नया आयाम दिखा। पता ही न चला कि एक घंटे का समय कैसे बीत गया।' मैं चौंका। पहले थोड़ी उत्सुकता बढ़ी पर साथ में मन कसमसाया। शायद इस बात की आँच कालरा-दम्पति ने महसूस की, या फिर भाषाविज्ञान की वैज्ञानिकता के प्रति उनके सजग-मन में शंका का बीज फूट पड़ा था। मेरी मूक निगाह जब उनकी तरफ उठी, उनके मुँह से एक साथ निकला : "क्लास बहुत अच्छा रहा, पर वह 'शैलीविज्ञान' न था।"

मैं दूसरे दिन मिश्र जी की कक्षा में बैठा। वे सहज भाव से भाषिक प्रक्रिया पर अपना भाषण दे रहे थे। आज वे सभी बातें तो याद नहीं, पर उनके तर्कों के कुछ पहलू अभी भी मन पर चिपके हुए हैं।

- भाषा केवल कुछ पुनरावर्तमान साँचों को ज्यों-का-त्यों उतारने की प्रक्रिया नहीं है क्योंकि निरन्तर नये-नये सन्दर्भों में उपयोजित होने के कारण वह विकसित होती है।
- प्रयोजन' ढाँचे से बड़ी वस्तु होती है। इसी प्रयोजन से प्रेरित होकर भाषा ढाँचे में जकड़ी जाने पर भी उसका अतिक्रमण कर सकती है।
- अभिधेय सन्देशों की परिधि के बाहर जाकर वाच्येतर नव-सर्जित सन्दर्भ के उन्मीलन के प्रश्न से हर आलोचक को जूझना पड़ता है।

- सर्जनात्मक सोद्देश्यता की खोज की इस दिशा को एक प्रायोगिक शास्त्र के रूप में प्रतिपादित करने की जरूरत है। इस शास्त्र को श्रीवास्तव 'शैली-विज्ञान' कहते हैं और मैं 'रीति-विज्ञान'।
- शैली विज्ञान का विन्यास पाश्चात्य विचारधारा से सम्बन्ध रखता है। 'शैली' शब्द का प्रयोग प्राचीन भारतीय वाङ्मय में भी हुआ है, पर इस शब्द का प्रयोग साहित्येतर विधाओं के सन्दर्भ में हुआ है। उसे हम या तो प्रादेशिक/क्षेत्रीय विशेषताओं के लिए प्रयुक्त पाते हैं या कला-सम्प्रदाय की विशिष्टता को जतलाने के लिए।
- साहित्य की सर्जनात्मक वैशिष्ट्य को बोधित करने के लिए 'रीति' शब्द का प्रयोग अधिक उपयुक्त है। एक तरफ़ भाषागत 'स्टाइल' के लिए और दूसरी तरफ काव्यात्मा के भाषिक अभिलक्षण-समुच्चय के लिए 'रीति' शब्द अधिक सार्थक है।
- शैली के विषय में हमारी धारणा रूढ़ हो चुकी है। उसका आयाम आत्मनिष्ठ है। शैली व्यक्ति की अदा, भंगिमा, रुझान तथा रुचि से जुड़ी संकल्पना है जबकि रीति, समष्टिगत व्यवहार के वैशिष्ट्य की परिचायिका है। 'रीति' से काव्यशास्त्रीय परम्परा का बोध होता है, उससे जुड़ने का मौका मिलता है।

हर किरण प्रकाश की धार होती है। वह अँधेरे में लिपटी कुछ चीज़ों से हमें काटती है तो दूसरी तरफ उस रज्जु का काम भी करती है, जिससे दो व्यक्तियों का मन बँधता है। किरणों से बँधने का रास्ता अजीब होता है। मिश्र जी के नज़दीक मैं इस रास्ते पर चलकर आया। मैं उनके इन भाषणों में बैठकर यही सोचता रहा कि यह किरण मुझे आड़े-तिरछे कहाँ काट रही है और कहाँ दर्पण पर बैठी धूल की परतों को साफ कर रही है। हम दोनों ही तो साहित्य को शाब्दिक कला के रूप में ग्रहण करते हैं, दोनों ही भाषा पर झेले गए सौन्दर्य की बात करते हैं, दोनों ही भाषा की सर्जनात्मक शक्ति की बात उठाते हुए 'काव्यमर्म' तक पहुँचना चाहते हैं। शैलीविज्ञान की मूल स्थापनाओं के साथ उनकी पूर्ण सहमति थी। डॉ० नगेन्द्र की भाँति न तो उनके मन में इसके प्रति निषेधात्मक भाव था और न ही डॉ० बच्चन सिंह की तरह भयाकुल शंकाभाव। 'शैलीविज्ञान' जिस कला-मीमांसा और भाषाशास्त्र के संधिस्थल पर खड़ा होकर संकेत विज्ञान (सिमिआटिक्स) की अपेक्षा रखता है, ज्ञान की उन सभी अर्हताओं से वे परिचित थे।

शैलीविज्ञान और रीति-विज्ञान की कक्षाएँ समानान्तर चलती रहीं। आलोचना की भाषावादी दृष्टि और वस्तुपरक चिन्तन की मनोभूमि साकार रूप ग्रहण कर रही थी। मिश्र जी के भाषणों का जादू मायावी जल-सा मेरे मन को

भी कसता रहा। जब तक सैद्धान्तिक पहलू तक उनका व्याख्यान चला, आसमान गुलाबी रंग से भरता रहा। मैं इस रंग के बदलने की प्रतीक्षा में उनकी दो-तीन और कक्षाओं में बैठा, पर वह रग अपने ही रंग में रँगता रहा। सिद्धान्त को शास्त्र में बदलने के लिए यह जरूरी था कि वह अपने अनुकूल अध्ययन के लिए प्रणाली (मेथड) और विश्लेषण के लिए तकनीक (टेकनीक) को भी विकसित करे। शास्त्रीय पद्धति से मिश्र जी अपरिचित हों, ऐसी बात दिखती नहीं। भाषाशास्त्र, काव्यशास्त्र, तर्कशास्त्र आदि अनेक शास्त्रों के वे मर्मज्ञ विद्वान हैं। शास्त्र की मर्यादा वे जानते हैं। पर 'रीतिविज्ञान' के 'विज्ञान' पक्ष से उनका साहित्यिक संस्कार और कवि-हृदय का भावुक संसार टकराता रहा।

'टकराना' शायद सही शब्द नहीं है। सवाल साध्य-साधन के अन्तर के साथ रीतिविज्ञान को शास्त्र के रूप में विकसित और प्रतिपादित करने का था। भाषाशास्त्र के भीतर भी एक दुविधा बनी रही। उस दुविधा का आधार रहा है 'भाषा'। भाषा-वैज्ञानिक के लिए 'भाषा' एक साथ 'साध्य-वस्तु' (आब्जेक्ट लैंग्वेज) है जिसका उसे अध्ययन करना होता है और 'साधन-वस्तु' (मेटा-लैंग्वेज) भी है, जिसके सहारे उसे साध्य-वस्तु का अध्ययन-विश्लेषण करना पड़ता है। भाषा के इन दोनों प्रयोजनों और उस प्रयोजन से बँधे दो प्रकार्यों का अन्तर रखना जरूरी होता है। मैं यह मानता रहा हूँ कि जिस तरह भाषाविज्ञान के क्षेत्र में 'साध्य-भाषा' और 'साधन-भाषा' का भेद आवश्यक है, उसी प्रकार साहित्य के सन्दर्भ में भी।

मिश्र जी की सर्जनात्मक प्रतिभा न तो दुराव चाहती है और न ही विभेद, भले ही वह विभेद साध्य-साधन का ही क्यों न हो। वे साधन में भी प्राण फूँककर साध्य का रूप दे देते हैं। साहित्यिक आलोचना न केवल सर्जनात्मक व्यापार है बल्कि उनके लिए साध्यगत संसार भी है। अपनी सर्जनात्मक समीक्षा के आयाम पर खड़े होकर 'काव्यवस्तु' की आन्तरिक प्रकृति को उद्भासित करने के लिए वे 'काव्य-वस्तु' को ही अपना उपादान बनाने की ओर प्रवृत्त होते हैं। उनके भीतर का दुर्दम संस्कार 'साधन' को भी साध्य के रूप में रचनान्तरित कर देता है। यह वही पारस-गुण है जो लोहे को हर हालत में सोना बना देता है—सुकोमल, सुनहरा, चमकदार, मूल्यवान। मिश्र जी की अपराजेय सर्जनात्मक शक्ति के पारस-स्पर्श से आलोचना का विश्लेषण तकनीक पुलकर सोने का पानी बन जाता है और अध्ययन-प्रणाली का औजार अध्येयवस्तु का अपना एक विशिष्ट अंग। मैं इस चमत्कारी प्रभाव पर मुग्ध हूँ। उनकी रीति-वैज्ञानिक व्याख्या मुझे रस-सिक्त कर जाती है। पर इस सारी प्रक्रिया से गुजरकर जब धूप की छाँव में बैठकर सोचता हूँ, तो यह निश्चय नहीं कर पाता कि रस के निचोड़ का स्रोत क्या था—साध्य एवं विश्लेष्य 'काव्य-वस्तु' अथवा साधन और विश्लेषण

उपकरण। रंगों में दोनों सुनहरे और रस से दोनों सिक्त।

मैंने अपनी इस दुविधा की चर्चा मिश्र जी से भी की। एक ही गेस्ट-हाउस में हम दोनों सपत्नीक ठहरे थे। शाम देर तक समय साथ-साथ बीतता। बातचीत में एक दिन मैंने मन में उठने वाले भाव को उनके सामने रखा। उनका एक छोटा-सा उत्तर था—रीति-विज्ञान के जरिए तुम्हारे शैली-विज्ञान को प्राणवान बना रहा हूँ। जल्दी ही मेरी इस विषय पर एक पुस्तक आने वाली है। उसमें एक खण्ड 'काव्य-व्याख्या' का भी है—देखना।

मैं आतुरता से उस पुस्तक की प्रतीक्षा करता रहा। पाँच-छह मास के अन्तराल में ही उनकी पुस्तक मेरे हाथ में आ गई। 'आभार' में लिखा था :

> शास्त्रीय स्थापना के रूप में 'शैली-विज्ञान' नाम की पुस्तक मेरे स्नेहभाजन मित्र डॉ० रवीन्द्रनाथ श्रीवास्तव ने अभी हाल ही में प्रकाशित की है, वे मेरी पद्धति को संकोचवश संस्कृत-भावित कहकर उपचारित आदर देते हैं, मेरी पद्धति से सहमत नहीं, यह भली-भाँति जानता हूँ, पर उनकी शास्त्रीय स्थापना की पुरोग्चना के रूप में ही मैंने इन निबन्धों को ग्रन्थित किया है।

इतना स्नेह और मान तो अपनों से भी नहीं मिला। जहाँ भी मिश्र जी रहे, वाराणसेय संस्कृत विश्वविद्यालय के प्रोफ़ेसर पद पर, आगरा के क० मुं० हिन्दी संस्थान के निदेशक पद पर या फिर काशी विद्यापीठ के उपकुलपति के पद पर, उनका स्नेहिल सम्बन्ध मुझे खींचता-बुलाता रहा। मिलने पर उनकी यही उत्सुकता जानने की रही कि शोध की किस दिशा की ओर मैं जा रहा हूँ। मैं जो भी कुछ बताता उसका एक सन्दर्भ वे संस्कृत के व्याकरण-दर्शन से अवश्य जोड़ते। परम्परा की पकड़ तो उनकी जबर्दस्त है ही, उसको व्याख्यायित करने की क्षमता भी अद्भुत है। आधुनिक से आधुनिकतम भाषाशास्त्रीय चिन्तन के मूल बिन्दुओं के समानान्तर वे भारतीय भाषाशास्त्रीय चिन्तन-परम्परा की एक उपधारा खड़ी कर देते। ब्लूमफील्ड के 'संरचनात्मक भाषा-विज्ञान' की चर्चा चली तो पाणिनि का भाषा-सिद्धान्त वे सामने कर देते, और चॉम्स्की के सिद्धान्तों पर बात चलती तो भर्तृहरि के व्याकरण-दर्शन की बारीकियों की बात उठाते। यह प्रक्रिया उलट भी जाती। विचारों की प्राचीन सम्पदा को वे आधुनिक बिन्दु के आलोक-पर्व में उजागर करने में नहीं झिझकते। उन्होंने वाक् से सम्बद्ध ऋषियों की मंत्रभूत सरस्वती में डुबकी लगाई और पाया कि ऋग्वेद के अनुसार, बौद्धिक प्रकाश का देवता जब 'नाम' पाकर मुक्त होता है, तब अपनी वास्तविकता के साथ मुक्त होता है। उनके अनुसार जो ऋग्वेद में कहा गया है, उसी को पश्चिमी विचारक माइकेल डुफ़ान आज कहना चाहता है—'भाषा ही मनुष्य को विश्व से जोड़नेवाला पोषक नालसूत्र है और यही उसकी मुक्ति का और उसके संकल्प की

प्रतिष्ठा का साधन भी है ।'

रोशनी के स्रोत का हर गोला विशिष्ट होता है। प्रकाश तो हर स्रोत से झरता है, पर उनके ताप में अन्तर होता है, उनके तरंगों की प्रकृति में भेद होता है, उनके प्रभावी स्वाद में फर्क होता है। सूरज और चाँद की रोशनी के इस अन्तर को दिन और रात जानते हैं, कमल और कुमुदिनी इससे परिचित हैं। इसी प्रकार बल्ब की रोशनी दीये की टिमटिमाहट तो नहीं बन सकती। हम सभी इस अन्तर को महसूस करते हैं, पर चिन्तन का चश्मा लगाकर इन सबको सपाट कर देते हैं। शायद भाव का अतिरेक हमारे चिन्तन की प्रखरता को भी कुण्ठित कर देता है या फिर उसे खण्डित कर अनेक रंगों में बाँट देता है। मैंने सूरज की सफ़ेद और प्रखर रोशनी को प्रिज़्म से देखा है—सतरंगे और इन्द्रधनुषी रंगों में बिखरते और टूटते पाया है। भाषा और वाक् सम्बन्धी अपनी परम्परागत चिन्तन की प्रखर और धवल रश्मि को आधुनिक भाषाविज्ञान के प्रिज़्म से गुजरते पाया है। पाणिनि का 'अष्टाध्यायी' भाषाचिन्तन के प्रकाश-पुंज का अद्भुत गोला है, जिसे ब्लूमफील्ड ने 'मानव-बुद्धि के उत्कर्ष का प्रखरतम विजयस्तंभ कहा है।' पर उन पर लिखे गए भाषाविदों के लेखों और पुस्तकों के पढ़ने से उस 'प्रिज़्म' के गुणों या प्रकृति का तो पता चलता है जो पाणिनि दर्शन को सतरंगा बना देता है, पर 'अष्टाध्यायी' के दीप-स्तंभ और उससे निसृत रोशनी को न तो छूने देता है और न ही उसको देखने देता है। पाणिनि आज ब्लूमफ़ील्ड, फिल्मोर, चॉम्स्की आदि सभी रूपों में उभरे पर भारतीय क्षितिज पर आज न उदित हो पाये तो पाणिनि के रूप में।

सन् 1966 में लिखी मिश्र जी की पाणिनि पर पुस्तक (**द डिस्क्रिप्टिव टेकनीक आव पाणिनि : एन इन्ट्रोडक्शन**) पढ़ी, तो मुझे कुछ ऐसा ही प्रतीत हुआ था। परम्परा के प्रकाश-पुंज और उसकी रोशनी की पहचान के लिए मिश्र जी भाषाविज्ञान की तत्कालीन पद्धति का सहारा ले रहे थे। वे पॉल थीमे की प्रसिद्ध पुस्तक (**पाणिनि एण्ड द वेद**) से परिचित थे, पर उनके इस विचार को झुठला रहे थे कि पाणिनि के मूल्यांकन और आधुनिक भाषाशास्त्र के सिद्धान्तों से उनके सिद्धान्तों की तुलना के पहले यह ज़रूरी है कि हम जानें कि पाणिनि-व्याकरण है क्या ? कार्डोना के इस आग्रह पर ध्यान देने की आवश्यकता है कि पाणिनि को पहले पाणिनि की आँख से देखो।

सूरज अपनी जगह पर ठहरने की नियति लेकर उदित नहीं होता। धीरे-धीरे वह क्षितिज के ऊपर उठता है। उसकी लालिमा अपना लालित्य छोड़ नीलाकाश के मोह का भंग करने के लिए शुभ्र वस्त्र धारण करती है। मिश्र जी की चिन्तन-प्रक्रिया के विकास की यात्रा भाषा-चिन्तन की पाणिनीय पीठिका से ही शुरू हुई, और उसी के सहारे आगे बढ़ी। आगे के पड़ाव का एक प्रमाण

बिहार राष्ट्रभाषा परिषद्, पटना द्वारा प्रकाशित उनकी पुस्तक : **भारतीय भाषा-शास्त्रीय चिन्तन की पीठिका** (1978) है। इस पुस्तक में मिश्र जी ने वाक्केन्द्रित भारतीय चिन्तन की प्रकृति को पाणिनि-पूर्ववर्ती व्याकरण सिद्धान्त से लेकर पाणिनि और उनकी परवर्ती परम्परा तक देखा है। इस पुस्तक के प्राक्कथन में वे स्वीकार करते हैं—"मैंने पाणिनि की अष्टाध्यायी को अष्टाध्यायी के द्वारा ही फिर से पढ़ने की कोशिश की।" पर अष्टाध्यायी ही क्यों ? इसका मिश्र जी के शब्दों में उत्तर है—अष्टाध्यायी ही समस्त भाषाचिन्तकों का मुख्य रूप से उपजीव्य है और उसी की मान्यताओं को तत्त्व-चिन्तन की दृष्टि से, प्रक्रिया साधन की दृष्टि से और तर्कोत्पत्ति की दृष्टि से विगत ढाई हजार वर्षों से भाषा-चिन्तन का एक अविच्छिन्न प्रवाह भारत में चलता आ रहा है।

सूरज की रोशनी कई रंगों में अपने होने का पता देती है। मिश्र जी का कहना है कि धूप की कोई एक पहचान नहीं होती। "एक धूप होती है पूस की, बड़ी नरम, बड़ी मुलायम, पर पता नहीं कब चली जाती है। एक धूप होती है, फागुन-चैत की, बड़ी रूखी, बड़ी अनमनी, बड़ी उतप्त, और उस धूप में लगता है पोर-पोर पिघल जायेगी। एक धूप होती है जेठ की चिलचिलाती हुई, हहराती हुई, हुलसाती हुई और पसीने से तर कर जुड़ाती हुई। एक धूप सावन की साँझ की, यकायक भूली हुई, बादलों के पेड़ पर फूली हुई, और एक धूप है क्वार की, मृगों की खाल झुलसाने वाली, नदी की पाँक दरकानेवाली और ओस के मोती बिछाने वाली। ये सभी धूप हैं। और साथ ही मेरे लिए ये सभी धूप मिश्र जी के व्यक्तित्व में प्रतिबिम्बित हैं। मुझे नहीं मालूम कि मिश्र जी को यह मालूम भी है कि वे धूप बनने की नियति से शापित हो चुके हैं, पर मुझे अब यह मालूम हो चुका है कि धूप की कोई एक पहचान नहीं होती।

परिशिष्ट

परिशिष्ट-1

विकासशील राष्ट्रों में राजभाषा और वृहत्तर जनसम्पर्क की भाषा

(फिशमैन के आधार पर)

घटक/कारक तत्त्व	I टाइप-क निर्णय	II टाईप-ख निर्णय	III टाइप-ग निर्णय
1. सामाजिक-सांस्कृतिक एकीकरण का बोध	राष्ट्रीय स्तर पर 'ग्रेट ट्रेडिशन'-जन्य एकीकरण जीवन का अभाव	राष्ट्रीय स्तर पर केवल एक ग्रेट ट्रेडिशन	राजनैतिक मान्यता के लिए संघर्षशील अनेक ग्रेट ट्रेडिशन
2. राष्ट्रभाषा/राजभाषा का चयन	राजनैतिक एकीकरण (= राष्ट्रता) से प्रेरित	सामाजिक-सांस्कृतिक एकीकरण (= राष्ट्रीयता) से प्रेरित	राष्ट्रता और राष्ट्रीयता के बीच समझौता से प्रेरित
3. वृहत्तर जनसम्पर्क का चयन	स्थिर राष्ट्रीय प्रतीक के रूप में स्वीकृत	आधुनिक प्रयोजन के निमित्त संक्रान्तिकाल के लिए स्वीकृत	समझौते के लिए एकीकरण की भाषा के लिए स्वीकृत
4. भाषा नियोजन सन्दर्भ	वृहत्तर जनसम्पर्क की भाषा का मानकीकरण	जातीय भाषा का मानकीकरण	अनेक जातीय भाषाओं का एकीकरण

5.	द्विभाषिकता का लक्ष्य	स्थानीय बोलीभाषियों में वृहत्तर जनसम्पर्क की भाषा में दक्षता	जातीय राष्ट्रीयता की ओर उन्मुख एकभाषिकता	क्षेत्रीय और राष्ट्रीय बहुभाषिकता
6.	बहुसांस्कृतिकता का लक्ष्य	परम्परा के स्थान पर आधुनिकता की ओर अग्रसित	परम्परा और आधुनिकता दोनों पर बल	परम्परा और आधुनिकता दोनों पर बल

वर्ग	I. वृत्ति तटस्थ राष्ट्र		II. एकाश्मक वृत्तिपरक राष्ट्र	III. अनेकाश्मक वृत्तिपरक राष्ट्र
	कैमरुन		इज़राइल	भारत
	घाना	फ़िलीपीन	थाइलैण्ड	पाकिस्तान
		इण्डोनेशिया	सोमालिया	श्रीलंका
	गैम्बिया	तंजानिया	इथोपिया	मलेशिया

परिशिष्ट–2

	साक्षरता 1981	महिला साक्षरता 1981	बाल मृत्यु दर 1981	15-19 आयु वर्ग में स्त्री विवाह का % 1981	मृत्यु दर 1982	जन्म दर 1982	दम्पति संरक्षण दर 1984	कृषि उत्पादकता (रुपया / हैक्टर) 1970	प्रति व्यक्ति आय 1983-84
भारत	36.23	24.82	110	43.47	11.9	33.8	29.2	973	2201
आन्ध्र प्रदेश	29.94	20.39	86	56.27	10.6	31.2	30.5	1093	1878
असम	N.A.	N.A.	106	N.A.	12.4	34.2	20.9	1227	1762
बिहार	26.20	13.62	118	64.06	14.1	37.3	15.8	978	1174
गुजरात	43.70	32.30	116	26.86	11.7	34.3	39.7	937	2795
हरियाणा	36.14	22.27	101	47.44	9.2	36.7	40.2	1150	3147
हिमाचल प्रदेश	42.48	31.46	71	N.A.	9.5	32.5	31.3	931	2230
जम्मू-कश्मीर	26.67	15.88	72	N.A.	8.4	30.7	13.5	1135	1820
कर्नाटक	38.46	27.71	69	36.17	9.2	27.9	29.2	940	1957
केरल	70.42	65.73	37	13.98	6.6	26.2	36.3	1775	1761
मध्य प्रदेश	27.87	15.53	142	62.71	14.9	38.5	27.2	695	1636
महाराष्ट्र	47.18	34.79	79	38.09	8.8	29.8	48.1	494	3032
मणिपुर	41.35	29.06	N.A.	N.A.	6.6	26.6	15.8	N.A.	1673
मेघालय	34.08	30.08	N.A.	N.A.	8.9	31.1	6.1	N.A.	1483

नागालैण्ड	42.57	33.89	N.A.	N.A.	5.3	21.4	1.9	N.A.	N.A.
उड़ीसा	34.23	21.12	135	30.93	13.0	33.4	29.8	1026	N.A.
पंजाब	40.86	33.69	81	14.12	8.4	30.4	42.9	1761	3691
राजस्थान	24.38	11.42	108	64.25	12.1	38.0	17.9	518	1881
सिक्किम	34.05	22.20	N.A.	N.A.	9.5	31.6	12.0	N.A.	1300
तमिलनाडु	46.76	34.99	91	22.83	11.2	27.7	32.1	1770	1827
त्रिपुरा	42.12	32.00	N.A.	N.A.	7.7	24.4	9.7	N.A.	N.A.
उत्तर प्रदेश	27.16	14.04	150	60.50	15.1	38.6	15.5	1079	1567
पश्चिम बंगाल	40.94	30.25	91	37.28	10.4	32.3	28.0	1442	2231
अंडमान-निकोबार	51.56	42.14	N.A.	N.A.	6.1	36.4	24.3	N.A.	N.A.
अरुणाचल प्रदेश	20.79	11.32	N.A.	N.A.	15.9	34.2	3.7	N.A.	N.A.
चंडीगढ़	64.79	59.31	N.A.	N.A.	3.7	26.0	36.0	N.A.	N.A.
दादर नागर हवेली	26.67	16.78	N.A.	N.A.	13.2	41.7	28.0	N.A.	N.A.
दिल्ली	61.54	53.07	N.A.	N.A.	7.6	28.7	37.9	N.A.	3928
गोवा, दमन, दीव	56.66	47.56	N.A.	N.A.	7.2	21.4	21.4	N.A.	3479
लक्षद्वीप	55.07	44.65	N.A.	N.A.	7.5	29.3	8.5	N.A.	N.A.
मिज़ोरम	59.88	54.91	N.A.	N.A.	N.A.	N.A.	18.7	N.A.	N.A.
पांडिचेरी	55.85	45.71	N.A.	N.A	6.5	23.8	46.1	N.A.	3693

परिशिष्ट - 1

प्रमुख भाषा परिदृश्य

प्रमुख भाषाएँ (1)	मातृभाषी (10 लाख में) (2)	सम्पूर्ण जनसंख्या के प्रति 1000 के अनुपात में मातृभाषी (3)	सम्पर्क भाषाभाषी (सहस्र में) (4)	अमातृभाषियों के बीच सम्पर्क का अनुपात/1000 (5)	मातृभाषी+सम्पर्कभाषी अनुपात/1000 (6)	सम्पर्क भाषा के रूप में प्रथम तीन भाषाएँ (7)	सम्पर्क भाषा (7) के बोलने वालों की संख्या (सहस्र में) (8)
हिन्दी	129.2	294	9.363	30	324	अंग्रेजी	3,315
						उर्दू	783
						पंजाबी	415
तेलुगु	37.7	66	3,279	6	94	तमिल	2,326
						कन्नड	1,036
						अंग्रेजी	555
बंगाली	33.9	77	1,907	5	82	अंग्रेजी	1,563
						हिन्दी	615
						असमिया	557
मराठी	33.3	76	2,724	7	83	हिन्दी	2,018
						अंग्रेजी	528
						कन्नड	474
तमिल	30.6	70	3,659	9	79	अंग्रेजी	1,262
						तेलुगु	583
						कन्नड	285
उर्दू	23.4	53	2,006	5	58	तेलुगु	1,036
						हिन्दी	1,021
						कन्नड	831
गुजराती	20.3	46	558	1	47	हिन्दी	774
						अंग्रेजी	424
						मराठी	146
कन्नड़	70.4	40	3,551	9	49	तेलुगु	775
						तमिल	563
						मराठी	460
मलयालम	17.0	39	213	0.5	39	अंग्रेजी	762
						तमिल	163
						हिन्दी	61
उड़िया	15.7	35	1,075	3	38	हिन्दी	252
						अंग्रेजी	209
						तेलुगु	245
पंजाबी	11.0	25	465	1	26	हिन्दी	726
						अंग्रेजी	407
						उर्दू	235
असमिया	6.8	14	1,649	4	20	बंगाली	236
						अंग्रेजी	158
						हिन्दी	150
कश्मीरी	2.0	5	25	0.1	5	उर्दू	158
						हिन्दी	15
						अंग्रेजी	6
संस्कृत	2.5 (सहस्र)	–	149	0.5	–		–
अंग्रेजी	224 (सहस्र)	–	10,915	2.5	–		–
भारत	439.2	–	42,536	97	–		–

* 1961 की जनगणना के आधार पर

परिशिष्ट–4

अनुसूचित भाषाओं का सोपानिक अनुपात

		बोलने वालों की संख्या	कुल जनसंख्या का प्रतिशत
1.	हिन्दी	264,188,858	39.94
2.	तेलुगु	54,226.227	8.20
3.	बंगाली	51,503,085	7.79
4.	मराठी	49,624,847	7.50
5.	तमिल	44,730,389	6.76
6.	उर्दू	35,323,481	5.34
7.	गुजराती	33,189,039	5.02
8.	कन्नड़	26,887,837	4.06
9.	मलयालम	25,952,966	3.92
10.	उड़िया	22,881,053	3.46
11.	पंजाबी	18,588,400	2.81
12.	कश्मीरी	3.174,684	0.48
13.	सिन्धी	1,946,278	0.29
14.	असमिया	70,525	0.01
15.	संस्कृत	2,946	–

* 1981 की जनगणना के आधार पर (असम में जनगणना नहीं हुई थी)

परिशिष्ट - 5

प्रदेश के सन्दर्भ में अनुसूचित भाषाओं की स्थिति

भारत, प्रदेश ... संघीय क्षेत्र (1)	कुल जनसंख्या (2)	अष्टम अनुसूची की भाषाओं के बोलने वालों की संख्या और उनका प्रतिशत (3)		अन्य भाषाओं के बोलने वालों की संख्या और उनका प्रतिशत (4)	
भारत	661,497,149	632,290,615	95.58	29,206,534	4.42
आन्ध्र प्रदेश	53,175,277	52,754,352	99.21	420,925	0.79
बिहार	69,638,725	65,440,524	93.97	4,198,201	6.03
गुजरात	33,919,882	33,361,388	98.35	558,494	1.65
हरियाणा	12,873,434	12,861,460	99.91	11,974	0.09
हिमाचल प्रदेश	4,257,299	4,084,570	95.94	173,005	4.06
जम्मू-कश्मीर	5,947,575	4,325,961	72.74	1,621,338	27.26
कर्नाटक	36,839,222	34,801,429	94.47	2,037,793	5.53
केरल	25,244,369	25,024,913	99.13	219,456	0.87
मध्य प्रदेश	52,000,069	47,884,931	92.09	4,115,138	7.91
महाराष्ट्र	62,230,282	59,153,116	95.06	3,077,166	4.94
मणिपुर	1,409,239	32,570	2.31	1,376,669	97.69
मेघालय	1,326,748	181;113	13.65	1,145,635	86.35
नागालैण्ड	747,071	69,726	9.33	677,345	90.67
उड़ीसा	26,171,262	23,535,237	89.93	2,636,025	10.07
पंजाब	16,723,153	16,689,494	99.80	33,659	0.20
राजस्थान	34,130,701	32,518,743	95.26	1,611,958	4.74
सिक्किम	308,262	19,570	6.35	288,692	93.65
तमिलनाडु	48,089,281	48,041,159	99.90	48,122	0.10
त्रिपुरा	2,034,242	1,459,299	71.74	574,943	28.26
उत्तर प्रदेश	110,549,826	110,506,761	99.96	43,065	0.04
पश्चिम बंगाल	54,207,652	51,570,921	95.14	2,636,731	4.86
अंडमान-निकोबार	178,885	143,748	80.36	35,137	19.64
अरुणाचल प्रदेश	597,862	103,037	17.23	494,825	82.77
चंडीगढ़	440,837	437,301	99.20	3,536	0.80
दादर नागर हवेली	101,818	31,213	30.66	70,605	69.34
दिल्ली	6,174,632	6,136,683	99.39	37,949	0.61
गोवा, दमन, दीव	1,059,012	446,406	42.15	612,606	57.85
लक्षद्वीप	39,709	33,687	84.83	6,022	15.17
मिज़ोरम	476,439	43,523	9.14	432,916	90.86
पांडिचेरी	599,384	597,780	99.73	1,604	0.27

*1991 की जनगणना के आधार पर

(असम में जनगणना नहीं हुई थी)

परिशिष्ट-6 (क)

आधुनिक आर्यभाषाओं का वर्गीकरण (ग्रियर्सन) : 1

(क) बाहरी उपशाखा

I. बाहरी वर्ग

1. लहंदा अथवा पश्चिमी पंजाबी
2. सिन्धी

II. दक्षिणी वर्ग

3. मराठी

III. पूर्वी वर्ग

4. उड़िया
5. बिहारी
6. बंगाली
7. असमिया

(ख) मध्य उपशाखा

IV. मध्यवर्ती वर्ग

8. पूर्वी हिन्दी
(अवधी, बघेली, छत्तीसगढ़ी)

(ग) भीतरी उपशाखा

V. केन्द्रीय वर्ग

9. पश्चिमी हिन्दी
(हिन्दुस्तानी, दक्खिनी, बांगरू
ब्रज, कन्नौजी, बुन्देली)

परिशिष्ट - 6 (ख)

आधुनिक आर्यभाषाओं का वर्गीकरण
(चैटर्जी के आधार पर)

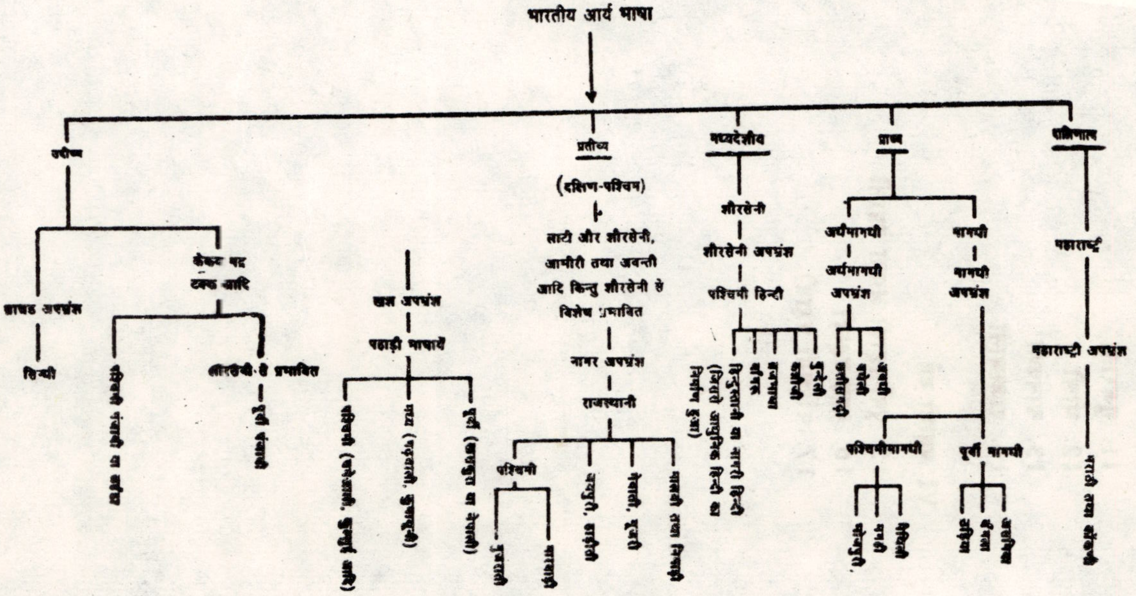

10. पंजाबी
11. गुजराती
12. भीली
13. खानदेशी
14. राजस्थानी

VI. पहाड़ी वर्ग

15. पूर्वी पहाड़ी अथवा नेपाली
16. मध्य पहाड़ी
17. पश्चिमी पहाड़ी